中国社会科学院文库
经济研究系列
The Selected Works of CASS
Economics

本书是国家自然科学基金项目（71273276）研究成果

中国社会科学院创新工程学术出版资助项目

中国社会科学院文库 · 经济研究系列
The Selected Works of CASS · Economics

中国战略性新兴产业论

ON THE CHINA'S STRATEGIC EMERGING INDUSTRIES

李金华 等著

中国社会科学出版社

图书在版编目（CIP）数据

中国战略性新兴产业论/李金华等著.—北京：中国社会科学出版社，2017.8
ISBN 978-7-5161-9888-9

Ⅰ.①中… Ⅱ.①李… Ⅲ.①新兴产业—产业发展—研究—中国 Ⅳ.①F269.2

中国版本图书馆 CIP 数据核字（2017）第 038042 号

出版人	赵剑英
责任编辑	卢小生
责任校对	周晓东
责任印制	王 超
出 版	中国社会科学出版社
社 址	北京鼓楼西大街甲 158 号
邮 编	100720
网 址	http://www.csspw.cn
发行部	010-84083685
门市部	010-84029450
经 销	新华书店及其他书店
印刷装订	北京君升印刷有限公司
版 次	2017 年 8 月第 1 版
印 次	2017 年 8 月第 1 次印刷
开 本	710×1000 1/16
印 张	27
插 页	2
字 数	451 千字
定 价	110.00 元

凡购买中国社会科学出版社图书，如有质量问题请与本社营销中心联系调换
电话：010-84083683
版权所有 侵权必究

《中国社会科学院文库》出版说明

《中国社会科学院文库》（全称为《中国社会科学院重点研究课题成果文库》）是中国社会科学院组织出版的系列学术丛书。组织出版《中国社会科学院文库》，是我院进一步加强课题成果管理和学术成果出版的规范化、制度化建设的重要举措。

建院以来，我院广大科研人员坚持以马克思主义为指导，在中国特色社会主义理论和实践的双重探索中做出了重要贡献，在推进马克思主义理论创新、为建设中国特色社会主义提供智力支持和各学科基础建设方面，推出了大量的研究成果，其中每年完成的专著类成果就有三四百种之多。从现在起，我们经过一定的鉴定、结项、评审程序，逐年从中选出一批通过各类别课题研究工作而完成的具有较高学术水平和一定代表性的著作，编入《中国社会科学院文库》集中出版。我们希望这能够从一个侧面展示我院的整体科研状况和学术成就，同时为优秀学术成果的面世创造更好的条件。

《中国社会科学院文库》分设马克思主义研究、文学语言研究、历史考古研究、哲学宗教研究、经济研究、法学社会学研究、国际问题研究七个系列，选收范围包括专著、研究报告集、学术资料、古籍整理、译著、工具书等。

中国社会科学院科研局
2006 年 11 月

前　言

本书是国家自然科学基金项目（71273276）研究成果。课题立项后，课题组按照预订的研究计划进行开题，听取专家意见，对研究任务进行了明确的分工，并先后到相关地市走访行业主管部门，深入企业，收集整理、分析获得的信息资料。三年间，课题组先后组织过10多次规模不等的专家学者咨询、研讨会，从微观和宏观角度分析、了解战略性新兴产业的空间布局和发展路径，讨论研究焦点和难点，思考破解现实问题的对策，提出政策建议。最终，课题组完成了规定的研究任务，达到了预期目标，对中国战略性新兴产业的布局和发展形成了一些基本的观点及认识。

第一，中国战略性新兴产业发展在空间分布上已初显格局。这种格局表现出三个方面的特征：（1）技术、人才、经济发展水平和自然资源决定了战略性新兴产业的基本布局，东部地区由于技术、人才优势，集聚的战略性新兴产业资源较多；西部地区由于资金、人才等相对薄弱，集聚的战略性新兴产业资源较少；中部地区则呈现出了技术、资源混合型的集聚特征。（2）大型国有企业和领军企业主导了战略性新兴产业的布局，哪里有大型企业，哪个地区的大型国有企业多，哪个地区就形成了战略性新兴产业的集聚，中国战略性新兴产业的空间布局，本质上体现为大型国有企业的空间布局和大型国有企业的战略实施。（3）经济发达地区战略性新兴产业分布差异较小，欠发达地区战略性新兴产业分布差异较大。

第二，全球新兴工业区兴起迅速，并表现出一些重要的新特征。以美国"硅谷"为代表的新兴工业区兴起，呈现出了一些新的特征：（1）经济的发达程度与新兴产业的分布高度相关，发达国家和地区集聚了丰富的新兴产业资源；（2）全球范围内新兴产业资源空间分布严重不均衡，一个国家或地区内新兴产业资源分布也严重不均衡；（3）全球著名企业和品牌是产业集聚的重要标志，著名企业的投资和发展方向直接影响新兴产业资源的空间分布。

第三，中国战略性新兴产业存在一些亟待解决的问题。这些问题集中在：(1) 战略性新兴产业的行业结构不清晰，且尚未形成完整的产业链；(2) 一些行业缺乏关键技术支持，科技创新能力欠缺，且创新驱动路径不明朗；(3) 产业布局出现程度不同的雷同现象，一些行业出现产能过剩现象；(4) 中国战略性新兴产业企业规模相对较小，运行成本及风险大，微观主体力量不足，迫切需要培育一批从设计研发到生产制造和终端服务为一体的领军企业，也迫切需要一支技术水平一流、管理水平一流的人才队伍。

第四，必须在中央政府领导下进行宏观"一盘棋"的战略性新兴产业空间大布局。科学合理的产业布局标准是：最大限度地提高企业的生产效率，最大限度地促进区域经济的可持续协调发展，最大限度地保证国家的政治经济安全。因此，未来中国战略性新兴产业的空间布局应该是：(1) 注重效率，兼顾均衡，依托资源优势，通过产业转移，加强对中西部地区战略性新兴产业的布局；(2) 加强中西部地区交通、能源等基础设施建设，以新技术改造中西部地区传统产业，提升产业结构品质，加快形成新的经济增长点；(3) 引导大型国有企业到中西部地区投资，促使西部地区战略性新兴产业由自然资源集中向技术资源集中转变，在西部地区培育具有国际竞争力的著名企业。

第五，战略性新兴产业发展应契合中国建设制造强国的路径。中国战略性新兴产业发展有六大路径：(1) 实施重大工程，建设重大专项；(2) 引导产业集聚，建设生产基地；(3) 实行品牌战略，培育领军企业；(4) 研发核心技术，搭建共享平台；(5) 创新市场模式，打造新型产业链；(6) 发展高端生产性服务，助推战略性新兴产业。战略性新兴产业的发展目标与建设制造强国的目标相得益彰。发展战略性新兴产业要与建设制造强国的路径相契合，要扩大制造业占比，优化制造业结构，提高制造业效率；通过自主创新，实现战略性新兴产业和先进制造业前沿技术、复杂产品系统中关键技术的重大突破；要倡导"工匠"精神，精专制造，质量顶级，打造系列著名国际品牌；要实现学校、企业"双轨"教育和培养，建成高素质的制造业职工队伍和先进制造业文化；要进行生产模式的革命性变革，建成先进制造产业集聚区。

第六，未来要加强对战略性新兴产业发展路径的跟踪。一要加强对世界产业发展新趋势的研判，警惕全球产业发展的偏向和不确定；二要加强对新产品市场培育的研究，构筑战略性新兴产品市场风险的防御体系；三要对现行战略性新兴产业政策效果进行评估，适时进行政策的进入与退出；四要对重点企业、重要基地生产经营状况进行实时分析，构建适宜战略性新兴产业发展的现代生产经营模式；五要加强对全球新兴产业价值链、技术链、产业链形成过程的跟踪研究，研判嵌入全球新兴产业"三链"的契合点和突破口。

发展战略性新兴产业，建成制造强国是中国的一项伟大事业。完成这一宏伟目标，归根结底，需要人才，需要全体劳动者的努力。没有优秀的国民，没有一流的技术型人才，再好的理论指导，再宏伟的目标蓝图都是空中楼阁，都不可能变成现实。社会崇拜决定社会存在，有什么样的人，有什么样的文化，就有什么样的社会经济发展水平。无论是现在还是将来，中国都需要彻底摒弃"拜官、拜权、拜钱"的世俗观念，在全体国民中牢固树立起"崇拜技术、崇拜工匠、崇拜产品、崇拜质量"的理念；要通过长期深入的教化，让全体劳动者对技术规范、质量标准、制造流程、劳动制度等职业规范产生敬畏感，进而成为自己的终生信仰和精神图腾，在生产制造过程中自觉遵守和忠实执行，构建起世界领先的制造业文化体系。这是中国发展战略性新兴产业、实现制造强国目标的根本条件和首选之路。

本书是根据研究内容和课题的阶段性成果成书的。在研究过程中，课题组成员已在国际学术期刊发表学术论文两篇，在国内核心期刊发表学术论文30余篇，其中7篇被《人大复印报刊资料》全文转载；在《光明日报》《经济学日报》等重要报刊发表理论文章7篇，在《中国社会科学院要报》发表文章13篇。这些成果中有两项分别获得中国社会科学院2016年优秀信息对策类研究一等奖和三等奖。撰写本书时，我们根据需要，吸收了这些公开发表的部分成果，这一方面体现了课题研究的成绩，另一方面也反映了本书的理论意义、应用价值和学术价值。

本书的作者分工是：第一章：李金华、张琳彦、杨悦；第二章：李金华；第三章：杨悦、张琳彦、李金华；第四章：张琳彦、杨悦、李金华；第五章：张琳彦、杨悦、李金华；第六章：张琳彦、王青云、李金华；第七章：王青云、张琳彦、李金华；第八章：杨悦、张琳彦、李金华；第九章：杨悦、曲辛然、李金华；第十章：李金华。全书由李金华负责总体框架设计、各章的修改定稿和总纂。

在成果面世之际，我们真诚地感谢中国社会科学院数量经济与技术经济研究所科研处张杰副处长所给予的无私的支持和帮助！

在较短时间内完成中国战略性新兴产业空间布局、发展路径这样一个复杂问题的研究，难度很大，困难很多。在研究过程中，我们常有心有余而力不足之感。特别是由于资料的限制和调研的困难，有些问题分析不全面，思考不深入，研究不透彻，这有待今后做进一步努力。

囿于我们的研究能力和学术水平，本书一定存在诸多不妥和讹谬之处，欢迎专家、同行批评指正。

李金华
于中国社会科学院
2016 年 9 月

目 录

第一章　战略性新兴产业研究理论铺垫 …………………………………… 1

　　第一节　战略性新兴产业的缘起 ………………………………………… 1
　　第二节　产业区位理论及研究成果 ……………………………………… 7
　　第三节　均衡、非均衡理论及研究成果 ………………………………… 13
　　第四节　产业集聚、比较优势理论及研究成果 ………………………… 17
　　第五节　产业创新、产业链理论及研究成果 …………………………… 29

第二章　战略性新兴产业发展背景 ………………………………………… 34

　　第一节　背景的理论阐发 ………………………………………………… 34
　　第二节　产业竞争背景 …………………………………………………… 38
　　第三节　创新创业背景 …………………………………………………… 44
　　第四节　战略政策背景 …………………………………………………… 60

第三章　战略性新兴产业发展态势 ………………………………………… 74

　　第一节　战略性新兴产业分类 …………………………………………… 74
　　第二节　整体发展态势 …………………………………………………… 81
　　第三节　行业发展态势 …………………………………………………… 97
　　第四节　发展态势分析 …………………………………………………… 106

第四章　战略性新兴产业布局动因 ………………………………………… 111

　　第一节　布局动因理论分析 ……………………………………………… 111
　　第二节　布局动因定量分析 ……………………………………………… 117
　　第三节　布局动因现实解析 ……………………………………………… 139

第五章 战略性新兴产业空间布局 ……………………………… 145

第一节 从业人员空间布局 …………………………………… 145

第二节 发展项目空间布局 …………………………………… 150

第三节 大型企业空间布局 …………………………………… 154

第四节 生产基地空间布局 …………………………………… 164

第五节 空间布局综合分析 …………………………………… 179

第六章 战略性新兴产业转移承接 ……………………………… 201

第一节 转移的必要性分析 …………………………………… 201

第二节 转移行业的甄别 ……………………………………… 221

第三节 承接能力的现实性分析 ……………………………… 233

第四节 转移承接的路径思考 ………………………………… 241

第七章 战略性新兴产业技术效率 ……………………………… 247

第一节 地区技术效率测度 …………………………………… 247

第二节 行业技术效率测度 …………………………………… 256

第三节 技术效率效应分析 …………………………………… 265

第四节 技术效率提升路径 …………………………………… 281

第八章 战略性新兴产业创新能力 ……………………………… 290

第一节 创新能力的理论阐释 ………………………………… 290

第二节 创新能力的影响因素 ………………………………… 293

第三节 创新能力测度 ………………………………………… 299

第四节 创新能力提升路径 …………………………………… 312

第九章 战略性新兴产业竞争实力 ……………………………… 328

第一节 产业链的竞争实力 …………………………………… 328

第二节 大中型企业竞争实力 ………………………………… 340

第三节 品牌的竞争实力 ……………………………………… 350

第十章 战略性新兴产业未来路径 ·············· 367
    第一节 宏观一盘棋空间大布局 ·············· 367
    第二节 建设新兴工业区 ·············· 381
    第三节 契合制造强国建设路径 ·············· 394

参考文献 ·············· 408

第一章 战略性新兴产业研究理论铺垫

2010年10月,国务院颁布了《关于加快培育和发展战略性新兴产业的决定》,提出要用20年左右的时间,重点发展节能环保、新一代信息技术、生物、高端装备制造、新能源、新材料以及新能源汽车七大产业,目标是使国家创新能力大幅提升,掌握一批关键核心技术,在局部领域达到世界领先水平,形成一批具有国际影响力的大企业和一批创新活力旺盛的中小企业,建成一批产业链完善、创新能力强、特色鲜明的战略性新兴产业集聚区。此后,战略性新兴产业的发展和研究一直备受关注。研究战略性新兴产业,有必要对相关理论进行阐释。

第一节 战略性新兴产业的缘起

中国战略性新兴产业的提出有着深刻的国际国内背景,既是由于全球产业革命的兴起,又是因为国内经济转型和产业结构调整的需求。

一 国际背景

纵观世界经济发展的历史,从1857年到20世纪80年代的几次大的经济危机,都伴随着产业革命,进而推动新的科技突破,催生新兴产业并形成新的经济增长点,走上蓬勃发展的道路。1857年的经济危机,推动人类社会从蒸汽时代进入了内燃机、电动机的电气时代,创造了石油化工、电力与电器、汽车等一大批新兴产业,并且大幅提升了机械和冶金等产业的发展水平,使工业文明成为世界发展的主流。1929年的经济危机,推动人类社会从电气时代进入了电子时代,使电子产业迅猛发展,传统产业被推动升级换代,世界产业结构发生重大变化,全球化、网络化、信息化、知识化的新时代梯次到来。

2007年,美国的"次贷危机"引发了全球性金融危机,实体经济创新不足与金融衍生工具等虚拟经济创新过度,被视为这次国际金融危机的重要成因。不断扩散的金融危机对世界各国的经济造成了不同程度的影响,导致后危机时代世界各国经济力量失衡,国际分工体系面临着重新洗牌。而科技创新投资、高技术产业发展和争夺经济科技制高点被大多数国家视为应对经济危机的重要法宝。为了尽快走出经济衰退,实现经济振兴,抢占新的国际竞争制高点,世界各国几乎不约而同地都把加大科技创新和发展新兴产业作为了重要突破口,并且依据各自产业发展的优势和特点,出台了不同的发展规划,确定了各自重点发展的新兴产业。

美国在2009年年初公布了"绿色经济复兴计划",提出要重点发展新能源产业,通过科学技术开辟新能源,并计划投资1500亿美元用于新能源技术研发。其中,7.77亿美元用于支持建立46个新能源前沿研究中心,189亿美元用于新能源输配和替代能源研究,200亿美元用于电动汽车的研发和推广,218亿美元用于节能产业,争取在2018年内把新能源经济标准提高一倍,到2030年之前将石油消费降低35%。为了长期的经济增长和繁荣,美国决定要推动一场以新能源为主导的新兴产业革命。

日本于2009年3月出台了为期三年的"信息技术发展计划",重点促进信息技术在医疗、行政等领域的应用。同年4月,为配合第四次经济刺激计划,日本推出了新增长策略,决定发展环保型汽车、电力汽车、低碳排放、医疗与护理、文化旅游、太阳能发电等。同年,日本政府颁布了《新国家能源战略》,提出了能源产业的8个重点战略目标:在2020年左右,太阳能发电规模将是2005年的20倍;3—5年内将太阳能系统的价格减半;建立购买家庭太阳能发电剩余电力的新制度;2050年之前,实现削减温室气体排放量60%—80%;三年内在全国3.6万所公立中小学中集中设置太阳能发电设备;三年后开始电动汽车的批量生产和销售,到2020年,59%的新车为环保汽车,在世界上率先实现环保车的普及。[①] 2009年,日本国际贸易委员会还发布了《日本制造业竞争策略》。2010年,日本通产省再度发布了《日本制造业》专题报告,提出拓展新兴市场,抢占日本制造业增长的新领地,巩固日本制造业的工业基础地位。[②]

---

① 李春红:《国外战略性新兴产业的发展态势及启示》,http://www.studa.net,2011-08-31。
② 李亚光编译:《日本:官产学研联手提升制造业竞争力》,中国电子信息产业网:http://www.cena.com.cn,2011-09-06。

为了提高德国信息通信产业的国际竞争力，德国于 2009 年推出了"信息与通信技术 2020 创新研究计划"和总额为 5 亿欧元的电动汽车研发预算计划，目的是促进德国电动汽车产业发展。同时，德国政府还批准了总额为 5 亿欧元的电动汽车研发计划预算，支持包括奔驰公司在内的 3 家研究伙伴，要在 2011 年实现锂电池的产业化生产，推动电动汽车产业发展，增强信息通信领域在国际上的竞争力。2010 年 7 月，德国政府发布了《德国 2020 高技术战略》，提出未来要重点发展气候和能源、保健和营养、交通、安全、通信 5 个重点领域，并且在每一领域都确定了若干"未来项目"等。其中，德国"工业 4.0"①是未来十大项目之一，目标是从根本上改变未来工业生产方式和制造技术，这一项目更是引发全球关注。

英国在 2009 年 4 月启动了批量生产电动车、混合燃料车的"绿色振兴计划"，重点选择发展包括潮汐发电、海洋风力发电、超低排放汽车、民用核电以及可再生建筑材料等本国优势产业，以图经济尽快以"低碳经济模式"摆脱困境。

法国于 2008 年 11 月投资 200 亿欧元，成立"战略投资基金"，主要用于支持航空、能源和防务等战略企业的入股与投资。

其他国家和国际组织，如欧盟强调"绿化"创新和投资，加速向低碳经济转型，在 2009—2013 年的 5 年时间内，欧盟要投资 1050 亿欧元用于打造具有国际水平和全球竞争力的"绿色产业"。俄罗斯于 2009 年先后推出了三个版本的"长期科技发展预测"报告。2009 年，韩国提出了"绿色新政"，目标是到 2030 年将环境绩效指数、能源的自主性和绿色技术水平等提升到发达国家水平，使韩国列入世界前十大环境强国。2009 年，巴西联邦政府公布了总额为 410 亿雷亚尔的"科技创新行动计划"，计划将国内生产总值的 1.1%—1.2% 用于支持创新活动。为了支持创新创业，巴西经济社会发展银行投入了价值 600 亿雷亚尔的信贷资金，并将贷款利率由 4.5% 降至 3.5%。② 这一政策有力地调动了巴西科技创新型企业研发生产的积极性。

经济危机不仅是挑战，更是机遇，危机的发生本身就孕育着打破和摆

---

① 2013 年 4 月，在德国下萨克森州首府汉诺威召开的全球国际工业博览会（Hannover Messe 2013）上，德国政府公布了一个由企业家、官员、专家学者组成的工作小组研究的工作报告——《保障德国制造业的未来：关于实施"工业 4.0"战略的建议》（以下简称德国"工业 4.0"）。

② 《未来科技：俄印巴西新兴之路》，《经济参考报》2010 年 6 月 2 日。

脱危机的重要新生因素。在国际金融危机背景下，各国的集体行动也正说明国际金融危机的出现改变了主要发达国家特别是美国对于经济服务化和金融化的一些基本立场，使其更加关注实体经济，希望新兴产业的发展带动下一轮经济增长。这预示着新一轮产业结构的变革，战略性新兴产业将成为推动世界经济发展的主导力量。

二　国内背景

改革开放前，中国处于生产要素驱动经济发展阶段，之后中国进入了以高储蓄、高投资率为特点的投资驱动发展期。随着30多年的快速发展，中国的生产资料价格不断上涨，但资源环境承载能力不断下降，传统的单纯以投资和较低生产资料价格拉动的外延式发展模式迫切需要向以创新驱动的内涵式增长转变。2008年国际金融危机的爆发表明，原有的国际经济运行模式已经失衡，发达国家消费、发展中国家生产的传统国际分工体系已受到重大冲击，以往大规模消耗能源资源、依赖较低人力成本的发展模式难以为继，故而迫切需要加快转变经济发展方式，实现创新驱动。

为更好地解决经济发展与资源环境之间的矛盾，中国全面实施了经济转型和经济结构调整战略，而培育和发展战略性新兴产业正是实现经济转型与结构调整战略的重要途径，也是推进中国特色新型工业化进程，推动节能减排，积极应对日趋激烈的国际竞争和气候变化等全球性挑战，促进经济长期平稳较快发展的重要战略选择。[①] 现在，中国已经进入从中等收入国家向高收入国家迈进的关键行列，这一发展阶段面临着高收入国家在科技和高端产业方面的垄断优势，也面临着低收入国家在生产要素价格方面的竞争，如果不能全面提高产业竞争力，实现由投资驱动向创新驱动的转变，将有可能陷入"中等收入陷阱"。目前，中国虽有个别省份的人均GDP接近高收入国家的门槛，但人均收入与人均GDP的比例远低于高收入国家，究其原因，主要在于依赖大规模投资拉动经济增长产生的附加值较低，不利于劳动力要素的利益分配。因此，发展附加值较高、劳动带动能力强、以科技创新为驱动的战略性新兴产业是破解这一难题的重要途径。更进一步地，从产业发展角度而言，在需求不断变化和科技进步影响下，新兴产业逐步替代传统产业已成为产业发展的基本规律。发达国家的成功

---

① 国务院办公厅：《国务院关于印发"十二五"国家战略性新兴产业发展规划的通知》，http://www.gov.cn/xxgk/pub/govpublic/mrlm/201207/t20120720_65368.html，2012-07-09。

经验显示，谁在科技创新和培育新经济增长点方面占据优势，谁就能掌握发展的主动权。因此，各国都在努力寻找推动下一轮经济增长的新引擎，把争夺经济科技制高点作为战略重点，把科技创新投资作为最重要的战略投资，把发展高技术及产业作为带动经济社会发展的战略突破。①

基于这一理念，国务院总理温家宝在2009年5月召开的财政支持新能源与节能环保等新兴产业发展工作座谈会上强调：要不失时机地发展战略性新兴产业，培育新的经济增长点。②自此，"战略性新兴产业"的概念被正式提出。2009年9月，温家宝总理连续召开三次新兴战略性产业发展座谈会，听取经济、科技专家的意见和建议，指出战略性新兴产业的发展是中国立足当前、着眼长远的重大战略选择，正确选择和发展新兴战略性产业是中国的重要任务，确定战略性新兴产业直接关系中国经济社会发展全局和国家安全。③在2009年12月召开的中央经济工作会议上，战略性新兴产业成为备受关注的新亮点。会议明确提出，要发展战略性新兴产业，推进产业结构调整；要抓紧研究提出培育中国战略性新兴产业的总体思路，强化政策支持，加大财政投入，培育新的经济增长点；要把推动自主创新与培育战略性新兴产业结合起来，努力实现创新发展。④2010年3月，温家宝总理在政府工作报告中再次指出：大力培育战略性新兴产业，在未来的经济发展中要加大对新能源、新材料和节能环保、生物育种、新医药、信息网络和高端制造产业的投入和政策支持，逐步使中国经济和企业发展走上创新驱动、内生增长的轨道。2010年10月，国务院出台了《关于加快培育和发展战略性新兴产业的决定》，阐述了中国加快培育和发展战略性新兴产业的重要意义，明确提出了要重点发展节能环保、新一代信息技术、生物、高端装备制造、新能源、新材料和新能源汽车七大战略性新兴产业，并确定了中国战略性新兴产业发展的重点方向、主要任务和扶持政策。

对比分析不难发现，中国选择的战略性新兴产业与发达国家基本一致，与其他几个发达国家相比，中国所选战略性新兴产业主要都集中在高端制

---

① 李俊：《发展新兴战略性产业正当其时》，《证券时报》2009年11月7日。
② 李丽辉：《不失时机地发展战略新兴产业》，http://finance.people.com.cn/GB/9344438.html，2009-05-22。
③ 国务院办公厅：《温家宝主持召开三次新兴战略性产业发展座谈会》，http://www.gov.cn/ldhd/2009-09/22/content_1423493.html，2009-09-22。
④ 赵永新：《战略性新兴产业异军突起》，http://paper.people.com.cn/rmrb/html/2010-02/04/nw.D110000renmrb_20100204_7-03.html，2010-02-04。

造、信息技术、生物制造、新能源新材料等，这表明这些行业将是中国和世界发达国家展开竞争和角逐的重点领域。

三 研究价值

论及战略性新兴产业，需要明确战略性新兴产业的含义。战略性新兴产业，既是战略性产业，又是新兴产业，一个产业之所以能被称为战略性新兴产业，首先应该是新兴产业，且同时具备战略性产业和新兴产业的共同特质。不同的时代背景下，战略性产业和新兴产业的内涵是有区别和差异的，应结合战略性新兴产业的产生背景，动态地理解战略性新兴产业的特征。在科学技术高度发达，产业结构不断革新、不断升级，中国建设制造强国的大背景下，战略性新兴产业应该同时具备五个方面的特征：（1）符合现代生产力标准，增长速度较快；（2）具有一定的可持续性；（3）新兴性、前瞻性；（4）具备很强的带动效应和渗透力；（5）增长潜力大，综合效益好。研究战略性新兴产业具有重要的理论意义和实践意义。

战略性新兴产业的培育和发展涉及发展路径、空间布局、竞争实力、风险控制、市场模式等诸多产业理论问题，研究中国战略性新兴产业可以丰富产业生命周期理论、创新理论、产业链理论、产业集聚理论、企业成长理论、产业竞争理论等，研究成果具有重要的学理价值。特别是在中国经济发展新常态下，运用计量分析方法探讨战略性新兴产业的技术效率、产业链、资源有效配置等，这也拓宽了经济计量学的应用领域，丰富了经济计量分析理论。

战略性新兴产业的发展对于中国加快经济增长方式转变，调整产业结构，实现可持续发展，使经济社会真正走上创新驱动的轨道具有重大的战略意义。这不仅是立足当前、调整结构、转变发展方式的有力手段，同时也是面向未来、着眼长远、引领全国各省（市、区）经济社会全面协调可持续发展的重大战略部署。特别是2016年3月，中国公布的《中华人民共和国国民经济和社会发展第十三个五年规划纲要》再次强调：瞄准技术前沿，把握产业变革方向，围绕重点领域，优化政策组合，拓展新兴产业增长空间，抢占未来竞争制高点，使战略性新兴产业增加值占国内生产总值比重达到15%。这充分说明了战略性新兴产业对中国经济增长和产业结构调整的重要性。本书将紧扣中国产业发展实践，从不同角度分析中国战略性新兴产业当前在全球价值链中的地位，多角度研究战略性新兴产业的空间布局、发展路径，思考促进战略性新兴产业快速发展的对策建议，促使中国形成各具特色、优势互补、结构合理的战略性新兴产业协调发展新格局，其重要的实践意义是不言而喻的。

第二节 产业区位理论及研究成果

研究战略性新兴产业，重要的理论铺垫是产业区位理论、均衡与非均衡理论、产业集聚理论、产业效率理论等。产业区位理论包括韦伯工业区位理论、中心地理论、市场区位理论以及行为学派理论和社会学派理论等，这些理论对中国战略性新兴产业的空间布局具有重要的指导意义。

一 产业区位理论

产业区位理论最早可以追溯到19世纪的德国经济学家杜能（Thunen）[①]提出的"杜能环"。杜能最早指出，距离城市远近的地租差异即区位地租或经济地租，是决定农业土地利用方式和农作物布局的关键因素。杜能从成本和运费来考虑企业的布局，开启了区位理论研究的先河。此后，区位研究出现了韦伯工业区位理论、克里斯泰勒中心地理论、廖什市场区位理论、史密斯行为学派理论和社会学派理论等。

（一）韦伯工业区位理论

1909年，德国经济学家与社会学家阿尔弗雷德·韦伯（Alfred Weber）[②]提出工业区位理论，其核心思想是企业如何选址和布局。韦伯确定运输费用、劳动力费用和集聚因子为决定生产区位的三大主导因子，并分三个阶段构建了其工业区位理论。第一阶段是假定不存在运输费用以外的区域成本差异，影响工业区位的因子就是运输费用，运输费用最低点就是工业布局的初优区位；第二阶段是加入劳动力费用因子的影响，运输费用和劳动力费用合计为最小时的区位则是最优区位，也即当总节约的运费小于节省的劳动力费用时，工厂会放弃最小运费位置，移向劳动力廉价的地区；第三阶段是再加入集聚因子，当集聚获得的利益大于企业因集聚而增

---

① 杜能，德国经济学家，是现代西方区位理论的先驱，其《孤立国》是第一部关于区位理论的名著。他研究了孤立国的产生布局，充分讨论了农业、林业、牧业的布局，也探讨了工业的布局。他根据当时德国农业和市场的关系，摸索出因地价不同而引起的农业分布现象，创立了农业区位理论。

② 阿尔弗雷德·韦伯，德国经济学家、社会学家和文化理论家，他在1909年出版的《工业区位论》中创立了工业区位理论，深刻地影响了现代经济地理学的发展。

加的运输费用和劳动力费用之和时，企业将从运输费用和劳动力费用最低点迁至集聚最佳区位。

韦伯首先把数学推理和区位模式应用于经济地理学，可以说他是现代计量地理学研究工业配置问题的先驱，他运用"区位因子"进行工业区位分析，并把研究重点放在运输费用、劳动力费用和集聚三大主导因子上，建立了经典的工业区位理论体系，对当代的工业布局仍有重要指导意义。但是，韦伯过高地估计了三大因子的作用，忽视了经济、社会、文化、技术、历史等因素的影响。而且在产业布局中，只考虑最小成本，忽视了产品价格与销售量的关系对区位的影响，过于关注最小成本而忽视最大利润问题。

由于韦伯工业区位理论的特点是立足于单一的企业或中心，着眼于成本、运输费用最省，并不考虑市场因素对产业布局的影响，因此，这一工业区位理论也被称为成本学派。自韦伯提出工业布局理论以来，大量的学者开始研究产业的区位选择，由于当时还处于资本主义发展的初期，经济水平比较落后，市场也没有扩大，所以，韦伯以成本为目标的区位选择很好地解释了如何进行产业布局的问题，体现了重要的学术价值和应用价值。

(二) 克里斯泰勒中心地理论与廖什市场区位理论

中心地理论产生于 20 世纪 30 年代，由德国地理学家克里斯泰勒 (W. Christaller)① 在 1933 年提出，是以利润为目标研究城市空间组织和布局的一种区位理论。在西欧工业化和城市化迅速发展时期，克里斯泰勒通过对德国南部城市和中心聚落的调查研究后发现，中心地在职能、规模和空间形态分布上具有一定的规律，市场、交通和行政三个原则会影响中心地空间分布形态，从而形成不同的城镇等级系统，他采用六边形图式对城镇等级与规模关系进行了概括。②

1940 年，德国经济学家奥古斯特·廖什 (A. Losch)③ 在克里斯泰勒中心地理论的基础上，提出了市场区位理论。④ 廖什认为，工业区位应该选择

---

① [德] 克里斯泰勒，中心地理论的提出者。中心地理论又称"中心地学说"，是研究城市空间组织和布局时探索最优化城镇体系的一种城市区位理论。
② [德] 克里斯泰勒：《德国南部中心地原理》，商务印书馆2010年版。
③ [德] 奥古斯特·廖什，德国经济学家，1940年出版了《经济的空间秩序》，进一步发展了工业区位理论，从而形成廖什的市场区位理论。
④ [德] 奥古斯特·廖什：《经济空间秩序》，商务印书馆2010年版。

在能够获得最大利润的区域，工业区位选择不仅要考虑成本还要考虑销售，也就是区位选择受到消费者和供给者的共同影响。他把利润最大化与产品的销售范围联系在一起，认为单个企业的市场区位最初是以产地为圆心、最大销售距离为半径的圆形，因为产品价格会随距离增大而提高，造成需求量的递减。通过自由竞争，圆形市场被挤压，最后形成了六边形市场区位，也就是当空间区位达到均衡时最佳的空间范围是正六边形。而对于多个企业并存的区域，在人口分布均匀的情况下，每种工业产品会形成大小相同的六边形市场区位，从而整个市场区域被分成各种各样的六边形市场网。这些市场网复杂地交织在一起，在整个地域上构成了以六边形为单位的市场网络。随着总需求量的滚动增大，各种市场区位的集结点逐步成长为一个大城市，根据距离交通线的远近，形成了近郊经济密度的稠密区和稀疏区。

廖什还在市场需求上解释了区位的选择，阐述了依赖于市场区位以及规模经济和交通成本的节点区，分析了市场区位存在的原因。廖什将区位分析从单纯的生产扩展到了市场，并将单个厂商为主的分析扩展到了整个产业分析的链条，进一步发展了区位理论。

（三）史密斯行为学派理论和社会学派理论

史密斯行为学派理论的主要思想是：考虑和分析人的主观因素对产业区位选择的影响。该理论认为，影响产业布局的因素复杂多样，追求最佳区位是不现实的，应该寻求最满意的厂址而不是最佳的厂址。这一学派的代表人物是史密斯（D. M. Smith）[1]和普雷德（A. Pred）。[2]史密斯对于产业布局的观点是，在空间界限内，企业布局不一定要追求利润最大化，只要能够得到最大的满意度就可以；空间的费用或收入能够反映出工业布局的形态，费用曲线或者收入曲线的倾斜程度越大，工业越集中；相反则表现为分散的倾向。普雷德使用行为矩阵来研究产业区位的选择，强调非最佳化行为和不完全信息对区位选择的影响。区位决策，是决策者以占有信息量的多少和通过对信息的判断与加工所做的选择。因此，普雷德认为，决策者的信息占有量以及利用信息的能力，决定了厂商进行怎样的区位决

---

[1] 史密斯，美国经济学家，收益性空间界限分析理论的创立者，主张寻求最满意的厂址而不是最佳的厂址。

[2] 普雷德，美国地理学者，行为学派的代表人物，其代表作是《行为与区位》，他认为，区位决策的合理与否，均取决于在决策时信息的占有量以及决策者的信息利用能力。

策以及该决策是否合理。

社会学派理论的核心是强调政府干预区域经济发展。社会学派认为，政府政策、国防和军事原则、人口迁移、市场变化、居民储蓄能力等因素都不同程度地影响着区位的选择。与其他因素相比，社会经济因素日益成为最重要的影响因素。

早先的韦伯工业区位理论主要从微观角度研究企业选址问题，后来的克里斯泰勒中心地理论和廖什市场区位理论则将企业微观选址扩展到产业宏观布局，而行为学派和市场学派则将区位理论发展到区位的宏观动态平衡。不同时期、不同的学派和学者对影响产业布局的因素选择、影响程度大小的判断并不一致，故而理论发展的轨迹是从一步步放松假设条件，一步步扩大研究对象，由静态到动态推进的。

二 区位研究成果

（一）产业区位状况研究

依据产业区位理论，研究战略性新兴产业布局的成果可以分为三类：一是研究战略性新兴产业布局状态以及如何布局；二是测度战略性新兴产业布局状态和特点；三是研究战略性新兴产业布局的趋同性。

关于中国战略性新兴产业的空间布局研究，代表性成果有：李金华（2015）运用计量方法研究发现，中国战略性新兴产业主要分布在长三角、珠三角、环渤海以及东北、中部、西南的部分地区，据此认为，未来中国战略性新兴产业的布局要注重效率，兼顾均衡，依托资源优势，通过产业转移，加强对中西部地区战略性新兴产业资源的投入。王宏起、苏红岩、武建龙（2013）构建了战略性新兴产业空间布局指标体系，设计了战略性新兴产业空间布局模型，据此研究了中国航空航天器制造业的空间布局问题。杨英、张浩良（2012）讨论了战略性新兴产业空间布局的三种基本模式，在此基础上运用因子分析法和聚类分析法对广东省战略性新兴产业的空间聚类进行实证研究，从布局机制、布局模式、布局区位以及布局策略等方面为科学布局广东省战略性新兴产业提出了政策建议。赵志泉（2011）认为，战略性新兴产业布局必须重点关注三个方面的问题：（1）通过产业、技术和市场维度识别战略性新兴产业；（2）通过规划和分类指导，破解战略性新兴产业的人力资源供给"瓶颈"；（3）协调好战略性新兴产业与传统优势产业的关系。

此外，有些学者还研究了当下中国战略性新兴产业布局的状态及其特征。如张琳彦（2015）运用空间自相关方法研究了中国 31 个省（市、区）战略性新兴产业空间分布的现状和集聚特点，发现中国战略性新兴产业在空间上表现出显著的集聚特征，省（市、区）之间存在着空间异质性，两极格局比较明显，多数省（市、区）还处于低水平发展阶段。刘艳（2013）运用 EG 指数对中国战略性新兴产业的集聚变动进行了研究，分析了 2003—2010 年中国战略性新兴产业集聚度的变化情况。高丽娜、卫平（2012）利用修正后的 EG 指数实证研究了高端制造业的空间结构变动情况，发现高端制造业集聚空间结构呈现出聚集和扩散两者并存的特性，东部沿海地区是高端制造业的主要集聚地，中西部地区的河南、河北、湖北和四川成为产业扩散的主要承接地。

  战略性新兴产业空间布局研究的另一个重要问题是趋同性。凌捷（2013）引入总部经济概念，研究了战略性新兴产业发展中的产业布局雷同问题，提出要将总部和生产制造基地分离以促进不同空间的资源配置，缓解战略性新兴产业间同构无序竞争等问题。他主张，在总部经济发展的背景下，应该从完善战略性新兴产业总部经济发展规划，探索总部经济竞争与合作机制，整合政府和社会力量三个方面来促进战略性新兴产业空间布局的优化，推动其科学发展、可持续发展。徐鑫等（2015）通过归纳整理各地区规划中确定的新兴产业发展规模和重点，借助莫兰指数（Moran's I）对产业空间布局进行相关性分析。研究发现，各地在培育新兴产业过程中过分重视速度和规模，进而导致了产业趋同化严重，产业选择与区位优势结合不紧密。据此建议国家应宏观引导，通过区域优势塑造、跨区域合作、抓环节等方式推动新兴产业合理布局和健康发展。韦福雷、胡彩梅（2012）以中国 30 个省（市、区）战略性新兴产业发展规划为基础，运用空间计量经济方法对中国七大战略性新兴产业的空间布局进行了研究，提出了促进中国战略性新兴产业合理布局和健康发展的政策建议。

（二）布局影响因素研究

  关于战略性新兴产业集聚影响因素的代表性研究成果主要有：席艳玲、吉生保（2012）运用新经济地理理论，研究了交通便利度、规模经济和人力资本对战略性新兴产业集聚的影响，发现这些因素作用明显，其中交通便利度对产业集聚的影响呈倒"U"形关系，且技术溢出和外商直接投资也是影响行业集聚的重要因素，前者表现出负外部性，后者则产生较为显著的正向影响。焦艳、石奇和王之军等（2013）构造了城市间空间关联的地理距离矩阵和经济社会矩阵，并将其引入空间自回归模型（SAR），从空间维度研究了长三角 16 个城市高新技术产业集聚的影响因素，发现长三角各城市高新技术产业集聚存在空间相关性，城市间的地理距离、经济社会联系能够有效地刺激高新技术产业集聚，地区间溢出、城市的创新能力、知识溢出、消费者需求对高新技术产业集聚均具有正向影响，政府行为中的对外开放度的影响为正，但政府干预过度及政策扶持过多的影响则为负。

张琳彦（2015）运用中国 31 个省（市、区）的 2010—2012 年的战略性新兴产业的相关数据，运用莫兰指数和空间面板数据模型，研究了中国战略性新兴产业的空间集聚现象及其影响因素，研究表明：中国战略性新兴产业存在明显的空间相关性，地区发展不平衡明显，呈现"东高西低"的态势；省域之间的战略性新兴产业集聚并没有溢出效应；消费者购买力、人力资本、产业关联和运输成本对中国战略性新兴产业集聚产生不同程度的正向影响，而创新能力、政府支持和开放程度对中国战略性新兴产业集聚的作用不显著。卢婷（2013）计算了中国战略性新兴产业的区位熵，发现战略性新兴产业区位熵值呈现出由东至西逐渐减小再提高的倒"U"形发展趋势；制造业呈集聚状态，服务业分布较为均衡；资本投入与技术水平对制造业与服务业集聚均具有正向影响，且对战略性新兴产业服务业集聚的影响高于制造业。

（三）布局效应研究

对于产业布局的效应，学者们多数研究布局对产业发展和生产率的影响。李英和杨明华（2011）分析了江苏省战略性新兴产业空间分布的现状，发现战略性新兴产业空间集聚对江苏省经济增长具有正向影响。任志成（2013）研究了战略性新兴产业的集聚过程，发现马歇尔外部性是新兴产业成长的重要动力，而人力资本与新兴产业成长之间存在"墙内开花墙外香"的现象，即本省人力资本对新兴产业产值和主营业务收入的影响不显著，而相邻省份人力资本的外溢却能促进新兴产业的成长；动态空间面板数据模型的结果显示，"干中学"和研发经费的投入对新兴产业的成长也有积极意义。

还有学者研究过战略性新兴产业布局对生产率的影响。吕岩威、孙慧（2014）使用 2003—2010 年的面板数据，对中国战略性新兴产业技术效率及其影响因素进行了研究，结果表明，企业规模和产业集聚度对中国战略性新兴产业技术效率具有正向的促进作用。赵玉林等（2012）从产业组织优化角度，通过建立战略性新兴产业集聚发展影响因素的回归模型，揭示了影响高新区集聚效应的四个因素，设计了提升战略性新兴产业集聚效应的产业组织优化模式。这些成果为后文研究战略性新兴产业的生产率效应以及技术进步、技术效率等问题提供了有益的借鉴。

第三节 均衡、非均衡理论及研究成果

均衡与非均衡理论包括增长极理论、点轴理论、地理性二元经济结构理论、梯度发展理论等，它是研究产业区位、产业结构和产业发展的重要理论基础。

一 均衡与非均衡理论

（一）增长极理论

增长极理论，是法国经济学家弗朗索瓦·佩鲁（Francois Perroux）[①] 在20世纪50年代提出的。此后，法国地理学家鲍德维尔（J. R. Boudeville）和美国发展经济学家阿尔伯特·O. 赫希曼（Albert Otto Hirschman）又对该理论作了进一步的完善。该理论的核心是增长极，它认为，区域增长以不同的强度会首先出现于一些增长点或增长极上，而不是在许多地方同时出现，然后通过不同的渠道向外扩散，从而促进整个经济的发展。佩鲁认为，增长极是由具有创新能力或主导部门的企业或行业在某些地区或城市聚集而形成的经济中心，该经济中心具有生产、贸易、金融、信息决策及运输等多种功能，资本与技术高度集中，规模经济效益显著，而且会对相邻地区产生吸引或辐射作用，从而带动其他部门和地区经济增长。故此，佩鲁主张政府应出台相关政策，积极干预区域产业布局，促进产业发展。

增长极理论的重要观点是：越是不发达的地区，越是要通过强有力的政府计划和财政支持，有选择地在特定地区或城市形成增长极，使其充分实现规模经济并确立其在国家经济发展中的优势和中心地位；要通过市场机制的引导，使增长极的经济辐射作用得到充分发挥，并从邻近地区开始，逐步带动增长极外的地区经济共同发展。

（二）点轴理论

点轴理论，是波兰经济学家萨伦巴和马利士在增长极理论的基础上提

[①] 弗朗索瓦·佩鲁，法国经济学家，1955年佩鲁提出"发展极"理论，1982年又提出"新发展观"，认为社会要可持续发展。

出的一种非均衡布局理论，该理论认为，点轴开发模式中的点是集中在较好区位的经济中心，即增长极理论中的增长极。随着经济的不断发展，轴线形成，就是将点（增长极）与点之间的动力供应线、交通线路、水源供应线等相互连接起来形成的线。尽管轴线开始是服务于区域经济中心的，但轴线会吸引人口、产业在其两侧集聚，从而产生新的增长点。点轴理论将产业布局由点转向了轴线，即发达地区的增长极沿交通线向不发达地区纵深推移，在许多点轴的相互交织下，就构成了网络。随着区域网络的完善，增长极会向周围地区扩散，地区经济逐渐趋于均衡。点轴理论不仅解析了经济发展过程和集聚过程，更重要的是提供了一种极化方向和时序控制的模式。

点轴理论揭示了区域经济发展的不均衡性，对于不发达地区来说，政策制定者可通过增长极配置资源要素，进而发挥轴线的功能带动整个地区经济发展。实践中，应先确定中心城市和生长轴的发展时序，而后确定中心城市的等级体系，最后逐步向不发达地区转移扩散。

（三）地理性二元经济结构理论

地理性二元经济结构理论，是诺贝尔经济学奖得主瑞典经济学家卡尔·冈纳·缪尔达尔（Karl Gunnar Myrdal）[①] 提出的。该理论认为，不发达地区在产业布局上应采取非均衡的布局战略。一般情况下，大量生产要素流入会使发达地区的经济得以更快地发展，从而使发达地区与不发达地区的差距进一步拉大。当发达地区的产业过度集聚，即产业集中超过一定限度时，规模效益就会呈现递减趋势，从而引起发达地区的生产要素，如劳动力、资本和技术向不发达地区转移，给不发达地区带来发展机遇，故非均衡产业布局适合不发达地区。经过一段时间后，当不发达地区的一部分地区先富起来时，为了缩小全地区之间的贫富差距、维护经济相对平衡发展，政策制定者应转向均衡发展战略，以鼓励不发达地区的快速发展，实现全地区的共同富裕。

（四）梯度发展理论

一个地区发展水平的高低，取决于该地区支柱产业或战略性产业在生命周期中所处的阶段，当一个地区的支柱产业处于成熟期而战略性产业处于成长期时，该地区的经济一般是较为发达的；而当一个地区的支柱产业

[①] 卡尔·冈纳·缪尔达尔，瑞典学派和新制度学派以及发展经济学的主要代表人物之一。

已经是衰退产业时,这一地区的经济会比较落后。梯度发展理论的主要思想是通过梯度转移促进经济发展。

均衡与非均衡理论是从国家角度来布局产业,主要阐述产业在整个国家布局的模式。一般在经济落后地区,根据地理性二元经济结构理论,国家应该选择一些地区作为增长极进行点状布局,在产业继续发展过程中,产业会发生扩散,由于基础设施等交通环境的改善,从而在扩大的地区实行点轴布局。一旦产业发展起来,经济水平将会提高,此时应该采用集群发展模式或者根据梯度发展理论向周边地区进行转移,实现地区共同发展。均衡与非均衡发展理论从国家角度给出产业布局模式,如中国在沿海地区选择的增长极模式,后来在珠三角、长三角、环渤海地区选择的点轴布局模式等。

二 均衡与非均衡研究成果

国内对战略性新兴产业集群研究的重点主要是产业链、价值链、创新性等。如胡星(2011)[①]认为,科技园区是战略性新兴产业集群衍生和发展的载体,而产业集群又使科技园区更富生机与活力,两者相互促进、良性发展。推动园区经济向集群经济转变,是战略性新兴产业发展的趋势。刘兵等(2012)[②]研究了湖南省核电产业集群供应链,发现湖南省核工业基础较好,不仅有集群发展的良好机遇,而且有比较合适的集群与产业链延伸条件,应引导集群创新平台与协调体系建设,培育优势集群产业链,推动核工业园建设。

喻登科等(2012)[③]认为,战略性新兴产业集群应以物联网、价值链、知识链为媒介协同发展,他们设计了单核、多核和星形产业集群协同发展模式,提出了促进战略性新兴产业集群协同发展的策略。刘志阳、程海狮(2010)[④]从创业扩散的视角,研究了战略性新兴产业集群的形成机理,探讨了衍生式、裂变式和复制模仿式创业扩散模式对龙头型集群、核心企业型集群和横向产业型集群形成的机理。马宁等[⑤](2011)探讨了太阳能产

---

① 胡星:《依托科技园区推动战略性新兴产业集群发展》,《经济研究导刊》2011年第31期。
② 刘兵、汪听、王铁骊、陈甲华:《湖南战略性新兴产业集群发展的组织模式研究——关于湖南核电产业集群供应链发展的思考》,《南华大学学报》2012年第2期。
③ 喻登科、涂国平、陈华:《战略性新兴产业集群协同发展的路径与模式研究》,《科学学与科学技术管理》2012年第4期。
④ 刘志阳、程海狮:《战略性新兴产业的集群培育与网络特征》,《改革》2010年第5期。
⑤ 马宁、董俐:《全球价值链下的太阳能光伏产业研究》,《中国市场》2011年第23期。

业价值链的治理模式，分析了全球光伏产业价值链的两种驱动力：政府主导的采购商驱动和市场驱动，揭示了中国光伏产业由于缺乏自主核心技术导致中国产业链发展不平衡、产品附加值低的原因，并就此提出在全球价值链环境下光伏产业的升级策略。

李扬、沈志渔（2010）[1] 分析了中国战略性新兴产业集群的四个创新元素，即战略性新兴产业集群的内涵、创新发展条件、创新发展过程和创新发展政策，其中创新发展过程和创新发展政策均以创新发展条件为基础。他们在阐释战略性新兴产业集群创新发展规律的基础上，分别对生物医药、新能源和新材料三种典型的战略性新兴产业集群进行了比较，验证了战略性新兴产业集群创新发展规律。施卫东、金鑫（2010）[2] 以中国风电发展历程为研究对象，分析了集群创新对中国风电产业发展的影响，并采用2006—2008年21家风电机组制造企业生产信息和行业集中信息的数据，来估计集群创新中技术创新与知识扩散对风电企业产出的影响能力，并比较了知识扩散的影响在不同性质企业之间的差异，进而提出了相关政策建议。

肖江平（2011）[3] 探讨了培育战略性新兴产业集群的制约因素，提出了构筑中国战略性新兴产业集群的政策支撑体系。张庆丰（2011）[4] 根据战略性产业集群的特点，探讨了打造战略性新兴产业集群的十项措施。刘红霞（2011）[5] 基于战略性新兴产业集群的特点，提出了战略性新兴产业集群建设的建议。王永富（2012）[6] 分析了广西战略性新兴产业集群对提升地区经济竞争优势的重要作用，探讨了广西战略性新兴产业集群发展面临的机遇和存在的问题，据此提出了发展产业集群的相关政策和建议。姚芸芸等（2012）[7] 基于中国战略性新兴产业特征，研究了当前中国私人风险资本和公共风险资本对战略性新兴产业集聚的影响，提出了促进战略性

---

[1] 李扬、沈志渔：《战略性新兴产业集群的创新发展规律研究》，《经济与管理研究》2010年第10期。

[2] 施卫东、金鑫：《集群创新对我国风电产业发展的影响——基于风电企业面板数据的实证分析》，《经济管理》2010年第2期。

[3] 肖江平：《如何构筑我国战略性新兴产业集群的政策支撑体系》，《商业时代》2011年第4期。

[4] 张庆丰：《打造战略性新兴产业集群的十项措施》，《产业经济》2011年第8期。

[5] 刘红霞：《战略性新兴产业集群建设问题思考》，《商业时代》2011年第26期。

[6] 王永富：《广西构筑战略性新兴产业集群的对策研究》，《改革发展》2012年第26期。

[7] 姚芸芸、蔺楠、余淑萍：《我国战略性新兴产业集群公共风险资本与私人风险资本介入研究》，《科技进步与对策》2012年第19期。

新兴产业集聚、有效控制投资风险的对策。

如上述关于战略性新兴产业布局的测度、布局的影响因素、布局的效应以及产业集群的研究多数都是从政府的角度进行思考的，而较少涉及具体的优化建议，这给他人的研究留下了空间，但这些成果的借鉴意义却是不能被忽视的。

第四节　产业集聚、比较优势理论及研究成果

产业集聚思想最早由阿尔弗雷德·马歇尔（Alfred Marshall）[①]提出，韦伯也把产业集聚效应作为产业布局的三个主导因子之一，后来克鲁格曼建立了中心—外围模型（CP）以解释产业集聚形成机制。这构成了经典的产业集聚理论和比较优势理论。

一　产业集聚理论和比较优势理论

（一）产业集聚理论

产业集聚理论的雏形来源于古典经济学的分工思想。斯密认为，劳动分工是增进国民财富的根源，他不仅阐释了分工的生产方式以及提高劳动生产率、产业分工效率的原因，还归纳了分工的类型，如企业内分工、企业间分工和产业分工等。企业间的分工便是企业集聚形成的基础，这种分工的存在，使企业集聚拥有了效率优势。

18世纪90年代，马歇尔[②]开始关注产业集聚问题，他发现，集中在一起的厂商比单个孤立的厂商更有效率，并提出了"外部经济"和"内部经济"概念。他把企业在特定地区形成的集群称为"产业区"，认为企业集群是因为外部规模经济所致。他在分析许多性质相似的小型企业集中在特定地方的原因时指出，当一种产业选择在某个地方发展时，是会长久设在那里的，因为制造方法、企业的发明以及新的思想源泉都可以迅速扩散，为这些小型企业吸收所用，甚至辅助的行业，如供给原料、工具，提供运输等的行业也会快速地在附近地区兴起。马歇尔认为，"产业区"具有六个

[①]　阿尔弗雷德·马歇尔，近代英国最著名的经济学家，新古典学派创始人，剑桥大学经济学教授，19世纪末和20世纪初英国经济学界最重要的人物。在马歇尔的努力下，经济学从仅仅是人文科学和历史学科的一门必修课发展成为一门独立的学科，具有与物理学相似的科学性。剑桥大学在他的影响下建立了世界上第一个经济学系。

[②]　[美]阿尔弗雷德·马歇尔：《经济学原理》，湖南文艺出版社2012年版。

特征：(1) 与当地社区同源的价值观念系统和协同创新的环境；(2) 生产垂直联系的企业群；(3) 最优的人力资源配置；(4) 产业区的不完全竞争市场；(5) 竞争与协作并存；(6) 富有特色的本地信用系统。继马歇尔之后，产业集聚理论得到了较大发展，其中，影响力较大的有区位集聚理论、创新产业集聚论、新产业区位理论和竞争优势集聚论等。

杜能最早将区位引入产业布局经济学，他在假定市场是完全竞争的情况下，推断出一个产业沿中心市场环形分布的生产布局。由于这一模型对外生的中心市场的依赖性，不能解释产业布局演变的内生机制，因此区位产业布局经济学没有得到长久的发展。20世纪初，韦伯[①]放弃了杜能的外生中心市场假设，以"费用最小的区位是最好的区位"为前提，提出了工业区位理论。他提出，决定企业家选择区位的原则是运输费用、工资成本和生产密度（集聚经济）。胡佛（1948）[②] 在《经济活动的区位》中将集聚经济视为生产区位的一个变量，从而把企业群落产生的规模经济定义为某产业在特定地区的集聚体的规模所产生的经济。他认为，任何产业都有单个区位的规模经济、单个公司的规模经济和某个区位的集聚体的规模经济。胡佛还认为，自然资源优势、集中经济和交通运输成本是决定区域产业的基本因素。

20世纪50年代，经济学家的目光转向了研究产业集聚的宏观方面，其中较为典型的是罗森斯坦·罗丹（1943）提出的"大推进"理论，即通过对某一地区的大规模投资，可以诱发乘数效应，推动该地区的经济增长。佩鲁（1955）[③] 提出了增长极概念，认为经济空间不受地理空间的约束，他在研究引发经济增长的相关产业的特征时，发现经济增长是促进产业集聚的动力，生产的集聚及其辐射能够带动经济增长。鲍德维尔（1966）[④]、汉森（1967）[⑤] 等对增长极理论进行了详细的阐述：在一个区域内投资建

---

① [美] 阿尔弗雷德·韦伯：《工业区位论》，商务印书馆1997年版。
② [美] 埃德加·胡佛：《区域经济学导论》，商务印书馆1990年版。
③ Perroux, F., 1971, *Note on the Concept of Growth Poles* [A]. In: Livingstone, I. (ed). *Economic Policy for Development: Selected Reading* [C]. Harmondsworth: Penguin Books Ltd., pp. 278 – 289.
④ Boudeville, J. R., 1966, *Problems of Regional Economic Planning* [M]. Edinburgh University Press.
⑤ Hansen, N. M., 1967, *Development Pole Theory in a Regional Context* [J] .4 (20), pp. 709 – 727.

立或嵌入推动型产业之后会形成集聚经济，通过乘数效应而带动其他产业的发展，并带动周围其他区域甚至全国经济的增长。到20世纪八九十年代，国外学者更注重采用综合性方法来讨论空间问题，其中最有代表性的是哈佛商学院教授波特（1998）[①]的《产业集群与新竞争经济学》。波特运用"钻石模型"，从创新和竞争优势角度研究产业集聚的成因。

早在1890年，马歇尔就开始关注产业集聚现象。马歇尔认为，产业集聚[②]是由于企业为了获取外部规模经济。在古典经济学框架下，马歇尔以完全竞争、收益不变假设为前提进行研究，发现规模报酬不变的企业因整个行业的发展可以获得规模报酬递增。他认为，产业集聚的四个来源是劳动力市场共享、专业化投入、服务设施共享和知识外溢。尽管马歇尔的论述对产业集聚现象的解释并没有明确的数理推导和模型挖掘，但其思想对后来产业集聚、产业区位理论以及产业集群、新经济地理都产生了深远的影响。

尽管产业集聚一直被经济学家青睐，但却始终被排除在主流经济学之外，直到新经济地理学出现，空间因素才进入主流经济学家的视野。保罗·R.克鲁格曼（Paul R. Krugman）[③]在同质空间假设下，以规模报酬递增和不完全竞争为基础，借助D—S模型和冰山运输成本构建了产业集聚内生机制的中心—外围模型。他发现，在一个偶然因素下，初始平衡被打破，通过本地市场效应，在一个较大规模市场上，市场需求份额增加将导致一个更大比例的产出份额增加，结果是众多产业在该地区集聚起来。克鲁格曼认为，产业集聚的原因有三个方面：外部经济、市场需求和交通运输条件。关于运输成本对产业布局的影响，克鲁格曼根据集聚的循环因果关系推导出，不同的运输成本变化下产业布局会形成不同的均衡。1980年，克鲁格曼在研究国际贸易问题时提出了本地市场效应的概念，即世界存在报酬递增和贸易成本时，那些拥有相对较大国内市场需求的国家将成为净出口国。换句话说，如果某一地区市场需求较大，则产业趋向在此地布局。克鲁格曼认为，本地市场效应是引起经济活动集聚的重要因素。而且，在现有文献中，验证本地市场效应的存在性已经成为空间经济研究的一个新

[①] Michael E. Porter, 1990, *The Competitive Advantage of Nations* [M]. New York: Macmillan.
[②] ［英］马歇尔：《经济学原理》（全两卷），朱志泰等译，商务印书馆1997年版。
[③] 保罗·R.克鲁格曼，美国经济学家，新经济地理学的创始人，1991年获赛克拉克经济学奖，2008年获诺贝尔经济学奖。克鲁格曼的主要研究领域是国际贸易、国际金融、货币危机与汇率变化理论。

领域。

新经济地理理论中的外部性是指产业关联,下游厂商的聚集会构成上游厂商较大需求的市场区;本地市场效应的存在会导致产业之间的后向联系加强,从而促进产业集聚。另外,在同一区域内,若存在大量上游厂商,则下游的厂商运输成本和中间投入品的供应成本将会降低,而且当中间投入品的供应是多样化时,厂商有内在的冲动集聚向该地区布局,即前向联系。在产业关联下,通过循环累积因果机制,一定产业规模的地区将逐渐放大和巩固这一优势,进而导致区域产业呈现核心—边缘分布格局。

新经济地理学对产业内贸易、资源禀赋(区位条件、交通可达性、土地利用方式、地租开支等)相似的国家产业布局的不同问题给出了很好的解释,为经济地理学的发展做出了巨大贡献。而且在中心—外围模型基础上,新经济地理学还建立了关于城市体系的空间模型,催生了新新经济地理学的诞生。但是,在解释产业集聚现象时,克鲁格曼新经济地理学主要强调外部规模经济的产业关联性对产业集聚的影响,并未考虑技术外部性,也未能解释技术在促进产业增长、区域发展和经济全球化中的作用。此外,新经济地理学对于空间集聚的分析完全依托于初始条件、偶然性和路径依赖而忽视自然、文化、社会及制度等方面对产业布局的影响,这对于产业集聚现象的解释是不够全面的。

(二) 比较优势理论

产业布局的比较优势理论有亚当·斯密(Adam Smith)[①] 的绝对比较优势理论、大卫·李嘉图(David Ricardo)[②] 的相对比较优势理论,以及赫克歇尔—俄林(Heckscher - Ohlin)的生产要素禀赋理论。根据斯密绝对比较优势理论,产业应布局在生产成本最低的区域。李嘉图相对比较优势理论则认为产业应布局在相对优势最高的地区。

无论是斯密的绝对比较优势理论还是李嘉图的相对比较优势理论,它们都是依据劳动生产率来分析不同国家或地区产业布局的。但是,不同地域的劳动生产率出现差异的原因并没有得到解释。1919 年,瑞典经济学家

---

① 亚当·斯密,现代经济学的主要创立者,被尊称为"现代经济学之父"和"自由企业的守护神"。

② 大卫·李嘉图,英国古典政治经济学的代表,古典经济学理论的完成者,古典学派的最后一名代表,最有影响力的古典经济学家。

埃利·F. 赫克歇尔（Eli F. Heckscher）①为了解释这种差异，提出了生产要素禀赋理论。他的理论有这样一个核心观点：产品的生产不仅与一个区域的要素资源的禀赋有关，同样也会受到该产品在生产过程中对不同资源要素的耗费比例的影响。

贝蒂尔·俄林（B. Ohlin）在赫克歇尔的基础上做了进一步研究。他发现，生产率差异主要体现在自然条件的差异、资本的差异、劳动力的差异、技术水平的差异、企业经营管理水平的差异上。上述生产要素的差异导致了不同区域生产率的不同，进而产生了产业分工。

按照赫克歇尔—俄林理论，应该根据自身的资源禀赋条件，选择产业分工部门或区位。资本资源丰富的区域，应该选择或者布局资本密集型产业或产品；劳动力资源丰富的区域应该选择或布局劳动密集型产业或产品；技术资源丰富的区域应该选择或布局技术密集型产业或产品。赫克歇尔与俄林的 H—O 理论模式，是比较成本学说的完整化。这一理论体系将生产要素与区域分工结合在一起，认为要素的禀赋差异决定产品生产的分工，也进一步决定了产业部门的区域布局，因而产业应布局在相关生产要素最丰富的地区。

二 产业集聚与比较优势研究成果

（一）国内学者的研究

国内对产业集聚问题的研究与国外相比起步较晚。近十年来，研究主要体现为对国外产业集聚理论的阐释，对产业集聚的形成机制研究，利用一些产业集聚测度方法对某一区域、某一产业的空间布局进行研究等。

1. 关于产业集聚

王缉慈（1993，2001）②系统地概括了产业集群理论和新产业区位理论，指出培养具有地方特色的企业集群，营造良好的区域竞争环境，强化区域竞争优势是增强经济实力的关键，产业集群理论应该是适合中国国情的新兴区域发展理论。仇保兴（1998）③从专业化分工角度分析了小企业集群的形成过程，还从产权、市场结构和人文环境的视角研究了小企业集

---

① 赫克歇尔，瑞典人，著名经济学家，新古典贸易理论最重要部分——要素禀赋论就是他和他的学生贝蒂尔·俄林（Bertil Ohlin）最早提出来的，并命名为赫克歇尔—俄林理论（以下简称 H—O 定理）。

② 王缉慈：《新的产业空间——高技术产业开发区的发展与布局》，北京大学出版社 1993 年版。

③ 仇保兴：《小企业集群研究》，复旦大学出版社 1998 年版。

群形成中的制约因素，以及小企业集群与产业结构、技术创新的关系。魏守华和石碧华（2002）[①] 从直接经济要素和非直接经济要素两个方面分析了集群的竞争优势。蒋昭侠（2004）[②] 认为，传统的自然因素对产业布局的影响力不断下降，而经济全球化、外资的拉动、信息化和科技体制化、环保产业的发展等已成为影响产业布局的新因素，他设计了四种产业发展模式：产业平衡发展与不平衡发展、产业梯度推移与反梯度推移发展、轻工业优先与重工业优先发展和进口替代与出口导向发展。强健等（2010）[③] 认为，政府是区域经济的重要组成部分，其应在特定的自然和人文环境下以不同的目标方式整合区域物质要素和人文要素。

还有一些学者运用数学模型对中国的产业集聚现象进行了实证研究。吴学花等（2004）[④] 利用集中度、基尼系数、赫芬达尔指数等产业集聚度指标，对中国20个二位数制造业门类的集聚性进行了研究，并对其中5个门类进行了细化分析。刘斯敖（2008）[⑤] 根据产业集聚理论的演变与发展，对随之演变的产业集聚测度方法进行了梳理与比较。乔彬等（2007）[⑥] 对迪朗东（Duranton）和奥弗曼（Overman）提出的产业集聚度测定方法论进行了比较研究，并对三代测度方法的演变进行了分析，讨论了其应用问题。

2. 关于产业集群

国内关于对战略性新兴产业集群研究的代表性成果主要有：肖兴志等（2011）[⑦] 结合资源优势比较、经济优势比较、社会环境比较、人才技术比较、环境承受力比较、社会基础比较等，研究了中国各区域现阶段相关产业的发展水平和基础条件，勾勒出了中国战略性新兴产业发展初期的区域布局图。韦福雷、胡彩梅（2012）[⑧] 以中国30个省（市、区）战略性新兴产业发展规划为基础，运用莫兰指数对中国七大战略性新兴产业的空间布

---

① 魏守华、石碧华：《企业集群的竞争优势》，《经济理论与经济管理》2002年第5期。
② 蒋昭侠：《产业布局影响新因素与产业布局的模式选择》，《江苏商论》2004年第12期。
③ 强健、梅强：《区域政府选择行为对产业集聚的影响研究》，《江苏社会科学》2010年第2期。
④ 吴学花、杨蕙馨：《中国制造业产业集聚的实证研究》，《中国工业经济》2004年第2期。
⑤ 刘斯敖：《产业集聚测度方法的研究综述》，《商业研究》2008年第11期。
⑥ 乔彬、李国平、杨妮妮：《产业集聚度测定方法的演变和新发展》，《数量经济技术经济研究》2007年第4期。
⑦ 东北财经大学产业组织与企业组织研究中心课题组：《中国战略性新兴产业发展战略研究》，《经济研究参考》2011年第7期。
⑧ 韦福雷、胡彩梅：《中国战略性新兴产业空间布局研究》，《经济问题探索》2012年第9期。

局进行了研究，发现中国战略性新兴产业空间布局具有一定的趋同性，并基于此提出了促进中国战略性新兴产业合理布局的政策建议。李金华 (2011)① 通过分析中国战略性新兴产业依托行业的带动效应，发现中国战略性新兴产业的依托部门都有较大的影响力，对与之关联的产业部门都有较强带动效应。

(二) 国外学者的研究

1. 关于产业集群影响因素

Chen 和 Huang (2004)② 采用层次分析法设计了由动力指标组成的工业园区内高新技术产业识别评价指标体系。莱昂和小巴鲁菲 (Lyon and Baruffi, Jr., 2011)③ 分析了影响密歇根电动车集群建设的因素，评估了密歇根电动汽车产业集群建设的可行性，提出了电动汽车产业集群建设的建议。马丁 (Martin, 2003)④ 等研究了新兴产业集群发展的路径，即基于新技术嵌入特定地区，生产研发重组激发地区经济重组，整合已有技术以提供相关新产业的发展。波特 (2008)⑤ 以澳大利亚新能源产业集群为例，分析了 1949—2007 年澳大利亚新能源产业集群的发展情况，并对澳大利亚能源产业集群发展提出了建议。阿比亚 (Arbia, 2011)⑥ 以 2001 年意大利米兰高科技产业的数据为基础，使用非齐次性 K 函数测度了高科技产业的空间分布状态。

在产业集群的影响因素研究方面，冯·奥尔特和阿策马 (Van Oort and Atzema, 2002)⑦ 以荷兰 580 个城市为样本，研究了高技术产业的集群因

---

① 李金华.《中国战略性新兴产业发展的若干思辨》,《财经问题研究》2011 年第 5 期。
② Chen, C. J. and Huang, C. C., A Multiple Criteria Evaluation of High – tech Industries for the Science – based Industrial Park in Taiwan [J]. *Information & Management*, 2004 (7), pp. 839 – 851.
③ Lyon, T. P. and Baruffi, Jr. R. A., Creating a Plug – In Electric Vehicle Industry Cluster in Michigan: Prospects and Policy Options [J]. *Michigan Telecommunications and Technology Law Review*, 2011 (1), pp. 303 – 347.
④ Martin, R. and Sunley, P., Deconstructing cluster: Chaotic concept or policy panacea [J]. *Journal of Economic Geography*, 2003 (3), pp. 5 – 35.
⑤ Porter, E., The Australian Renewable Energy Cluster [R]. *The Harvard Business School*, 2008, pp. 9 – 18.
⑥ Arbia, G., Espa, G., Ciuliani, D. and Mazzitelli, A., Clusters of firms in an inhomogeneous space: The high – tech industries in Milan [J]. *Economic Modelling*, 2011, pp. 3 – 11.
⑦ Van Oort, F. and Atzema, O., Agglomeration Economies and the Location of New Information and Communication Technology (ICT) Firms in the Netherlands [R]. *The ERSA Conference*, 2002, pp. 1 – 24.

素，研究表明，ICT 和服务业专业化越强、经济活动更密集的地区更能吸引新企业的进入。布劳纳耶尔姆和费尔德曼（Braunerhjelm and Feldman，2006）①认为，高技术产业趋向于在知识生产机构集中。罗梅罗（Romero，2010）②的研究发现，墨西哥航空航天产业的集聚与墨西哥制造业强相关，技术创新并不能解释该产业集聚的成因，但是，可以成为该产业未来发展的动力。莱弗雷（Lefevre，2004）③研究发现，影响加拿大魁北克地区的新材料产业集群发展因素是公共资金支持、知识转移、基础设施发展、充足供应、技术和特定服务，并提出加拿大应大力发展知识产业集群。昆特（Quandt，1997）④等从国家环境、地区环境、本地联系、高科技企业、支撑机构、竞争联系和政府政策等方面，对巴西堪培拉高科技新兴产业集群进行了研究，阐述了高科技新兴产业集群发展的影响因子。王（Wong，2011）⑤对新加坡创新驱动的生物医学科学产业群（新兴技术群）和海洋工程群（成熟群）的动态形成进行了研究，研究表明，可以通过公共政策促进知识型产业集群的发展，由于新兴产业群和已有产业群发展过程是一样的，所以，发展的不同阶段存在共性因子，而差异则取决于产业的成熟度和相关因素。

2. 关于产业集群效应

在新兴产业集群的效应研究方面，金和哈里斯（Kim and Harris，2009）⑥研究了美国生物产业集群对区域产业效率提高的影响，发现高科技设施和地区收入直接影响生物产业集聚。阿莱克（Alecke，2006）⑦研究了德国高技术产业集聚与高技术产业之间的关系，结果表明，以促进高技术

---

① Braunerhjelm, Feldman, *Cluster Genesis*: Technology – based Industrial Development [M]. Oxford University Press, 2006, pp. 35 – 48.
② Romero, J. M., The development of aerospace clusters in Mexico [R]. *Globelics Working Paper*, 2010.
③ Lefevre, M., Advanced Materials Cluster [R]. *The Comminute Metropolitan de Montreal*, 2004.
④ Quandt, C., The emergence High – technology cluster of Campinas, Brazil [R]. *International Development Research Centre*, 1997.
⑤ Wong, Industrial Cluster Development and Innovation in Singapore. http：//wenku. baidu. com, 2011 – 01 – 28.
⑥ Kim, M. K., Harris, T. R. and Vusovic, S., Efficiency Analysis of the US Biotechnology Industry: Clustering enhances Productivity [J]. *AgBio Forum*, 2009, 12 (3), pp. 422 – 436.
⑦ Alecke, Are there really high – tech clusters? The geographic concentration of German manufacturing industries and its determinants [J]. *The Annals of Regional Science*, 2006, pp. 19 – 42.

产业集群来发展高技术产业的结论将会令人失望。伯杰龙（Bergeron，1998）[①] 等使用在美国取得专利的法国公司的数据，研究产业集群与创新的关系，发现创新活动主要集中在航空航天产业、光电子产业和生物医药产业等，高技术产业集群对创新活动影响最大，而电子通信、化学、交通和机械制造产业集群对法国的创新支撑力最强。法尔克（Falck，2010）[②] 等评估了1999年德国巴伐利亚州集群导向性经济政策对高技术产业创新活动的影响，发现集群导向性创新政策可以获得外部专有技术的路径与公共科学研究所合作的机会，通过增加公司之间的合作，建立公共研究机制和金融体制，可以刺激创新，增加区域间的竞争力。

贝伦斯和皮卡德（Behrens and Picard，2011）[③] 估计了竞争和市场的进入对经济活动空间分布的影响。Otsuka（2004）[④] 等对西班牙1993—1999年工业集聚程度进行了分析，证实大量的产业都有集聚的特征，既包括高技术产业，也包括与自然资源相联系的传统产业。Kandogan（2014）[⑤] 利用168个国家的数据，在考虑市场规模和经济发展水平因素下，研究了贸易和投资自由化对产业空间集聚的影响。Alfaro 和 Chen（2014）[⑥] 研究了跨国公司集聚的原因、特征，分析了未来跨国公司集聚的走势。Ottaviano（2012）[⑦] 研究了存在着外部性、异质性的企业是如何影响集聚与分散之间平衡的问题，发现企业的异质性对集聚结果至关重要。Picard 和 Okuboc

---

[①] Bergeron, S., Lallich, S. and Bas, C. L., Location of innovating activities, industrial structure and techno‐industrial clusters in the French economy, 1985-1990. Evidence from US patenting [J]. *Research Policy*, 1998 (26), pp. 733-751.

[②] Falck, O., Heblich, S. and Kipar, S., Industrial innovation Direct evidence from a cluster-oriented policy [J]. *Regional Science and Urban Economics*, 2010 (3), pp. 574-582.

[③] Behrens, K. and Picard, P. M., Transportation, freight rates, and economic geography [J]. *Journal of International Economics*, 2011, pp. 280-291.

[④] Otsuka, A., Goto, M. and Sueyoshi, T., Agglomeration economies in manufacturing industries: the case of Spain [J]. *Applied Economics*, 2004, 36 (18), pp. 2103-2116.

[⑤] Kandogan, Y., Globalization and Shifting Economic Centers of Gravity [J]. *Thunderbird International Business Review*, 2014 (3), pp. 261-271.

[⑥] Alfaro, L. and Chen, M. X., The global agglomeration of multinational firms [J]. *Journal of International Economics*, 2014 (2), pp. 263-276.

[⑦] Ottaviano G. Agglomeration, trade and selection [J]. *Regional Science and Urban Economics*, 2012 (6), pp. 987-997.

(2012)① 研究了公司出售差异产品并且具有异质性需求的问题，发现产品异质性需求越高，企业就会在更大的地区生产，空间选择的影响取决于各种产品需求强度的偏态分布，在资本可流动的模型中，异质性需求减少了更大地区资本投资的数量；在劳动力可流动的模型中，异质性需求导致工人的非对称分布而不是对称分布和完全集聚。

3. 关于产业集聚与生产率

新经济地理学认为，产业集聚有助于生产率的提高，这一结论成为学者们实证研究的方向之一。帕特里夏（Patricia, 2013）等②通过使用美国城市的数据，分析了劳动生产率和城市集聚经济的关系，揭示了两者之间的非线性关系，检验了来自这两者关系效应的空间衰退模式。马丁等（2011）③ 使用法国 1996—2004 年的数据，实证研究了集聚对公司生产率的影响，结果显示，法国企业从地方经济中获取利益但并未从城市经济中获取任何利益，地方化利益被公司选址所内化，地理环境的无差异将在短期内获得最大化生产率收益。Rizov 等（2013）④ 使用荷兰公司水平的数据验证了集聚和生产率增长之间存在非线性关系，但集聚水平与更高的生产率相关。Scherngell 等（2014）⑤ 使用地区知识资本模型（KCM）估计了知识资本对中国制造业全要素生产率的影响，他们使用中国 29 个省（市、区）1988—2007 年的面板数据和空间杜宾模型进行估计分析，发现中国制造业生产率的增长不仅依赖地区内的知识资本，也依赖地区间知识资本的溢出。

4. 产业集聚与经济增长

Fujishima（2013）⑥ 构建了一个包括内生增长模型和新经济地理模型的

---

① Picard, P. M. and Okuboc, T., Firms' locations under demand heterogeneity [J]. *Regional Science and Urban Economics*, 2012 (6), pp. 961 – 974.

② Melo, P. C., Graham, D. J., Levinson, D. and Aarabi, S., Agglomeration, accessibility, and productivity: Evidence for Urbanized Areas in the US [R]. *Paper Submitted for the Transportation Research Board 92nd Annual Meeting*, 2013.

③ Martin, P., Mayer, T. and Mayneris, F., Spatial concentration and plant – level productivity in France [J]. *Journal of Urban Economics*, 2011 (2), pp. 182 – 195.

④ Rizov, M., Oskam, A. and Walsh, P., Is there a limit to agglomeration? Evidence from productivity of Dutch firms [J]. *Regional Science and Urban Economics*, 2013, pp. 595 – 606.

⑤ Scherngell, T., Borowiecki and M., Hu, Y. J., Effects of knowledge capital on total factor productivity in China: A spatial econometric perspective [J]. *China Economic Review*, 2014, pp. 82 – 94.

⑥ Fujishima, S., Growth, agglomeration, and urban congestion [J]. *Journal of Economic Dynamics and Control*, 2013 (6), pp. 1168 – 1181.

新古典城市增长模型,使用演化博弈方法研究了增长、产业集聚和城市拥挤之间的关系。Davis 和 Hashimoto(2014)[①] 运用一个没有规模效应的两地区模型研究了产业地理分布与经济增长之间的关系。Dinopoulos 和 Unel(2011)[②] 构建了一个具有质量异质性、价格限制和内生盈利分布的内生模型进行集聚与效率研究,发现高品质的企业倾向于出口,中等品质的企业服务于本国市场,低品质的企业退出市场,贸易自由化将资源从高品质企业到低品质企业进行重新分配,并淘汰无效率企业。尽管如此,贸易自由化对平均总体质量水平、长期增长和福利有一个不确定的影响;人口增长率和知识溢出的增长加速了经济增长;自由放任的平衡是低效的,这为政府干预福利改善提供了空间。Benos(2015)[③]等使用欧盟 7 个国家 1990—2005 年的数据研究了地理接近性对地区经济增长的作用,研究表明,不管接近如何测度,溢出对欧洲地区增长是重要的。Cuberes(2011)[④] 揭示了一个实证事实:大多数城市增长率的分布是右偏的;增长率的排名在城市人口快速增长时期又会快速变动。Das(2014)[⑤] 等使用地区收入数据和社会经济数据,研究地区间增长差异的影响因素,发现一旦考虑到地区特征,地区间增长差异是绝对的,但呈现条件收敛。

Candau(2011)[⑥] 在新经济地理模型的基础上通过引入可流动的高技能劳动力和不可流动的低技能劳动力,并根据帕累托准则研究了集聚和分散的市场结果,结果显示,相对于集聚,经济分散是帕累托有效。Candau 和 Fleurbaey(2011)[⑦] 构建了一个关于个人异质偏好的企业区位模型,并

---

① Davis, C. and Hashimoto, K. I., Patterns of technology, industry concentration, and productivity growth without scale effects [J]. *Journal of Economic Dynamics and Control*, 2014, pp. 266 – 278.

② Dinopoulos, E. and Unel, B., Quality heterogeneity and global economic growth [J]. *European Economic Review*, 2011 (5), pp. 595 – 612.

③ Benos, N., Karagiannis, S. and Karkalakos, S., Proximity and growth spillovers in European regions: The role of geographical, economic and technological linkages [J]. *Journal of Macroeconomics*, 2015, pp. 124 – 130.

④ Cuberes, D., Sequential city growth: Empirical evidence [J]. *Journal of Urban Economics*, 2011 (2), pp. 229 – 239.

⑤ Das, S., Ghate, C. and Robertson, P., Remoteness, Urbanization, and India's Unbalanced Growth [J]. *World Development*, 2014, pp. 572 – 587.

⑥ Candau, F., Is agglomeration desirable [J]. *Annals of Economics and Statistics*, 2011, pp. 203 – 227.

⑦ Candau, F. and Fleurbaey, M., Agglomeration and Welfare with Heterogeneous Preferences [J]. *Open Economies Review*, 2011 (4), pp. 685 – 708.

利用平价收入,测度个人福利。Charlot(2006)①等利用中心—外围模型,借鉴公共经济学和福利经济学的分析工具,比较研究了产业集聚和分散的两种市场结果,探讨了具有更好社会结果的产业集聚或分散的条件。Okubo(2012)②在异质性企业假定下,发现当核心区选择零补贴以避免税收负担时,分散化经济使边缘地区能够选择最优水平的补贴,从而增加边缘地区的福利。Hühnerbein 和 Seidel(2010)③基于拓展的 FE 模型框架,发现考虑区域内税收竞争和新古典框架类似,即政府可以通过对可流动要素采取协调税率的办法来改善福利。

5. 政策与产业集聚

由于政府产业政策对产业布局有很大的影响,所以,很多学者乐于通过实证方法来研究政府政策的作用。Kondo(2013)④构建了一个内生增长和新经济地理的模型,研究不同贸易成本下国家间 R&D 补贴竞争的结果。贸易成本越高,欠发达地区更渴望吸引具有垂直联系的企业;为了阻止企业重新选择区位,需要确定更高的 R&D 补贴;当贸易成本降低时,地区更不愿意拥有垂直联系的企业,R&D 补贴竞争变弱而且增长率也降低。Kheder 和 Zugravu(2012)⑤重新检验了环境监管的经济地理模型,通过该模型得出一个严格的结论,就是环境监管影响公司选址。一个发现是,法国成为企业逃避环境监管的避难所,这个发现在发达国家、中欧和东欧国家也成立。不过,在大部分独联体国家和发展中国家这个发现却不成立,因为在这些国家有着更加严格的环境监管,这更吸引公司投资。Okubo 和 Tomiura(2010)⑥采用日本企业微观层的数据,证实地区补贴政策可以吸引企

---

① Charlot, S., Gaigne, C., Nicoud, F. R. and Thisse, J. F., Agglomeration and welfare: The core-periphery model in the light of Bentham, Kaldor, and Rawls [J]. *Journal of Public Economics*, 2006, pp. 325 – 347.

② Okubo, T. and Tomiura, E., Industrial relocation policy, productivity and heterogeneous plants: Evidence from Japan [J]. *Regional Science and Urban Economics*, 2012, pp. 230 – 239.

③ Hühnerbein, O. and Seidel, T., Intra-regional Tax Competition and Economic Geography [J]. *World Economy*, 2010, pp. 1042 – 1051.

④ Kondo, H., International R&D subsidy competition, industrial agglomeration and growth [J]. *Journal of International Economics*, 2013 (1), pp. 233 – 251.

⑤ Kheder, S. B. and Zugravu, N., Environmental regulation and French firms location abroad: An economic geography model in an international comparative study [J]. *Ecological Economics*, 2012, pp. 48 – 61.

⑥ Okubo, T. and Tomiura, E., Industrial Relocation Policy and Heterogeneous Plants Sorted by Productivity: Evidence from Japan [R]. *Kobe University Discussion Paper Series*, 2010, pp. 25 – 37.

业的进入，并能促进经济集聚。伯纳德等（Bernard et al.，2013）①认为，最好的区域创新策略是要根据地区的特征制定，最好的方式是加强和利用公共或私有、公司内部或公司间、行业内部或行业间，跨行业、跨地区或全球知识流动。

第五节 产业创新、产业链理论及研究成果

产业创新理论、产业链理论是产业经济学的重要组成部分，对中国战略性新兴产业的研究有着重要的指导意义，因而也是战略性新兴产业研究的重要理论基础。

一 产业创新、产业链理论

（一）产业创新理论

熊彼特在《经济发展理论》中提出了"新有发明，后有创新"的观点，并建立了创新理论。熊彼特的理论指出，创新是以重组生产条件和生产要素，变革技术体系为手段，以获得潜在超额利润为目的。创新可以包括生成新产品，新生产方法，开发新市场，形成垄断或打破垄断，控制新供应来源。熊彼特还认为，创新对产业具有"创造性破坏"的作用。20世纪初，经济增长主要依赖资本的积累，科技对经济的拉动作用并没有凸显，由于缺乏对创新的严格定义；加之，创新研究对象与范围的模糊，熊彼特的创新理论并未得到广泛关注与重视。直到20世纪中期第三次科技革命爆发，熊彼特的创新理论才进入学者们的视野，进而引发对创新理论的研究热潮。

20世纪80年代中后期，弗里曼、纳尔逊和伦德维尔等学者提出的国家创新体系衍生出了"区域创新系统"的概念，这一理论主要研究某一产业的特有要素受创新的影响。由于战略性新兴产业这一概念是中国特有的，且提出的时间较晚，因而现有的产业创新问题研究主要集中在制造业、高新技术产业和服务业上。工业和信息化部原部长李毅中指出②，战略性新兴产业的灵魂就在于关键技术，在于核心技术，没有技术创新就没有战略性

---

① Bernard, C. A., Fadairo, M. and Massard, N., Knowledge diffusion and innovation policies within the European regions: Challenges based on recent empirical evidence [J]. *Research Policy*, 2013 (1), pp. 196–210.

② 李毅中：《高新技术提升传统产业是重中之重》，《上海证券报》2013年1月21日。

新兴产业。战略性新兴产业是新兴技术与新兴产业的深度融合,核心技术是牵引和支撑战略性新兴产业发展的关键,技术引领和创新驱动是战略性新兴产业的本质。国家的技术创新战略对相关产业的发展有着巨大的影响,中国转变经济发展方式,摆脱产业核心技术受制于人的局面,需要大力发展战略性新兴产业。

(二) 产业链理论

产业链思想萌芽于斯密《国富论》中提出的分工理论。分工理论认为,工业生产在分工基础上形成的一系列具有迂回关系的链条,并以"制针"案例对产业链能力进行了生动的描述。整体来看,产业链等同于产品链,产业链突出强调了企业对自身资源的充分运用。[①] 产业链理论正式起源于马歇尔的扩展分工理论,马歇尔(1920)将分工理论从企业内部扩展到企业外部,即企业与企业间也可进行生产活动的分工,且企业与企业间的分工协作更为重要。[②]

国外的研究文献中,产业链的概念很少出现,通常是以生产链、价值链等概念代替。阿尔伯特·赫希曼(1958)运用"关联效应"分别从产业的前向联系与后向联系对产业链的概念进行论述,强调产业的关联性,并认为主导产业的选择应以产业关联强弱为标准。[③] Houlihan (1988) 认为,生产链是一系列活动的整合,包括供应商的原材料供应、生产商的生产环节、流通环节以及商品在终端消费市场的交易活动。[④] 史蒂文斯(Stevens, 1989) 等与 Houlihan 的思想较吻合,他认为,产业链是一个完整的系统,而供应商、制造商、分销商和消费者是该系统的主体,这四个主体之间相关活动的开展贯穿于各种信息流和物质流的流动。[⑤] 哈里森(Harrison, 1993) 以价值网络理论为基础,将产业链看作是一个功能网络,是将原材料转化为中间产品与终端产品,并将产品在终端市场消费,这一观点侧重

---

① [英] 亚当·斯密:《国富论》,华夏出版社 2005 年版。
② Marshall, *Principles of Economics* [M]. London: Macmillan, 1920.
③ 胡国平:《产业链稳定性研究》,博士学位论文,西南财经大学,2009 年。
④ 丙明杰、刘明宇、任将波:《论产业链整合》,复旦大学出版社 2006 年版。
⑤ Stevens, Graham, 1989, Integrating the Supply Chain [J]. *International Journal of Physical Distribution and Material Management*, 19 (8), pp. 3–8.

于产业链的价值贡献。① 进入 21 世纪后,国外学者将研究视角拓展到全球,并将产业链的概念与全球组织联系起来。在产业链理论的研究过程中,产业链构建、整合理论也得到了相应发展,其主线是斯密的自由竞争思想与马歇尔的规模经济性问题间的冲突。

学者们将产业链的特征归纳为整体性、复杂性、层次性和动态性四个方面。整体性的含义是:企业作为分散在产业链中的节点,相互间的投入和产出关联较之个体之间的简单连接更为复杂。位于产业链中的企业,由于耦合性的增强,其经营状况与整条产业链密切关联,产业链的增值效应依赖于企业间的合作程度。复杂性的含义是:现代科学技术的飞速发展必然导致各个学科和技术研究领域不断发生交叉融合,如物理学科和人文学科的交叉,计算机技术和生物医疗技术的交叉,由多个学科和技术交叉融合而形成的产业链,其系统复杂性必然也会持续增强,而这种复杂性的增强,会导致由多个子产业链组成的复杂的产业链系统中的非线性关系日趋增强。层次性的含义是:产业链可以通过整体与局部之间的共性划分成多个层次,如从作用范围划分,产业链可以分为全球产业链、全国产业链和区域产业链;从作用层次划分,又可以分为宏观产业链、中观产业链和微观产业链。这样,根据需要就可以研究各层次产业链和系统之间的差异。动态性的含义是:产业链不是一成不变的,而是变化着的,其受内部和外部等诸多因素的影响。前者如处于产业链节点的企业自身的规模、产业的变化、经营范围的变化、企业的进入和退出等;后者如社会、经济、政策、政治等大环境的变化等。众多因素的交互影响、共同作用使产业链的状态处于不断的变化之中。

二 产业创新、产业链研究成果

关于产业创新、产业链研究的一些代表性成果有:埃德奎斯特(Edquist,2004)提出了创新系统的概念,该系统涵盖知识发展、资源流动、市场形成、影响搜寻方向、促成合法、企业实验、外部经济等理论。②

---

① Harrison, J. S., Hall, E. H. and Nargundkar, R., 1993, Resource Allocation as an Outcropping of Strategic Consistency: Performance Implications [J]. *Academy of Management Journal*, 36, pp. 1026 – 1051.

② Edquist, C., 2004, Systems of innovation: Perspective and challenges [J]. *The Oxford Handbook of Innovation*, pp. 181 – 208.

此后，伯格克（Bergek，2008）[①] 对这种以功能为核心内容的产业创新系统框架论作了进一步完善。李强、郑江淮（2011）[②] 将创新划分为平台创新、部件创新和设计创新，并据此将战略性新兴产业创新系统分为低端进入、新市场创造和高端进入三种。大量研究成果表明，技术创新与战略性新兴产业是相互联系、相互促进的。

还有一些学者对技术创新与战略性新兴产业发展的关系进行过研究。万钢（2010）[③] 认为，知识创新与技术创新是战略性新兴产业发展的内在动力，依靠科技创新来发展战略性新兴产业，将深刻影响和改变未来的经济发展和竞争格局。钟清流（2010）[④] 指出，中国战略性新兴产业应对发达国家技术竞争优势的路径是自主创新。庄俊明（2016）[⑤] 研究了高新区产业的创新与发展的制度安排问题，探讨了制度因素对技术创新、高科技和高新技术产业园区建设的影响。韩东林、徐晓艳、李春影（2016）[⑥] 以长三角、珠三角、环渤海地区为例，实证研究了创新投入、创新环境对创新绩效的影响，发现不同阶段的技术创新因子对高技术产业集群创新的绩效有不同程度的影响，并据此提出要扩大高新技术产业集群的规模，加强产业集群内部的协同创新，通过财政、税收、规制等多种方式，改善创新环境，吸引更多高新企业入驻高新技术园区。欧阳秋珍、唐盛、邓丹[⑦]（2016）运用经济计量学中的知识生产模型和固定效应模型，实证研究了技术引进、自主研发与技术创新绩效之间的关系，发现自主研发能显著促进高技术产业的技术创新，特别是国外技术引进能产生积极影响，但国内技术引进却产生负向影响，故而主张引进技术后，要通过学习、模仿、改良和二次创新，提高技术知识的外溢水平，要让外源技术引进成为自主创

---

① Bergek Anna et al. , 2008, Analyzing the functional dynamic of technological innovation systems: A scheme of analysis [J] . *Research Policy*, 37, pp. 407 – 429.

② 李强、郑江淮：《中国战略性新兴产业的选择——基于突破性技术创新的视角》，《创新》2011 年第 5 期。

③ 万钢：《把握全球产业调整机遇　培育和发展战略性新兴产业》，《中国科技投资》2010 年第 2 期。

④ 钟清流：《为战略性新兴产业创造健康成长的条件》，《中国集体经济》2010 年第 6 期。

⑤ 庄俊明：《高新区产业创新与发展的制度安排》，《中国商论》2016 年第 7 期。

⑥ 韩东林、徐晓艳、李春影：《高技术产业集群创新绩效的影响因素研究》，《管理现代化》2016 年第 4 期。

⑦ 欧阳秋珍、唐盛、邓丹：《技术引进、自主研发与技术创新绩效关系》，《现代商贸工业》2016 年第 4 期。

新的技术启发源。值得注意的是，国内外学者对产业链的研究多是中观、微观的结合，而不是将产业链视为一个独立的经济组织形式进行系统性研究。

综上所述，产业区位论、均衡与非均衡理论、产业集聚理论、比较优势理论以及相应的研究成果，对中国战略性新兴产业的研究具有重要的理论指导作用，对这些理论核心思想和内容的阐释，是后文研究的重要理论铺垫。

第二章 战略性新兴产业发展背景

发展战略性新兴产业是在全球产业革命兴起,国内经济转型、产业结构调整需要的背景下提出的。此后,德国发布过德国"工业4.0",美国发布过《美国创新战略》,日本发布过《日本制造业竞争策略》,中国发布过《中国制造2025》等。产业竞争、创新创业、发展战略兴起是中国培育和发展战略性新兴产业的现实背景。

第一节 背景的理论阐发

《美国创新战略》、德国"工业4.0"、《中国制造2025》是人类社会生产生活发生重大变革的产物,是历史的必然,这构成中国战略性新兴产业培育和发展的现实背景,将会不同程度地影响中国战略性新兴产业的发展进程。

一 三次工业革命的启示[①]

科学技术的不断进步和革命,促使先进生产力不断替代落后的生产力,推动着人类社会不断向前发展。迄今为止,人类社会发生了三次由科学技术引领的工业革命,每一次工业革命,都极大地解放了生产力,使人类福利水平得到飞跃,人类社会发生翻天覆地的变化。源起于英国,发生在18世纪60年代至19世纪40年代的第一次工业革命,以蒸汽机的发明和广泛应用为标志,它以机器取代了人力,以大规模的工厂化劳动取代了个体工场的手工劳动,史无前例地解放了人类的生产力,从根本上颠覆了传统的生产方式,同时也改变了社会的生产关系。凭借这次工业革命,英国成为世界上最强大的国家,一些开始工业化的国家在世界范围内抢占原材料市

---

① 李金华:《从三次工业革命看中国制造强国的历史抉择》,《光明日报》2015年4月12日。

场，倾销其工业品，走上资本主义强国的道路。

19世纪70年代至20世纪初，以电流磁效应、电磁感应以及直流发电机的发明为先导，欧洲爆发了第二次工业革命。伴随着科学技术一系列的重大突破，电灯、电车、电钻、电焊机等电气产品如雨后春笋般问世，汽车、适用于火车和船舶等重型运输工具的柴油机、内燃机车、远洋轮船、飞机以及新兴通信手段和化学工业等也迅速发展起来，在很大程度上解决了人们的出行和通信不便的问题，人类由"蒸汽时代"进入"电气时代"，这次工业革命几乎在西方发达国家同时进行，其规模更大，范围更广，发展更迅速，极大地提升了人类的福祉。

20世纪50年代中期至今，人类社会发生了第三次工业革命，这次革命的重要标志是电子计算机的面世、生物工程的发明、空间技术的应用等，涉及新材料、新能源、信息技术、生物技术、海洋技术等诸多领域。与前两次工业革命不同，这次革命的许多重大成果并没有直接作用于人们的日常生活，而是将人类社会带向以往不可企及的更高境界，不仅极大地推动了人类社会、经济、政治、文化领域的变革，也深刻地改变了人类的生活方式和思维方式，使人类社会由人受物支配的必然王国向人支配物的自由王国逐步转变。

三次工业革命在源起的时间、地域、标志性事件上均有差别，但有一个特征则是共同的，即都是通过生产工具、生产方式的颠覆性变革实现人类劳动的解放，进而从根本上改变人类社会的方方面面，推动人类社会的巨大变革，使人类社会向更高层次迈进。而生产工具、生产方式的变革，本质上也就是制造技术、制造产品的拓荒性、革命性进步。三次工业革命显示，谁在科技、制造革命中占领了先机，谁就跻身了世界强国之列。两百多年来，凭借工业革命崛起的欧美等发达国家，一直就没有停歇于制造业的发展。如2009年4月英国推出了《建设英国未来》，2009年12月美国推出了《重整美国制造业》等。更突出的是，在制造业基础材料、生产工艺和核心技术等方面一直处于世界前端的老牌制造强国德国，于2013年推出了《保障德国制造业的未来：关于实施"工业4.0"战略的建议》（德国"工业4.0"），旨在利用信息通信技术和网络物理系统等手段，将制造业向智能化转型，达到制造业全过程的智能化，实现所谓的第四次工业革命。

2009年9月，美国发布《美国创新战略》。2010年9月14日，奥巴马在给全国学生的开学演讲中说[①]:"中国和印度的学生比以前更加努力地学习。你们将来要和他们竞争,你们在学校的成功不仅仅决定了你们的未来,也决定了21世纪美国的未来。"2011年的国情咨文中,奥巴马强调[②]:"教育是创新的基石,是创新背后的要素,必须赢得教育我们孩子的竞赛。"2015年5月2日的每周演讲中,他再次强调[③]:"不管你是谁,你生活在哪里,你有多少财富,你都应该能够得到这个世界的知识,获得这个世界的信息,和其他任何人一样。要确保每一个人,每个年龄段的人,在每一个地区,无论城市或乡村,都能有机会直接得到好工作的权利。良好的教育是能够被每一个人都触手可及的,所有的人都有责任不仅确保我们自己的孩子能够走向成功,而且所有的孩子都是这样。良好的教育是过上比现在更好生活的通行证。"奥巴马的这种认识,清楚地体现在美国的最新战略中。美国已决计从教育入手,在全球展开人才培养竞争,并志在赢得这场竞争。

制造技术的突破、制造领域的革命,是通向世界强国的必由之路,是三次工业革命给当代中国经济社会发展最重要、最根本的启示。

二 制造强国的历史抉择[④]

自工业革命以来,特别是近半个世纪,发达国家一直高度重视先进制造业的发展,通过所谓的"再工业化"不断占领制造产业发展的制高点,主导世界产业发展大势。不断持续的这种状况,给中国国际竞争力的提升形成了巨大的压力,给中国经济发展构成严峻挑战。中国要成为产业革命的赢家,要成为先进发达的世界强国、世界大国,重要的前提是要成为世界制造强国。

《中国制造2025》是中国政府应对德国"工业4.0"和发达国家"再工业化"浪潮的顶层设计及行动路线图,是建设制造强国的行动纲领。《中国制造2025》计划,以信息化与工业化深度融合为主线,重点发展新一代信息技术、高档数控机床和机器人、航空航天装备、海洋工程装备及高技

---

① 奥巴马开学演讲:《要与中国学生竞争》,《新京报》2010年9月17日。
② 《奥巴马发表2011年国情咨文演讲》,中国日报网站:http://world.chinadaily.com.cn,2011-01-26。
③ 奥巴马:《确保每个孩子能受到良好的教育》,美国白宫:www.171english.cn,2015-05-02。
④ 李金华:《世界制造强国行动框架对中国的借鉴启示》,《人文杂志》2016年第5期。

术船舶、先进轨道交通装备、节能与新能源汽车、电力装备、新材料、生物医药及高性能医疗器械和农业机械装备十大领域，推出中国的创造、中国的质量和中国的品牌，这也是一个世界制造强国的重要标志。

实现《中国制造2025》的目标，发展战略性新兴产业，中国应该拥有自己的核心技术和质量体系。经过十年左右的努力，在战略性、前瞻性制造领域，如新一代信息技术、高端装备制造、大型农机装备产品等方面，中国应该掌握整机或关键部件的核心技术，拥有自主知识产权，处于这些产品价值链的高端和产业链的核心环节。同时，中国要建立起世界领先的生产技术参数体系，构筑国际公认的制造品质量标准体系，在高端制造和主流制造品方面，建立起"中国质量"信誉，打造"中国制造"标签，引领制造领域重要行业的发展方向。

实现《中国制造2025》的目标，发展战略性新兴产业，中国应该拥有享誉全球的著名企业和著名品牌。一个行业是否处于全球领先地位，最重要的标志就是是否拥有了全球著名的企业和著名品牌。正如英特尔、惠普、苹果、IBM等是全球计算机行业的代名词，辉瑞、强生、惠氏、葛兰素史克、阿斯利康是全球生物医药业的代名词，波音、摩托罗拉、洛克希德、川崎重工、三井工程、大宇造船、三星重工、现代重工等是全球高端装备制造业的代名词一样，中国在重点突破的制造领域应该培育出处于全球领先地位的著名企业或著名品牌，某些行业的主导产品应占有较大的国际市场份额，拥有全球行业制造品的定价权、质量认证权、国际话语权，重要行业要成为全球发展的旗帜或标杆。

实现《中国制造2025》的目标，发展战略性新兴产业，中国应当拥有强国重器和创造性产品。强国重器或大国重器，是代表世界顶级制造技术的制造产品，体现当代世界最前沿的制造技术，其在一段时期或较长一段时期内，不能为一般国家模仿制造，是独一无二或少数国家才能制造的创造性产品，通常体现为高端重型装备制造品、制造技术最前沿最复杂制造品、拥有核心技术和独立自主知识产权的最先进制造品。要成为名副其实的制造强国，中国在某些制造领域应当拥有独一无二的绝门技术，具备独领风骚的制造能力。

人类社会进步文明程度的差距，最终体现在人的差距上。技术、产品、服务方面的竞争，归根结底，落脚在人才的竞争。没有世界一流的科技人才，就不可能有世界一流的科技成果；没有世界一流的员工队伍，也不可能有世界一流的技术、产品和服务。表面上的技术、服务问题，本质上却是想象力、创造力、价值观和道德情操的问题。中国需要改革用人机制，放宽用人环境，通过多种渠道引进世界一流的科技人才和管理人才，要将培养引进优秀工程技术人才提升至国家战略高度，列为国家中长期战略发展的核心内容，确保我国的人才队伍建设和国民素质教育走在世界前列。这是应对美国最新发展战略的根本措施和第一策略。

世界大势，浩浩荡荡；顺之者昌，逆之者亡。在历次工业革命中获益的美国、日本、德国等国再次掀起新一轮产业革命浪潮，展开制造领域的激烈竞争和角逐，力图长期占据制造产业制高点，保持国家综合竞争实力。作为大国，中国必须理性面对，别无选择。中国要在可能到来的新一次工业革命中成为赢家和胜利者，制造强国是必由之路，这是大国战略，是历史性的重要抉择。

第二节　产业竞争背景

中国的战略性新兴产业多数是先进制造业，战略性新兴产业的培育和发展处于全球先进制造业竞争，尤其是制造强国的制造业竞争环境中。

一　制造业竞争行动计划

进入20世纪90年代后，美国、德国、日本为确保或恢复制造业的领先地位，均出台了一系列发展和提升制造业水平的战略规划，展开先进制造业的竞争。2013年4月，全球国际工业博览会（Hannover Messe，2013）在德国下萨克森州首府——德国汽车、机械、电子制造业中心汉诺威召开。会上，一个由企业家、政府官员、专家学者组成的德国"工业4.0"工作组公布了一个历时两年完成的研究成果报告——《保障德国制造业的未来：关于实施"工业4.0"战略的建议》，报告用德文和英文两个版本发布，目的是借助发挥德国制造业的传统优势，在制造业领域掀起新一轮制造技术的革命性创新与突破。报告的发布，立即引起了全球的广泛关注，产生了巨大的国际影响。

两年后的2015年5月，中国政府发布了《中国制造2025》，提出：实施制造强国战略，经过十年的努力，大幅提高中国制造业整体素质，显著增强创新能力，进入世界制造强国行列。再经过十年的努力，全面实现工业化，制造业整体进入世界制造强国阵营的中等水平，某些制造领域发展取得重大突破，优势行业具备引领世界的能力。至2035年，新中国成立100周年时，建成全球领先的制造业体系和技术体系，制造业主要领域占显著优势，中国制造业迈入世界制造强国的行列。《中国制造2025》将建设制造强国确定为国家战略，是中国政府应对德国"工业4.0"，发达国家实施"再工业化"战略，再造制造业竞争新优势的历史性抉择。

在此前后，美国、德国、日本等世界制造强国为确保制造业在全球的领先地位，均推出和实施过一系列进行制造业竞争的行动计划，具体列示如表2-1所示。

表2-1　　　　　　　　重要国家制造业竞争行动计划比较

美国	德国	日本	中国
《重振美国制造业框架》（2009）	《制造技术2000框架方案》（1990）	《智能制造系统计划》（1989）	《国务院关于加快振兴装备制造业的若干意见》（2006）
《制造业促进法案》（2010）	《小型股份企业及国家放松对其股权干预法》（1994）	《制造基础技术振兴基本法》（1999）	《装备制造业调整和振兴规划》（2009）
《美国制造业创新网络计划》（2011）	《2000生产计划》（1995）	《新产业创造战略》（2004）	《"十二五"工业转型升级规划》（2012）
《先进制造伙伴计划》（2011）	《中小企业创新核心计划》（2008）	《未来开拓战略》（2009）	《智能制造装备产业"十二五"发展规划》（2012）
《美国创新战略》（2015）	《保障德国制造业的未来：关于实施"工业4.0"战略的建议》（2013）	《日本制造业竞争策略》（2010）	《中国制造2025》（2015）

资料来源：美国科技政策办公室网：http://www.whitehouse.gov, 2015-03-25；刘琳：《德国促进中小企业创新的主要举措》，《科技日报》2012年6月1日；程如烟、张旭、黄军英：《各国制定科技发展国家战略，抢占新一轮增长制高点》，人民网：http://www.sina.com.cn, 2010-03-01；宋丽思：《战略性新兴产业发展的国际趋势分析》，《科技创新与生产力》2013年第1期；人民网：http://www.people.com.cn, 2006-06-29；新华网：http://www.xinhuanet.com, 2009-05-12；人民网：http://www.people.com.cn, 2012-07-17；中国政府网：http://www.gov.cn, 2015-05-19。笔者加工整理。

由表 2-1 可以看出，制造业一直是发达国家产业发展的重心，制造强国都出台了发展先进或高端制造业的战略规划。中国也高度重视制造业的发展，出台过多个发展制造业和先进制造业的战略规划。

第一，先进制造业竞争一直在行动。制造业是一个国家综合国力的集中体现。进入 21 世纪，世界主要制造强国都把制造业作为提高本国国际竞争力的核心元素，都依据本国国情发布过振兴或恢复制造业的战略、规划。其中，最为有影响力的是 2015 年的《美国创新战略》和 2013 年的德国"工业 4.0"。

美国是反思"五大湖工业区"由兴盛到衰败，一度忽视制造业发展而引致美国经济衰退的教训后做出重振制造业决策的。从 2009 年 12 月发布《重振制造业框架》起，美国先后发布过多个有关制造业的战略法案。特别是 2015 年 10 月 21 日美国科技政策办公室发布了最新版的《美国创新战略》，这是美国政府立志创新，发展制造业，赢得美国未来竞争的纲领性文献。

德国是世界老牌的制造业强国，一直把制造业视作发展战略的核心。2010 年 7 月，德国政府发布了《德国 2020 高技术战略》，提出未来要重点发展气候和能源、保健和营养、交通、安全、通信 5 个重点领域，并且在每一领域都确定了若干"未来项目"等。其中，德国"工业 4.0"是未来十大项目之一。2014 年 9 月，德政府又通过了新的"高科技战略"，计划构建五大支柱：数字经济社会、可持续经济和能源，创新型劳动市场，健康生活，智能化移动性，民生安全等，加大对五大支柱建设的资金支持，增强创新活力，方便最新科研成果转化为产品和服务的途径，确保德国成为全球制造业的领导者。

日本发达的经济是建立在先进制造业基础之上的。明治维新以后，日本实行了"科技立国""殖产业兴"的策略，不断吸收欧美等国先进的科技成果，使国家迅速富强起来。第二次世界大战之后，在极端困难的情况下，日本致力于教育改革和科技进步，发展先进的制造业，在战争的废墟上国家综合实力迅速提高，追平或赶超了欧美，令世界震惊。1999 年 3 月，日本发布《制造基础技术振兴基本法》，从制造基础技术入手振兴制造业。

第二，中国一直追踪世界产业发展前沿，参与全球制造业竞争。中国也高度重视制造业的发展，自 2006 年发布《加快发展装备制造业的若干意见》后，先后出台了发展或振兴制造业的系列战略规划。《美国创新战略》[①]和德国"工业4.0"后，中国也迅速出台了《中国制造2025》，这是中国首个建设制造强国的十年规划，是对美国、德国、日本等制造强国发展战略的呼应。为落实《中国制造2025》，国务院还组建了国家制造强国建设领导小组和战略咨询委员会，推出了《〈中国制造2025〉重点领域技术路线图（2015版）》。2015年，工业和信息化部还启动实施了"智能制造试点示范专项行动"，遴选出了46个智能制造试点示范项目。[②] 以此为契机，中国地方政府积极响应，主动对接《中国制造2025》，陆续出台了系列建设制造强国的方案或计划。

当下，全球新一轮科技革命和产业变革呈现历史性交会，国际产业分工格局正在重构，中国需要积极参与全球产业再分工，承接产业及资本转移，拓展国际市场空间，特别是中国国情和制造业发展水平不同于发达国家。因此，其关于制造业发展的战略与纲领有别于制造强国。制造强国的目标是引领制造业发展方向，赢得未来制造业国际竞争，确保制造业的领先地位；中国制造业发展战略目标是追踪制造业前沿，通过30—40年的时间，跻身世界制造强国。制造强国的战略是着眼"新""尖"，进行制造方式的革命；而中国的制造战略在于制造业结构的改变，生产效率和生产技术水平的提高。制造强国的战略已升华至注重制造业文化层面，而中国制造战略则更为具体和实际。

二 制造业实施重大项目工程

建设制造强国通常是通过实施重大项目和专项工程来具体落实制造业的发展战略和纲领。进入21世纪，美国、德国、日本在制造强国战略框架下，实施了一系列重大项目或工程，出台了系列扶持政策展升制造业的竞争，代表性的重大项目或工程如表2-2所示。

表2-2显示，中国和制造强国都是通过实施制造业创新、制造业技术专项研发项目或工程来支撑制造业发展战略的。如表2-2所示，只是近年中国和制造强国有代表性或有国际影响力的项目工程。不难发现，这些项目主要是聚焦于全球制造业尖端技术的研发。但是，工程项目也体现了该

---

① 《美国创新战略》最先于2009年发布，2011年修订后第2次发布。此后再作修订，于2015年10月21日，由美国国家经济委员会和科技政策办公室联合第3次发布。

② 《工信部启动2015年智能制造试点示范专项行动》，中华人民共和国工业和信息化部网站：http://www.miit.gov.cn，2015-03-16。

国制造业的发展战略和竞争目标。美国注重新技术发明，如增材制造方式、先进制造业合作等；德国注重中小企业的发展和创新等。中国紧跟世界制造产业发展潮流，注重新技术和先进制造方式的引进与开发，只是工程项目实施的时间落后于制造强国。

表2-2　　　　　　重要国家制造业实施重大项目工程比较

	年份	项目工程	核心内容
美国	2011	先进制造业合作联盟	建立健全伙伴关系，加快先进制造技术的投资和部署，建立并支持跨部门的产学研合作伙伴关系
	2012	国家增材制造业创新中心	研发3D打印技术、新材料、尖端科技，培养制造业技能
	2013	金属增材制造（3D打印）技术标准路线图	聚焦设计、材料、工艺、价值链和增材制造基因组5个重点技术焦点领域进行技术研发
德国	2008	中小企业创新核心计划	资助中小企业和与之合作的科研机构
	2013	智能工厂相关的生产系统开发项目	深度应用信息通信技术（ICT），总体掌控从消费需求到生产制造的所有过程，由此实现高效生产管理
日本	2013	超精密3D造型系统技术开发项目	到2017年开发出速度快10倍，精度高5倍，价格只有目前市场所售设备1/10的设备，促进3D打印机在高难度铸造行业的普及
	2014	3D打印制造革命计划（2014—2019年）	开发世界最高水平的金属粉末造型用3D打印机
中国	2015	国家增材制造（3D打印）产业发展推进计划（2015—2016年）	突破增材制造专用材料，提升增材制造技术水平，发展增材制造装备及核心器件
	2015	智能制造工程	建立智能制造标准体系和信息安全保障系统，搭建智能制造网络系统平台

资料来源：《美国国家增材制造创新机构的技术路线图和项目概览》，中国3D打印网：http://www.3ddayin.net，2016-01-19；祝毓：《德国产业创新政策及其宏观管理架构》，上海情报服务平台网：http://www.istis.sh.cn，2015-12-15；中山力：《日本启动新一代3D打印机国家项目》，中日技术产业信息网：http://finance.people.com.cn，2014-03-04；《工信部发增材制造产业发展推进计划助3D打印发展》，国家互联网信息办公室网站：http://www.cac.gov.cn，2015-02-28；《智能制造工程实施方案》，中国先进制造网站：www.amdaily.com，2015-12-15。笔者加工整理。

制造强国在实施重大项目和工程时，往往辅之以相关配套工程，以求工程或项目目标的实现和多元效益的最大化。例如，美国实施过"大学先修激励计划""小学生数学计划""初中生数学计划""支教联合会计划"等，通过这些项目，支持学生主修科学、技术、工程和数学（STEM）领域的课程，扩大STEM专业的本科生和研究生规模，从国外引进和招聘高水平的教师；设计卓有成效的教学法则，激励教师探求全新教学方法，提高教学效果，保证学生有坚实的数学基础；引导和促成学校与公共机构或者私营机构形成合作伙伴关系，吸引校外工程技术人员到校内从事教学活动，最大限度地利用社会教育资源。2013年2月，美国政府还决定建设一个包含15个制造创新中心的全国性制造网络，借以使学术界与企业界联合开发新技术，提供技术援助，在中小企业推广新的工艺技术、培训公司员工、共享关键设备和基础设施，在多个层面提高劳动力技能并增强企业的业务能力，使美国制造业成为全球的高科技中心。①

同样，德国在2009年启动了"东部创新能力计划"，以推动独立的公益性研究机构开展基础性应用研究和满足市场的研发项目研究。2010年，德国还实施了"数字德国2015"计划、"创业之国——德国"行动计划以及"创业竞赛——信息通信技术（ICT）创新"计划等②，重点支持中小企业开发ICT、通信产业软件和嵌入系统研究，鼓励中小企业和手工业使用互联网和ICT技术，确保德国在ICT产品与服务的生产、研发与出口等方面得到支持，促进德国经济增长，创造更多的工作岗位。

与美国、德国相同，日本也实施了制造业配套项目或工程，如2014年实施的《新策略性工业基础技术升级支援计划》《机器人开发五年计划（2015—2019）》等。③ 通过这些项目，日本发展了制造业的尖端领域，如机器人、下一代清洁能源汽车、再生医疗、3D打印等，提高了高附加值的尖端技术产业水平，促进了国际信息技术向制造业渗透，推动了制造业体系中不同行业的融合，比如汽车与电子、建筑与机器人、能源与信息等，使日本制造业的信息化程度从目前的30%提高到50%以上，维持了日本制

---

① 《美计划成立15个创新中心，3D打印及基因图谱受捧》，比特网：http://www.chinabyte.com.m，2013-02-16。
② 刘琳：《德国促进中小企业创新的主要举措》，《科技日报》2012年6月1日。
③ 龚晓峰：《日本制造业白皮书透露啥信息》，《中国电子报》2015年6月23日。

造业的活力,加快了制造业的升级换代。①

中国也实施了一系列制造业重大工程,如 2015 年的"智能制造试点示范项目""增强制造业核心竞争力重大工程包""增强制造业核心竞争力三年行动计划(2015—2017 年)"等②,开展了一些重要专项,如高技术服务业培育专项、高性能集成电路专项、新型健康技术惠民专项、海洋工程装备专项、现代农业机械专项、轨道交通装备专项、高端船舶和海洋工程装备专项、工业机器人和新能源(电动)汽车专项、高端医疗器械和药品专项等。通过这些重大工程和专项,中国力图要培养出一批具有引领全球制造发展潮流、具有重要国际影响力的领军企业,形成一批具有发展潜力和技术攻关能力的产业联盟,打造若干全球顶级或全球知名的制造品牌,构建为国际广泛认同的中国制造业标准体系,实现中国制造业的由大变强。此外,中国还实施了一批与制造强国合作的项目,如 2014 年 10 月,中德签署《中德合作行动纲要:共塑创新》,旨在与德国形成合作伙伴关系,重点开展制造业技术研发等多个领域的创新合作,其中"工业 4.0"就是未来中德合作的一个重点。③

对比分析可见,相对于其他制造强国,美国实施的发展制造业的项目和工程更多,更密集一些。中国在制造业竞争的行动的力度、频率并不逊色于制造强国。这是未来中国战略性新兴产业培育和发展的重要环境。

第三节 创新创业背景

近年来,世界重要国家大力鼓励支持创新创业,推出了许多典型有效的做法,这构成中国战略性新兴产业发展的又一重要背景元素。④

一 出台战略、法规、法案

(一)美国、英国和德国

1. 美国

2008 年国际金融危机以来,美国掀起"再工业化"浪潮,通过集中

---

① 闫海防:《日本提出重振制造业目标》,《经济日报》2015 年 6 月 18 日。
② 《关于公布 2015 年智能制造试点示范项目名单的通告》,中华人民共和国工业和信息化部网站:http://www.miit.gov.cn,2015 - 07 - 21。笔者加工整理。
③ 佚名:《中德发布〈中德合作行动纲要:共塑创新〉》,新华网:http://www.xinhuanet.com,2014 - 10 - 11。
④ 李金华:《世界制造强国行动框架对中国的借鉴启示》,《人文杂志》2016 年第 5 期。

产、学、研力量，结成"创新共同体"推动实体经济特别是制造业创新发展。2011年3月，奥巴马提出《美国制造业创新网络计划》，核心内容是：投资10亿美元组建美国制造业创新网络（NNMI），促进新技术、生产工艺、产品和教育项目的开发，推动先进制造业的复兴。同年4月，美国白宫科技政策办公室出台"21世纪大挑战"计划；6月，又出台《先进制造伙伴计划》，核心内容是：投资5亿美元，打造国家安全关键工业的国内制造能力，研发先进材料，投资下一代机器人技术。

2012年2月，美国出台《先进制造业国家战略计划》，核心内容是：加快中小企业投资；提高劳动力技能；建立伙伴计划；优化政府投资；加大研发投资力度。2013年1月，美国总统执行办公室、国家科学技术委员会和高端制造业国家项目办公室联合发布了《国家制造业创新网络初步设计》，目标是：通过投资10亿美元组建美国制造业创新网络，从而推动高校、企业和政府部门形成合力，缩小科研与商业之间的差距，打造一批具有先进制造能力的创新集群。此外，美国还实施工业互联网战略，构建工业信息高速公路，保持其制造业的领先地位。

2014年10月，美国出台《加快美国先进制造业发展（2.0版）》，核心内容是：加强创新，保持制造业技术领先地位；重视人才培养和流动，为制造业未来发展储备人才；改善经商环境，大力支持中小制造企业升级。2015年10月21日，美国政府发布了最新版的《美国创新战略》，这是美国为顺应当前创新态势的新变化及应对新挑战对创新做出的重大战略部署。新版创新战略进一步强调科技创新对于经济社会发展的重要推动作用，大力支持先进制造业复苏，促进国家优先领域的重大突破，最终目标在于依靠科技创新实现持续经济增长和繁荣。

2. 英国

2011年12月，英国商业、创新和技术部（BIS）发布了国家级战略《促进增长的创新和研究战略》。该战略认为，无论是气候变化、健康医疗、生活质量等全球共同面对的挑战，还是英国本土经济的进一步增长，都需要知识和创新来提供解决方案。因此，为激励研发和创新，政府需要对科学技术的研发进行资本性投资，对研发和创新成果进行政府采购，将由政府采集或由公共资金支持的研究所产生的数据对公众开放，鼓励海内外区域性、集群性合作。该战略强调基础研究和应用研究对于整体创新能力的重要性，承诺：（1）对合成生物学、能源高效计算、能源采集、石墨烯等具有广泛应用前景的新兴技术优先投资；（2）对企业特别是中小企业在创新方面的尝试给予税收减免，简化审批流程，扶持项目开发，支持专项咨询；（3）将创新创业的各方参与者，如高等院校、研究机构、创新园区、创新基础设施组织等联结起来，使投入其中的公共资金效益最大化，并由此强化该创新生态系统；（4）开展国际合作，充分利用全球范围内流动的创新和研究资源，进一步融入欧洲市场和欧盟"地平线2020"计划，同时与"金砖四国"等增长经济体建立战略联系；（5）进一步开放公共数据、信息和研究成果，减少官僚程序，为新型商业模式的发展提供便利；（6）创设新奖项和奖金，引导跨学科各方合作，解决具有较大挑战性的社会问题，并利用政府采购的模式引领健康、交通、城市发展等创新领域的消费。

3. 德国

2010年7月14日，德国内阁通过了由德国联邦教研部主持制定的《2020高科技战略》，该战略汇集了德联邦政府各部门的研究和创新政策举措，更加强调通过技术变革为人类利益服务，并着眼于面向欧洲未来的战略新重点，确定环保、健康、安全、气候、资源、交通6个优先发展领域。每个优先领域，还进一步设计了若干"未来项目"。依靠科学技术的帮助，德国要在未来10—15年跟踪这些目标并考察其进展情况。目前，《2020高科技战略》已经确定了第一批"未来项目"，如二氧化碳中性、高能源效率和适应气候变化的城市项目；智能能源转换项目；作为石油替代的可再生资源项目；个性化的疾病治疗药物项目；通过有针对性的营养保健获得健康项目；在晚年过独立的生活项目；德国2020年拥有100万辆电动车项目；通信网的有效保护项目；互联网的节能项目；全球知识的数字化及普及项目；未来的工作环境和组织项目等。

2013年4月，在汉诺威工业博览会上，德国工程院、弗劳恩霍夫协会、西门子公司等学界和业界联合推出了《保障德国制造业的未来：关于实施"工业4.0"战略的建议》的报告，此即著名的德国"工业4.0"，这是德国政府提出的一个高科技战略计划。该项目由德国联邦教育局及研究部和联邦经济技术部联合资助，预计投资2亿欧元，旨在提升制造业的智能化水平，建立具有适应性、资源效率及人类工程学的智慧工厂，其技术基础是网络实体系统及物联网。

(二) 日本、韩国、俄罗斯和巴西

1. 日本

2009 年，日本国际贸易委员会发布了《日本制造业竞争策略》，4 月又提出了《未来开拓战略》，核心内容是：重点发展信息家电、机器人、燃料电池汽车、企业外包、健康福利服务业、医药医疗产业、影视音乐文化服务七个产业。目标是：加强世界最先进的卫生保健技术研发并形成新兴产业，将日本建成全球第一的环保节能国家。

2010 年，日本通产省发布了《日本制造业》专题报告，提出要拓展新兴市场，抢占日本制造业增长的新领地，巩固日本制造业的工业基础地位。4 月，日本出台《下一代汽车战略》，目标是：按照国际标准，研发节能、先进的汽车技术，把日本建成下一代汽车研发生产基地，推进先进环保车的研发和普及。

2014 年 6 月，日本发布《制造业白皮书》，强调要大力调整制造业结构，重点发展制造业的尖端领域；发展机器人、下一代清洁能源汽车、再生医疗以及 3D 打印技术等；保障制造业的结构调整，发展高附加值的尖端技术产业，加强专业科学技术高素质人才的培养。

2. 韩国

2009 年 1 月，韩国政府发布并启动实施了《新增长动力规划及发展战略》，重点从需求和供给两方面进行一系列改革。主要内容是：完善相关法律和政策，为培育和发展市场创造良好的制度环境；为新的初期市场提供财政支持；加强基础设施建设，为率先抢占全球市场夯实基础；掌握核心主导技术，不断强化全球竞争力；加强基础性技术开发，增强国家持续发展潜力；重点培养优秀的专业人才，为产业发展注入新活力。美国彭博社发布的 2015 年全球最创新的 50 个国家排名中，韩国在研发经费、教育以及专利方面位居榜首。

3. 俄罗斯

近年来，俄罗斯十分重视发展创新型经济，力图改变依赖能源和原材料出口的经济结构。截至 2015 年，俄罗斯已通过 170 多个关于创新产业的联邦级和地区级法律文件。

2009 年，俄罗斯成立了现代化与经济技术发展委员会，该委员会组建了一些专门课题组，集中解决国家创新发展问题。2011 年 12 月，俄政府批准《2020 年前俄罗斯创新发展战略》，该战略指出：俄罗斯创新发展的基本任务之一是要为公民今后的创新活动创造条件，要培养公众不断学习、不断自我完善的能力，激发公众对新知识的渴求；培养公众批判性思维能力，让公众做好理性的冒险准备；培养公众创造力、管理能力及独立工作的能力，并让公众能够在团队和激烈竞争的环境中生存；培养公众运用外语的能力，以及自如地进行日常性、事务性交谈的能力。战略还提出，要进行教育科研机构改革，提高高校科研能力并为其成果转化提供支持，到2020年，俄罗斯创新产业占国内生产总值的比重要超过油气行业。

4. 巴西

2011年8月，巴西罗塞夫新政府宣布了一项强化科技创新管理的新政策，涉及指导思想、资金投入、机构建设、网络架构和咨询指导五个方面：（1）科技政策指导思想是"创新产生竞争力，竞争力促进增长"；（2）将"科学技术部"更名为"科学技术与创新部"，进一步突出"创新"二字在国家战略中的重要意义；（3）到2014年，要向科学技术与创新部所属科研与项目基金提供20亿雷亚尔（约9亿美元）的经费支持，为2010年的5倍；（4）推进产学研一体化，建立全国技术创新网络，成立巴西工业科研与创新研究院，并投入1714万美元作为其启动资金；（5）在巴西科学技术与创新部下成立巴西科学未来委员会作为国家科技咨询机构。

巴西不是实行"整体突破"战略，而是以重大科技专项计划作为提高自主创新能力的突破口，保持在战略性产业领域的领先优势，通过优先发展项目带动整体科技进步。巴西《2012—2015年国家科技创新战略》确定的科技创新优先领域是信息通信、石油天然气、国防航天、核能、纳米、绿色经济、可再生能源、生物、医疗卫生、生物多样性、气候变化、海洋海岸、社会发展等。2014年3月13日，巴西科学技术与创新部以部长令形式发布了管理新规定，目的是改革政府资助科研项目管理，减轻科研人员在研究计划执行过程中的负担，在进口设备和合同服务方面实行柔性化和弹性化管理，以此提高科技创新活动的效率。

（三）欧盟

2010年6月17日，欧盟峰会通过了欧盟委员会提出的《欧洲2020战略》，这是欧盟史上第二个十年经济发展规划。该规划确定了欧盟未来十年的三个发展重点：（1）实现以知识和创新为基础的"智能增长"；（2）以发展绿色经济、强化竞争力为内容的"可持续增长"；（3）以扩大就业和促进社会融合为基础的"包容性增长"。欧盟委员会建议将研究和创新资金在欧盟国内生产总值中所占比重从 1.9% 增加至 3%；将 20—64 岁劳动力人口中的就业比例从 69% 提高至 75%。

2013 年 12 月 11 日，欧盟委员会批准实施一项科研创新计划——"地平线 2020"，该计划实施期从 2014 年 1 月 1 日至 2020 年年底，总预算约 800 亿欧元。该计划的目标是：整合欧盟各成员国的科研资源，提高科研效率，促进科技创新，推动经济增长和增加就业。该计划建议成员国将研发经费在国内生产总值中所占比重从现在的 2% 左右增至 2020 年的 3%。到 2020 年，欧盟研发与创新投入要占欧盟总财政预算的 8.6%。

"地平线 2020"计划是欧盟成员国共同参与的中期重大科研计划，几乎囊括欧盟所有科研项目，主要包括基础研究、应用技术和应对人类面临的共同挑战三大领域。核心内容是：（1）未来 7 年中投资约 250 亿欧元用于基础研究，加强欧洲研究委员会（ERC）的运作，为科研人员提供高层次的培训和职业发展机会，支持最有才华和创造能力的个人及团队开展高质量的前沿科技研究，支持在具有良好前景的基础研究新领域开展科技研究和创新合作，以提高欧洲整体基础研究水平，确保欧盟的基础研究处于世界领先水平。（2）投资约 300 亿欧元用于应对人类面临共同挑战方面的研究，以促进医疗健康、食品安全、老龄化、清洁能源、绿色运输、气候变化等领域的研发。（3）投资 170 亿欧元用于有关应用技术方面的研发，如信息、纳米、新材料、生物、先进制造和空间技术等领域。此外，欧盟还要投资 28 亿欧元支持"战略创新议程"项目，投资 25 亿欧元支持中小企业创新，并且向科研企业提供种子基金以帮助吸引更多的私人投资。

欧盟在科技创新方面采取各司其职、分工合作的原则。"地平线 2020"计划侧重于整体性、前瞻性和基础性研发，在保持传统框架基础上强调创新，体现在六个方面：（1）简化申请规划项目的手续，降低审批门槛，平均申请时间可减少 100 天；（2）鼓励欧盟和欧盟以外的新申请人申请项目，支持非主流的创意，确保全球各地的优秀科研人员和发明家能够申请到项目；（3）为科研人员提供从创意、研发到市场的一条龙服务；（4）更注重贴近市场的、能促进经济增长的科技创新；（5）在应对人类面临的共同挑战的科研项目上，更加注重能够创造商机的科技创新；（6）为具有发展前途的青年科学家或首次申请者提供更多机会。欧盟已于 2014 年年初正式启动"地平线 2020"计划，随着这一计划的逐步落实，欧盟未来的科技经济竞争力有望得到较大提升。

2015年10月，欧盟推出五大创新政策：（1）加大研发创新投入力度，积极资助重点优先领域的研发创新活动，特别关注创新型中小企业（SMEs）的可持续发展；（2）促进欧盟社会公众广泛参与创新创业及其创新成果的商业化推广应用；（3）强化欧盟现代化工业基础，加速纳米、生物、先进材料、微纳米电子、光子学、先进制造、关键能源技术等市场升级；（4）跟踪评估企业创新创业绩效，适时进行创新政策调整，进一步完善欧盟创新记分牌制度，坚持创新创业社会调查，建设工业企业咨询服务平台；（5）采取各种优惠政策措施，持续改进完善欧盟创新创业公平竞争环境，如完善投融资便利机制，建设创新集群，加强知识产权保护，明确标准规范等。

二 实行财政税收优惠政策

（一）美国

美国注重利用税收减免来刺激企业创新。1993—1998年，连续对《国内税法》进行了修订：企业用于研发的费用若比上年增加，其增加部分的20%可直接免纳所得税；企业研发费用超过前上年或前几年的平均值时，超出部分可享受25%的所得税抵免；企业购置设备用于技术更新改造，购置额的10%可抵免当年应缴所得税；企业委托大学或科研机构从事研究和开发，投资的65%可直接抵免所得税。

2014年，美国政府决定大力支持私营企业创新，具体做法是：（1）鼓励私营部门创新者；（2）对私营企业的研究与实验开支实行税收抵免；（3）支持创新的企业家；（4）将公开的联邦数据提供给创新人员；（5）使实验室成果走向市场，将资助的研究商业化；（6）支持区域性创新生态系统的发展；（7）帮助创新的美国企业在国外竞争；（8）每年新增投资5亿美元，用以支撑并补充私营部门进行短期的基础研究。

2015年版的《美国创新战略》提出：永久对研究与实验开支实行税收减免，简化和改进税收减免措施，降低企业研发投入的实际成本，使其能够更有效地激励私营企业创新，促使企业更加大胆地实施其研发投资战略。

美国2016年预算中加大了对更广泛的创新公司的信贷；增设了一种便捷简化的信贷方式；对进行应用性研究的年轻公司允许以信用来抵消税责；额外拨付2500万美元支持全国创新生态系统的建设；拨付15亿美元用于金融企业家和小企业的资本项目；设立10亿美元款项，以竞标方式支持各州进行区域创业生态系统建设；吸引私人资本进行创业和扩大业务。同时，奥巴马呼吁国会通过立法，延长财政部对小企业信贷期。

（二）英国、法国、德国及欧盟

自 2014 年起，英政府相继创立了创新券、协同研发基金、产业集群扶持基金和创新催化基金等新型金融模式，以解决创新资金的压力。

2006 年年初，法国政府施行新政策，规定个人收入低于最低工资的创业申请人可领取失业创业补贴。从 2007 年 1 月 1 日起，法国申请失业创业补贴的程序又被大大简化。此前，创业者如果想获得该项补贴，必须提前申请，而现在改为在创业后三个月内提出即可。补贴申请表也由原来的 12 页改为 1 页，创业者不用再详细阐述自己的盈利计划。从 2007 年 4 月起，创业者不用再亲自到相关部门办理烦琐的行政手续，而是可以在互联网上填写所有必要的表格，企业注册费用也可用信用卡支付。

2009 年，德国在《振兴经济一揽子计划》中提出，德国重建银行将制订 72 亿欧元的"特别计划"，向企业提供各类资金贷款，其中 94% 的资金由中小企业受惠。2011 年，德国"中小企业创新核心计划"预算总额为 5.45 亿美元，大大提升了对中小企业创新的资助力度。

近年来，欧盟成员国为应对欧债危机纷纷采取紧缩的财政政策，但却没有减弱对科技创新的投资力度，多数成员国仍保持甚至扩大了研发经费的投入规模。统计数据显示，欧盟成员国 2012 年的研发经费为 2669 亿欧元，比 2011 年增长 2.9%。即使在欧债危机期间，欧盟成员国研发经费在国内生产总值中所占比例仍保持增长，2012 年提高至 2.06%。尽管目前欧盟总体上采取紧缩的财政政策，但对于科技创新和教育投入不减反增。

（三）日本、韩国、印度与巴西

2014 年，日本在《生产率提高设备投资促进税制》中规定：企业对先进设备、生产线以及作业系统的升级提高进行投资，可当期折旧和减税 5%。

在韩国，朴槿惠在 2013 年就任总统时提出"创造经济"政策，4 月成立"未来创造科学部"作为政策指挥中心。根据"创造经济"思想，韩政府在 2014 年投入 1.01 兆韩元激励创业，2015 年相关预算达到 3.5 兆韩元，同比增长 245%。2015 年，韩政府将研发预算大幅增加 62%，达到 18.9 兆韩元。除财政支持外，韩政府还为创业失败者提供保障机制，年轻人创业失败后，如果提出新的创业构想或计划，通过相关审核后，政府会负担部分或全部负债，为失败者提供再创业的机会。

韩政府一直确保对科技创新的资金投入，研发投入始终保持在世界前10位，资金总额约占其国内生产总值的3%。政府的资金支持带动了风险投资的加入，软银、石桥资本和 Strong Ventures 等老牌风险投资公司均已涉足韩国初创企业。

印度于2015年推出"新创印度"计划，旨在构建一个强大的培育创新的生态系统，为社会创造大规模的就业机会，并推动经济可持续增长。2016年1月16日，印度总理纳兰德拉·莫迪在新德里举行的首届"新创印度"大会上宣布：政府将提供100亿卢比的资金支持新创企业；新创企业在成立后的前3年，不用向政府缴纳所得税，也不会受到劳工、环境等法律审查；政府还将引入一个更为自由的专利制度，帮助新创企业注册专利，相关费用可减少80%。

巴西政府于2013年10月宣布：向主营移动互联网和信息安全的巴西中小企业加大政府补贴，以鼓励企业研发。2014年4月，巴西互联网管理委员会组织了一场关于互联网治理、基于物联网的智能装置、云与网络攻击的大型研讨会，聚焦网络安全问题，以推动信息产业发展。

三　建立金融保障体系

(一) 美国、英国和德国

美国的"小企业管理局"(SBA)，获政府授权可以为不同需求的中小企业提供不同种类、不同需要的贷款。通过直接贷款、担保贷款和小企业风险投资对企业的创新活动实行金融支持。当企业在两家以上金融机构获不到贷款时，SBA 可直接向那些具有较强技术创新能力、发展前景良好的中小企业发放直接贷款；当中小企业遭受自然灾害时，还可向 SBA 申请自然灾害贷款。

美国以1953年国会通过的《小企业融资法案》为基础建立了中小企业信用担保制度，形成了高效完善的多层次的中小企业信用担保体系，这一体系由联邦中小企业信用担保、区域性专业担保和社区性小企业担保构成。其间，美国还成立了"小企业投资公司"(SBIC)，采取股权投资形式，重点投资处于种子期、成立期在3年以下的小企业，为高科技小企业提供充足的发展资金。

为配合实施《打造英国未来》发展战略，英国首相于2009年6月宣布出资1.5亿英镑作为种子基金，成立英国创新投资基金(UKIIF)，重点扶植正在起步的小型技术企业。该基金于2010年1月投资低碳清洁技术1.25

亿英镑；2013 年，再次投资 2 亿英镑用于发展生命科学、数字产业和先进制造。此外，英国的欧洲投资基金（EIF）负责管理 2 亿英镑的创新投资，其中，1 亿英镑是该基金提供的匹配资金，这些资金的主要投资对象是英国那些有巨大发展潜力的技术型企业。2013 年 6 月，英国政府又设立了公共创新扶持基金（SBRI），以应对政府在公共管理领域所面临的挑战。

2012 年，英国政府与巴克利银行等知名企业合作成立了"数码创客基金"，并专门设立针对青少年创客的扶持项目，以培养青少年的创造力和创新精神。截至 2014 年年底，该项目已支持 13 万青少年参与创客活动。英国政府还于 2012 年 7 月设立了资金总额约 1000 万英镑的社会创新孵化器基金，专门解决早期社会型创业缺少启动资金的问题。

除研发税费减免、设立政府创新基金外，英国政府还十分注重调动社会大众对创新创业的投资积极性。在英国，除政府基金外，还有很多机构设立的一些小型种子基金，种子基金对一个项目的支持约为 1500 英镑左右，以激励英国全民特别是年轻人发展其创新"金点子"。英国还有由民间出资设立的总额约 6 亿英镑的"大社会基金"，该基金以引导基金的形式，通过对非营利性股权基金进行投资参股，为政府推动社会创新、万众创业助力。

2014 年，德国在《高科技创业基金》中提出，要将基金总额大幅提升 25%，投资从 1.7 万欧元提高到 3 万欧元，高科技研究密集型和高风险的科研成果转化资助也从 7 万欧元增至 25 万欧元。

（二）巴西、以色列和欧盟

2011 年，巴西政府出台小额信贷计划，小微企业和个体户都可申请小额信贷，且无须提供财产抵押或不动产担保。2014 年，巴西政府设立小微企业和经济协作秘书处，并宣布将小微企业的政府贷款年利率从 8% 调低至 5%，以加大对小微企业发展的扶持力度。据巴西全国商业联合会统计，巴西平均每天新增 4000 个小微企业，这些企业在吸纳就业、拉动需求、增加出口等方面正起到越来越重要的作用。

2011 年，以色列颁布《天使法》（Angel Law），以鼓励处于早期阶段的高技术公司的投资行为。根据《天使法》规定，符合资格的投资者如果投资以色列高科技私营企业，就能够从所有渠道的应纳税所得中扣减去其投资数额，从而获得更低的纳税等级。2014 年，以色列经济部实施了一系列政府主导的种子基金项目，这些基金项目要求投资方具有基本的风险投资资质,其所投的创业公司为科技主导型企业,成立时间为半年以内且尚未获得过任何投资。政府与投资方共同设立配比基金,政府的投资将以获取公司股份为回报,而投资方则有权在前五年内以初始价格加上一定的利息购买政府的股权,从而使得对早期初创企业的投资更具吸引力。

目前,以色列政府已成立了24家孵化器,对创业公司提供85%的研发费用,其余部分由创业者自行募集。以色列政府还推行了一些新政策,比如,将一些政府孵化器私有化,被授权的孵化园将自行承担孵化器的运营费用,而创业者将有机会获得更多的资助。此外,由于生物科技研发周期较长,以色列政府还专门策划成立针对生物科技的孵化园,并将给予特殊优惠政策。

2013年1月9日,欧盟发布《2020创业行动计划》,规定:简化税收系统,在强化现有金融工具的同时,推动创建欧洲小额贷款市场;帮助中小企业通过私人直接投资实现融资,具体方式是微型债券、个人合作投资平台、企业天使投资等;放宽企业的出路,利用现有欧盟企业基金资助企业转让,提供企业转让的信息采集和咨询服务,减少阻碍企业跨国转让的壁垒;成员国灵活执行企业破产的清偿立法,重点帮助企业克服资金困难,实现重组,避免破产;采取措施,在培训、研发、创新产品商品化等方面资助创业者,降低新企业的社会负担。

四 实施人才引进和教育培训计划

(一)美国和英国

2006年,美国开始实施"大学先修激励计划",培养和招聘高素质的教师,5年内培养7万名新教师,并且使7万名学生通过该计划的学分测验。同年,实施"支教联合会计划",支持学校与公共或者私营机构形成伙伴关系,鼓励科学、数学和工程专业人才作为辅助教师去特定高中讲授数学、科学和技术课程,发挥公共教育体系之外的高素质人才的潜力,到2015年之前拥有3万名辅助教师。

2006年1月,推出"美国竞争力计划",成立了"国家数学专家小组",以便对数学教学计划进行评估,设计高效的数学教学法则。实施"小学生数学计划",激励教师革新教学方法,提高教学效果,保证学生打下坚实的数学基础。实施"初中生数学计划",强化系统的教学方法,提高初中生的代数水平,对数学较差的学生实施补救措施。鼓励学生主修科学、技术、工程和数学(STEM)领域的课程,招收并保持STEM专业的本科生和研究生规模。

2015年10月，美国提出，改革移民政策，解禁高技术人才的引进，通过详细的指导和规则使世界上最优秀、最有才华的科学家、工程师、企业家受雇于美国，为美国工作。

2014年，英国政府修订中学课程教学大纲，要求学校必须在IT课程中向学生传授电脑编程、消除计算机病毒的相关基本知识和操作技能，以培养学生的创造力和动手能力。同时，充分利用发达的图书馆体系，在有条件的图书馆配备3D打印机等设备，建立创客空间，把图书馆知识传播的功能和创客的创新实践有机地结合起来。英国还每年举办国际教育设备展（BETT），为教育领域的供求双方提供相互交流的机会，为教学领域的革新发展搭建高效的交流平台，以推动创新技术在教育领域的应用，促进创业精神在英国社会的传播和发展。

（二）俄罗斯和巴西

2013年，俄罗斯政府提出，到2020年，要新增2500万个现代创新型就业岗位，满足建设新型工业化国家的需要。为实现这一目的，在教育领域，政府将服务重点集中在引导学生进行职业规划，为大学生提供就业咨询和培训。莫斯科国立大学的就业指导服务处定期向学生通报招聘信息，提供实习和进修机会消息。此外，服务处每学年春、秋两季举办两次"职业日"活动，邀请20家以上企业对学生进行宣讲和开展交流。在学年中，服务处还通过组织企业负责人讲座和业务模拟操作等方式帮助学生了解就业情况。此外，俄罗斯政府和高校还一直致力于改进专业设置，使高等教育和职业教育更加符合劳动市场要求，尽力实现人才供需平衡。

2011年，为培养科技工程精英，巴西总统罗塞夫启动了"科学无国界"留学生派遣计划。该计划确定年投资20亿美元，在2012—2015年派遣10万最优秀的学生和研究人员出国深造，其中绝大部分是赴欧美知名高校学习科技工程，这一计划由科技创新部负责实施。2012年11月，巴西科学技术与创新部启动了"创业巴西计划"，提出不仅要资助初创企业，更要推动巴西成为一个以创业为基础的经济体。到2014年6月，"创业巴西计划"已资助150家小企业，资助总额累计达到1800万美元。除直接投资和为企业提供基础设施外，"创业巴西计划"还引入了"一对一导师制"，进一步强化人才的教育和培养。

(三) 以色列和欧盟

1. 以色列

2013年，以色列总理正式启动了培养"青少年网络精英"的新国家法案，旨在为以色列创建一个"数字铁穹"，保护其重要基础设施免受黑客入侵和病毒骚扰。2015年，以色列为振兴其钻石业，由政府主导实施了"新一代钻石工匠大师"培训计划，有针对性地培养高精尖人才，最直接、最高效地为以色列创新创业输送人才。

2015年11月，以色列经济部、首席科学家办公室和移民局三方签署合作协议，决定放宽长期签证政策，鼓励外国投资者与外国企业家进入以色列从事创新创业活动。外国人如果带着创新技术的提议和想法进入以色列进行研发与创新活动，可获得最多24个月的签证。如果外国人愿意在以色列继续创办新企业，则其签证有效期会继续延展，且"创新签证"会自动生成为"专家签证"。以色列希望通过该项措施吸引更多技术专家在以色列还未掌握关键技术的领域从事研究工作。以色列首席科学家办公室还公布了政府支持的12个领域，承诺提供补贴性质的工作场所、成型的技术基础设施、专业的服务，以吸引全球科学家和企业家来以色列从事创新创业活动。

以色列十分注重加强高校之外的人才再教育。2014年，以政府新推出方案，为年龄较大的员工提供免费培训，教授最新的科技课程，以便其有能力填补高科技职位的空缺。以色列还成立了高校科研成果商业化中心并进行资金资助，促进鼓励每个大学成立自己的孵化器，培养高校学生的创业创新能力。以色列政府在高校产学研项目上每年投入6000万美元，促使高校机构在商界积极活动，将实验室研发出的技术成果、知识专利出售，进行商业化运作。以色列的各项政策彼此联系，从而构成相对完整的政府创业扶持系统，使以色列成为"创业国度"，也使以色列高科技创业公司活跃于全球各地。

2. 欧盟

2013年1月9日，欧盟委员会发布《2020创业行动计划》，强调在学校中提倡创业精神，注重教育和培训的作用，希望以此造就新一代创业者，振兴欧洲经济。为营造有利于创业的社会环境，行动计划在六个方面采取了特别措施：便利创业融资；便利企业转让；帮助诚信的破产企业二次创业；实行企业启动扶持；资助中小企业实行数字信息技术；简化政府管理企业的程序。这一计划还要求所有成员国在 2015 年将创业教育引入大、中、小学和成人培训，青少年在学校毕业时至少有一次创业实践经历，或者经营微型公司，或者为公司和社会项目进行企业策划。2010 年《欧洲 2020 战略》中还提出，构建横向与纵向交织的组织实施系统，国家、区域与地方政府之间形成纵向伙伴关系，并建立"蓝卡"制度，吸引亚洲、非洲、拉丁美洲高层次技术人才，对技术移民给予更多优惠条件。

作为欧盟成员国中社会经济发展水平较高的代表性国家，北欧的丹麦、瑞典和挪威三国也都在国家层面制定了创业教育的国家发展战略。丹麦政府于 2009 年颁布了《创业教育与培训战略》，内容是：加大创业教育的资金支持；制定创业教育投资年度预算和其他配套的创业资助项目，推动创业教育的全面展开；注重制度性力量在推动创业教育长期有序发展中的作用；拓宽创业教育的内容，如创业法律体系、创业规制措施、创业项目运行、创业教育绩效评估、创业教育支持等。

挪威和瑞典的创业教育发展战略提出：要建立从初等到高等的整体性创业教育制度，形成终身创业教育体系；增强创业教育在教育系统各个层面的渗透力和影响力，提升创业教育融入传统教育的质量和覆盖范围。

（四）日本和比利时

2010 年，日本出台了《未来 10 年经济增长战略》，2011 年还成立了科技创新战略本部以代替综合科学技术会议，从而最大限度地发挥"创新司令塔"的指挥作用，促进科技创新创业的一体化进程。为了抢夺亚洲乃至全球的创新人才，日本提出"亚洲人才资金构想"，设立"外国人特别研究员计划"，吸引以中韩为主的亚洲留学生。

比利时于 2011 年年底正式通过了"2011—2014 创业教育行动计划"，目标是促进学生的创业意识，提升学生的创业能力，为年轻人未来的创新和创业提供必要的政策及资金支持。这一计划明确要每年拨出专款用于创业教育类师资的培训，培养教师对创业教育的认同感，激发专业教师在课程中融入创业理念、进行创业教育改革的热情。值得注意的是，该战略规划制定的整个过程充分体现了行政机构跨部门的合作，如总理事务部、经济与农业部、教育部、就业部等，目的是保证政策的制定能够充分考虑到影响创业教育的不同因素，减少政策实施过程中来自其他行政部门的阻力。

五　创新创业的其他行动

（一）美国、英国、德国和加拿大

2012年8月，奥巴马政府宣布，联合高校、企业和政府部门的力量，在俄亥俄州建立一个制造业创新中心——国家增材制造业创新中心，由政府部门和私营部门共同出资，主要研发3D打印技术、新材料、尖端科技，培养制造业技能。2013年2月，奥巴马政府决定建设一个包含15个制造创新中心的全国性制造网络，使美国制造业成为全球的高科技中心。2014年，奥巴马宣布将每年6月18日定为美国"国家创客日"，以示对创客及创客运动的支持和声援。

2010年，英国推出了创新助推器计划，组建国家级创新网络——"创新助推器"，在部分地区围绕英国的优势科研领域，建设良好创新生态体系；政府出资2亿英镑，首期在全英选择7个一流科技创新中心进行资助，还计划到2020年，把资金总额增加到10亿英镑；在2030年将全国创新助推器数量增至30个。2014年，为加快科研成果的实际转化进程，英政府推出了知识转移网络和知识转移合作两项扶持政策，支持以企业为主导成立创新联盟，加快重点产业的科技成果商品化和产业化。

2010年，《德国2020高科技战略》提出，优化创办企业的基础条件，竭力塑造新的法规环境，为"发明"和"创新"提供足够的"自由空间"，大幅提升企业的创新力。2011年推出的《中小企业创新核心计划（ZIM）》提出，德国需要大力推进中小企业创新能力的建设，政府资助的重点是中小企业相互之间和企业与科学界之间的可持续联合研发项目，计划预算总额为5.45亿美元，大大提升了对中小企业创新的资助力度。

2010年，加拿大提出投资4000亿加元，实施以政府采购为主要手段的《创新商品化计划（CICP）》，通过大中小企业的创新合作网络和政府采购制度，持续不断地创造新的市场需求，促进创新创业企业发展，打通基础研究产业化的通道，促进经济共赢。

（二）俄罗斯和巴西

2010年，时任俄罗斯总统梅德韦杰夫签署总统令，在莫斯科市的行政区建立一个综合科技创新中心——斯科尔科沃创新产业园，并确定园区的五大优先研发方向是：信息和太空技术、生物技术、核技术和节能技术。2011年8月，时任俄罗斯总理普京提出，成立一个新的部门——"战略创新署"，帮助富有创新精神的年轻人实现理想，普京担任这一机构的监督理事会主席。

2014年6月25日，巴西总统罗塞夫公布了"国家知识平台计划"草案，这是一项增大科研、培育新一代科研人员和创新型企业的大型科技计划，主要任务是促使科学知识向生产系统的转移，促进科技知识平台和商业平台的融合。该计划确定要建设三大重点平台：医药、疫苗服务平台，石油钻探、基础工程和生物能源平台，畜牧养殖和气候变化平台，投入资金每年20亿美元左右。

（三）瑞士和韩国

瑞士已连续六年位列世界经济论坛发布的《全球竞争力报告》中的榜首，强大的创新能力一直被认为是瑞士长期保持竞争力排名领先的关键因素。2011年，瑞士修订了《研究与创新促进法》，确定瑞士政府的创新责任是将科学和创新政策与科学和创新过程整合成为一个整体，而不再是单纯地促进科学和创新。瑞士成立了联邦技术和创新委员会，专司促进"科学为基础的创新"之职，而原有的国家科学基金会则负责促进"以知识为基础的科学研究"。

瑞士优化创新投入。2013—2015年，瑞士政府对联邦理工大学、各州大学、应用类大学、国家科学基金会、创新推广机构以及非大学类研究机构等的教育、科研和创新投入总额约为260亿瑞朗，超过欧盟平均水平。为实现资金的优化配置，瑞士公共部门和私营部门分别承担着不同类别的研发任务，联邦技术科研机构和大学主要承担基础研究，私营部门和应用类大学则主要承担应用型研发和负责将技术市场化。

瑞士十分重视外国智力资源的开发利用，依靠良好的工作和生活环境，广纳全球科技人才。根据瑞士联邦移民局的统计数据，截至2013年年底，瑞士的外来人口中84%持有高等教育文凭，从事最多的五大行业均为技术含量较高的产业，依次为信息技术、化学制药、企业咨询、机械以及食品饮料等。

韩国在发展科技创新方面非常注重与国际合作。2012年，韩国与欧盟共同举办了主题为"加强欧盟与韩国技术创新融合"的"韩国尤里卡日"活动。2014年，韩国与以色列广泛开展在科技领域内的合作，学习借鉴以色列无人机、信息安全等技术，以图优势互补。

韩政府注重转变大学生就业观念，不断激发大学生创业热情，保护和鼓励大学生创业活动。2013年9月，韩国成立以大学为中心的"创业支援中心",实行"严进宽出"。韩国的每一所大学都设有"创业支援中心",接受大学生的创业申请计划。中心提供租金低廉甚至免费的办公室,以及办公桌椅、电脑、上网线路等各种办公条件,帮助大学生联系各专业的指导教授,协助进行可行性调查和分析;为大学生提供法律、税务、谈判等咨询服务;帮助大学生筹资;为大学生提供与商业企业同等甚至更优惠的金融支持。同时,韩国政府还积极鼓励各种资本对高科技创新企业进行投资,个人对创新项目进行投资时,政府会给予30%的资金返还。

第四节 战略政策背景

中国战略性新兴产业发展的另一个背景元素是战略政策背景,包括政策支持体系和创新与竞争战略。

一 政策支持体系

开展全球制造业竞争,鼓励创新创业,世界重要国家除推出了一系列行动方案外,还出台了一系列支撑政策,其核心内容可列示如表2-3所示。

表2-3　　　　　　　　重要国家支撑政策比较

	年份	政策或规定	核心内容
美国	1986	《税收改革法》	将投资额的60%免除课税,其余40%减半课征所得税;持有高科技小企业股份5年或5年以上的资本收益,所得税率仅为14%
	1998	《国内税法》	企业用于研发的费用若比上年增加,其增加部分的20%可直接免纳所得税;企业研发费用超过上年或前几年的平均值时,超出部分可享受25%的所得税率
	2015	《美国创新战略》	永久对研究与实验开支实行税收减免,简化和改进税收减免措施,减少企业研发投入的实际成本
德国	1984	《免税法》	对中小企业的贸易税进行减免,对所得税、财产税等多税种实行一定范围的免税;降低所得税,下调财产税、继承税、周转税等;对中小企业实行特别优税条款

续表

	年份	政策或规定	核心内容
德国	2009	《振兴经济一揽子计划》	德国重建银行制订72亿欧元的"特别计划",向企业提供各类资金贷款、其中94%的资金由中小企业受惠
	2014	《高科技创业基金》	将基金总额大幅提升了25%,投资也从1.7万欧元提高到3万欧元,高科技研究密集型和高风险的科研成果转化资助从7万欧元增至25万欧元
日本	1985	《促进基础技术开发税制》	对部分高新技术领域的技术开发用资产按购入价的7%免征所得税;对用于基础技术研究的折旧资产,按当年该项支出的5%从应纳税额中扣免;中小企业的研发支出可按当年支出全额的6%抵免
	2014	《提高设备投资促进税制》	企业对先进设备、生产线以及作业系统的升级提高进行投资,可当期折旧和减税5%
中国	2016	《关于完善研究开发费用税前加计扣除政策的通知》	企业研发费用,未形成无形资产计入当期损益的,在按规定据实扣除的基础上,再额外按本年度实际发生额的50%,从本年度应纳税所得额中扣除;形成无形资产的,按照无形资产成本的150%在税前摊销;将外聘人员劳务费、试制产品检验费、专家咨询费、高新科研发保险费以及与研发直接相关的差旅费、会议费等,也纳入了研发费用加计扣除的范围

资料来源：2016年1月起实施的财税新规：财税法规类,《中国税务报》2016年1月4日,以及相关文献；梁燕君：《加快高新技术产业发展税收政策的国际经验及借鉴》,《市场经济与价格》2015年第7期。笔者加工整理。

表2-3列示了制造强国和中国在支持制造业发展方面出台的主要税收投资优惠政策。事实上,各国制造业税收扶持政策远不止如表中所示的这些。如2015年美国政府决定：帮助创新的美国企业在国外竞争,每年新增投资5亿美元,用以支撑并补充私营部门进行短期的基础研究。[①] 2015年最新版的《美国创新战略》提出：加大对9个重点领域的投资,2016年对

---

① 美国科技政策办公室网：http://www.whitehouse.gov, 2015-03-25。

太空探索的投资 19.3 亿美元，精密医疗的投资 2.15 亿美元，大脑计划的投资 3 亿美元，智慧城市的投资 0.3 亿美元，教育技术的投资 0.5 亿美元。同时，2016 年要对国家科学基金会、能源部科学办公室、商务部国家标准与技术研究院的研究经费增扩 1 倍以资助基础研究，并保证以后每年经费增长速率为 7% 左右。美国政府计划提高公共研究的投资，每年将 GDP 的 3% 用于研发[①]，以确保基础科学和工程学研究拥有充足的公共经费支持。同时，加大对国家科学基金会和能源部及其国家实验室的资金支持力度。

现在，德国全部创业者都可以享受优惠政策；招收一定比例残障员工的企业也可以在税收上得到减免；政府为失业人员提供创业补贴，对 1—2 人的小型企业创办者提供为期 3 年的创业生活补贴，或者提供一次性 6 个月的创业补助，这一补助不作为创业启动资金，直接用于失业和社会保险补贴；通过向出口与经济监管局申请，创业者三年内最高可获得 3000 欧元的一次性补贴。[②] 2005 年，德国政府设立了"高科技创业基金"，以公私合营和参股方式，扶持新成立的企业，缓解企业初创时期的融资困难。从 2010 年 4 月开始，德国政府还向企业提供创新代金券，用以扶持小型企业开展研究可行性咨询，确定创新性研发项目等，若在政府指定的咨询公司获取帮助和服务，则可用创新代金券支付创新服务费用。2014 年 12 月，德国政府还将"高科技创业基金"总额大幅提升了 25%，投资也从 1.7 万欧元提高到 3 万欧元，高科技研究密集型和高风险的科研成果转化资助从 7 万欧元增至 25 万欧元。[③]

在日本，通产省设立了 7 个全国性的工业研究开发机构，各都道府县则以解决本地区的共性技术难题为目标设立自己的工业技术中心；政府每年拨出预算资金用于工业技术中研究开发和委托试验，支持产学官共同研究开发事业补助等。政府在引导金融机构向企业注资时根据企业的素质、经济规模、产品水平等方面规定了获得优惠贷款的条件，并在争取政府优惠贷款方面鼓励企业公平竞争。日本多层次的银行体系对日本制造业发展发挥了巨大的融资功能。有数据显示，在日本重化工业高速发展时期，企

---

① 美国科技政策办公室网：http://www.whitehouse.gov, 2015-03-25。
② 《2014 重大税收优惠政策出台，鼓励失业人员自主创业》，人才网：http://www.cnrencai.com, 2014-04-30。
③ 王志强、赵隆华、李丹颖：《德国政府支持高科技企业创业的重要政策工具》，《全球科技经济瞭望》2014 年第 1 期。

业设备投资所需资金的60%—70%来自都市银行等大金融机构。

中国在扶持制造业发展的政策上也注重吸收国外先进做法。如2016年新出台的税收优惠政策就明确：简化对研发费用的归集和核算管理；企业符合条件的研发费用可以享受追溯政策，一些企业只要符合当时的加计扣除税收政策，可以向前追溯3年；减少审核程序，企业享受加计扣除优惠的，审批程序简化为事后备案管理，如果对研发项目有异议，税务机关直接跟科技部门协商，由科技部门提供鉴定。这使企业在享受政策通道方面更便捷、更直接、更高效。

二 创新与竞争战略①

全球制造业竞争和创新创业战略中，与战略性新兴产业培育和发展最为相关的战略是《美国创新战略》、德国"工业4.0"和《中国制造2025》。

（一）《美国创新战略》

2015年10月21日，美国国家经济委员会和科技政策办公室联合发布了最新版《美国创新战略》。这个报告最初发布于2009年9月21日，经过修订于2011年2月4日第二次发布，后再度修改，第三次发布，较清晰地昭示了美国确保赢得未来的战略意图和行动目标。最新版的《美国创新战略》认定了所谓的"创新基础要素"，确定了优先发展的重点领域，提出了未来的战略目标和完成目标的行动路径，体现为如下六个方面：

1. 确定创新元素

《美国创新战略》确定领先世界的基础研究、一流的21世纪基础设施和下一代数字基础设施为美国三大创新基础要素，要加大对其的投资。

美国最新战略认为，科学、技术、工程和数学（STEM）等是面向未来的基础教育，网络、大型科研设施、数据库、数字化平台等基础设施是创新的基础要素，要加大对这些基础要素的投资。总统预算确定：多于3%的GDP将用于公共和私人研发，这一投资超过了太空竞赛投资。2016年，基础研究和应用研究的预算将达670亿美元，比2015年增长13%；继续增加美国国家科学基金会、美国能源部科学办公室和实验室以及商务部国家标准和技术研究院这三个关键性基础研究机构的经费；对STEM教育项目投入30亿美元，比2015年增加3.8%。

---

① 李金华：《德国"工业4.0"与"中国制造2025"的比较及启示》，《中国地质大学学报》（社会科学版）2015年第5期。

改革移民政策，解禁高技术人才的引进，通过详细的指导和规则使世界上最优秀、最有才华的科学家、工程师、企业家受雇于美国，为美国工作。

帮助支持制造业，建设全国的货运网络、快速公交、空中交通系统，建设供水和污水处理系统，鼓励各州和地方建设智能基础设施，提高效率和拯救生命。

支持采用新一代的数字基础设施，在农村和城市建设强大的无线宽带网络；开发5G技术；2020年使用500兆赫的固定和移动无线宽带；开发和部署"千兆"应用程序和下一代网络社区，帮助改变医疗、教育、公共安全、交通、先进制造业和清洁能源环境。

2. 减免税收

美国创新战略决定，通过减免税收、帮助企业参与国外竞争等方式激发私营部门创新。支持私营部门创新，永久对研究与实验投入实行税收减免；支持企业家的创新活动，帮助创新产品实现由实验室到市场的全程商业化；向创新者提供联邦公开的数据；帮助创新的企业参与国外竞争。

2016年预算中加大对更广泛的创新公司的信贷；增设一种简化的信贷方式；对进行应用性研究的年轻公司，允许以信用来抵消税责；额外拨付2500万美元支持全国创新生态系统的建设；拨付15亿美元用于金融企业家和小企业的资本项目。同时，奥巴马呼吁国会通过立法，延长财政部对小企业信贷期。设立10亿美元的款项，以竞标方式支持各州进行区域创业生态系统的建设；吸引私人资本进行创业和扩大业务。

3. 建设创新国家

挖掘创新人才，奖励激励美国民众的创造力，建设充满创新者的国家。美国创新战略确定，通过专利制度、奖励等形式褒奖美国民众的创造力和创造性成果，获奖的成就可以是一个特定技术，也可以是一个社会经济或创造性的目标；挖掘民众创新潜力，运用创造性的激励方式，催化技术研发，促进社会政策领域如健康、能源使用、教育方面的进步。

采取重大步骤，利用创新人才，通过众包和公众科学方式，让公众运用专业知识来帮助国家解决重点研究项目。

开展制造商运动，降低创业门槛，振兴职业技术教育，激发学生的创新热情；继续建立一个广泛的联盟，促成联邦机构和制造商之间的合作，降低创业成本，让更多的人有机会参与制造商运动，利用公众的智慧加速科技创新。

4. 确定制造业领先

美国创新战略确定，必须确保先进制造业在全球的领先地位，创造高质量的就业岗位，保证经济持续增长。加强美国制造业，恢复国家领先的尖端制造创新；启动整个国家制造业创新网络；创建一个全国性的公私合作的制造业创新研究院；联合公司、联邦机构、大学和其他机构开发关键的先进制造技术，如3D打印、新材料、先进的传感器、数字设计等技术，帮助企业开发和采用这些技术。

2016年的预算中，投资20亿美元，建设一个包含45个学院或研究所的制造网络，对供应链进行再投资创新；支持扩大技术密集型制造业公司，启动100亿美元的公私扩大制造业投资基金，使新兴的美国先进制造技术达到规模化的商业生产；鼓励更多的私人业主投资技术密集的生产设备制造业。

投资广泛影响美国经济社会变革的行业，如蒸汽机、电力、通用件、晶体管和互联网等"通用技术"，通过这些技术的开发和应用，创造全新的行业，创造就业机会。

政府优先投资影响美国未来或有潜力成为未来的行业，支持大学基础研究；支持健康、能源、空间、交通、国家和国土安全等领域的研究；支持发展标准、共享设施、专业劳动力发展、勘探伦理、法律和影响社会的新兴技术等的研究；建成包容性的创新经济，并提高美国的长期经济增长率和劳动生产率。

5. 优先发展九大领域

美国战略决定优先发展九大领域，重点投资对美国创新有重大影响的项目并取得变革性或突破性成果。优先发展对美国创新有重大影响的九大领域是：（1）研发"精密医学"，医治疾病，改善保健和治疗环境；（2）实施"脑计划"，加速发展新型神经技术；（3）卫生保健方面取得突破性创新；（4）推动先进汽车制造，大大降低死亡事故；（5）建设智慧城市；（6）推动清洁能源技术，提高能源利用效率；（7）开发先进教育技术，实行教育技术革命；（8）发展空间技术，并取得突破性进展；（9）发展先进的高性能计算技术，改善社区的健康和安全，促进科学发现。将加大对这九大领域的投入。2016年，对"精密医学"的投入为2.15亿美元，"大脑计划"的投入为3亿美元，智慧城市的投入为0.3亿美元，新能源技术的投入为 76 亿美元,教育技术的投入为 0.5 亿美元,太空探索的投入为 19.3 亿美元。要通过增大投入使九大领域取得突破性成果,以应对美国未来面临的挑战。

鼓励公司、基金会、大学和其他机构学习国际经验,参与政府重大挑战的识别和应对。要通过战略合作伙伴关系,帮助东道国政府、公民社会和私营部门,利用科技进步来刺激创新和寻求变革,在 2030 年前消除极端贫困这一人类发展面临的顽症。

6. 培育创新文化

美国创新战略强调,培育创新文化,提升政府解决社会问题的能力,建设服务大众的创新型政府。鼓励企业家和开发者创造引人注目的应用程序以服务卫生和公众;奖励提出好的创业点子的创业者和公民发明家;识别和面对 21 世纪的"大挑战";在联邦卫生与公众服务部门设立创新实验室,支持员工的努力尝试,提高工作效率。

加速招聘顶尖人才,"以人为本"改善政府部门的服务;优化人才、创新思维及技术工具的组合,采用创新的工具包和更高效的数字服务传递,解决好公共部门问题,提升政府解决社会问题的能力,改善政府服务的核心过程,为美国民众提供更好的服务,从而推动社会创新。将呼吁国会创建一个规模为 3 亿美元的激励基金,以支持这个项目。

(二) 德国"工业 4.0"

1. 缘起

20 世纪 80 年代初期,世界发达国家开始了一股被学界称为"再工业化"的浪潮。如美国在 2009—2012 年间,先后推出了《重振美国制造业框架》(2009 年 12 月)、《先进制造业伙伴计划》(2011 年 6 月) 和《先进制造业国家战略计划》(2012 年 2 月) 三个文献,旨在借助这些规划的实施,巩固美国制造业在全球的领先地位,优化制造业结构,增强制造业在全球的竞争力。日本政府也高度重视高端制造业的发展,进行制造技术战略图的大规模编制。2014 年,日本着手研制以 3D 造型技术为核心的制造技术项目研发,开发了代表世界顶尖水平的金属粉末造型用 3D 打印机;使用"小生产线"模式,建成了世界最短的高端车型生产流水线;通过小型设备、机器人和无人搬运机引入、无人工厂设计、细胞生产方式等革新,降低制造业生产成本,大幅提高制造产业竞争力。

德国也在行动。自 2006 年以来,德国政府一直努力在德国建立一种部门间的高技术战略协调机制,推动德国的技术革命、研究与创新,目的就是要通过不断的技术创新,确保德国产业的传统优势和强有力的竞争地位。2010年7月,德国政府发布了一个所谓的《高技术战略2020》,这一文件由联邦教研部与联邦经济技术部合作完成,它确定了未来德国的十大发展项目,其中的一项就是要支持工业领域中制造技术的革命性研发和创新,这便是后来风行全球的德国"工业4.0"。2011年,汉诺威工业博览会上,德国人工智能研究中心董事兼行政总裁沃尔夫冈·瓦尔斯特尔提出,要在制造领域广泛应用物联网和服务网络等现代媒介,通过生产方式的变革掀起第四次工业革命,这可视为对德国"工业4.0"概念的最初阐释。两年后,2013年4月的汉诺威工业博览会上,由于欧洲最大的应用科学研究机构弗劳恩霍夫应用研究促进协会、德意志国家工程院以及西门子公司等的建议和推动,德国"工业4.0"项目得以正式发布。

这一战略规划之所以被称为德国"工业4.0",是源自德国人对人类三次工业革命的称谓。18世纪60年代,人类社会发生了以蒸汽机为代表的第一次工业革命,大机器生产取代了手工劳动;19世纪70年代,自然科学开始同技术生产紧密结合起来,电力得到广泛应用,人类进入电气时代,这便是人类的第二次工业革命;20世纪50年代起,原子能技术、航天技术、电子计算机应用、人工合成材料、分子生物等取得重大突破,科学技术有力地推动了人类生产力的进步,形成了所谓的第三次工业革命。三次工业革命,德国人分别将其称为"工业1.0"、"工业2.0"和"工业3.0"。在德国人心中,此次的制造业技术革新,是制造领域的颠覆性革命,具有划时代的意义,堪为第四次工业革命,故称为德国"工业4.0"。

2. 框架与核心内容

德国"工业4.0"包括7个部分,即引言、愿景目标、发展策略、支撑要素、优先发展领域、竞争策略和展望。框架如图2-1所示。

在背景的描述上,德国"工业4.0"首先给德国制造业定位[①]:德国是全球制造业最具竞争力的国家之一,机械和装备制造业的自动化水平在全球领先,占据全球信息技术的显著地位;德国将要在世界制造强国的背景下展开德国"工业4.0"的实施,要始终保住制造强国的领先地位,引领全

---

① 参见德国"工业4.0"工作组、德国联邦教育研究部《机械工程导报》,2013年7—9月,第23页。

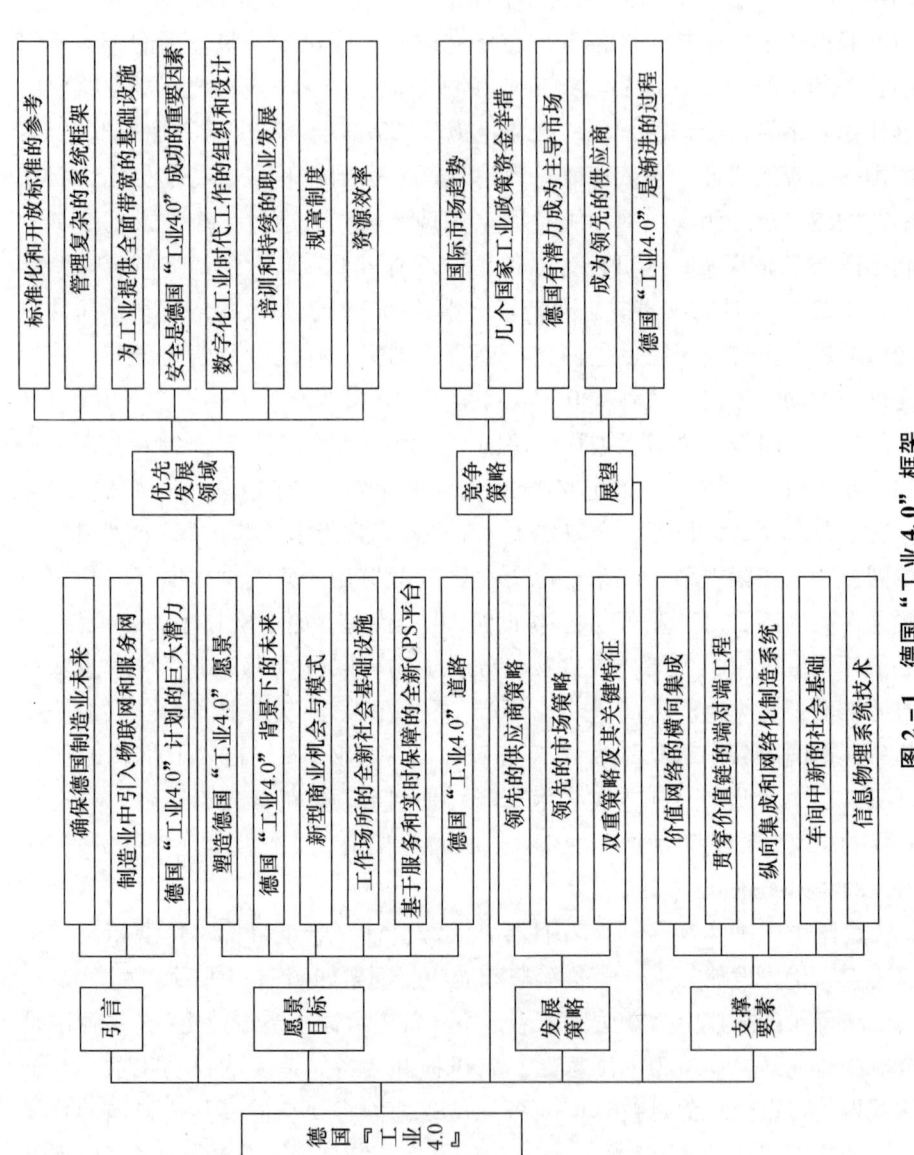

图 2−1 德国"工业 4.0"框架

球制造业的发展。德国"工业4.0"突出了发展策略，即所谓的供应和市场双重策略，并一直强调要建立一个物理系统，即所谓的 CPS（Cyber-Physical System），这一系统要包括智能的生产机器、数据资料存储介质、生产资料和生产设备从入厂到出厂的整合，物流过程的数字化、信息技术的端对端等多个子系统；德国"工业4.0"还关注未来的新型就业机会、就业模式、培训，注意未来几个发达国家的举措、制造业国际市场的趋势。特别地，德国"工业4.0"是将行动方案和战略目标锁定在第四次工业革命，力图通过充分利用信息通信技术和网络物理系统等手段，推出革命性的生产方法，实现制造业向智能化转型，形成以智能制造为主导的第四次工业革命。

德国"工业4.0"还提出了重点发展的八个领域：（1）建立一个适用于所有合作伙伴公司产品和服务的参考框架，这一框架由标准、规定、技术说明等构成，涉及的对象包括制造过程、设备、工程、软件等；（2）通过建模、仿真等手段，建立管理复杂对象和系统的工具，特别是对于中小企业，要给工程师提供方法和工具，保证其在虚拟的世界中使用恰当的模型描述真实的世界；（3）扩大德国宽带互联网基础设施，保证制造业高运行可靠性和数据链路可用性，保证宽带的简单、可扩展、安全、可用且支付得起；（4）建立确保制造过程和产品安全、保险的措施和系统，涉及集成的安保战略和标准，产品、工艺和机器身份识别的独特性和安全性，从"工业3.0"到德国"工业4.0"的安全转移策略，用户友好的安全解决方案，商业管理安保，盗版产品打击，数据保护等；（5）采取一种所谓的"社会技术"方法，将持续的职业发展措施和技术软件架构紧密配合，来提供一个单一的、连贯的解决方案，促成智能、合作和自我组织的相互作用，保证人们的工作愉快、安全与公平，保证竞争优势；（6）通过学院立方体、最佳实践网络等方式，调查工作场所获取的知识和技能，发展数字化技术学习的新方法，推广德国"工业4.0"所特有的学习内容和跨领域合作，开展职业及学术培训和持续的职业发展；（7）通过共同的法律合约，以促进创新的方式制定标准，以确保新技术符合法律和监管框架的发展，确保企业数据、数据交换责任、个人资料、信息物理系统通信的保密性和完整性；（8）采用和发展"效率工厂"倡议的成果，在制造环境和现代化生产线中，提高资源的效率，降低运营成本，使用尽可能低的资源数量，实现最大化的输出。

3. 目标、路径及前景

德国"工业4.0"还确定未来的目标是引领第四次工业革命,确保德国制造业的未来始终处于领先地位。

在行动的路径上,德国"工业4.0"突出"智能""网络""系统";要建设 CPS,将物联网和服务网广泛应用于制造领域,对制造产品的全生命周期、完整制造流程模块进行集成和数字化,构筑一种高度灵活、具备鲜明个性特征的产品与服务新生产模式;由于标准化、组织工作和产品的可获得性是实施德国"工业4.0"的重大挑战,故而该项目鼓励德国企业参与实施德国"工业4.0",并将通过领先的供应商策略和领先的市场策略来实现战略目标。

在未来前景上,德国"工业4.0"是要使德国成为第四次工业革命的引领者,成为世界市场领先的供应商;要巩固德国的国际竞争地位,推动解决全球所面临的资源短缺、能源利用效率以及人口变化等问题;在德国"工业4.0"下,德国制造领域的所有元素和资源间达到一个全新的社会—技术互动水平;全部智能产品均具有独特的可识别性,在整个生命周期内随时确认自身的损耗程度;一些有特殊产品个性需求的客户将能直接参与到产品的设计、制造、预订、计划、生产、运作和回收各个阶段;而且,企业员工可以根据生产形势和目标的变化,调整生产步骤,调节和配置智能制造资源网络,提高生产效率。

(三)《中国制造 2025》

1. 缘起

德国"工业4.0"激起了制造领域技术革命、技术竞争的新一轮浪潮,引起世界各国的高度重视,特别是一些经济大国。针对这一现实,2015年3月,十二届全国人大三次会议上的《政府工作报告》提出,要实施《中国制造2025》,这是中国首度提出的一个关于制造业发展的十年规划,目标直指"中国创造""制造强国"。同年5月,国务院正式发布了《中国制造2025》。由于时间上的延续性和大背景的相同性,《中国制造2025》也就被有些人看成了中国版的"工业4.0"。

《中国制造2025》对中国制造业的定位[①]:中国是制造大国而非制造强

---

① 参见国务院《中国制造2025》第一部分,中央政府门户网站:http://www.gov.cn,2015-05-19。

国,制造技术较之先进国家有较大差距;自主创新能力不强,关键技术或核心技术缺乏;能源利用效率低,环境污染严重;缺少世界著名品牌,产业结构不合理,生产性服务业发展滞后。这表明,中国将要在制造业水平还不很先进、制造技术还较落后的基础上实施《中国制造2025》,跻身制造强国的行列。《中国制造2025》则强调了行动的指导思想和基本原则。

《中国制造2025》是中国建设制造强国的第一个十年规划,它分析了中国建设制造强国的国际国内背景,提出了建设制造强国的指导思想、基本原则、奋斗目标,确定了实施制造强国的战略任务和十大突破重点,设计了制造强国的战略支撑与保障体系,是中国建设制造强国的纲领性文件,对中国建设制造强国,迎战制造业国际竞争有重要的意义,其公布迅速引发了全球关注,也激发了学者的研究热情。怎样使《中国制造2025》落地实施?怎样建设制造强国?政策上如何支持制造强国的建设?如何借鉴世界制造强国的先进经验?都是学者研究的热点。

2. 框架与核心内容

《中国制造2025》分为4个部分,主要是发展形势和环境分析、战略方针和目标、战略任务和重点发展领域以及战略支撑与保障体系。其框架如图2-2所示。

与德国"工业4.0"相比,《中国制造2025》也有明确的工作目标、行动方向或基本策略、重点或优先发展领域、战略支撑或保障体系等。虽然德国的目标是要保证制造业的领先地位,中国则是要跻身世界制造强国行列,但两者均是在对国际国内产业发展形势进行研判后做出的决策,均指向先进制造业。

由图2-2可知,《中国制造2025》则较注重体制机制的改革以及政府的组织实施,更多地关注工业领域多层次人才培养,注重中国制造业的对外开放和国际化水平;提出要促成制造领域信息化和工业化的深度融合,促成中国制造由大变强,但没有提出第四次工业革命的概念。

同样,《中国制造2025》也提出了十个重点发展的领域:集成电路及专用装备、信息通信设备等新一代信息技术;高档数控机床和机器人;大型飞机、新一代运载火箭、重型运载器为代表的航空航天装备;深海探测等海洋工程装备及高技术船舶;绿色智能、高速重载轨道等先进轨道交通装备;电动汽车、燃料电池汽车等节能与新能源汽车;超大容量水电机组、核电机组、重型燃气轮机等电力装备;大型拖拉机及其复式作业机具、大型

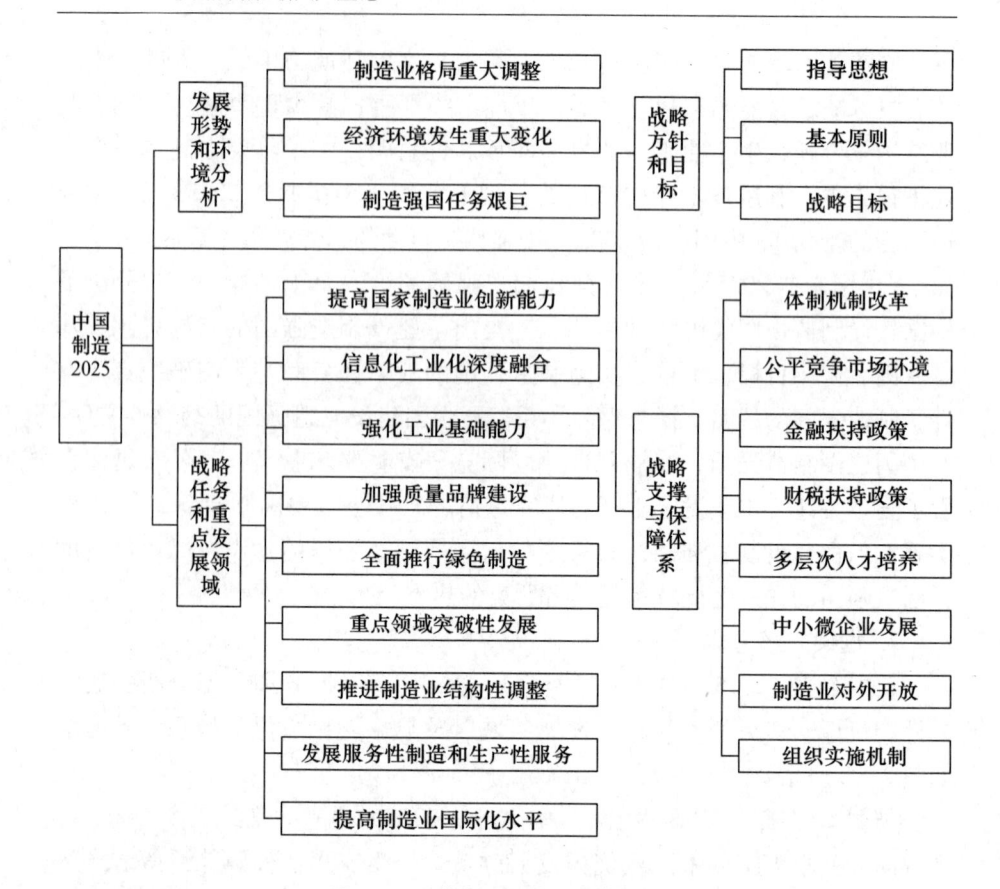

```
                    ┌─ 制造业格局重大调整
         ┌ 发展形势 ┤                              ┌ 指导思想
         │ 和环境   ├─ 经济环境发生重大变化    战略  │
         │ 分析     │                         方针 ├─ 基本原则
         │          └─ 制造强国任务艰巨        和目标│
中国              
制造 ─┤          ┌─ 提高国家制造业创新能力        └─ 战略目标
2025            │
         │          ├─ 信息化工业化深度融合        ┌─ 体制机制改革
         │          │                              │
         │          ├─ 强化工业基础能力            ├─ 公平竞争市场环境
         │ 战略任务 │                              │
         │ 和重点   ├─ 加强质量品牌建设       战略 ├─ 金融扶持政策
         └ 发展领域 │                         支撑 │
                    ├─ 全面推行绿色制造       与保障├─ 财税扶持政策
                    │                         体系 │
                    ├─ 重点领域突破性发展          ├─ 多层次人才培养
                    │                              │
                    ├─ 推进制造业结构性调整        ├─ 中小微企业发展
                    │                              │
                    ├─ 发展服务性制造和生产性服务  ├─ 制造业对外开放
                    │                              │
                    └─ 提高制造业国际化水平        └─ 组织实施机制
```

图 2-2 《中国制造 2025》框架

高效联合收割机等高端农业装备；金属功能材料、高性能结构材料、功能性高分子材料、特种无机非金属材料和先进复合材料等新材料；发展针对重大疾病的化学药、中药、生物技术药物新产品及高性能医疗器械等。

3. 目标、路径和前景

与德国"工业 4.0"相同，《中国制造 2025》也对未来的目标、路径和前景进行了规划。它计划通过三个"十年"的努力，使中国进入世界制造强国的前列。其行动路径是：完善市场准入制度，转变政府经济职能转变，改革行政审批制度，加强市场环境建设，加快政策支持、技术研发、科技成果转化，提高创新能力等，强调政府在其行动过程中的作用。未来，《中国制造 2025》将使中国制造业创新能力和信息化水平大幅度提升，制造业结构优化，产品质量显著提高，制造的著名品牌显著增多。

《中国制造 2025》是新形势下未来中国制造业发展的行动纲领，是国家层面的制造业发展战略。它强调坚持创新驱动、智能转型、强化基础、绿色发展，加快从制造大国转向制造强国转变，这是中国政府在信息技术与制造业深度融合，全球制造业向数字化、网络化、智能化方向发展的大背景下所做出的重大历史抉择，在中国制造业发展史上具有里程碑式的意义。《中国制造 2025》的落地实施与中国战略性新兴产业的培育发展无疑是相得益彰，共生共进，彼此都有着重要的推动作用。

第三章 战略性新兴产业发展态势

发展战略性新兴产业是与现代科技进步和创新活动紧密相连的,是中国建设制造强国的重要组成部分。经过几年的努力,中国战略性新兴产业的培育和发展取得了重大成就,有必要先考察其发展现实。

第一节 战略性新兴产业分类

战略性新兴产业分为七类,散布于国家标准产业分类中。迄今为止,中国还没有建立起专门的战略性新兴产业统计数据调查体系。为推动国家战略性新兴产业发展规划的顺利实施,满足战略性新兴产业的统计测算,逐步建立起科学、规范、可操作性的战略性新兴产业统计测算体系,中国国家统计局根据《关于加快培育和发展战略性新兴产业的决定》的要求,于 2012 年 6 月发布了中国战略性新兴产业的统计分类,用以指导战略性新兴发展的监测和评价。

一 分类思路与基本原则

战略性新兴产业关系到经济社会发展和产业结构的优化升级。除具有内涵上的五个特征外,一般认为,它还有全局性、长远性、导向性、动态性等特性。全局性,是指战略性新兴产业不仅自身具有较强的发展优势,对经济发展具有重大贡献,而且直接关系到经济社会发展全局和国家安全,对带动经济社会进步、提升综合国力具有重要的促进作用;长远性,是指战略性新兴产业在市场、产品、技术、就业、效率等方面有巨大的增长潜力,而且这种潜力对于经济社会发展的贡献是长期的、可持续的;导向性,是指战略性新兴产业的选择具有信号作用,它代表着政府的政策导向和未来经济发展的趋势,是引导社会资本投资、人才聚集、技术研发、政策制定的重要依据;动态性,是指战略性新兴产业要根据时代变迁和内外部环境的变化进行调整,以适应经济、社会、科技、人口、资源、环境等变化带来的新要求。因此,战略性新兴产业既要对当前经济社会发展起到重要支撑作用,又要引领未来经济社会可持续发展;既要反映国家的发展战略和未来发展重点,又要相对稳定并有广阔的国内外市场需求;既要掌握行业的关键核心技术并具备自主创新能力,又要能够带动一批相关及配套产业;既要具备较强的劳动力吸纳能力,又要求对资源的消耗量低、对环境的污染程度小。

根据战略性新兴产业的特征,国家统计局比照《国民经济行业分类》设计了《战略性新兴产业》分类体系。《战略性新兴产业分类》为独立的分类体系,采用线分类法和分层次编码方法,共分为三层,第一层为大类,第二层为中类,第三层为小类。该分类体系的最底层与《国民经济行业分类》的小类相衔接,即每一个底层分类均对应一个或多个行业小类。

战略性新兴产业分 7 个大类,30 个中类,102 个小类,对应国民经济行业类别 311 个。7 个大类为节能环保产业、新一代信息技术产业、生物产业、高端装备制造产业、新能源产业、新材料产业、新能源汽车产业等。

《战略性新兴产业分类表》给出了战略性新兴产业的全部大类、中类和小类,同时每一个小类都对应着一个或多个国民经济的行业小类。该分类表中国民经济行业小类上都标注了"全部"或"部分"字样,表示该行业小类全部活动对应战略性新兴产业的某一个小类,或该行业小类部分活动对应战略性新兴产业的某一个小类。

战略性新兴产业分类是按照经济活动进行划分,是从事战略性新兴产业活动的集合,它是在国民经济行业分类基础上对与战略性新兴产业相关活动的再次划分。统计口径上,每一类战略性新兴产业都包括具有相同性质的活动,即所有性质相同或相似的活动都归入同一个类别,且每一个活动在每一个产业中一般只能出现一次,但一种活动却可以在不同的七大产业中重复出现。战略性新兴产业的统计单位是法人单位。实践中,在条件许可的情况下,战略性新兴产业的活动也可按产业活动单位分类进行统计。

二 具体分类

根据前述的分类准则,战略性新兴产业中的节能环保产业包括 4 个中类、21 个小类;新一代信息技术产业包括 3 个中类、11 个小类;生物产业包括 4 个中类、17 个小类;高端装备制造产业包括 5 个中类、12 个小类;

新能源产业包括 6 个中类、14 个小类；新材料产业包括 5 个中类、18 个小类；新能源汽车包括 3 个中类、10 个小类。具体如表 3-1 所示。

表 3-1　　　　　　　　　中国战略性新兴产业分类

大类	中类	小类
节能环保产业	高效节能产业	高效节能通用设备制造、高效节能专用设备制造、高效节能电气机械器材制造、高效节能工业控制装置制造、新型建筑节能材料制造等
	先进环保产业	环境资源专用设备制造、环境保护监测仪器及电子设备制造、环境污染处理药剂制造、环境评估与监测服务、环境保护及污染治理服务等
	资源循环利用产业	矿产资源综合利用，工业气体、液体循环综合利用，工业设备、用品回收及再利用，城乡生活垃圾综合利用，农林废物资源化利用，水资源循环利用与节水等
	节能环保综合管理服务	节能环保科学研究、节能环保工程勘察与设计、节能环保工程施工、节能环保技术推广服务、节能环保质量评估等
新一代信息技术产业	下一代信息网络产业	新一代移动通信网络服务、下一代互联网服务、下一代广播电视网络服务等
	电子核心基础产业	通信传输基础设备制造、高端计算机及网络设备制造、广播电视设备及数字视听产品制造、高端电子装备和仪器制造、基础电子元器件及器材制造、集成电路等
	高端软件和新型信息技术服务	高端软件开发、新型信息技术服务等
生物产业	生物制品制造产业	生物药品制造、生物食品制造、生物燃料制造、生物农业用品制造、生物化工制品制造、其他生物制品制造等
	生物工程设备制造产业	生物医疗设备制造、生物相关设备、仪器制造等
	生物技术应用产业	农业生物技术应用、林业生物技术应用、畜牧业生物技术应用、渔业生物技术应用、环境治理生物技术应用、医疗卫生生物技术应用等
	生物研究与服务	生物科学研究、生物技术推广服务、生物科技中介服务等

续表

大类	中类	小类
高端装备制造产业	航空装备产业	航空器装备制造、其他航空装备制造和修理等
	卫星及应用产业	卫星装备制造、卫星应用技术设备、卫星应用服务等
	轨道交通装备产业	铁路高端装备制造、城市轨道装备制造、轨道交通其他装备制造等
	海洋工程装备产业	海洋工程装备产业等
	智能制造装备产业	智能测控装备制造、重大成套设备制造、智能关键基础零部件制造等
新能源产业	核电产业	核燃料加工、核电装备制造、核电运营维护等
	风能产业	风能设备制造、风能发电运营维护等
	太阳能产业	太阳能设备制造、太阳能发电运营维护等
	生物质能及其他新能源	生物质能及其他新能源设备制造、生物质能及其他新能源生产运营维护等
	智能电网产业	智能电网产业等
	新能源产业工程及研究技术服务	新能源产业工程施工、新能源产业工程设计、新能源产业研究技术服务等
新材料产业	先进结构材料产业	新型功能涂层材料制造、新型膜材料制造、特种玻璃制造、功能陶瓷制造、电子功能材料制造、其他新型功能材料制造等
	新型功能材料产业	高纯金属材料制造、高品质金属材料制造、新型合金材料制造、工程塑料材料制造等
	高性能复合材料产业	高性能纤维复合材料制造、其他高性能复合材料制造等
	前沿新材料产业	纳米材料、生物材料、智能材料、超导材料等
	新材料研究与技术服务	新材料研究服务、新材料技术服务等
新能源汽车	新能源整车制造	新能源汽车整车制造
	新能源汽车装置配件制造	发电机及发电机组制造、新能源汽车电动机制造、新能源储能装置制造
	新能源汽车相关设施及服务	供能装置制造、试验装置制造、新能源汽车研发服务、新能源供应服务、新能源汽车维护服务等

资料来源：国家统计局：《战略性新兴产业分类》，国家统计局网站：http://www.stats.gov.cn/tjsj/tjbz/201301/t20130114_8674.html。

《战略性新兴产业分类》同时确定了各大类产业的统计范围。① 其中，节能环保产业主要包括：开发推广高效节能技术装备及产品；资源循环利用；环保关键共性技术研发和产业化示范；资源综合利用和再制造产业化；先进环保技术装备及产品；市场化节能环保服务体系建设；以先进技术为支撑的废旧商品回收利用体系；推进煤炭清洁利用、海水综合利用等。

新一代信息技术产业主要包括：宽带、泛在、融合、安全的信息网络基础设施；新一代移动通信；下一代互联网核心设备和智能终端的研发及产业化；三网融合；物联网、云计算的研发和示范应用；集成电路、新型显示、高端软件、高端服务器等核心基础产业；软件服务、网络增值服务等信息服务能力；重要基础设施智能化改造；数字虚拟技术等。

生物产业主要包括：重大疾病防治的生物技术和药物；新型疫苗和诊断试剂、化学药物、现代中药等创新药物；先进医疗设备、医用材料等生物医学工程产品的研发和产业化；生物育种产业；绿色农用生物产品，促进生物农业加快发展；生物制造关键技术开发、示范与应用；海洋生物技术及产品的研发和产业化等。

高端装备制造产业主要包括：以干支线飞机和通用飞机为主的航空装备；推进空间基础设施建设、卫星及其应用的产业；依托客运专线和城市轨道交通等重点工程建设，发展轨道交通装备；海洋资源开发；海洋工程装备；以数字化、柔性化及系统集成技术为核心的智能制造装备等。

新能源产业主要包括：新一代核能技术和先进反应堆；太阳能热利用技术推广应用；多元化太阳能光伏光热发电市场；风电技术装备水平；风电规模化发展；适应新能源发展的智能电网及运行体系建设；生物质能等。

新材料产业主要包括：稀土功能材料、高性能膜材料、特种玻璃、功能陶瓷、半导体照明材料等新型功能材料；高品质特殊钢、新型合金材料、工程塑料等先进结构材料；碳纤维、芳纶、超高分子量聚乙烯纤维等高性能纤维及其复合材料；纳米、超导、智能等共性基础材料研究等。

新能源汽车产业主要包括：动力电池、驱动电机和电子控制领域关键核心技术；插电式混合动力汽车、纯电动汽车推广应用和产业化；燃料电池等汽车相关前沿技术研发；高能效、低排放节能汽车等。

---

① 转引自国家统计局《战略性新兴产业分类》，国家统计局网站：http://www.stats.gov.cn/tjsj/tjbz/201301/t20130114_8674.html。

三 与国民经济行业分类的对应

国家统计局关于战略性新兴产业分类还提供了每一行业所对应的国民经济行业分类,我们将战略性新兴产业分类与2002年版的《国民经济行业分类》进行比对,将对应代码列示如表3-2所示。

表3-2　　　　战略性新兴产业与国民经济行业对应分类

	国民经济二位码行业	国民经济四位码行业
节能环保产业	C26 化学原料及化学制品制造业,C30 非金属矿物制品业,C34 通用设备制造业,C35 专用设备制造业,C36 交通运输设备制造业,C38 电气机械和器材制造业,C40 仪器仪表制造业,C42 废弃资源综合利用业,C46 水的生产和供应业,C73 科学研究和技术服务业,C74 专业技术服务业,C75 科技推广和应用服务业,C76 水利、环境和公共设施管理业,C77 生态保护和环境治理业	C2641、C3024、C3035、C3411、C3441、C3461、C3463、C3464、C3511、C3515、C3546、C3591、C3597、C3635、C3811、C3812、C3821、C3839、C4012、C4014、C4021、C4027、C4210、C4220、C4610、C4620、C4690、C7320、C7461、C7482、C7514、C7620、C7630、C7690、C7721、C7722、C7723、C7724、C7729
新一代信息技术产业	C35 专用设备制造业,C38 电气机械和器材制造业,C39 计算机、通信和其他电子设备制造业,C40 仪器仪表制造业,C63 信息传输、软件和信息技术服务业,C64 互联网和相关服务,C65 软件和信息技术服务业	C3562、C3832、C3911、C3912、C3913、C3919、C3921、C3922、C3931、C3932、C3940、C3951、C3952、C3953、C3962、C3963、C3969、C3971、C3990、C4028、C6312、C6319、C6321、C6410、C6420、C6490、C6510、C6520、C6530、C6540、C6591、C6591
生物产业	C26 化学原料及化学制品制造业,C27 医药制造业,C35 专用设备制造业,C73 科学研究和技术服务业,C75 科技推广和应用服务业	C2614、C2625、C2632、C2661、C2662、C2710、C2720、C2730、C2740、C2760、C2770、C3581、C3582、C3583、C3584、C3585、C3586、C3589、C7340、C7512
高端装备制造产业	C34 通用设备制造业,C35 专用设备制造业,C36 交通运输设备制造业,C40 仪器仪表制造业,C63 信息传输、软件和信息技术服务业,C65 软件和信息技术服务业	C3421、C3425、C3429、C3490、C3512、C3513、C3514、C3562、C3596、C3599、C3611、C3614、C3620、C3641、C3642、C3643、C3649、C3891、C4011、C4023、C6330、C6520、C6591

续表

国民经济二位码行业	国民经济四位码行业
新能源产业	C25 石油加工、炼焦和核燃料加工业，C34 通用设备制造业，C35 专用设备制造业，C38 电气机械和器材制造业，C44 电力、热力生产和供应业，C73 科学研究和技术服务业，C74 专业技术服务业，C75 科技推广和应用服务业	C2530、C3415、C3419、C3513、C3823、C3824、C3825、C4413、C4414、C4415、C7320、C7482、C7519
新材料产业	C26 化学原料及化学制品制造业，C29 橡胶和塑料制品业，C30 非金属矿物制品业，C32 有色金属冶炼和压延加工业，C38 电气机械和器材制造业，C39 计算机、通信和其他电子设备制造业	C2619、C2641、C2642、C2644、C2645、C2661、C2662、C2664、C2665、C2921、C2924、C3049、C3051、C3072、C3072、C3091、C3099、C3232、C3841、C3842、C3962、C3969、C3971
新能源汽车产业	C36 交通运输设备制造业，C38 电气机械和器材制造业，C40 仪器仪表制造业，C73 科学研究和技术服务业，C75 科技推广和应用服务业	C3610、C3640、C3660、C3812、C4015、C7320、C7513

  表3-2显示，战略性新兴产业七大行业分散于国民经济的工业部门和服务业部门，且主要包含在工业部门尤其是在制造业部门。因此，比照表3-2，可以选取11个行业作为战略性新兴产业的依托行业，以此进行战略性新兴产业相关问题的分析，具体为：C26 化学原料及化学制品制造业，C27 医药制造业，C30 非金属矿物制品业，C32 有色金属冶炼和压延加工业，C34 通用设备制造业，C35 专用设备制造业，C36 汽车制造业，C37 铁路、船舶、航空航天和其他运输设备制造业，C38 电气机械和器材制造业，C39 计算机、通信和其他电子设备制造业，C40 仪器仪表制造业。为保证统计口径的一致，进一步将 C36 汽车制造业，C37 铁路、船舶、航空航天和其他运输设备制造业归并为 C36 交通运输设备制造业，这样，便是10个行业。这是后文进行中国战略性新兴产业发展水平、空间布局等的重要基础和依据。

第二节 整体发展态势

经过几年的发展，中国战略性新兴产业无论在生产要素还是在生产成果上都取得重大成就，对拉动经济增长、推动产业结构调整起到积极作用。

一 生产要素发展

近年来，中国对战略性新兴产业的投资不断加大，生产要素实力不断增强，实现了战略性新兴产业的产值的较快增长，有力地支撑了战略性新兴产业的不断创新。表3-3反映了战略性新兴产业的生产要素规模和结构状况。

表3-3　　　　　战略性新兴产业生产要素及部分业绩指标

地区	2009年			2010年			2011年		
	主营业务收入	固定资产净值	从业人员平均数	主营业务收入	固定资产净值	从业人员平均数	主营业务收入	固定资产净值	从业人员平均数
北京	6353.48	1200.04	65.11	7605.69	1220.96	68.4	8113.44	1431.18	65.27
天津	6105.7	1296.88	66.69	7619.48	1604.58	76.31	8976.85	1770.8	73.55
河北	6268.62	1876.98	114.57	8487.55	2251.31	125.77	10564.97	2708.17	114.90
山西	1682.69	1134.02	59.2	2367.93	1251.04	62.24	2917.09	1381.03	62.63
内蒙古	2914.27	882.91	30.64	3705.19	1156.55	35.04	4763.97	1472.51	28.15
辽宁	12650.29	3195.65	169.37	16653.33	3930.93	178.85	18912.89	4008.94	164.25
吉林	5645.23	1371.62	60.97	7482.71	1537.29	62.88	9463.17	1686.34	114.06
黑龙江	1842.25	552.82	37.64	2262.41	651.56	38.19	2515.45	705.35	33.89
上海	15859.83	3676.71	163.71	19963.88	3736.87	175.43	21520.6	3795.37	186.22
江苏	42808.6	8896.65	553.92	55453.06	11126.29	651.84	66660.31	12477.79	602.72
浙江	18288.83	4372.95	335.33	23665.69	4920.54	379.7	26331.84	5208.67	323.21
安徽	6193.89	1567.37	91.76	9066.1	1975.43	110.73	12867.47	2465.41	105.59
福建	6247.3	1200.66	115.29	8374.33	1449.01	131.94	10398.06	1623.78	123.83
江西	5277.51	1371.87	81.61	7755.37	1726.07	94.98	10377.71	2076.46	87.37

续表

地区	2009 年			2010 年			2011 年		
	主营业务收入	固定资产净值	从业人员平均数	主营业务收入	固定资产净值	从业人员平均数	主营业务收入	固定资产净值	从业人员平均数
山东	33408.3	6739.42	372.37	39511.84	7671.06	381.1	46649.7	8611.63	325.35
河南	11672.76	2898.58	176.23	15232.3	3864.57	190.49	21167.24	4542.21	225.86
湖北	7267.4	2476.59	126.42	10336.31	2507.24	139.53	13219	3149.12	116.59
湖南	6456.4	1435.27	114.12	9487.75	1993.83	132.52	13492.94	2387.62	116.20
广东	39113	6297.52	711.95	48762.92	9965.59	796.94	53792.86	7794.27	770.1
广西	3049.2	894.92	54.42	4383.17	1208.5	67.15	5524.38	1345.7	62.67
海南	278.18	108.96	3.62	411.44	145.18	4.16	506.42	156.02	4.35
重庆	4521.52	1093.82	79.19	5974.15	1485.07	87.64	7889.97	1508.66	82.83
四川	7886.19	2065.49	129.89	10153.74	2957.82	149.38	13493.72	3114.47	147.49
云南	1889.82	736.04	32.11	2344.38	878.8	33.95	2930.25	950.12	32.88
西藏	17.94	13.59	0.54	21.27	17.76	0.6	21.66	16.37	0.60
陕西	3256.19	1002.01	66.29	4363.57	1260.59	73.03	5329.02	1398.67	75.05
甘肃	1252.15	515.24	26.6	1737.72	630.44	27.05	2008.26	768.35	23.92
青海	456.57	283.51	7.35	586.76	359.17	8.21	853.28	535.8	8.72
宁夏	507.43	289.83	9.58	673.63	355.11	10.29	835.96	385.54	9.13
新疆	677.07	364.61	10.88	923.05	492.31	12.59	1163.41	577.14	9.63

地区	2012 年			2013 年		
	主营业务收入	固定资产净值	从业人员平均数	主营业务收入	固定资产净值	从业人员平均数
北京	8778.89	1670.38	67.4558	9997.27	1749.36	69.59
天津	10257.71	2034.99	77.0467	11852.56	2501.91	81.38
河北	10981.27	3183.53	123.0472	12521.55	3662.47	129.72
山西	3094.38	1441.15	53.6021	3246.23	1639.74	54.37
内蒙古	4606.06	1781.95	32.7303	5214.94	2332.86	32.88
辽宁	21071.2	4394.88	162.6612	22948.31	5137.46	166.65
吉林	11232.23	2038.01	72.1099	12684.74	2446.75	71.09

续表

地区	2012 年			2013 年		
	主营业务收入	固定资产净值	从业人员平均数	主营业务收入	固定资产净值	从业人员平均数
黑龙江	2661.94	810.95	33.5722	2835.52	842.55	34.76
上海	22246.17	3804.71	164.5112	23036.52	4006.56	167.24
江苏	72441.01	13723.71	636.2433	80889.6	15684.39	670.37
浙江	26642.86	5512.55	314.0856	28335.56	6003.36	330.35
安徽	13723.89	2956.13	120.6089	16259.87	3486.68	135.13
福建	10602.61	1849.43	127.5061	12008.38	2064.91	137.42
江西	13141.08	2284.6	102.8483	15760.2	2798.57	114.57
山东	53175.17	9723.23	362.5186	61176.72	11090.3	389.41
河南	23460.88	5351.56	249.3201	28222.33	6798.43	277.92
湖北	14527.11	3146.14	132.2315	18033.72	4189.89	161.06
湖南	14259.24	2982.64	146.7943	16763.4	3133.64	166.3
广东	52934.05	8462.16	738.3683	60141.3	9107.88	783.63
广西	6024.4	1520.99	68.5441	7185.44	1660.32	73.7
海南	612.21	165.92	4.5812	499.77	202.54	5.23
重庆	8560.2	1800.85	91.4352	10563.8	2393.3	103.01
四川	13778.06	3371.12	165.8729	16313.27	4770.12	166.99
贵州	1816.5	828.27	25.3163	2370.96	1029.55	25.06
云南	3162.55	1038.46	33.2376	3476.61	1212.31	35.54
西藏	29	14.81	0.4779	35.47	17.85	0.55
陕西	5631.06	1872.49	73.9347	6608.3	2253.33	78.57
甘肃	3239.08	956.33	22.7726	3675.5	1111.11	24.91
青海	859.11	648.76	8.3825	953.7	764.67	9.68
宁夏	883.71	447.35	10.4444	1006.67	510.16	11.55
新疆	1356.7	904.92	14.4709	1958.55	1580.56	18.51

注：由于还没有专门的战略性新兴产业的统计数据，此处用战略性新兴产业依托行业的数据代替战略性新兴产业的数据进行分析。表中主营业务收入、固定资产净值、年末从业人员数的计量单位分别是"亿元""亿元""万"。

资料来源：国家统计局：《中国工业统计年鉴》，中国统计出版社 2014 年版。笔者加工整理。

表3-3列示了中国战略性新兴产业的主营业务收入、固定资产净值和年末从业人员数。从表3-3中可看出,绝大多数指标都呈上升态势,这一面板数据体现了中国战略性新兴产业发展的态势,这构成未来中国战略性新兴产业发展的现实基础。

二 生产成果发展

中国经济进入新常态的背景下,战略性新兴产业持续保持良好发展态势,表现为主营业务收入、总产量等指标的增长。

(一)主营业务收入

主营业务收入,是指企业经常性的、主要业务所产生的基本收入,如制造业的销售产品、非成品和提供工业性劳务作业的收入等。根据《中国工业统计年鉴》(2010—2014)提供的数据,加工整理可得出中国31个省(市、区)10个战略性新兴产业依托行业5年间1550组数据,如表3-4所示。

运用表3-4的数据,可计算莫兰指数,进行生产成果的相关统计分析。

莫兰指数是最常用的空间自相关统计量,一般通过软件GeoDa095来实现。全局的莫兰指数计算公式如下:

$$I = \frac{\sum_{i=1}^{n}\sum_{j=1}^{n}w_{ij}(x_i - \bar{x})(x_j - \bar{x})}{S^2 \sum_{i=1}^{n}\sum_{j=1}^{n}w_{ij}} \quad (3-1)$$

式中,I为莫兰指数;$S^2 = \frac{1}{n}\sum_{i=1}^{n}(x_i - \bar{x})^2$表示属性值的方差;$\bar{x}$表示属性值的平均值;$x_i$表示第$i$个区域某一要素的属性值;$n$表示所研究的区域数;$w_{ij}$表示空间权重矩阵,如果区域$i$和区域$j$相邻,则$w_{ij}=1$,如果不相邻,则$w_{ij}=0$。

莫兰指数可以视为观测值其空间滞后之间的相关系数。

变量x_i的空间滞后是x_i在邻域j的平均值,其定义为:

$$Y_i = \sum_{j}^{n} w_{ij} x_{ij} \quad (3-2)$$

莫兰指数的取值范围为[-1,1]。若莫兰指数统计量显著且为正,表明产业相似的属性呈现集聚状态,取值越接近于1,集聚倾向越强;若

表 3-4　　　　　　　战略性新兴产业主营业务收入　　　　　单位：亿元

地区	C26					C27				
	2009年	2010年	2011年	2012年	2013年	2009年	2010年	2011年	2012年	2013年
北京	255.9	358.3	371.2	360.6	368.2	313.1	372.8	452.9	525.7	609.7
天津	568.4	909.1	1159.1	1210.9	1344.3	248.3	293.5	330.2	457.5	512.5
河北	1119.9	1495.0	1845.8	2008.4	2312.2	372.2	470.2	554.4	744.8	835.8
山西	416.7	509.5	620.7	757.6	780.4	81.1	105.6	114.2	115.8	148.6
内蒙古	628.8	779.2	1079.9	1249.5	1401.9	132.6	177.1	270.0	182.7	255.6
辽宁	1401.0	2109.5	2303.0	2709.7	3196.4	308.6	389.4	528.9	668.2	769.5
吉林	853.3	1078.0	1444.9	1488.8	1590.8	437.7	594.4	873.3	985.6	1246.0
黑龙江	213.8	327.9	424.1	529.8	523.9	196.0	229.7	271.3	366.6	414.1
上海	1691.7	2284.3	2527.8	2641.1	2763.3	353.6	410.8	449.6	517.0	580.2
江苏	7091.0	9171.0	11738.1	13128.1	14865.0	1106.3	1419.4	1810.0	2279.7	2683.1
浙江	2704.0	3510.8	4546.8	4966.1	5721.6	665.4	769.7	850.6	939.1	999.6
安徽	829.1	1143.9	1550.0	1590.5	1880.0	170.0	246.7	352.4	457.2	532.6
福建	566.6	780.1	1016.8	1077.4	1288.2	121.7	148.4	180.8	176.9	210.0
江西	716.4	1231.0	1582.3	1719.4	1929.4	346.7	468.0	584.8	763.7	892.3
山东	7155.8	8290.5	10169.5	12956.3	14719.2	1374.4	1615.5	2023.1	2608.6	3124.5
河南	1366.3	1767.1	2539.1	2787.2	3176.0	574.5	744.4	1084.0	1089.3	1334.5
湖北	1170.2	1600.8	2206.6	2802.4	3347.2	314.2	412.4	557.3	684.8	816.6
湖南	1113.1	1554.4	2129.6	2309.8	2635.6	292.0	377.6	489.9	544.8	663.0
广东	3209.2	4094.0	4944.3	4611.4	5292.9	618.0	800.5	921.0	966.7	1144.6
广西	390.8	546.6	682.1	763.2	872.1	132.4	169.6	226.7	239.5	309.9
海南	66.4	87.1	108.0	107.4	96.8	48.8	66.3	76.6	89.6	99.5
重庆	388.5	534.5	736.6	698.3	728.9	166.2	180.5	219.8	247.1	308.2
四川	1245.0	1614.2	2102.3	2123.7	2250.8	500.9	613.3	901.6	850.4	967.7
贵州	283.3	336.0	476.8	576.0	695.7	150.2	180.6	227.2	170.8	228.4
云南	470.7	565.0	759.8	789.5	765.9	120.1	140.6	172.4	199.0	237.6
西藏	0.4	0.8	0.6	1.6	1.5	6.0	6.1	6.0	7.7	11.8
陕西	250.1	340.4	472.8	548.1	658.3	198.4	229.2	277.6	314.9	377.2
甘肃	187.3	258.0	317.1	297.2	285.5	43.5	50.4	62.3	72.2	85.6
青海	162.0	155.7	245.9	238.8	224.9	17.2	21.0	28.3	34.8	41.7
宁夏	149.3	170.7	252.7	234.8	290.4	22.8	26.3	31.8	21.4	24.6
新疆	243.6	316.7	471.0	472.8	638.3	9.7	11.3	13.4	16.0	19.5

续表

地区	C30					C32				
	2009年	2010年	2011年	2012年	2013年	2009年	2010年	2011年	2012年	2013年
北京	344.4	392.5	445.2	486.8	531.4	52.9	71.6	94.8	89.7	75.7
天津	195.2	258.6	283.7	326.7	340.2	248.0	454.1	618.1	726.8	942.3
河北	1064.8	1299.5	1672.9	1720.6	1885.7	289.3	375.9	483.4	535.3	557.0
山西	195.1	292.2	369.5	366.0	372.1	274.4	404.2	519.6	490.6	514.7
内蒙古	422.8	558.7	685.9	688.8	774.6	938.5	1278.9	1619.8	1566.4	1755.0
辽宁	1724.3	2317.9	2727.7	3415.9	3686.9	802.9	931.0	1086.8	1148.7	1360.2
吉林	553.3	721.8	1041.3	1240.4	1413.6	102.7	111.0	144.4	168.1	196.4
黑龙江	166.1	290.0	404.0	463.5	531.6	30.2	41.3	43.5	36.4	42.4
上海	475.3	514.9	539.3	541.5	590.9	321.2	444.2	497.5	484.4	482.2
江苏	2000.5	2610.8	3157.5	3531.2	4122.2	2301.8	2905.1	2986.3	3393.6	3685.7
浙江	1177.1	1460.3	1784.8	1633.9	1884.9	1280.3	1835.7	2063.0	2079.7	2286.3
安徽	609.8	936.7	1439.7	1556.0	1873.2	741.1	1170.3	1579.9	1894.4	2199.9
福建	1089.9	1334.8	1775.1	1951.5	2276.4	328.4	482.6	743.3	846.4	951.0
江西	725.6	1050.3	1345.4	1703.9	2134.4	1689.1	2502.3	3469.5	4745.4	5605.1
山东	4174.5	4697.6	5489.0	6246.3	7054.2	2210.5	2786.2	3917.2	4953.4	5683.3
河南	2988.5	3771.4	5082.8	5590.2	6826.9	2072.9	2771.4	3726.5	3884.2	4317.3
湖北	781.5	1089.9	1543.6	1860.1	2423.0	378.9	587.1	836.6	1213.1	1473.2
湖南	797.1	1171.5	1659.5	1825.4	2304.0	1109.9	1684.1	2484.2	2330.6	2672.2
广东	2334.6	3055.7	3205.6	3059.4	3825.2	1827.6	2310.6	2471.5	2330.4	2910.4
广西	408.5	607.1	843.8	957.8	1164.9	395.2	669.9	832.6	801.4	868.5
海南	56.3	83.2	102.1	99.2	115.1	1.0	1.1	3.9	3.0	2.6
重庆	313.0	459.4	608.3	666.1	815.1	318.0	399.1	488.8	465.6	535.8
四川	1209.4	1679.8	2199.0	2014.5	2268.5	467.2	581.4	823.0	767.1	763.4
贵州	134.7	182.2	273.5	310.7	553.6	171.1	219.7	299.1	316.9	363.2
云南	187.1	244.7	287.8	343.0	409.5	759.5	1001.8	1286.9	1401.4	1560.9
西藏	11.1	13.6	14.4	19.0	21.4	0.0	0.0	0.0	0.0	0.0
陕西	313.8	411.8	537.9	676.1	864.1	415.7	646.7	925.2	1235.4	1349.1
甘肃	120.8	169.1	207.0	228.7	310.6	647.8	852.2	986.0	2268.6	2633.2
青海	42.2	68.9	71.7	53.8	83.3	195.6	302.3	461.0	489.8	551.8
宁夏	72.9	107.4	110.3	107.8	134.2	162.2	228.7	289.2	373.6	410.6
新疆	153.6	205.2	272.1	304.4	375.7	33.7	69.5	125.6	226.9	442.7

续表

地区	C34					C35				
	2009年	2010年	2011年	2012年	2013年	2009年	2010年	2011年	2012年	2013年
北京	377.9	547.7	597.9	558.7	563.0	423.1	502.4	565.6	570.5	668.6
天津	634.8	728.8	855.7	845.5	1010.8	474.6	504.0	597.1	956.1	1085.0
河北	818.3	1185.7	1607.3	1061.0	1209.1	499.7	746.0	900.6	1161.5	1279.1
山西	142.2	230.0	277.9	168.2	197.3	301.8	368.2	488.0	406.3	383.1
内蒙古	152.1	164.3	233.3	159.0	201.3	259.6	221.3	256.9	109.0	184.5
辽宁	2775.6	3614.7	4249.7	4005.0	4368.1	1311.5	1571.4	1784.6	2180.3	2323.1
吉林	183.8	272.4	341.4	344.8	393.2	204.0	280.6	386.6	472.9	536.8
黑龙江	391.4	451.7	444.1	350.4	336.2	253.9	322.9	351.2	332.7	369.1
上海	2172.8	2395.1	2596.9	2511.6	2649.0	855.7	1077.2	1254.2	1105.1	1129.0
江苏	4758.1	6182.8	6492.1	6463.5	7361.7	2418.7	3321.9	3930.8	4353.1	5063.3
浙江	2835.7	3777.9	3918.9	3698.2	4093.5	994.1	1331.5	1324.1	1342.6	1515.4
安徽	548.3	896.9	1271.2	1340.8	1685.3	361.3	525.1	728.7	933.7	1104.0
福建	479.1	621.9	794.2	752.1	824.2	371.8	480.5	560.9	550.8	643.8
江西	169.3	249.8	397.6	479.4	577.9	131.5	175.0	229.4	304.4	386.5
山东	4966.8	5902.3	6975.0	5882.6	7068.5	2604.8	3137.7	3671.0	4389.0	5429.4
河南	1222.4	1635.7	2208.3	1908.9	2395.0	1313.6	1619.0	2130.9	2423.3	2727.2
湖北	564.5	797.8	1012.2	850.3	1101.3	253.2	357.4	531.9	601.1	841.7
湖南	562.8	843.2	1206.6	1097.0	1287.9	1023.3	1591.5	2493.3	2634.5	2561.7
广东	1557.5	1906.7	2138.1	2797.4	3127.2	1197.3	1468.6	1626.4	1581.2	1783.2
广西	138.7	186.5	244.4	259.5	304.5	240.9	337.6	413.9	395.6	431.5
海南	5.2	7.6	0.6	0.5	0.5	2.4	1.9	1.7	90.0	2.4
重庆	325.3	439.8	533.4	407.7	474.3	157.3	220.2	196.0	196.0	275.2
四川	1149.3	1504.7	1874.1	1523.8	1657.5	645.1	778.1	1002.9	1031.6	1166.7
贵州	25.9	32.6	50.9	36.1	59.3	32.0	36.0	37.6	35.4	56.5
云南	50.2	74.9	91.0	65.3	76.0	54.6	66.5	67.4	68.4	93.2
西藏	0.0	0.0	0.0	0.0	0.0	0.0	0.0	0.0	0.0	0.0
陕西	245.8	347.7	440.3	359.3	418.4	296.3	398.4	484.9	404.2	475.2
甘肃	45.5	59.1	56.5	48.7	55.3	59.6	65.9	68.3	83.0	90.0
青海	22.3	19.9	21.2	22.0	19.0	1.6	2.3	2.5	2.2	2.4
宁夏	29.8	41.7	49.7	34.8	38.2	25.8	32.1	33.3	51.4	48.3
新疆	10.3	12.8	12.0	11.1	21.8	15.7	20.9	28.4	33.6	59.0

续表

地区	C36					C38				
	2009年	2010年	2011年	2012年	2013年	2009年	2010年	2011年	2012年	2013年
北京	1663.8	2177.8	2495.6	2788.6	3561.3	596.4	699.1	775.1	667.5	739.0
天津	1498.1	1924.4	2131.3	2246.7	2544.8	623.1	663.9	815.4	852.9	965.7
河北	908.8	1315.6	1627.8	1882.5	2261.1	959.3	1252.9	1483.3	1461.2	1714.2
山西	99.4	226.7	199.4	182.5	204.4	56.9	88.9	123.5	119.8	106.8
内蒙古	168.9	282.7	312.1	318.2	246.3	107.6	187.2	252.0	244.7	308.9
辽宁	2218.7	2879.6	3306.2	3621.6	3845.2	1315.8	1783.9	1805.1	2117.3	2234.1
吉林	3111.2	4157.3	4889.3	6146.6	6893.7	123.6	165.6	231.4	286.0	295.4
黑龙江	375.0	385.3	352.1	335.7	358.3	174.3	172.6	183.6	211.6	217.4
上海	3246.2	4475.5	5024.9	6098.9	6708.9	1607.3	1962.3	2164.4	2184.2	2238.5
江苏	4868.3	6452.2	7639.2	8051.4	8886.9	6534.2	8750.3	11653.1	12547.7	14193.1
浙江	2880.9	3609.6	3868.0	3871.5	3154.3	3727.5	4698.0	5099.9	5268.9	5562.0
安徽	1228.5	1765.1	2147.0	1839.1	2036.7	1446.7	1992.9	3098.2	3213.4	3769.8
福建	729.0	1037.4	1223.5	1106.2	1238.0	710.8	963.9	1191.0	1270.4	1478.5
江西	525.5	719.9	863.1	988.0	1184.2	670.6	915.1	1237.8	1624.8	2044.3
山东	4024.3	5377.2	5783.8	6187.6	6919.8	3823.4	4274.6	4588.4	5445.6	6077.5
河南	989.5	1394.0	1919.3	2028.3	2554.8	859.5	1154.7	1542.1	1847.3	2275.9
湖北	2609.5	3852.3	4475.1	4289.5	5138.6	521.0	801.6	956.4	1069.3	1474.4
湖南	749.2	1005.1	1142.6	1284.0	1669.5	499.7	758.8	928.5	1049.5	1252.2
广东	4156.2	5181.6	5499.0	4997.7	5874.2	7365.4	9353.1	10021.4	9682.0	10783.4
广西	1014.6	1340.9	1490.5	1613.7	1908.2	200.6	277.4	418.9	493.2	599.8
海南	70.2	112.8	137.9	99.7	99.0	21.8	31.6	52.7	64.8	65.2
重庆	2323.1	2903.8	3484.8	3516.9	4333.3	351.5	502.9	701.7	775.2	809.3
四川	987.9	1258.4	1501.7	1767.1	2428.9	643.2	782.2	985.9	929.5	1006.3
贵州	143.1	144.2	162.6	233.2	250.1	65.5	75.5	92.1	71.2	106.1
云南	147.6	147.8	158.6	171.8	184.2	73.6	76.3	77.4	87.0	102.5
西藏	0.4	0.7	0.7	0.7	0.7	0.0	0.0	0.0	0.0	0.0
陕西	949.0	1280.0	1367.5	1256.7	1507.6	346.7	405.5	410.9	435.2	548.9
甘肃	31.9	29.5	29.7	17.4	15.5	98.4	229.6	254.3	190.6	153.5
青海	4.4	4.9	4.6	3.2	4.6	9.4	9.6	15.9	12.2	22.6
宁夏	0.7	1.0	5.7	5.4	6.6	34.8	54.1	53.0	43.4	43.5
新疆	6.9	9.5	7.6	34.6	36.5	189.7	260.5	213.3	256.5	363.9

续表

地区	C39					C40				
	2009年	2010年	2011年	2012年	2013年	2009年	2010年	2011年	2012年	2013年
北京	2095.5	2229.1	2026.2	2468.5	2593.9	230.5	254.5	289.1	262.3	286.5
天津	1485.3	1721.3	2045.1	2559.0	3032.7	130.0	161.8	141.2	75.6	74.4
河北	183.4	275.9	309.8	335.9	387.4	53.0	70.7	79.7	70.2	79.8
山西	100.9	124.7	180.7	440.9	494.3	14.2	18.0	23.5	46.7	44.6
内蒙古	101.2	52.8	52.8	84.1	82.4	2.2	3.1	1.3	3.8	4.6
辽宁	639.3	871.9	931.0	957.7	916.5	152.7	184.2	189.8	246.8	248.4
吉林	58.3	74.1	79.0	59.8	81.1	17.4	27.5	31.7	39.2	38.0
黑龙江	21.0	18.1	18.5	16.3	22.8	20.7	23.1	23.1	19.0	19.7
上海	4844.9	6026.9	6085.2	5842.4	5549.1	291.2	372.8	381.4	320.0	345.5
江苏	10457.1	12932.0	14862.3	16141.3	17041.9	1272.5	1707.6	2391.1	2551.4	2986.9
浙江	1496.6	1965.1	2181.6	2178.1	2465.8	527.3	707.0	694.2	664.8	652.1
安徽	194.6	297.3	587.5	775.1	1024.9	64.5	91.2	112.9	123.8	153.6
福建	1713.2	2311.5	2683.6	2739.5	2937.7	136.8	213.2	228.9	131.4	160.7
江西	260.4	379.8	575.4	732.5	918.0	42.8	64.3	92.5	79.7	88.3
山东	2778.5	3094.9	3608.1	3964.0	4455.8	295.4	335.4	424.7	542.3	644.5
河南	135.6	200.1	699.3	1682.0	2344.3	150.0	174.5	235.0	220.2	270.6
湖北	622.1	778.4	1034.7	1072.0	1303.8	52.3	58.7	64.6	84.7	113.7
湖南	199.9	316.8	719.7	1011.0	1499.9	109.4	184.8	239.0	172.7	217.6
广东	15721.8	19228.3	21496.2	22305.5	24668.4	1125.5	1363.9	1469.3	602.4	731.8
广西	117.0	226.0	348.8	473.5	696.1	10.5	21.7	22.8	27.0	30.0
海南	6.0	19.4	13.2	33.3	13.0	0.3	0.6	9.8	24.7	5.8
重庆	106.4	225.1	814.3	1460.4	2149.9	72.2	109.1	106.3	126.8	133.8
四川	971.0	1281.9	2029.6	2708.9	3742.0	67.4	59.8	73.7	61.4	61.5
贵州	38.4	43.0	47.6	58.3	48.5	5.8	8.3	8.6	8.0	9.5
云南	12.9	12.7	15.6	26.7	31.3	13.6	14.7	13.4	10.5	15.6
西藏	0.0	0.0	0.0	0.0	0.0	0.0	0.0	0.0	0.0	0.0
陕西	170.8	224.7	301.4	271.8	269.7	69.6	79.0	110.4	129.5	139.9
甘肃	15.3	22.0	25.0	30.2	44.2	2.2	2.1	2.1	2.6	2.2
青海	1.1	1.3	1.0	1.2	2.4	0.8	0.9	1.2	1.1	1.1
宁夏	1.5	2.3	3.4	3.6	3.8	8.1	9.3	6.9	7.6	6.6
新疆	12.8	15.7	19.2	0.5	0.5	1.1	1.1	1.0	0.4	0.8

注：由于还没有专门的战略性新兴产业的统计数据，此处用战略性新兴产业依托行业的数据代替战略性新兴产业的数据进行分析。

资料来源：笔者根据《中国工业统计年鉴》（2010—2014）整理。

莫兰指数统计量显著且为负，表明产业相似的属性呈现分散格局，取值越接近于 -1，分散倾向越强；当莫兰指数 = -1/n 时，产业的属性在整个区域内随机分布。

若莫兰指数的期望和方差分别为 E(I) 和 Var(I)，则需进行 Z 统计量显著性检验，Z 统计量的计算公式为：

$$Z_\alpha = \frac{I - E(I)}{Var(I)} \tag{3-3}$$

对于检验水平 α，当 $|Z| > Z_\alpha$ 时，认为产业空间自相关显著，否则为随机分布。

局部自相关指数 LISA 的计算公式为：

$$LISA_i = Z_i \sum_j^n w_{ij} Z_j \tag{3-4}$$

其中，$Z_i = \frac{x_i - \bar{x}}{s}$。

$LISA_i > 0$ 说明中心区域 i 与其相邻区域的属性值存在正相关，$LISA_i$ 越大，正相关性就越强；$LISA_i < 0$ 说明中心区域 i 与其相邻区域的属性值区域存在负相关，$LISA_i$ 越小，负相关性就越强。通过 Z_i 和 $LISA_i$ 的符号组合不同可以将局部空间自相关分为以下四种类型：

高—高型：$Z_i > 0$ 和 $LISA_i > 0$，说明中心区域的属性值高于区域内平均水平，中心区域发展较好，且周边发展较好；

高—低型：$Z_i > 0$ 和 $LISA_i < 0$，说明中心区域的属性值高于区域内平均水平，中心区域发展较好，但周边发展不好；

低—高型：$Z_i < 0$ 和 $LISA_i > 0$，说明中心区域的属性值低于区域内平均水平，中心区域发展不好，但周边发展较好；

低—低型：$Z_i < 0$ 和 $LISA_i < 0$，说明中心区域的属性值低于区域内平均水平，中心区域发展不好，且周边发展也不好。

根据全局莫兰指数公式，可计算 2009—2013 年中国战略性新兴产业各依托行业的莫兰指数，结果见表 3-5。

表 3-5 显示，2009—2013 年，中国战略性新兴产业的莫兰指数值均大于 0 并且 P 值也都通过 5% 水平的显著性检验，表明中国战略性新兴产业在五年间整体上具有正的显著的空间自相关性，产业的主营业务收入在提高，且产业发展呈集聚趋势。

表 3 – 5　　　　　　　　　　莫兰指数值和 Z 值

行业	2009 年		2010 年		2011 年		2012 年		2013 年	
	I 值	Z 值	I 值	Z 值	I 值	Z 值	I 值	Z 值	I 值	Z 值
C26	0.280	3.040	0.294	3.151	0.290	3.131	0.295	3.221	0.292	3.187
C27	0.242	2.514	0.243	2.493	0.220	2.266	0.277	2.864	0.266	2.770
C30	0.191	2.048	0.182	1.900	0.216	2.198	0.242	2.443	0.240	2.420
C32	0.137	1.444	0.170	1.715	0.191	1.902	0.192	1.947	0.181	1.856
C34	0.355	3.514	0.358	3.530	0.355	3.489	0.347	3.384	0.352	3.453
C35	0.266	2.681	0.285	2.851	0.264	2.637	0.280	2.794	0.296	3.003
C36	0.239	2.297	0.263	2.505	0.282	2.671	0.294	2.774	0.242	2.327
C38	0.150	1.720	0.148	1.715	0.188	2.132	0.223	2.476	0.221	2.465
C39	0.040	0.852	0.046	0.925	0.040	0.860	0.030	0.738	0.020	0.622
C40	0.102	1.345	0.131	1.646	0.116	1.657	0.185	3.330	0.166	3.154
总计	0.200	2.115	0.214	2.252	0.231	2.415	0.251	2.606	0.239	2.486

此外，中国战略性新兴产业集聚的行业随时间变化也在增多，2009 年有 6 个，2010 年有 5 个，2011 年有 7 个，2012 年有 9 个，2013 年有 8 个。五年间，所有行业的莫兰指数值均大于 0，且通过 5% 显著性水平检验，说明中国战略性新兴产业集聚的行业随时间变化在增多。但化学原料及化学制品制造业，医药制造业，通用设备制造业，专用设备制造业，交通运输设备制造业，通信设备、计算机及其他电子设备制造业的分布状态并未发生变化。

（二）其他绩效指标

据《中国战略性新兴产业发展报告（2015）》[①] 提供的资料，2014 年上半年，中国新一代信息技术、新能源、生物医药等战略性新兴产业发展形势良好，上半年太阳能主营收入同比增长 53.5%，风力主营收入同比增长 7.5%，核能发电主营收入同比增长，均远高于火力发电 2.3% 的增长率；光伏原动设备制造业主营收入同比增长 23.2%，生物医药产业全面增长，

---

① 中国工程科技发展战略研究院：《中国战略性新兴产业发展报告（2015）》，科学出版社 2014 年版。

其中，医药制造业主营收入同比增长13.5%，医疗器械设备制造业主营收入增长15.2%。

同样，节能环保和新能源汽车等产业生产状况良好。2014年上半年，环保专用设备制造业主营收入同比增长17.1%，环境监测专用仪器仪表制造业主营收入同比增长17.7%，均高于工业企业总体增长的8.6%。同期，新能源汽车产销量成倍增长，新能源汽车生产20692辆，销售20477辆，比上年同期分别增长230%和220%，产销量已超过2013年全年，其中纯电动汽车生产12185辆，销售11777辆，插电式混合动力汽车生产8507辆，销售8700辆，产销"两旺"。

根据调研的资料①，中国16个省（市、区）新兴产业规模增长均超过10%，其中，安徽、广西、江苏、湖北等省区增长均超过15%以上，战略性新兴产业已成为支撑当地经济增长的重要力量。企业方面，战略性新兴产业的相关企业各方面指标普遍好于企业的平均水平，战略性新兴产业上市公司2014年上半年营业收入增速达到15.2%，高于上市公司平均6.4%的增长率，利润同比增长16.3%，成为中国上市公司中业绩表现最为优异的板块之一。同时，各类产业中，战略性新兴产业的比重不断提升。根据国家发改委调研数据进行统计测算，可得出2014年七大战略性新兴产业产值占全行业的比重，分述如下：

1. 节能环保产业

根据国家发改委调研数据进行统计测算，2014年，节能环保产业的产值占全行业产值的比重分别是：环境监测专用仪器仪表制造为70.22%，污水处理及其再生利用为68.69%，环境保护专用设备制造为67.59%，其他电子设备制造为66.41%，电工仪器仪表制造为60.82%，风机、风扇制造为53.05%，电光源制造为52.86%，发电机及发电机组制造为51.76%，电子工业专用设备制造为50.03%，制冷、空调设备制造为46.90%，锅炉及辅助设备制造为46.25%，技术玻璃制品制造为46.00%，非金属废料和碎屑加工处理为45.10%，实验分析仪器制造为44.57%，金属废料和碎屑加工处理为41.27%，变压器、整流器和电感器制造为41.23%，电动机制造为39.76%，轻质建筑材料制造为39.35%，再生橡胶制造为38.41%，

---

① 中国工程科技发展战略研究院：《中国战略性新兴产业发展报告（2015）》，科学出版社2014年版。

气体压缩机械制造为 37.02%，供应用仪表及其他通用仪器制造为 36.74%，泵及真空设备制造为 36.62%，玻璃纤维增强塑料制品制造为 34.20%，涂料制造为 33.87%，船舶改装与拆除为 32.93%，水资源专用机械制造为 32.87%，环境污染处理专用药剂材料制造为 32.84%，气体、液体分离及纯净设备制造为 28.36%，黏土砖瓦及建筑砌块制造为 27.41%，镁矿采选为 27.14%，矿山机械制造为 26.36%，核子及核辐射测量仪器制造为 26.19%，隔热和隔音材料制造为 25.43%，液压和气压动力机械及元件制造为 25.33%，其他通用设备制造业为 23.24%，建筑材料生产专用机械制造为 21.79%，冶金专用设备制造为 21.75%，炼油、化工生产专用设备制造为 21.57%，机械化农业及园艺机具制造为 19.55%，钨钼矿采选为 19.16%，食品、酒、饮料及茶生产专用设备制造为 18.42%，烘炉、熔炉及电炉制造为 18.37%，农副食品加工专用设备制造为 18.09%，玻璃、陶瓷和搪瓷制品生产专用设备制造为 17.04%，其他电工器材制造为 13.71%，金属表面处理及热处理加工为 13.46%，其他水的处理、利用与分配为 12.10%，耐火土石开采为 10.78%，日用塑料制品制造为 10.10%，水泥制品制造为 9.08%，石灰石、石膏开采为 8.83%，金矿采选为 8.31%，黏土及其他土砂石开采为 8.10%，炼焦为 7.33%，铜矿采选为 4.99%，天然气开采为 4.60%，原油加工及石油制品制造为 4.33%，火力发电为 3.81%，铁矿采选为 3.13%，铅锌矿采选为 2.96%，化学矿开采为 2.43%，烟煤和无烟煤开采洗选为 1.69%，石油开采为 0.78%，褐煤开采洗选为 0.23%。

其中，占比较高的行业是环境监测专用仪器仪表制造、污水处理及其再生、环境保护专用设备制造、其他电子设备制造、电工仪器仪表制造等，占比较低的行业是火力发电、铁矿采选、铅锌矿采选、化学矿开采、烟煤和无烟煤开采洗选、石油开采、褐煤开采洗选等。

2. 新一代信息技术产业

2014 年，新一代信息技术产业占全行业产值的比重分别是：通信终端设备制造为 88.01%，集成电路制造为 79.46%，光电子元器件及其他电子器件制造为 75.34%，通信系统设备制造为 74.60%，电视机制造为 65.93%，半导体分立器件制造为 62.26%，其他计算机制造为 55.70%，电子元件及组件制造为 52.38%，计算机整机制造为 51.83%，广播电视接收设备及器材制造为 49.49%，光纤、光缆制造为 46.91%，计算机零部件制造为45.47%，电子测量仪器制造为2.84%，计算机外围设备制造为39.03%，影视录放设备制造为37.40%，广播电视节目制作及发射设备制造为34.69%，雷达及配套设备制造为34.60%，音响设备制造为32.88%。

其中，占比较高的行业是通信终端设备制造、集成电路制造等，占比较低的行业为雷达及配套设备制造、音响设备制造等。

3. 生物产业

2014年，生物产业的产值占全行业产值的比重分别是：化学药品制剂制造为89.85%，假肢、人工器官及植（介）入器械制造为86.58%，中成药生产为83.81%，医疗诊断、监护及治疗设备制造为73.58%，化学药品原料药制造为72.48%，兽用药品制造为69.49%，中药饮片加工为69.39%，机械治疗及病房护理设备制造为61.46%，生物化学农药及微生物农药制造为60.80%，生物药品制造为60.55%，口腔科用设备及器具制造为59.69%，医疗、外科及兽医用器械制造为57.26%，农林牧渔专用仪器仪表制造为51.51%，有机肥料及微生物肥料制造为50.93%，卫生材料及医药用品制造为45.76%，其他医疗设备及器械制造为45.63%，医疗实验室及医用消毒设备和器具制造为45.38%，人造原油制造为43.19%，味精制造为42.93%，香料、香精制造为41.66%，试验机制造为33.18%，专项化学用品制造为32.75%，光学仪器制造为29.93%，化学试剂和助剂制造为27.69%，有机化学原料制造为27.22%，水产饲料制造为24.01%，其他调味品、发酵制品制造为22.10%，其他塑料制品制造为15.44%，饲料加工为14.91%，酱油、食醋及类似制品制造为14.37%。

其中，占比较高的是化学药品制剂制造，假肢、人工器官及植（介）入器械制造，中成药生产等行业，占比较低的行业是其他塑料制品制造，饲料加工和酱油、食醋及类似制品制造等。

4. 高端装备制造业

2014年，高端装备制造产值占全行业产值的比重分别是：铁路机车车辆及动车组制造为98.66%，航空航天器修理为77.28%，其他航空航天器制造为73.76%，城市轨道交通设备制造为72.99%，航空、航天相关设备制造为70.10%，海洋工程专用设备制造为64.85%，金属切削机床制造为56.55%，铁路专用设备及器材、配件制造为54.35%，工业自动控制系统装置制造为52.10%，金属成形机床制造为48.32%，导航、气象及海洋专用仪器制造为41.85%，印刷专用设备制造为29.25%，其他未列明电气机械及器材制造为 28.86%，机床附件制造为 27.14%，连续搬运设备制造为 26.07%，飞机制造为 25.37%，其他通用零部件制造为 24.79%，其他专用设备制造为 23.83%，电气信号设备装置制造为 22.38%，交通安全、管制及类似专用设备制造为 19.25%，石油钻采专用设备制造为 17.40%，内燃机及配件制造为 16.12%，其他金属加工机械制造为 13.50%，钟表与计时仪器制造为 11.99%，机械零部件加工为 11.50%，专用设备修理为 11.30%，铁路运输设备修理为 3.64%，航天器制造为 1.47%。

其中，占比较高的行业是铁路机车车辆及动车组制造、航空航天器修理、其他航空航天器制造、城市轨道交通设备制造等，占比较低的行业是机械零部件加工、专用设备修理、铁路运输设备修理、航天器制造等。

5. 新能源产业

2014 年，新能源产业产值占全行业产值的比重分别是：风能原动设备制造为 89.50%，太阳能发电为 120.32%，光伏设备及元器件制造为 95.14%，核力发电为 89.40%，信息化学品制造为 78.84%，风力发电为 75.27%，其他电力生产为 74.16%，其他原动设备制造为 39.88%，配电开关控制设备制造为 38.29%，电力电子元器件制造为 35.65%，其他电池制造为 31.83%，燃气、太阳能及类似能源家用器具制造为 30.93%，石墨及碳素制品制造为 30.63%。

其中，占比较高的行业是风能原动设备制造，太阳能发电等，占比较低的行业是燃气、太阳能及类似能源家用器具制造，石墨及碳素制品制造等。

6. 新材料产业

2014 年，新材料产业产值占全行业产值的比重分别是：镍氢电池制造为 72.01%，锂离子电池制造为 70.51%，维纶纤维制造为 67.21%，氨纶纤维制造为 61.00%，玻璃纤维及制品制造为 59.08%，初级形态塑料及合成树脂制造为 49.16%，稀有稀土金属压延加工为 48.61%，腈纶纤维制造为 47.52%，其他玻璃制造为 46.93%，锦纶纤维制造为 46.58%，染料制造为 43.02%，特种陶瓷制品制造为 41.45%，涤纶纤维制造为 39.95%，其他合成材料制造为 39.85%，合成橡胶制造为 39.68%，其他贵金属冶炼为 38.44%，钨钼冶炼为 38.01%，有色金属合金制造为 36.99%，铜压延加工为 35.76%，合成纤维单（聚合）体制造为 35.00%，颜料制造为 34.80%，防水建筑材料制造为 34.24%，铝压延加工为 34.20%，镍钴冶炼为33.84%，塑料薄膜制造为32.35%，银冶炼为31.98%，金属丝绳及其制品制造为31.13%，有色金属铸造为30.48%，金冶炼为30.14%，切削工具制造为29.69%，化学农药制造为28.77%，贵金属压延加工为28.40%，油墨及类似产品制造为27.43%，食品及饲料添加剂制造为27.01%，其他非金属矿物制品制造为26.35%，铜冶炼为25.39%，其他专用化学产品制造为25.16%，其他稀有金属冶炼为24.34%，锑冶炼为23.50%，其他有色金属压延加工为23.24%，铅锌冶炼为23.00%，其他合成纤维制造为22.54%，锻件及粉末冶金制品制造为21.07%，密封用填料及类似品制造为20.47%，丙纶纤维制造为20.19%，其他常用有色金属冶炼为20.13%，钢压延加工为19.93%，镁冶炼为19.69%，无机盐制造为13.97%，金属结构制造为13.73%，其他基础化学原料制造为13.17%，泡沫塑料制造为13.13%，锡冶炼为12.70%，黑色金属铸造为11.56%，炼钢为9.25%，无机碱制造为8.85%，其他金属制日用品制造为6.52%，铝冶炼为4.14%。

其中，占比较高的行业是镍氢电池制造、锂离子电池制造、维纶纤维制造等，占比较低的行业是无机碱制造、其他金属制日用品制造、铝冶炼等。

7. 新能源汽车

2014年，新能源汽车产业产值占全行业产值的比重分别是：其他输配电及控制设备制造为23.85%，汽车零部件及配件制造为10.72%，汽车整车制造为3.19%。

更进一步地，近年来，企业生产总收入中战略性新兴产业的收入占比也大幅度提高，特别是在服务领域。2014年，企业总收入中战略性新兴产业收入占比情况如表3-6所示。

表3-6　　　　2014年战略性新兴产业占企业全部收入比重　　　　单位:%

行业	占比	行业	占比	行业	占比
移动电信服务	74.1	自然科学研究和实验发展	51.2	其他技术推广服务	95.2
其他电信服务	76.1	工程和技术研究和实验发展	62.3	科技中介服务	82.3
有线广播电视传输服务	60.2	农业科学研究和实验发展	61.1	水资源管理	51.0
卫星传输服务	81.5	医学研究和实验发展	81.9	天然水收集与分配	31.1
互联网接入及相关服务	93.8	海洋服务	87.4	其他水利管理业	30.1

续表

行业	占比	行业	占比	行业	占比
互联网信息服务	93.2	质检技术服务	83.3	其他自然保护	58.2
其他互联网服务	91.3	环境保护监测	81.1	水污染治理	75.3
软件开发	92.6	生态监测	86.3	大气污染治理	87.5
信息系统集成服务	92.2	工程管理服务	9.1	固体废物治理	52.3
信息技术咨询服务	96.4	工程勘察设计	9.5	危险废物治理	55.5
数据处理和存储服务	94.5	专业化设计服务	82.8	放射性废物治理	69.6
集成电路设计	95.8	农业技术推广服务	67.7	其他污染治理	53.5
数字内容服务	61.1	生物技术推广服务	91.3	市政设施管理	16.4
呼叫中心	11.3	新材料技术推广服务	92.1	环境卫生管理	11.3
非金融机构支付服务	43.1	节能技术推广服务	93.1	医院	15.1
其他专业咨询	25.6				

资料来源：国家发改委、国家统计局等单位调研获取，笔者加工整理。

从表3-6可以看出，互网接入及相关服务、互联网信息服务、其他互联网服务、软件开发、信息系统集成服务、信息技术咨询服务、数据处理和存储服务、集成电路设计等战略性新兴产业是收入占比较高的行业，而工程管理服务、工程勘察设计、环境卫生管理是收入占比较低的行业。

第三节 行业发展态势

行业上，七大战略性新兴产业近年来在生产投资、产值总量、增长率、对国内生产总值的贡献等方面也都有良好表现。

一 节能环保产业

节能环保产业是中国加快培育和发展的七个战略性新兴产业之一，该产业包含节能环保技术装备、产品和服务等相关行业。加快发展节能环保产业，是中国调整经济结构、转变经济发展方式的客观要求，更是发展绿色循环经济，建设资源节约型、环境友好型社会的战略选择。

中国节能环保产业于"七五"时期起步，近年来，中国对节能环保产业的投资力度逐渐加大，环保投资规模也不断扩增。自"十五"时期以来，中国环保产业的投入年增长率均超过15%，"十一五"期间，中国的节能环保产业投资总额达到 1.375 万亿元,占国内生产总值的 1.35%,比"十五"期间规划的投资总额增加了 96.4%。中国节能环保产业发展情况如图 3-1 所示。

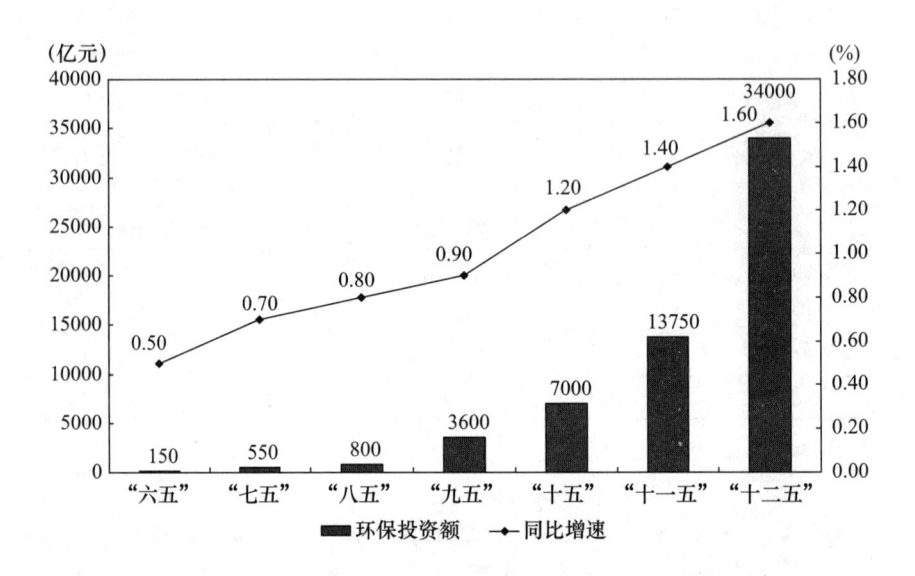

图 3-1　中国节能环保产业投资额及占 GDP 比重

图 3-1 反映了中国节能环保产业投资总额及其占 GDP 的比重情况。进一步的数据显示,"十一五"期间,中国的节能环保产业累计产值超过了 7 万亿元,增加值约为 2 万亿元,接近全社会的环保投入总数,从业人数达 2800 万人。[①] 2010 年,中国节能环保产业产值较上年大幅增长 18.1%,规模突破 1 万亿元。2011 年,节能环保产业产值提高到 13170 亿元,比 2010 年增长 17.4%。2013 年,全国从事节能环保装备制造的企业约 5000 家,从业人数 50 万人以上[②];工业总产值近 2000 亿元,是 2005 年的 3.5 倍。已经初步形成了门类相对齐全的产业体系,技术装备、服务水平也都有明显的提高与改善。

[①] 摘自《李克强副总理在第七次全国环境保护大会上的讲话》,http://www.cenews.com.cn/xwzx/zhxw/ybyw/201112/t20111231_711289.html,2012-01-04。

[②] 摘自《关于印发〈环保装备"十二五"发展规划〉的通知》,http://www.miit.gov.cn/n11293472/n11295091/n11299314/14484592.html,2012-03-01。

根据中国循环经济学协会提供的数据,2013年上半年,中国环境监测专用仪器仪表制造业、环保专用设备制造业主营业务收入同比增长17.7%和17.1%。2013年,中国矿产资源利用水平很高,部分大中型露天煤矿、铁矿的开采回采率达到95%,部分矿山铜矿、铅矿、锌矿等的选矿回收率达到80%以上;工业固体废弃物综合利用量为20.59亿吨,利用率达62.3%;废钢铁、废有色金属等主要再生资源回收量达1.6亿吨,回收总值4817亿元;资源综合治理利用产值1.3万亿元。2014年,中国回收废钢铁15230万吨,同比增长1.0%;回收废有色金属798万吨,占再生金属原料供应量的60%以上;十种有色金属产量4417万吨,同比增长4.2%,再生有色金属品种总产量1153万吨,同比增长7.5%。2014年,中国再生有色金属产业与生产等量的原生有色金属相比,节能总量2398.4万吨标准煤,节水总量16.4亿立方米,减少固体废弃物排放量14.7亿吨,减少二氧化硫排放量209.5万吨。这些数据反映了中国节能环保产业的发展成就。

二 新一代信息技术产业

中国新一代信息技术产业主要包括下一代通信网络、物联网、三网融合、新型平板显示、高性能集成电路和以云计算为代表的高端软件六大领域。现在,中国正处于由传统电子元器件的加工生产和简单技术研发向新一代信息技术产业的过渡时期。近年来,新一代信息产业发展迅速,实现了产业规模的稳步增长。据统计,2009—2011年,中国新一代信息技术产业总产值分别为5735.3亿元、7524.6亿元、10365.0亿元;2010年同比增长率为35%,2011年的同比增长率为37.7%。相关数据如表3-7所示。

表3-7　　　　　新一代信息技术产业总产值　　　　单位:亿元

年份	2009	2010	2011
下一代通信网络	88.2	311.0	499.3
物联网	1716.0	1933.0	2612.7
三网融合	818.4	1264.1	1622.7
新型平板显示	2112.7	2674.6	3510.5
高性能集成电路	227.0	338.1	475.9
云计算	613.0	1003.8	1643.9
总规模	5735.3	7524.6	10365.0

2011年,中国新一代信息技术产业产值10365亿元,同比增长

37.7%。其中，新型平板显示产业收入达到3510.5亿元，占33.9%；物联网业务收入完成2612.7亿元，占25.2%；云计算产业收入达到1643.9亿元，占15.9%；三网融合产业收入达到1622.7亿元，占15.7%。2014年，中国网站数量达400多万家，电子商务交易额超过13万亿元，B2B电子商务业务收入达192.2亿元，增长28.34%；B2B电子商务交易规模达9.4万亿元，同比增长15.37%。①

现在，电子元器件等初级电子信息通信产品的传统制造业发展放缓，而云计算、新一代通信技术、物联网等新兴信息技术行业发展迅速。中国新一代信息技术产业已经具备了完善的产业配套能力，形成了较为细化的产业链体系，并实现了与传统产业的深度融合。而且，信息产业涌现出的诸多新产品，也激发了众多新的或潜在的需求，这带动了整个产业链不断革新。

三 生物产业

中国历来重视生物技术药物、抗感染、心血管、消化系统和抗肿瘤新药等的研发，生物产业的技术研发能力已有显著提高，在部分领域已处于世界领先水平。"十二五"期间，中央财政投资100亿元、生物企业投资300亿元，总计400亿元用于新药创制。目前，中国涉及生物技术的企业超过3000家，大量民营企业投资有效地激发了生物产业的创新热情和发展活力。生物产业发展的相关情况如图3-2和图3-3所示。②

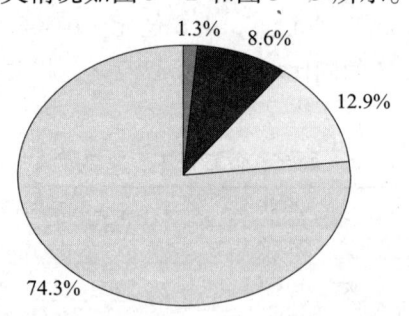

1.3% 8.6% 12.9% 74.3%

■ 生物能源占比　■ 生物农业占比　□ 生物制造占比　□ 生物医药占比

图3-2　2009年中国生物产业结构

---

① 范智强：《"互联网+"助力信息产业优化升级研究》，《经济研究导刊》2016年第8期。
② 国家发展和改革委员会高技术产业司、中国生物工程学会编：《中国生物产业报告2010—2011》，化学工业出版社2013年版。

3.3% 10.5% 11.1% 75.1%

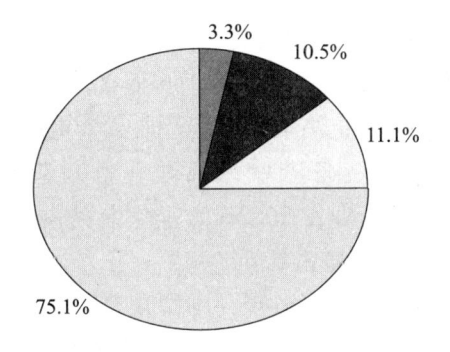

■ 生物能源占比 ■ 生物农业占比 □ 生物制造占比 □ 生物医药占比

图 3-3 2012 年中国生物产业结构

图 3-2 和图 3-3 显示，中国生物产业能够实现较快发展，主要是受到生物医药行业的大力拉动。2009 年，中国生物产业产值为 1.4 万亿元，其中，医药产业产值为 10381 亿元，生物农业为 1200 亿元，生物制造为 1800 亿元，生物能源为 280 亿元；2010 年，中国生物产业产值超过 1.5 万亿元；2011 年，中国生物产业总产值接近 2 万亿元；2012 年到达 2.4 万亿元。近年来，中国生物业总产值持续保持 20% 以上的增长率，2014 年达到 3.16 万亿元，产值在 GDP 中的比重由 20 世纪 80 年代的 1.28% 上升到 2014 年的 4.63%，中国制药企业约 4700 多家，已经形成了京津冀、长三角、珠三角为核心的生物产业聚集区，成为中国经济的重要新增长点。

特别是，中国政府对生物科学技术的研发投入不断增加，年均增长率达 28% 左右。近年来，中国政府又实施了一批重大新药创制、重大传染病防治等重大专项工程，广泛推广和应用生物制造、生物能源、生物环保、生物肥料和生物育种等先进技术，并进一步加大了对生物农业的支持力度，生物制造技术领域取得了一批标志性的在国际上产生了重大影响的新成果，生命科学和生物技术在支撑引领经济发展中的作用日益显现。

四　高端装备制造业

高端装备制造，主要包括传统产业转型升级和战略性新兴产业发展所需的高技术高附加值装备制造，其处于价值链的高端和产业链的核心坏节，决定着整个制造产业链的综合竞争力，是现代制造产业体系的脊梁和推动工业转型升级的主要动力。

中国装备制造业发展迅速，已形成了规模相当、门类齐全的产业体系，这为中国高端装备制造业的发展打下了坚实的基础。据统计①，2010 年，中国高端装备制造业的销售收入约为 1.6 万亿元，占整个装备制造业销售收入的 8% 左右。2011 年，高端装备制造业五个重点领域产值规模达 10862 亿元。其中，智能制造装备产业占高端装备制造业重点领域总产值的 36.1%，轨道交通装备产业占 26.2%，航空装备占 17.7%，卫星及应用产业占 13.3%，海洋工程装备占 6.6%。

有数据显示②，2014 年上半年，中国规模以上装备制造企业工业增加值同比增长 11.2%，完成主营业务收入同比增长 11.77%，利润总额同比增长 20.32%，主营业务收入利润率为 6.85%，较 2013 年同期提高 0.56 个百分点。同期，航空、航天器及设备制造行业，完成主营业务收入 422.1 亿元，同比增长 14.5%；实现利润 18.9 亿元，同比增长 41%；完成出口交货值 79.2 亿元，同比增长 10.6%；产销率为 98%，同比增长 5%。海洋工程装备行业，完成主营业务收入 338.2 亿元，同比增长 12.7%；实现利润 16.3 亿元，同比增长 83.1%；中国新签各类海洋工程装备 81 艘（座），合同金额 79 亿美元，占世界市场份额的 32%，居全球第一位。轨道交通装备行业，完成主营业务收入 1709.6 亿元，同比增长 31.14%；实现利润 148.5 亿元，同比增长 61.24%。电气机械和器材制造行业，增加值同比增长 10.8%。发电设备产量同比增长 2.9%，其中，汽轮发电机产量同比增长 6.8%，风力发电机组产量同比增长 28.5%。机床行业，金切机床产量同比增长 5%，其中，数控金切机床产量同比增长 18.5%，金属成形机床产量同比增长 5.2%，金属切削工具产量同比增长 15.7%。工程机械行业，内燃叉车产量同比增长 10.7%，压实机械产量同比增长 19.9%，混凝土机械产量同比增长 0.9%。机械零部件行业，主要产品产量持续增长锻件产量同比增长 18%，齿轮产量同比增长 16%，泵产量同比增长 7.8%，阀门产量同比增长 3.2%。

有数据显示③，中国工业机器人行业，已成为世界上增长最快的市场。2013 年，中国机器人需求量达到了 2.82 万台，2014 年达到 2.8 万台，2015

---

① 《2014 上半年中国高端装备制造业发展报告出炉》，中商情报网：http://www.askci.com/news/chanye/2014/10/09/15354z7dv_all.shtml。

② 同上。

③ 《2015 年我国高端装备制造业发展前景分析》，和讯期货网：http://futures.hexun.com/2015-09-21/179331485.html。

年达到 3.4 万台。2014 年，中国装备制造业出口额达到 2.1 万亿元人民币，大型成套设备出口额约 1100 亿美元。中国装备制造总量占世界总量的 33.3%，电力装备的制造总量约占世界总量的 61%，造船工业约占世界总量的 41%；中国高铁已经建成 1.6 万公里，在建 1 万多公里，高铁拥有量位居世界第一。在许多领域，特别是航空航天、海洋运输等领域，中国已取得了一系列重大突破，初步形成了高端装备制造产业的完整体系。

五 新能源产业

新能源，是指以新技术为基础，尚未大规模系统开发利用的能源，主要包括太阳能、海洋能、风能、地热能、生物能、氢能、核聚变能等，其具有储量大、可再生性强、清洁环保等特点。"十一五"期间，中国能源生产结构中，原煤、原油、天然气等传统能源产量在能源总生产量的比例逐年下降，而新能源产量的占比呈现出稳定的上升态势，如图 3-4 所示。

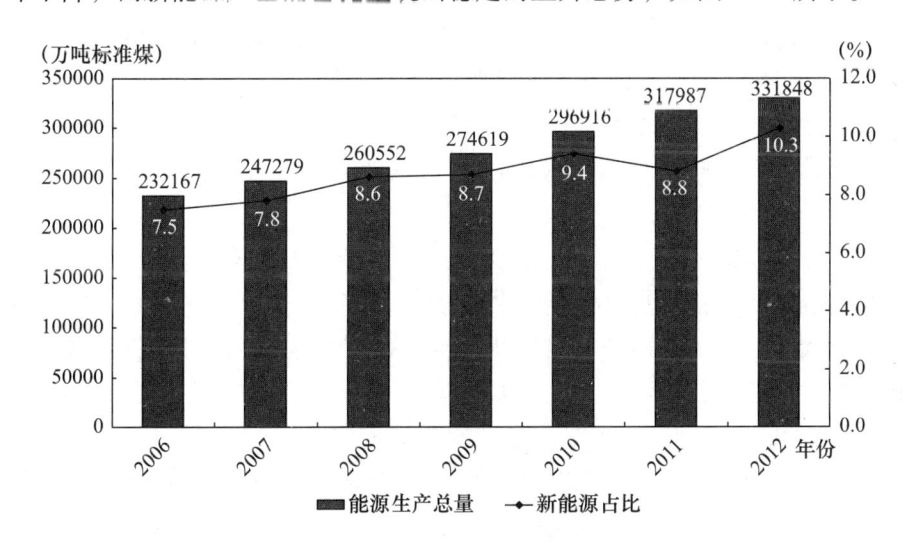

图 3-4 中国新能源生产情况

图 3-4 显示，中国能源产量从 2006 年的 232167 万吨标准煤发展到 2012 年的近 331848 万吨标准煤，新能源比重则从 2006 年的 7.5% 逐渐涨至 2012 年的 10.3%。

中国风力发电和太阳能光伏行业发展迅速，产业发展初具规模。2011 年，中国风力发电装机容量为 62412 百万瓦特，位居世界第一；太阳能光伏电池产量高达 12984 兆瓦。中国清洁能源并网装机已达 4.82 亿千瓦，其中，风电 1.08 亿千瓦，太阳能发电 0.37 亿千瓦，成为世界清洁能源装机规模最大的电网。有关数据如表 3-8 所示。

表 3-8　　　　　　　中国新能源产业行业发展情况

年份	风力发电装机容量（百万千瓦）	太阳能光伏电池产量（兆瓦）
2006	2588	438
2007	5875	1088
2008	12121	3238
2009	25853	5851
2010	44781	7710.6
2011	62412	12984

现在，中国新能源产业在多个领域已位居世界前列，如风电产业、光伏产业，部分新能源关键技术也已取得重大突破。在国际竞争力方面，中国的风能与光伏产业具有较强的国际竞争力，且风能和生物质能的产业控制力较强，新能源产业发展呈现出良好的发展态势。

六　新材料产业

新材料产业，是材料工业发展的先导，是高新技术和新兴产业的结合，主要包括信息材料、能源材料、生物材料、汽车材料、纳米材料、超导材料、稀土材料、新型钢铁材料、新型有色金属合金材料、新型建筑材料、新型化工材料、生态环境材料、新型军工材料等，新材料在中国产业结构升级和经济发展方式转变中占有十分重要的地位。

在世界范围内，新材料产业是 21 世纪初发展最快的高科技产业之一，2001 年，全球新材料产业规模接近 2000 亿美元，到 2010 年高达 1 万亿美元。中国 2010 年新材料产业产值 6500 亿元，2011 年突破 8000 亿元。中国新材料产业伴随着信息、生物、航空航天、核技术等高技术产业的突破式发展，进入了发展的关键时期，走上了技术化发展的道路，新材料品种不断增加，相关数据如图 3-5 所示。

由图 3-5 可以看出，中国新材料领域的产品品种呈现稳定上升的趋势，2012 年，中国高新区企业新材料领域产品已达到将近 8000 种。现在，中国"863""973"等科技专项已加大对重点新材料开发的投入力度，重点开展新材料产业基地和公共服务平台等的建设，逐步开展了新材料企业的认证工作，推进建立新材料产业联盟，完善新材料产业技术标准体系。中国的新材料产业正在规范有序地发展。

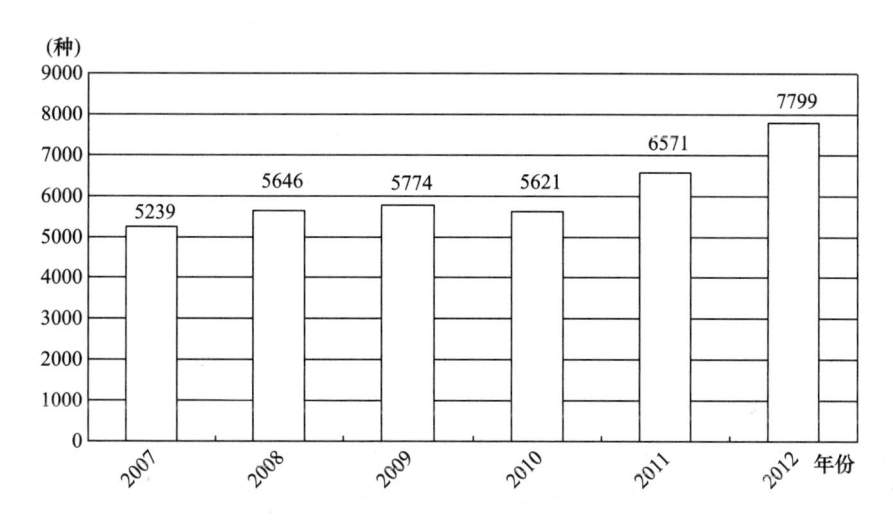

图 3-5 中国高新区企业新材料领域产品种数

七 新能源汽车产业

随着新能源汽车技术标准的不断完善与生产规模的逐步形成，中国新能源汽车产业逐渐走上产业化发展道路。2009 年，财政部与科技部联合出台了《关于开展节能与新能源汽车示范推广试点工作的通知》；2010 年颁布了《私人购买新能源汽车试点财政补助资金管理暂行办法》，这些鼓励性政策推动了新能源汽车产业的市场培育。

受益于国家政策的鼓励与政府采购的刺激，中国新能源汽车产量实现了高速增长。相关数据如表 3-9 所示。

表 3-9 显示，2014 年，新能源汽车生产 78499 辆，销售 74763 辆，比上年分别增长近 8.1 倍和 8.8 倍，其中，纯电动汽车产销分别完成 48605 辆和 45048 辆，比上年分别增长 2.4 倍和 2.1 倍；插电式混合动力汽车产销分别完成 29894 辆和 29715 辆，比上年分别增长近 2.4 倍和 2.1 倍。截至 2015 年第一季度，中国新能源汽车销售量已达 26581 辆，其中，纯电动汽车 15404 辆，混合动力汽车 11176 辆，而去年同期分别只有 6853 辆、4095 辆、2758 辆，同比有大幅上涨。

表 3-9　　　　　2011—2014 年中国新能源汽车产销量　　　　　单位：辆

	纯电动汽车		插电式混合动力		新能源汽车	
	产量	销量	产量	销量	总产量	总销量
2011 年	5655	5579	2713	2580	8368	8159
2012 年	1311	1416	11241	11375	12552	12791
2013 年	3290	3038	14243	14604	17533	17642
2014 年	29894	29715	48605	45048	78499	74763

资料来源：中国汽车工业协会：《2015 年中国新能源汽车产业发展现状分析》，中国产业信息网：http://www.chyxx.com/industry/201512/374794.html, 2015-12-31。

在新能源汽车领域，奇瑞、比亚迪、一汽集团、上海汽车等自主品牌已纷纷参与研发与生产，实现了技术突破和产业化运营，这些自主品牌将是中国新能源汽车发展的主力军。新能源汽车作为中国治理大气污染的重要举措，将继续得到政策的大力扶持，未来发展前景看好。

第四节　发展态势分析

前文的研究分析显示，中国战略性新兴产业的产值在国民经济中所占比重逐年增长，总体发展速度较快，已成为中国经济增长的重要推动力。然而，中国工业发展历程较短，加上长期以粗放式发展的传统产业为主导，工业积累相对薄弱，而战略性新兴产业是在改造、提升、替代传统产业的基础上快速发展起来的，因此，战略性新兴产业短期内的发展也暴露出一些问题，值得关注。

一　尚未形成完整产业链

中国战略性新兴产业中多数行业结构不清晰，且尚未形成完整的产业链条。中国的高端装备制造业主要体现为产业链高端缺位现象严重，如航空设备制造业在产业链的上下游缺位，在中游的价值链高端环境仍处于劣势，轨道交通、海洋设备、工程机械、机床等，在产业链的中低端具有一定的优势，而高端产品还依赖于进口，随着近年来战略性新兴产业的发展，大量的要素投入到了中低端领域，不但没有促进高端领域的研发生产，反而造成了低端产品的产能过剩；新能源汽车产业链的终端市场发展缓慢，由于电动汽车售价远高于传统汽车，加之政府补贴力度不够，导致消费不足,再加之电动汽车产业的发展离不开充电桩的大规模建设,而中国的充电桩、换电站与电动汽车仍处于割裂状态,这严重阻碍了这一产业的发展。还有些产业,如半导体照明技术,虽然技术进步较快,但上游核心技术尚未突破,中游技术未完全主导,下游部分创新应用虽处于国际先进水平,但产业整体上并未处于领先地位。

结构清晰且完整的产业链是中国战略性新兴产业发展不可或缺的关键环节。因此,构建完整的产业链,实现合理的产业链结构,逐步摆脱对外部的依赖,降低产业链的发展风险,是提升战略性新兴产业链竞争力的关键,更是促进中国战略性新兴产业快速健康发展的有力保证。

二 创新驱动路径不明晰

中国战略性新兴产业缺乏关键技术支持,科技创新能力欠缺,且创新驱动路径不明晰。战略性新兴产业的国际竞争表现为各国技术水平的比拼,因而技术创新战略至关重要。目前,中国战略性新兴产业发展处于起步阶段,技术研发环节较为薄弱。如节能环保领域的LED产业,在经历了买器件、买芯片、买外延片之路后,实现了自主生产外延片和芯片,但是,核心芯片尤其是大功率LED芯片仍依赖于进口;高端装备领域中80%的集成电路芯片、40%的大型石化装备、70%的汽车制造关键设备及先进集约化农业装备仍依靠进口。而生物制药产业仍处于发展初期,技术壁垒高筑,且仿制药研发在质量、安全、疗效及监管的门槛远高于化学仿制药,在供给侧结构性改革的大环境下,压产能、降成本、压价格等问题亟须解决,特别是化学原料药严重过剩,未来更需控制生产规模。制药产业转型升级要走国际化道路,需要将严重过剩的化学原料药制造能力推向全球市场消化。但是,中国战略性新兴产业的技术研发仍以跟踪发展为主,核心技术、关键零部件大多不能离开进口,短期内实现从中国制造到中国创造的难度很大,选择何种技术创新驱动路径是中国战略性新兴产业发展必须考虑的问题。

长期以来,发达国家通过有效的技术研发与知识积累赢得了工业发展的优势,作为发展中国家,中国知识积累水平相对有限,技术研发禀赋相对匮乏,且工业积累不足,因此,战略性新兴产业的发展要认真考虑如何将有限的资源合理投放,是重点倾斜生产抑或是重点研发上,同时还必须权衡研发投资的分配,是以模仿、引进为主抑或是以自主创新为主。

三 产业布局出现同构

中央政府决定大力发展战略性新兴产业后,各地政府纷纷将战略性新兴产业发展视为"十二五"时期、"十三五"时期经济增长的重点。由于缺乏对战略性新兴产业的发展规律与特定要求的把控认知,这可能会导致盲目扩大发展规模。加之中国战略性新兴产业空间布局过程中,不仅有中央与地方利益的平衡,还有地方与地方间的竞争。所以,战略性新兴产业很难在整体上科学规划布局,这使中国战略性新兴产业出现了程度不同的同构现象。

以各省(市、区)公布的战略性新兴产业"十二五"规划中选择的重点发展产业看,除西藏外,其他省(市、区)都把新能源、新材料或相关产业列为本省(市、区)发展的战略性新兴产业。除西部个别省(市、区)外,其他省(市、区)也均选择发展新一代新兴信息技术产业,有20多个省(市、区)同时选择发展七大战略性新兴产业。此外,各省(市、区)还纷纷规划建设战略性新兴产业基地,"羊群效应"开始出现。以新能源产业为例,中国已有27个省(市、区)在打造以制造业为核心的新能源产业基地,然而,这样的设计规划却不是以自身实际条件与资源禀赋为依据的,这极易造成资源的浪费,并可能引发产能过剩,不利于未来中国战略性新兴产业的健康发展。

战略性新兴产业需要生长条件和生存环境,没有一流的人才队伍,没有重大的技术发明或技术突破,就很难有新兴产业的诞生。在战略性新兴产业的培育和发展进程中,一些地区条件不具备,技术不成熟,资金不充足,人才不充分,盲目上马新兴产业,造成规划同构,产业布局雷同,进而导致了新兴产业的虚假繁荣和产能的过剩。[①] 例如,新兴的太阳能光伏产业在长三角和珠三角地区迅速崛起,产品也大多出口到欧美等发达国家。2011年年末,中国共有光伏企业460家,但太阳能光伏产业的产业链的环节之间、上下游之间,以及产能与基础设施之间却不平衡、不衔接。生产中的硅料供应紧张,不能自给,需要进口;硅片环节原料基本可以保证,下游需求稳定;但电池环节产能过剩,企业普遍开工率低于50%,特别是光伏应用技术研发如并网逆变技术、光伏建筑一体化和大规模的光伏并网电站等重点领域,国内应用市场仍然较小,产

---

① 转引自曹军新《战略性新兴产业何以竟然"过剩"》,《上海证券报》2012年2月28日。

量相对过剩。产能的过剩，导致了该产业的投资回报率偏低，也降低了产业的投资吸引力。

四　部分产业出现产能过剩

目前，学术界还没有一个明确判断产能过剩的标准，中国产能过剩数据的发布多出自政府文件，相关部门根据企业申报的投资规模、产能数以及实际开工率等来判断产能是否过剩或过剩的程度。有学者认为，通过产品价格是否下滑、企业盈利能力是否大幅下降、亏损企业的数量是否增加、行业的供给是否超过需求可判断一行业是否存在产能过剩现象。中国钢铁协会副秘书长戚向东则认为，六项指标可判定行业是否严重过剩[①]，六项指标分别是：（1）产品库存持续急剧上升，销售呈现停滞状态；（2）产销率大幅下降，供求关系严重失衡；（3）产品价格大幅度回落，长期处于成本线以下；（4）行业出现大面积的企业亏损，企业被迫举债经营；（5）一批企业相继倒闭或破产；（6）进口严重受阻，出口不计成本，国际贸易摩擦频繁发生。当上述六项指标同时在相对较长的时间存在，则表明产品已经出现严重过剩。而欧美国家一般用设备利用率或产能利用率作为衡量产能是否过剩的评价指标，这是反映产能利用情况最直接的指标。国际通行标准产能利用率的正常值在75%—80%，若低于75%，则说明可能存在产能过剩的现象，若超过90%，则认为产能不足。

中国的传统产业产能普遍过剩已成为不争的事实，其中，钢铁、船舶、水泥等行业的产能过剩问题尤为突出。然而，由于战略性新兴产业布局的同构和重复投资，一些行业也出现程度不同的产能过剩，其中，LED产业、锂电产业、光伏产业、物联网、云计算等在短期内便形成了产能过剩的局面，有些产业则出现了结构性产能过剩。结构性产能过剩，即部分产品供给超过了市场需求而出现的生产过剩现象，但从整个经济来说并不是总量过剩的现象。以节能环保产业为例，由于该产业涉及领域广，产业链长，产业关联度大，吸纳就业能力强，对经济增长拉动作用明显。2012年国家开始大力实施节能环保政策，助推节能环保产业未来成为中国支柱产业，各省（市、区）全力以赴筹备、招商引资，分切"蛋糕"。到目前为止，中国已有将近9000家环保企事业单位，其中近一半企业从事半导体照明相关领域的生产。据统计，2013年，中国半导体照明产业整体规模达到了

---

① 《产能过剩的标准》，中国有色网：http://www.cnmn.com.cn，2013-11-14。

2576亿元，其中，上游外延芯片规模达到105亿元，中游封装规模达到403亿元，下游应用规模则达到2068亿元，由此可以看出，中国半导体照明产业80%的产值来自下游的应用开发领域。同样，半导体照明产业的投资主要集中在中下游的产业配套和应用环节，产能出现结构性过剩；生物产业、新材料产业也都暴露出较严重的低端产品供应过剩的现象。

从短期看，中国部分战略性新兴产业领域也面临"潜在产能过剩"的风险。以新能源汽车产业为例，2009年年初出台的汽车产业调整振兴规划明确提出了对新能源汽车产业化的种种鼓励措施，极大地推动了广大企业研发生产电动车等新能源汽车的热情，一时间不少地区关于新能源汽车、零部件产业的新项目如雨后春笋般涌现，大多数动力电池企业被新能源汽车概念吸引进入到这个领域。然而，发展数年的电动汽车市场规模到目前仍然刚刚达到万辆的水平，显然无法承受上游动力电池企业巨大的产能释放。根据高工锂电产业研究所（GBII）统计，2008年，全国仅有数十家动力锂电池企业，到2012年年底达到105家，而2012年中国新能源汽车生产12552辆，销售新能源汽车12791辆。显然，四年间激增的生产企业将导致整个行业产能急剧扩张，产能利用率也将因此遭遇严重下滑。根据Wind资讯公布的数据，2009年，中国生产多晶硅的企业开工率为47%，2010年为53%，2011年为51%，开工率明显不足。

此外，中国战略性新兴企业规模相对较小，运行成本及风险大，微观主体力量不足，迫切需要建设一批从设计研发到生产制造和终端服务为一体的领军企业，也迫切需要技术水平一流，管理水平一流的人才队伍。这也是未来中国战略性新兴产业发展必须重点解决的问题。

第四章 战略性新兴产业布局动因

2012年7月,国务院发布了《"十二五"国家战略性新兴产业发展规划》,具体提出了战略性新兴产业发展的指导思想、基本原则和发展目标,部署各产业的重点发展方向、主要任务、重大工程和政策措施。中央层面的系列决策,推动了中国战略性新兴产业的发展,各省(市、区)纷纷依据自身的资源优势、产业特色提出了适合本省(市、区)的战略性新兴产业投资项目和增长计划,助推了中国战略性新兴产业的空间布局。

第一节 布局动因理论分析

分析中国战略性新兴产业生产要素的空间布局,有必要先从理论上分析影响空间布局的主要因素。按照产业区位、产业集聚理论,影响产业生产资源布局的因素主要是产业关联度、交通运输条件、市场需求、人力资本、技术创新、政府支持和经济开放度。

一、产业关联度

新经济地理理论认为,由于经济人会在递增报酬与流动成本之间进行权衡,所以,产业布局是由各种离心力量和聚集力量共同作用的结果,影响产业集聚的因素是产业关联性、市场需求和交通运输条件等。克鲁格曼等(1995)指出①,产业之间投入产出关联促使产业在空间上趋于集中,前后向关联所产生的金钱外部性②是推动产业地理集中的重要因素。在存在贸易成本的情况下,靠近最终需求部门中间投入品的企业集聚对企业有利。

---

① Krugman, P. and Venables, A., Globalization and the Inequality of Nations [J]. *Quarterly Journal of Economics*, 1995 (4), pp. 857–880.

② 金钱外部性,就是通过价格体系起作用的一种外部性。

反过来,由于许多中间品部门的集中,最终需求部门的贸易成本也会因此而降低。马歇尔认为,中间投入品共享是产业集聚形成的三大原因之一。克鲁格曼在研究集聚形成的原因时曾指出,中间投入品共享促进产业集聚,并且中间投入品部门与最终产品部门在空间上集聚可以降低运输成本,提高生产效率;产业的前向关联,就是大量的上游企业集聚能为下游的厂商节约运输成本,降低中间投入品的供应成本,在此验证产业关联,促进产业布局。

一些经济学者在这方面做过实证研究。Midelfart – Knarvik (2000)[1] 等的研究表明,熟练劳动力、科学家和产业前后向关联决定产业区位,也就是说,地理因素和比较优势理论因素共同促进产业地理集中。Midelfart – Knarvik、Overman 和 Venables (2001)[2] 研究发现,比较优势和前后向联系对制造业的布局具有促进作用。Ethier (1982)[3] 的研究表明,中间投入品能共享促进产业集聚,这一结论与克鲁格曼的研究一致。霍尔姆斯 (Holmes, 1999)[4] 从企业的区位特征角度出发,考察了投入共享与集聚之间的关系,结果表明,集中程度最高的区位与投入共享正相关,也就是说,投入共享促进产业布局。

二 交通运输条件

交通基础设施是地理空间中社会经济活动相互联系的纽带,决定空间相互作用的深度和广度,区位理论与新经济地理学都非常重视交通因素对空间区位的影响。韦伯(Alfred Weber)的工业区位理论一直被认为是区位理论的基石。他认为,企业区位应该选择在生产和运输成本最小点上进行布局,哪里总成本最低就在哪里布局。韦伯认为,影响产业布局的第一因素是运输成本。新经济地理学认为,运输成本的水平决定产业空间分布状态。在高运输成本的情况下,产业以满足地方需求将呈分散状态。但是,

---

[1] Midelfart – Knarvik, K., Overman, H., Redding, S. and Venables, A., The Location of European Industry [J]. *European Economy*, 2000, pp. 1 – 67.

[2] Midelfart – Knarvik, K., Overman, H. and Venables, A., Comparative Advantage and Economic Geography: Estimating the Determinants of Industrial Location in the EU [R]. *Discussion Paper*, 2001, pp. 1 – 33.

[3] Ethier, W. J., National and International Returns to Scale in the Modern Theory of International Trade [J]. *American Economic Review*, 1982 (3), pp. 389 – 405.

[4] Holmes, T. J., Scale of local production and city size [J]. *American Economic Review Papers and Proceedings*, 1999 (2), pp. 317 – 320.

当运输成本处在一个关键值水平以下时，产业又会呈集聚分布。由此可见，交通运输条件在产业布局中起着重要作用。

同样，也有学者做过此类的实证研究。黄永兴、徐鹏（2011）[①] 运用空间面板模型探讨了文化产业集聚的影响因素，认为交通运输条件的提高有利于文化产业集聚。席艳玲和吉生保（2012）[②] 研究发现，交通便利度对中国高技术产业的区域集聚产生显著影响，且交通便利度对产业集聚的影响呈倒"U"形。克鲁格曼和维纳布尔斯（Venables，1995）[③] 证明，在劳动力缺乏流动性的假设条件下，当区域间消费者偏好、技术水平、人口规模等都相同时，运输成本过高或过低，都会降低产业集聚的程度，只有在中间水平时，产业集聚的程度才达到最高。

三 市场需求

费特认为，任何工业企业或者贸易中心，其竞争力都取决于销售量，取决于消费者数量与市场区域的大小。克里斯泰勒（W. Christaller）以利润为目标研究过城市空间组织和布局，他认为，厂商定位需要考虑两个因素：需求界限和市场范围。廖什（August Losch）认为，工业区位应该选择在能够获得最大利润的区域，工业区位选择不仅要考虑成本还要考虑销售，因为区位选择受消费者和供给者的共同影响。1980年，由克鲁格曼在研究国际贸易问题时提出了本地市场效应问题，意指当世界存在报酬递增和贸易成本时，那些拥有相对较大国内市场需求的国家将成为净出口国。换句话说，如果某一地区市场需求较大，则产业趋向在此地布局。克鲁格曼认为，本地市场效应是引起经济活动集聚的重要因素。现在，在已有的文献中，验证本地市场效应的存在性已经成为空间经济研究的一个新领域。

在应用研究方面，范剑勇和谢强强（2010）[④] 使用1997年中国区域间投入产出表中17个制造行业的数据，对本地市场效应进行了验证，结果表明，本地市场效应与产业集聚之间存在正相关关系，即本地市场效应存在。

[①] 黄永兴、徐鹏：《经济地理、新经济地理、产业政策与文化产业集聚：基于省级空间面板模型的分析》，《经济经纬》2011年第6期。

[②] 席艳玲、吉生保：《中国高技术产业集聚程度变动趋势及影响因素——基于新经济地理学的视角》，《中国科技论坛》2012年第10期。

[③] Krugman, Paul, A. J. Venables, Globalization and the Inequality of Nations [J]. *Quarterly Journal of Economics*, 1995 (4), pp. 857–880.

[④] 范剑勇、谢强强：《地区间产业分布的本地市场效应及其对区域协调发展的启示》，《经济研究》2010年第4期。

颜银根 (2010)① 使用中国30个地区2002年的截面数据验证了42个行业本地市场效应的存在，发现在42个行业中至少有11个行业存在明显的本地市场效应，而且还有14个行业的超额需求系数接近1。金煜、陈钊、陆铭 (2006)② 依据经济地理、新经济地理和经济政策对中国工业集聚的原因进行过分析，认为新经济地理下的市场容量和基础设施对工业集聚具有促进作用，该研究为新经济地理学的理论提供了来自中国的证据。

四　人力资本

在新经济地理产生以前，赫克歇尔—俄林生产要素禀赋理论一直在国际贸易和分工理论中占据着重要的地位，并且通常被用来解释地区之间产业分布的差异和地区专业化问题。按照这种理论，国家或地区间的生产结构差异是由地理环境、资源禀赋、技术水平、消费者偏好等"先天差别"决定的。不同的国家或地区在选择产业分工部门或进行产业布局时，应该根据自身的资源禀赋条件：资本资源丰富的区域应该选择或者布局资本密集型产业或产品；劳动力资源丰富的区域应该选择或布局劳动密集型产业或产品；技术资源丰富的区域应该选择或布局技术密集型产业或产品。

马歇尔认为，产业集聚的一个重要原因就是劳动力共享，产业之所以集聚在某一个地区，是因为企业可以共享专业化的劳动力，也就是一旦企业出现用工短缺会在尽可能短的时间内获得足够的劳动力，而这对于单个企业或者企业很少的情况下是不可能的。因为一般的劳动力供给相对比较充裕，劳动力共享应该是专业化技术高的劳动力，所以，劳动力共享明显的地区，可获得人力资本也越明显。张文武和梁琦 (2011)③ 采用1998—2008年286个城市面板数据，对劳动共享与中国制造业集聚间的关系进行了实证分析。结果表明，劳动共享是产业集聚形成的重要因素，且劳动共享效应会提高地区的集聚水平。

由于战略性新兴产业是以重大技术突破为基础的产业，所以，依据资源禀赋理论，技术也会影响战略性新兴产业的布局。理论上说，生产技术会降低单位产品的原材料投入量，但是，由于出现了多种替代原材料，故

---

① 颜银根：《中国全行业本地市场效应实证研究》，《上海财经大学学报》2010年第6期。
② 金煜、陈钊、陆铭：《中国的地区工业集聚：经济地理、新经济地理与经济政策》，《经济研究》2006年第4期。
③ 张文武、梁琦：《市场冲击、劳动共享与制造业集聚——基于中国城市面板数据的研究》，《中国科技论坛》2011年第5期。

而矿产资源和原材料并不能构成战略性新兴产业布局的影响因子。对于劳动力因子，高素质的劳动力不仅能提高劳动生产率，还能使新技术应用到生产中转化为生产力。此外，人力资本还具有有效配置资源、调整企业发展战略等市场应变能力，所以，人力资本的创新性和创造性又会提高该地区的创新能力并产生新的知识。这样，人力资本就成为影响战略性新兴产业布局的因子之一。

五　技术创新

熊彼特认为，产业集聚有助于创新，创新也有助于产业集聚，创新并不是企业的孤立行为，企业集聚才能得以实现。战略性新兴产业是以重大技术突破和重大发展需求为基础的，是知识技术密集、成长潜力大、综合效益好的产业。不同于传统产业，其关键的生产要素也不再是传统的资本、土地、简单劳动和原料等物化资源而是技术，创新促进技术的提高从而促进产业的发展，吸引产业布局，所以，战略性新兴产业对技术创新需求尤为明显。技术创新也是企业获取竞争优势最有效的手段，作为新兴产业，如果要想发展下去，必须要加强科技创新和科技转化能力。技术更新越快，企业竞争优势也就越明显，进而企业的可持续发展能力也就越增强。技术创新带来的知识溢出效应反过来又提高技术创新速度，自然而然地促使更多的企业不断集聚。Martínez Romero（2010）① 做过这一问题的实证研究，发现墨西哥航空航天产业的集聚与墨西哥制造业强相关，技术创新虽然并不能解释该产业的集聚现象，但是，给后人研究提供了一种新的研究思路。

六　政府支持

社会学派理论认为，政府政策制定、国防和军事原则、人口迁移、市场变化、居民储蓄能力等因素都不同程度地影响着区位的配置。政府提供优惠的土地、优越的公共设施和优先的产业发展政策，这会直接或间接地影响到地区间产业的布局。中国自提出发展战略性新兴产业以来，国家发改委出台过《关于组织实施战略性新兴产业区域集聚发展试点的通知》《战略性新兴产业区域集聚发展评价体系及政策研究》等，地方政府也出台了支持战略性新兴产业发展的优惠政策，如财政直接投资、财政补贴、政府采购政策等。这显然也是战略性新兴产业布局的重要影响因素之一。

---

① Romero, J. M., The development of aerospace clusters in Mexico [R]. *Globelics Working Paper*, 2010, pp. 1 – 34.

七 经济开放度

除前述的六个因素外,一些学者也讨论过经济开放度,即外资对产业布局的影响问题。Amiti (1998)① 以及克鲁格曼和 Elizondo (1996)② 研究发现,对外贸易可能会削弱国内市场和国内厂商之间的投入产出联系,从而导致国内原有的经济中心瓦解,使产业重新布局。亨德森(Henderson,1996)的研究发现,对外贸易可能促进一国产业的集聚,但应该考虑该国的地理空间结构是否对称和产业的初始分布。Crozet 和 Soubeyran (2004) 的研究发现,多数情况下,对外贸易对产业集中于靠近国外市场的地区具有促进作用。但是,当由于国外厂商的竞争压力导致国内企业产生了挤出效应时,结论将会发生改变。

事实上,利用外资可以带来资金,通过与外企合作还可以带来国外先进技术和管理经验。这样,外资利用高的地区就可以吸引产业在此布局。冼国明、文东伟(2006)③ 研究发现,随着中国对外开放程度的加深,外商直接投资和对外贸易对中国产业布局的影响将更显著,对产业集聚的推动作用也变得更加强大。苏李、臧日宏(2010)④ 以传统贸易理论、新贸易理论、新经济地理理论为基础,探讨了外商直接投资与产业集聚的相互关系,发现外商直接投资不仅是农产品加工业集聚形成的短期原因,也是农产品加工业集聚发展的长期因素。但反过来,产业集聚却不是外商直接投资进入农产品加工业的原因。凌晨、刘军、郑义(2013)⑤ 基于中国2007 年省级层面数据,研究了外商直接投资对于产业集聚的影响,实证结果表明,外商直接投资是影响中国制造业布局的重要因素。

综上所述可以认为,影响战略性新兴产业布局的主要因素是产业关联、交通运输条件、市场需求、人力资本、技术创新、政府支持、经济开放度等。

---

① Krugman, P. and Elizondo, L., Trade Policy and Third World Metropolis [J]. *Journal of Development Economics*, 1996 (1), pp. 137 – 150.

② Amiti, M., Trade Liberalization and the Location of Manufacturing Firms [J]. *The World Economy*, 1998 (7), pp. 953 – 962.

③ 冼国明、文东伟:《FDI、地区专业化与产业集聚》,《管理世界》2006 年第 12 期。

④ 苏李、臧日宏:《FDI 与产业集聚的互动——中国农产品加工业视角》,《财经科学》2010 年第 5 期。

⑤ 凌晨、刘军、郑义:《交通基础设施、外商直接投资与中国产业集聚的实证分析》,《统计与决策》2013 年第 8 期。

第二节 布局动因定量分析

一 影响因素的变量设定

前文从理论上分析了战略性新兴产业布局的影响因子，下面通过经济计量模型定量分析这些因子的影响力。在建立模型之前，需要先将这些影响因素转化为可替代的变量。可替代变量设计如下：

产业关联。借鉴王业强、魏后凯（2007）[①] 的方法，用各省战略性新兴产业产值与各省制造业产值的比值来代表。由于中国产业的投入产出表只是每五年公布一次，并且所计算的行业有限，这样用投入产出表计算产业关联系数将难以实现。所以，这里用战略性新兴产业产值在工业总产值中所占比重来估算战略性新兴产业间的关联效应。

交通运输条件。一个地区交通运输条件完善的重要表现是具有发达的铁路和公路设施，较发达的铁路和公路设施也会降低运输成本。所以，用各省铁路里程和公路里程之和与面积的比值来代表交通运输条件，该比值越大，交通运输条件越好；反之则运输条件越差。

市场需求。产业倾向于选择工业基础雄厚的地区进行生产，一个地区工业企业的数量越多，新进入企业就越容易得到原材料供给，其生产的产品也更容易在当地销售，所以，选择规模以上工业企业数量来代表市场需求。

人力资本。一些学者使用平均受教育年限来代表，但是，由于本书研究的是战略性新兴产业，是技术密集的产业，所以，更需要的是高层次人才。还有一些学者用研发人员数，但战略性新兴产业的发展不仅靠研发，还要依赖大批的技术工人。故选用各省就业人数中大专以上学历人数代表人力资本水平。

技术创新。采用通行的做法，以各省专利申请量与全国专利申请量的平均值代表技术创新，发明专利越多意味着创新越强。

政府支持、政策扶持和税收优惠并不能用一个统一的变量来表示，但是，指标在省域之间需要具有可比性，而且由于战略性新兴产业核心的竞争力还要依靠科技、依靠科技创新，所以，用政府财政支出中的科技支出来表示政

[①] 王业强、魏后凯：《产业特征、空间竞争与制造业地理集中——来自中国的经验证据》，《管理世界》2007 年第 4 期。

府对技术的支持力度,以此间接表示对战略性新兴产业布局的影响。

经济开放度,采用通行的做法,以各省进出口总额与各省 GDP 比值来代表。

对于被解释变量产业布局,用各年度各个地区战略性新兴产业产值占当年全国战略性新兴产业的比重代表,这也是 Wen(2004)① 度量工业集聚的变量。因为,一个地区的工业份额上升了,就表明产业在朝这个地方布局。

由于省域之间可能会发生人力资本外溢与技术溢出,这两个指标可以用相邻省份人力资本平均值和相邻省份专利申请量平均值表示。同时,我们还考虑到土地因素对战略性新兴产业布局的影响,这样,各影响因素(影响因子)的代表变量如表 4-1 所示。

表 4-1　　　　　战略性新兴产业布局影响因子代表变量

	变量符号	计算方法
产业布局	y	各省战略性新兴产业与全国平均值的比值
产业关联	cl	各省战略性新兴产业产值与规模以上工业产值的比值
交通运输条件	tr	各省铁路里程和公路里程之和与面积的比值
市场需求	inb	各省规模以上企业数量
经济开放度	op	各省进出口总额与 GDP 的比值
利用外资水平	fdi	各省外商直接投资总额
土地因素	ld	各省土地面积与规模以上企业个数的比值
人力资本	peo	各省就业人员中大专以上就业人员数
技术创新	te	各省专利申请量与全国专利申请量的平均值的比值
政府支持	gov	各省财政科技支出
人力资本溢出	w × peo	相邻省份人力资本的均值
技术创新溢出	w × te	相邻省份技术创新的均值

二　计量模型的构建

(一)理论模型的选择

根据前文的变量,构建空间面板模型进行战略性新兴产业布局的影响因素分析。

空间面板数据模型,是在经典面板模型基础上引入空间因素而形成的

---

① Wen, M., Relocation and Agglomeration of Chinese Industry [J]. *Journal of Development Economics*, 2004, pp. 329–347.

回归模型。空间因素可以通过空间权重矩阵表示。常用的空间面板数据模型是空间面板滞后模型（Spatial auto regression，SAR）和空间面板误差模型（Spatial errors model，SEM）以及空间面板杜宾模型（Spatial dubin model，SDM）。①

空间面板杜宾模型的一个特征是同时考虑了因变量的空间相关性和自变量的空间相关性，也就是说，模型既包括被解释变量的滞后项，也包括解释变量的滞后项，被解释变量和解释变量的滞后项必须同时存在。对于空间面板杜宾模型，被解释变量不仅受到本地区解释变量的影响，还受到相邻地区被解释变量和解释变量的影响，空间面板杜宾模型形式如下：

$$y_{it} = \rho \sum_{j \neq i}^{n} w_{ijt} y_{jt} + \theta_k \sum_{k=1}^{m} \sum_{j \neq i}^{n} w_{ijt} x_{kjt} + \sum_{k=1}^{m} x_{kit} \beta_k + f_i + v_t + u_{it}, u_{it} \sim iid(0, \sigma_\varepsilon^2 I)$$

(4-1)

其中，i、j表示省份，i、$j = 1, 2, \cdots, n$；$t = 1, 2, \cdots, T$；$k = 1, 2, \cdots, m$。θ_k和β_k一样，是m个固定但未知的参数，表示自变量滞后项和自变量的系数。w_{ijt}是$n \times n$维最常见的一阶关系二元邻接矩阵w_t的元素，它定义了省（市、区）之间的空间联系，若两个省（市、区）在地理上相邻，则$w_{ij} = 1$，否则$w_{ij} = 0$。ρ是测量不同省（市、区）间被解释变量相互依赖程度的空间自回归参数。同面板数据一样，f_i依然反映不随时间变化的个体上的差异，v_t依然反映不随个体变化的时间上的差异。

在SAR、SEM和SDM三个模型之间的关系上，空间面板滞后模型和空间面板误差模型是空间面板杜宾模型的特殊形式，对空间面板杜宾模型增加一定约束条件可将空间面板杜宾模型简化为空间滞后模型或空间面板误差模型。②

考虑两个假设条件：H_0^1：$\theta_1 = \theta_2 = \cdots = \theta_m = 0$ 和 H_0^2：$\theta_1 + \rho\beta_1 = \theta_2 + \rho\beta_2 = \cdots = \theta_m + \rho\beta_m = 0$，在前一个假设条件下，空间面板杜宾模型可简化为空间面板滞后模型：

$$y_{it} = \rho \sum_{j \neq i}^{n} w_{ijt} y_{jt} + \sum_{k=1}^{m} x_{kit} \beta_k + f_i + v_t + u_{it}, u_{it} \sim iid(0, \sigma_\varepsilon^2 I) \quad (4-2)$$

在后一个假设下，空间面板杜宾模型可简化为空间面板误差模型：

---

① 白仲林：《面板数据的计量经济分析》，南开大学出版社2008年版。
② 赵国庆主编：《计量经济学》，中国人民大学出版社2000年版。

$$y_{it} = \sum_{k=1}^{m} x_{kit}\beta_k + f_i + v_t + \varepsilon_{it}, \varepsilon_{it} = \lambda \sum_{j \neq i}^{n} w_{kit}\varepsilon_{it} + u_{it}, u_{it} \sim iid(0, \sigma_\varepsilon^2 I)$$

$$(4-3)$$

三种形式空间面板模型选择过程是先利用非空间面板模型构建 LM 检验统计量和稳健 LM 检验统计量，进行空间自相关性检验。若空间自相关性存在，支持空间滞后模型和空间误差模型两者之一成立，或两者均成立，那么应进一步建立空间面板杜宾模型并通过构建 Wald 统计量和 LR 统计量检验空间面板杜宾模型是否能简化为空间面板滞后模型或空间面板误差模型。

Wald 统计量和 LR 统计量均服从自由度为 m 的 χ^2 分布。

若原假设 $H_0^1: \theta_1 = \theta_2 = \cdots = \theta_m = 0$ 和 $H_0^2: \theta_1 + \rho\beta_1 = \theta_2 + \rho\beta_2 = \cdots = \theta_m + \rho\beta_m = 0$ 均被拒绝，则应选择空间面板杜宾模型。

若原假设 $H_0^1: \theta_1 = \theta_2 = \cdots = \theta_m = 0$ 不被拒绝，且稳健 LM 检验统计量更为支持空间面板滞后模型，则应选择空间面板滞后模型。

若原假设 $H_0^2: \theta_1 + \rho\beta_1 = \theta_2 + \rho\beta_2 = \cdots = \theta_m + \rho\beta_m = 0$ 不能被拒绝，且稳健 LM 检验统计量更为支持空间误差模型，则应选择空间面板误差模型。

若 LM 检验统计量和 Wald 或 LR 统计量指向的模型不一致，则应选择空间面板杜宾模型，因为空间面板杜宾模型是空间面板滞后模型和空间面板误差模型的一般形式。

LeSage 和 Pace（2009）[①] 认为，优先使用空间面板杜宾模型的原因有两个：一是如果与一阶空间自回归过程相关且未知的变量在模型中被遗漏，并且这些变量恰巧与没有被漏掉的自变量相关，那么 SDM 模型将会产生无偏估计，但是，空间面板滞后模型却不会产生这样的结果；二是即使真实的数据生成过程是符合空间面板误差项模型的，那么 SDM 模型将依旧产生无偏估计。

于是，中国战略性新兴产业空间布局影响因素的空间面板杜宾模型可设定如下：

$$\ln y_{it} = \rho \sum_{j \neq i}^{n} w_{ijt} \ln y_{jt} + \beta_1 \ln cl_{it} + \beta_2 \ln inb_{it} + \beta_3 \ln tr_{it} + \beta_4 \ln op_{it} + \beta_5 \ln fdi_{it} +$$

[①] LeSage, J. P. and Pace, R. K., *Introduction to Spatial Econometrics* [M]. Taylor & Francis, 2009, pp. 35 – 101.

$$\beta_6 \ln ld_{it} + \beta_7 \ln peo_{it} + \beta_8 \ln te_{it} + \beta_9 \ln gov_{it} + \theta_1 \sum_{j \neq i}^{n} w_{ijt} \ln peo_{it} + \theta_2 \sum_{j \neq i}^{n} w_{ijt} \ln te_{it} +$$
$$f_i + v_t + u_{it}, u_{it} \sim iid(0, \sigma_\varepsilon^2 I) \qquad (4-4)$$

式中，n 为横截面样本个数，t 为样本年度，$n=31$，$t=5$。w 中的非对角元素全部为 0，对角线上的每个元素 $w_t(31 \times 31)$ 是某一年的空间权重矩阵，其元素定义如上所述。由于相邻关系不随时间变化，所以，$w_{2009} = w_{2010} = w_{2011} = w_{2012} = w_{2013}$，即省（市、区）的空间邻接关系具有不变性。

(二) 数据来源及处理

1. 行业选取

由于目前还没有战略性新兴产业的专门数据，学者们进行战略性新兴产业研究主要通过两种方法解决数据的替代问题：一是用高新技术产业替代；二是用战略性新兴产业所在的国民行业分类中的行业数据替代。前者如孟祺（2011）[①] 曾选择 5 个高科技行业作为替代变量研究战略性新兴产业集聚状况；任志成（2013）[②] 使用中国内地 31 个省（市、区）2004—2011 年高新技术产业的相关数据，运用空间面板计量模型考察人力资本和研发经费对战略性新兴产业成长的影响。后者如李金华（2011）[③] 认为，战略性新兴产业散见于国民经济的某些部门，分属于其中的某一小类，故而从《国民经济行业分类》（2002）中选取了 7 个行业作为战略性新兴产业的依托部门，测算了战略性新兴产业的集聚度和空间分布状况。另外，周晶和何锦义（2011）[④] 进行过比对，发现 2002 年版《国民经济行业分类》中符合战略性新兴产业特征的行业大致有 4 个大类行业、23 个中类行业和 16 个小类行业。

前述研究给了我们有益的启示，我们根据表 3-2 中的战略性新兴产业与国民经济行业的对应分类，选取 11 个行业作为战略性新兴产业的依托行业，以此进行战略性新兴产业空间布局的分析，具体为：C26 化学原料及化学制品制造业，C27 医药制造业，C30 非金属矿物制品业，C32 有色金属冶炼和压延加工业，C34 通用设备制造业，C35 专用设备制造业，C36 汽车

[①] 孟祺：《基于产业集聚视角的新兴产业发展研究》，《科学管理研究》2011 年第 4 期。
[②] 任志成：《集聚、人力资本外溢与战略性新兴产业成长》，《经济问题探索》2013 年第 8 期。
[③] 李金华：《中国战略性新兴产业发展的若干思考》，《财经问题研究》2011 年第 5 期。
[④] 周晶、何锦义：《战略性新兴产业统计标准研究》，《统计研究》2011 年第 10 期。

制造业，C37 铁路、船舶、航空航天和其他运输设备制造业，C38 电气机械和器材制造业，C39 计算机、通信和其他电子设备制造业，C40 仪器仪表制造业。为保证统计口径的一致，进一步将 C36 汽车制造业和 C37 铁路、船舶、航空航天和其他运输设备制造业归并为 C36 交通运输设备制造业，这样便是 10 个行业。

2. 数据处理

选用中国 31 个省（市、区）2009—2013 年的数据为样本进行面板回归分析。数据来源说明如下：

各省（市、区）制造业分行业工业总产值、规模以上企业个数取自 2010—2014 年《中国工业统计年鉴》。

各省（市、区）GDP 数据、规模以上工业总产值、公路里程数和铁路里程数、科技支出额、土地面积、进出口总额、外商直接投资额、研发人员全时当量数取自 2010—2014 年《中国统计年鉴》。专利申请数取自 2010—2014 年《中国科技统计年鉴》。各个变量数据如表 4-2 所示。

表 4-2   2009—2013 年影响因子变量数据

年份	地区	y	cl	tr	inb	op	fdi	peo	te	gov
2009	北京	0.0244	0.5755	1.3050	6890	1766.91	1066.08	191778.6	1.4700	126.31
	天津	0.0234	0.4667	1.3439	8326	848.61	977.20	52038.5	0.4748	34.00
	河北	0.0240	0.2605	0.7637	13096	171.90	370.40	56508.9	0.4386	26.43
	山西	0.0064	0.1819	0.8403	4023	116.45	204.97	47771.6	0.2070	17.61
	内蒙古	0.0112	0.2724	0.1363	4465	69.55	239.94	21675.8	0.0958	18.07
	辽宁	0.0485	0.4493	0.7249	23364	413.70	1317.83	80925.1	0.7823	57.49
	吉林	0.0216	0.5630	0.5005	5936	161.32	192.69	39393.2	0.2100	18.98
	黑龙江	0.0071	0.2523	0.3570	4408	189.00	180.51	54158.5	0.3257	19.96
	上海	0.0608	0.6583	2.2563	17906	1845.71	3084.29	132859.4	2.2391	215.31
	江苏	0.1641	0.5848	1.6538	60817	983.07	4443.95	273273	5.5980	117.02
	浙江	0.0701	0.4457	1.1601	59971	816.56	1639.97	185068.7	5.1272	99.30
	安徽	0.0237	0.4653	1.1283	14122	155.80	279.06	59697.2	0.5512	36.47
	福建	0.0239	0.3727	0.7820	18154	650.92	1174.51	63268.5	0.7236	27.89
	江西	0.0202	0.5394	0.8704	7539	166.93	369.15	33054.5	0.1869	13.40
	山东	0.1281	0.4692	1.4900	45518	410.23	1119.89	164620.1	2.2134	62.88
	河南	0.0447	0.4213	1.4822	18105	69.18	346.58	92571.3	0.7327	35.52
	湖北	0.0279	0.4668	1.1212	14027	133.10	377.19	91160.8	0.7284	25.33
	湖南	0.0247	0.4780	0.9754	13311	77.72	279.63	63842.6	0.5329	29.62

续表

年份	地区	y	cl	tr	inb	op	fdi	peo	te	gov
2009	广东	0.1499	0.5729	1.1071	52188	1547.76	3939.31	283650.4	5.3629	168.50
	广西	0.0117	0.4432	0.4621	5678	183.71	271.98	29855.8	0.1733	18.07
	海南	0.0011	0.2631	0.6109	494	295.10	903.36	4210	0.0404	6.07
	重庆	0.0173	0.6676	1.4168	6412	118.11	278.00	35004.6	0.4811	15.55
	四川	0.0302	0.4364	0.5466	13267	170.79	461.21	85921.4	1.2911	28.64
	贵州	0.0040	0.3067	0.8408	2791	58.89	35.65	13092.7	0.1337	14.27
	云南	0.0072	0.3636	0.5506	3489	130.44	158.94	21110.1	0.1875	18.99
	西藏	0.0001	0.3477	0.0443	90	91.10	6.36	1331.6	0.0187	2.69
	陕西	0.0125	0.3844	0.7911	4480	102.88	162.04	68039.7	0.3904	20.84
	甘肃	0.0048	0.3321	0.2583	1987	114.11	49.20	21158.1	0.0817	10.18
	青海	0.0017	0.4226	0.0860	523	54.27	28.36	4602.9	0.0236	4.78
	宁夏	0.0019	0.3472	0.3436	969	88.85	25.29	6919.5	0.0584	4.40
	新疆	0.0026	0.1692	0.0930	2018	326.11	47.77	12654.6	0.1197	16.14
2010	北京	0.0226	0.5552	1.3264	6884	2137.81	1192.00	217255.2	1.4440	178.92
	天津	0.0226	0.4548	1.3895	7947	890.03	1096.00	74293.4	0.4743	43.25
	河北	0.0252	0.2725	0.7746	13927	206.24	403.00	73024.8	0.4335	29.65
	山西	0.0070	0.1899	0.8692	4240	136.69	229.00	47354.5	0.2048	20.12
	内蒙古	0.0110	0.2764	0.1431	4611	74.79	232.00	27603.5	0.0903	21.39
	辽宁	0.0495	0.4598	0.7281	23832	437.29	1476.00	80976.5	0.7366	68.90
	吉林	0.0222	0.5713	0.5118	6181	194.35	223.00	44814.6	0.1871	19.12
	黑龙江	0.0067	0.2373	0.3580	4596	246.08	196.00	66599	0.2922	27.69
	上海	0.0593	0.6629	2.3210	16684	2149.31	3394.00	148500.4	2.0776	202.03
	江苏	0.1647	0.6024	1.7198	64136	1124.43	5081.00	342765.3	5.9630	150.35
	浙江	0.0703	0.4605	1.1927	64364	914.55	1832.00	253686.5	4.9401	121.40
	安徽	0.0269	0.4840	1.1298	16277	196.40	303.00	81086.9	0.6900	57.98
	福建	0.0249	0.3824	0.7945	19227	738.16	1248.00	96884.1	0.7784	32.31
	江西	0.0230	0.5586	0.8926	7908	228.74	439.00	37517.2	0.1874	18.26
	山东	0.1174	0.4712	1.5122	44037	182.91	1245.00	228607.5	2.2188	84.36
	河南	0.0453	0.4353	1.5008	19548	77.22	379.00	118040.5	0.7127	44.67
	湖北	0.0307	0.4780	1.1718	16106	162.40	429.00	113919.6	0.7481	30.09
	湖南	0.0282	0.4991	1.1482	13844	91.39	324.00	85783	0.5978	35.04

续表

年份	地区	y	cl	tr	inb	op	fdi	peo	te	gov
2010	广东	0.1449	0.5682	1.1373	53389	1705.81	4213.00	410805	5.1426	214.44
	广西	0.0130	0.4545	0.4679	6583	185.36	280.00	40135.3	0.1572	21.66
	海南	0.0012	0.2979	0.6551	497	418.92	259.00	5396.6	0.0308	7.47
	重庆	0.0177	0.6534	1.4906	7130	156.80	349.00	40697.7	0.5205	17.90
	四川	0.0302	0.4387	0.5824	13706	190.24	544.00	82484.8	1.3880	34.71
	贵州	0.0037	0.2991	0.8925	2963	68.38	41.00	15885.5	0.1330	16.66
	云南	0.0070	0.3626	0.5598	3599	185.91	179.00	25091.9	0.1647	21.43
	西藏	0.0001	0.3419	0.0500	97	164.76	5.00	1080.9	0.0053	2.71
	陕西	0.0130	0.3896	0.8130	4564	119.54	180.00	73500.5	0.4324	25.25
	甘肃	0.0052	0.3559	0.2690	2000	179.65	63.00	21332.1	0.0805	10.89
	青海	0.0017	0.3959	0.0893	555	58.42	23.00	5006.2	0.0114	4.08
	宁夏	0.0020	0.3500	0.3597	975	116.00	40.00	7357.5	0.0466	5.97
	新疆	0.0027	0.1728	0.0946	2465	315.04	52.00	15450.6	0.1104	20.19
2011	北京	0.0200	0.5590	1.3438	3746	2396.98	1343.64	193718.4	1.4672	183.07
	天津	0.0222	0.4303	1.4264	5013	914.24	1148.06	58770.7	0.5017	60.17
	河北	0.0261	0.2661	0.7886	11570	218.64	457.00	62304.6	0.3990	33.22
	山西	0.0072	0.1822	0.8896	3675	131.19	318.99	46279.1	0.1785	27.17
	内蒙古	0.0118	0.2680	0.1459	4175	83.08	255.19	24765.4	0.0812	28.21
	辽宁	0.0467	0.4527	0.7453	16914	432.07	1659.69	84653.8	0.6881	87.20
	吉林	0.0234	0.5594	0.5187	5158	208.74	232.53	45313.1	0.1765	21.18
	黑龙江	0.0062	0.2185	0.3664	3377	306.17	209.41	61854.3	0.4391	33.23
	上海	0.0531	0.6633	2.3447	9962	2279.41	3773.53	134952.3	1.7209	218.50
	江苏	0.1646	0.6191	1.7432	43368	1098.71	5728.51	315831	7.1699	213.40
	浙江	0.0650	0.4668	1.2089	34698	957.27	2019.19	223484.4	4.6716	143.90
	安徽	0.0318	0.4973	1.1328	12432	204.63	328.84	64168.7	1.1727	77.03
	福建	0.0257	0.3789	0.8053	14116	817.32	1368.98	76737.4	0.7843	40.48
	江西	0.0256	0.5782	0.9288	6481	268.90	490.81	34822.9	0.1991	21.32
	山东	0.1152	0.4688	1.5360	35813	520.01	1433.74	190329.2	2.1115	108.62
	河南	0.0523	0.4517	1.5157	18328	121.13	423.53	101467.4	0.6911	56.59
	湖北	0.0326	0.4709	1.2069	10633	171.08	518.96	97923.7	0.6830	44.19
	湖南	0.0333	0.5114	1.1680	12477	96.31	349.58	72636.6	0.5764	41.96

续表

年份	地区	y	cl	tr	inb	op	fdi	peo	te	gov
2011	广东	0.1328	0.5671	1.1411	38305	1716.71	4524.66	344691.8	4.6078	203.92
	广西	0.0136	0.4304	0.4810	5046	199.27	299.42	33987.1	0.1580	28.25
	海南	0.0013	0.3165	0.7045	358	505.66	220.66	4893.1	0.0275	9.83
	重庆	0.0195	0.6660	1.5099	4778	291.74	451.94	37078	0.5571	25.04
	四川	0.0333	0.4426	0.6180	12085	226.97	574.19	83800.3	1.0207	45.75
	贵州	0.0041	0.3037	0.9280	2329	85.72	56.81	15087.4	0.1215	21.68
	云南	0.0072	0.3766	0.5744	2773	180.24	206.41	22551.5	0.1507	28.30
	西藏	0.0001	0.2894	0.0518	56	224.22	7.26	1258.8	0.0051	3.38
	陕西	0.0132	0.3731	0.8372	3684	117.06	198.88	73217.8	0.4185	29.01
	甘肃	0.0050	0.3252	0.2796	1371	173.86	63.94	21661	0.0855	13.22
	青海	0.0021	0.4506	0.0921	386	55.30	31.44	4858.4	0.0193	3.76
	宁夏	0.0021	0.3355	0.3901	764	108.73	43.99	6377.7	0.0220	7.87
	新疆	0.0029	0.1731	0.0961	1738	345.23	56.02	14381.7	0.0948	26.43
2012	北京	0.0201	0.5193	1.3553	3692	2282.56	1493.55	235492.9	1.3692	199.94
	天津	0.0235	0.4338	1.4467	5342	896.82	1189.13	89609.4	0.5362	76.45
	河北	0.0252	0.2516	0.8204	12360	190.27	489.60	78532.5	0.4151	44.74
	山西	0.0071	0.1708	0.9086	3905	124.19	319.63	47028.5	0.1951	33.32
	内蒙古	0.0106	0.2540	0.1485	4244	70.90	258.02	31818.5	0.0836	27.61
	辽宁	0.0484	0.4372	0.7607	17347	418.93	1855.64	87180.1	0.5753	101.24
	吉林	0.0258	0.5663	0.5286	5286	205.73	238.90	49960.7	0.1607	24.96
	黑龙江	0.0061	0.2125	0.3742	3911	274.55	222.47	65117.7	0.5494	37.64
	上海	0.0510	0.6525	2.4266	9772	2163.28	4137.68	153361.3	1.3962	245.43
	江苏	0.1662	0.6073	1.7616	45859	1013.65	6250.00	401919.7	7.3175	257.24
	浙江	0.0611	0.4619	1.2261	36496	901.19	2178.10	278109.5	5.1087	165.98
	安徽	0.0315	0.4748	1.2458	14514	228.24	399.62	103046.9	1.1743	96.00
	福建	0.0243	0.3630	0.8257	15333	791.49	1457.44	114492.2	0.8267	48.47
	江西	0.0302	0.5832	0.9525	7217	258.04	538.57	38152	0.2165	27.50
	山东	0.1220	0.4503	1.6099	37625	490.96	1581.14	254012.8	2.0465	124.98
	河南	0.0538	0.4488	1.5318	19237	174.80	463.41	128322.5	0.7262	69.64
	湖北	0.0333	0.4494	1.2385	12441	143.65	582.74	122748.3	0.6635	54.39
	湖南	0.0327	0.5125	1.1774	12785	99.07	383.81	100031.5	0.6292	48.19

续表

年份	地区	y	cl	tr	inb	op	fdi	peo	te	gov
2012	广东	0.1215	0.5642	1.1660	37790	1724.30	4786.45	492326.9	4.1636	246.71
	广西	0.0138	0.4089	0.4940	5239	226.19	311.43	41267.8	0.1599	42.81
	海南	0.0014	0.3607	0.7442	377	501.55	270.72	6786.9	0.0296	12.06
	重庆	0.0196	0.6646	1.5372	4985	466.31	536.94	46122	0.5520	29.84
	四川	0.0316	0.4384	0.6393	12719	247.74	640.45	98010.3	1.1444	59.40
	贵州	0.0042	0.3044	0.9661	2752	96.78	76.70	18732.1	0.1642	28.98
	云南	0.0073	0.3457	0.5866	3211	203.83	225.61	27817.2	0.1587	32.67
	西藏	0.0001	0.3156	0.0535	64	488.44	11.31	1198.9	0.0036	5.09
	陕西	0.0129	0.3449	0.8874	4284	102.39	311.30	82428.4	0.4041	34.94
	甘肃	0.0074	0.4159	0.2962	1735	157.53	69.79	24289.7	0.0993	16.19
	青海	0.0020	0.4547	0.0945	423	61.13	28.29	5181	0.0143	7.18
	宁夏	0.0020	0.2964	0.4208	865	94.68	30.98	8072.9	0.0229	9.61
	新疆	0.0031	0.1806	0.1028	1959	335.36	66.55	15671	0.0932	33.01
2013	北京	0.0201	0.5368	1.3661	3701	2199.92	1771.00	242174.6	1.6054	234.67
	天津	0.0239	0.4388	1.4840	5383	894.23	1274.00	100218.5	0.6367	92.81
	河北	0.0252	0.2736	0.8791	12649	194.02	545.00	89545.8	0.4658	49.76
	山西	0.0065	0.1764	0.9193	3946	125.30	342.00	49035.3	0.2194	62.06
	内蒙古	0.0105	0.2667	0.1523	4377	71.26	229.00	37279.8	0.0983	31.64
	辽宁	0.0462	0.4400	0.7984	17561	422.78	1832.00	94885.2	0.5547	118.99
	吉林	0.0255	0.5779	0.5339	5353	198.99	318.00	48007.6	0.1593	37.22
	黑龙江	0.0057	0.2090	0.3767	4098	270.31	228.00	62659.5	0.5077	38.61
	上海	0.0464	0.6671	2.4390	9782	2042.71	4579.00	165754.9	1.2470	257.66
	江苏	0.1629	0.6115	1.7839	46387	931.01	6664.00	466158.5	6.1387	302.59
	浙江	0.0571	0.4588	1.2472	36904	893.80	2404.00	311041.7	5.1834	191.87
	安徽	0.0327	0.4915	1.3094	15114	239.08	416.00	119341.6	1.2513	109.67
	福建	0.0242	0.3656	0.8700	15806	778.14	1565.00	122544	0.9609	60.62
	江西	0.0317	0.5903	0.9628	7601	256.28	588.00	43512.1	0.2554	46.32
	山东	0.1232	0.4623	1.6625	38654	487.40	1765.00	279331.8	1.9718	149.14
	河南	0.0568	0.4747	1.5329	19773	186.46	478.00	152251.5	0.7552	80.00
	湖北	0.0363	0.4763	1.2862	13441	147.48	654.00	133060.7	0.7367	77.21
	湖南	0.0338	0.5302	1.1847	13323	102.75	405.00	103413.6	0.6248	55.46

续表

年份	地区	y	cl	tr	inb	op	fdi	peo	te	gov
2013	广东	0.1211	0.5802	1.2138	38094	1755.97	5126.00	501717.7	4.3657	344.94
	广西	0.0145	0.4296	0.5122	5396	228.32	319.00	40663.5	0.2020	54.36
	海南	0.0010	0.3046	0.7614	391	476.26	270.00	6961.7	0.0341	13.83
	重庆	0.0213	0.6852	1.5657	5237	542.73	588.00	52612.2	0.6360	38.65
	四川	0.0329	0.4628	0.6566	13163	245.90	725.00	109708	1.1827	69.51
	贵州	0.0048	0.3447	1.0131	3139	103.54	119.00	23887.5	0.2027	34.27
	云南	0.0070	0.3557	0.5977	3382	215.88	241.00	28482.9	0.1743	42.59
	西藏	0.0001	0.3799	0.0579	70	410.99	13.00	1202.9	0.0031	4.17
	陕西	0.0133	0.3720	0.9096	4489	125.45	366.00	93493.5	0.5337	38.02
	甘肃	0.0074	0.4353	0.3017	1830	163.31	65.00	25047.3	0.1213	19.76
	青海	0.0019	0.4663	0.1005	465	66.76	30.00	4767	0.0129	8.39
	宁夏	0.0020	0.2983	0.4514	935	125.44	35.00	8234.4	0.0310	10.69
	新疆	0.0039	0.2275	0.1054	2102	329.67	65.00	15821.8	0.1280	39.85

注：表中变量的单位依次是"%""%""公里/平方公里""个""万美元/亿元""亿美元""万人年""%""亿元"。

资料来源：2010—2014年《中国工业统计年鉴》，中国统计出版社。笔者加工整理。

由于数据是 2009—2013 年中国各省（市、区）的面板数据，这样，$t=5$，$n=31$，属于短面板数据，不需要进行单位根检验和协整检验。但是，需要在回归分析中考虑数据的多重共线性问题，检验方法是相关系数矩阵和方差膨胀因子。

设 x_1，x_2，…，x_k 是一个 k 维随机变量，任意 x_i 与 x_j 的相关系数 r_{ij}（i，$j=1$，2，…，k）的计算公式如下：

$$r_{ij} = \frac{\sum_{i}^{n}(x_i - \bar{x})(y_i - \bar{y})}{\sqrt{\sum_{i}^{n}(x_i - \bar{x})^2 \sum_{i}^{n}(y_i - \bar{y})^2}} \quad (4-5)$$

则以 r_{ij} 为元素的 k 阶矩阵称为该维随机向量的相关系数矩阵，记作：

$$r = \begin{pmatrix} r_{11} & r_{12} & \cdots & r_{1k} \\ r_{21} & r_{22} & \cdots & r_{2k} \\ \vdots & & \ddots & \vdots \\ r_{k1} & r_{k2} & \cdots & r_{kk} \end{pmatrix}$$

由于变量自身的相关系数是1，且相关系数具有对称性，所以，相关系数矩阵是一个三角矩阵。当相关系数矩阵中有一个相关系数大于0.8时，则认为变量间的多重共线性比较严重。

为了检验变量间是否具有多重共线性，将数据代入相关系数计算公式，计算得到变量相关系数矩阵如表4-3所示。

表4-3　　　　　　　　　　变量相关系数矩阵

	cl	tr	inb	op	fdi	peo	te	gov
cl	1							
tr	0.5281	1						
inb	0.4234	0.7361	1					
op	0.3949	0.4433	0.3860	1				
fdi	0.5068	0.7860	0.8354	0.7156	1			
peo	0.4786	0.7979	0.9237	0.5133	0.8863	1		
te	0.4753	0.7846	0.9285	0.5797	0.8836	0.9548	1	
gov	0.4366	0.7172	0.8171	0.6904	0.8861	0.9000	0.9011	1

表4-3显示，变量相关系数矩阵中，有多个变量间的相关系数大于0.8，尤其是gov与te、peo与inb、te与inb、te与peo的相关系数分别高达0.9011、0.9237、0.9285和0.9548，所以，在做回归分析时要考虑多重共线性。

在进行空间面板数据回归之前，我们先根据莫兰指数指标值大小以及显著性来检验被解释变量是否具有空间自相关性。由前面的数据可知，莫兰指数值计算结果如表4-4所示。

表 4-4　　　　　　　　　莫兰指数值和 Z 值

年份	莫兰指数值	Z 值	P 值
2009	0.206	2.371	0.018**
2010	0.221	2.533	0.011**
2011	0.240	2.729	0.006***
2012	0.258	2.914	0.004***
2013	0.252	2.847	0.004***

注：***、**和*分别表示通过1%、5%和10%的显著性水平检验。

表4-4显示，2009—2013年，全局莫兰指数均为正，并且通过5%显著性水平的检验。表明2009—2013年中国31个省（市、区）的战略性新兴产业布局存在显著的正空间自相关关系。因此，在研究战略性新兴产业空间布局影响因素时，不应该忽略空间因素。后续分析应该选用空间面板数据回归模型。

（三）模型参数的估计

为避免估计值有偏或者无效，不使用普通最小平方方法（OLS）估计法，而使用工具变量法、极大似然法或广义矩估计等对其进行参数估计。运用Stata软件中F. Belotti、G. Hughes等（2014）①开发的空间面板回归程序xsmle对空间面板数据模型进行极大似然估计。由于极大似然估计的前提是误差的正态性，所以，我们的估计都是在修正非正态下进行的估计，并且也是在异方差修正下的估计。将表4-2的数据代入空间杜宾面板数据模型，得到参数估计结果如表4-5所示。

表4-5显示了个体固定效应SDM模型、随机效应SDM模型的估计结果，为了与个体固定效应结果比较，我们给出了双固定效应SDM模型的估计结果。

表4-5的第1列为个体固定效应SDM模型估计结果，第2列为随机效应SDM模型估计结果，第3列为双固定效应SDM模型估计结果。

---

① Belotti, F., Hughes, G. and Mortari, A. P., XSMLE: A Stata Command for Spatial Panel - Data Models Estimation [C]. *Italian Stata Users' Group Meetings* 2013, *Stata Users' Group*, 2014, pp. 1-37.

表4-5　　　　　　　　　空间面板模型回归结果

变量	个体固定效应 SDM 模型	随机效应 SDM 模型	双固定效应 SDM 模型
cl	0.8713*** (9.59)	0.8007*** (7.92)	0.9995*** (12.76)
tr	0.3356* (1.86)	0.6486*** (5.08)	0.2854* (1.68)
inb	0.1912*** (5.39)	0.2691*** (6.38)	0.3976*** (8.14)
op	0.0577** (2.12)	0.0546* (1.76)	0.0322 (1.36)
fdi	0.0249 (0.85)	0.0533 (1.58)	0.0381 (1.46)
peo	-0.0957* (-1.75)	-0.0152 (-0.25)	-0.0852* (-1.79)
te	0.0735*** (2.61)	0.0898*** (2.93)	0.0512** (2.1)
gov	0.1466*** (4.24)	0.1323*** (3.85)	0.1153*** (3.12)
w×peo	-0.1466** (-2.1)	-0.2607*** (-3.59)	0.0779 (0.85)
w×te	-0.0320 (-0.63)	-0.0095 (-0.17)	0.0514 (0.99)
ρ/λ	0.0154 (0.17)	-0.0090 (0.11)	-0.0367 (0.45)
AIC	-451.0942	-210.2327	-505.9218
调整的 R^2	0.6345	0.8818	0.5304
Log Likelihood	237.5471	204.2710	264.9609
H_0：随机效应		34.80*** (0.0000)	

注：***、**和*分别表示通过1%、5%和10%的显著性水平检验，除 H_0 括号内为 P 值，其余括号内为 t 值。

由表4-5的估计结果我们可以发现三点：一是空间面板回归拟合较好，无论是个体固定效应 SDM 模型还是随机效应 SDM 模型，对数似然值都较大、赤池信息准则（AIC）和施瓦茨准则（SC）的值都较小，同时调整后的拟合优度也都较高。二是空间面板 SDM 模型估计相比空间（SAR）和空间（SEM）模型更合适，在个体固定效应 SDM 模型和随机效应 SDM 模型中，w×peo 的系数估计值均通过5%的显著性水平检验，因此，在对战略性新兴产业布局影响因素进行检验时，应该考虑区域人力资本的溢出效应对战略性新兴产业布局的影响。三是应当选取固定效应的 SDM 模型，因为在个体固定效应 SDM 模型和随机效应 SDM 模型的比较中，Hausman 检验值为34.80，在1%的显著性水平下拒绝了随机效应的原假设，说明个体固定效应模型更适于数据特征的刻画。

另外，空间滞后系数 ρ 均未通过 10% 的显著性检验。在三个模型中，空间滞后系数 ρ 的 P 值分别是 0.17、0.11、0.45，表明相邻省域的战略性新兴产业布局对本省（市、区）的战略性新兴产业布局作用不明显，在统计意义上可以忽略不计。在个体固定效应空间面板杜宾模型中，产业关联、工业基础、技术创新和政府支持系数为正，并且通过了 1% 显著性水平检验；对外开放系数为正，并且通过了 5% 的显著性水平检验；交通运输条件系数为正，并且在 10% 的显著性水平下显著，说明这五个因素对战略性新兴产业布局具有正向促进作用；人力资本和相邻省域人力资本系数为负，并且前者通过了 10% 的显著性水平检验，后者通过了 5% 的显著性水平检验，表明人力资本和相邻人力资本抑制了战略性新兴产业布局的集中。利用外资和相邻省域技术创新系数不显著，说明这两个因素对战略性新兴产业布局的作用不明显。

随机效应的 SDM 模型中，除人力资本的系数不显著外，其他变量的系数方向和显著性与固定效应均相同。双固定效应 SDM 模型中，相对于个体固定效应模型，经济开放度和区域人力资本外溢系数不再显著。

三 另一角度的定量分析

按照经济学原理，产业布局和发展会对区域经济带来程度不同的影响，中国战略性新兴产业布局现状，也对地区经济产生了辐射和影响作用，这也构成战略性新兴产业布局、转移承接的影响因素。据此，可从行业规模、行业基础和发展潜力三个方面测度七大战略性新兴产业对各省（市、区）经济的辐射能力，进一步从另一角度研究分析战略性新兴产业布局动因，阐述战略性新兴产业转移承接的必然性。

（一）测度方法的设计

测度战略性新兴产业的辐射能力，可从生产规模、行业基础和发展潜力三个维度设计一个测度指标体系，如表 4-6 所示。

表 4-6　　　战略性新兴产业区域经济辐射能力测度指标体系

		指标
节能环保产业	生产规模	X_{111} 公司数量（家）
		X_{112} 平均资产总额（元）
		X_{113} 平均从业人数（人）
		X_{114} 平均营业收入（元）

续表

节能环保产业	行业基础	X_{121} 废弃资源综合利用业工业总产值（万元）
		X_{122} 固体废弃物处理利用率（%）
	发展潜力	X_{131} R&D 人员全时当量（人）
		X_{132} R&D 经费（万元）
		X_{133} 专利申请数（件）
		X_{134} 废弃资源综合利用业固定资产投资完成额（亿元）
新一代信息技术产业	生产规模	X_{211} 公司数量（家）
		X_{212} 平均资产总额（元）
		X_{213} 平均从业人数（人）
		X_{214} 平均营业收入（元）
	行业基础	X_{221} 万人互联网端口数（万个）
		X_{222} 软件业收入（万元）
		X_{223} 计算机、通信和其他电子设备制造业主营业收入（万元）
		X_{224} 运输线路长度（公里）
	发展潜力	X_{231} R&D 人员全时当量（人）
		X_{232} R&D 经费（万元）
		X_{233} 专利申请数（件）
		X_{234} 信息传输、软件和信息技术服务业固定资产投资完成额（亿元）
		X_{235} 计算机、通信和其他电子设备制造业固定资产投资完成额（亿元）
生物产业	生产规模	X_{311} 公司数量（家）
		X_{312} 平均资产总额（元）
		X_{313} 平均从业人数（人）
		X_{314} 平均营业收入（元）
	行业基础	X_{321} 医药制造业收入（万元）
		X_{322} 人口总量（万人）
		X_{323} 运输线路长度（公里）
	发展潜力	X_{331} R&D 人员全时当量（人）
		X_{332} R&D 经费（万元）
		X_{333} 技术获取与改造支出（万元）
		X_{334} 专利申请数（件）
		X_{335} 医药及医疗设备制造业固定资产投资完成额（亿元）

续表

高端装备制造产业	生产规模	X_{411}公司数量（家）
		X_{412}平均资产总额（元）
		X_{413}平均从业人数（人）
		X_{414}平均营业收入（元）
	行业基础	X_{421}通用设备制造业产值工业总产值（万元）
		X_{422}专用设备制造业产值工业总产值（万元）
		X_{423}电气机械及器材制造业工业总产值（万元）
	发展潜力	X_{431}R&D人员全时当量（人）
		X_{432}R&D经费（万元）
		X_{433}专利申请数（件）
		X_{434}通用设备制造业固定资产投资完成额（亿元）
		X_{435}专用设备制造业固定资产投资完成额（亿元）
		X_{436}电气机械及器材制造业固定资产投资完成额（亿元）
新能源产业	生产规模	X_{511}公司数量（家）
		X_{512}平均资产总额（元）
		X_{513}平均从业人数（人）
		X_{514}平均营业收入（元）
	行业基础	X_{521}电热力生产和供应业产值（万元）
		X_{522}水力发电量（亿千瓦小时）
		X_{523}光伏累计装机容量（万千瓦）
		X_{524}风电装机情况（万千瓦）
		X_{525}核电站数（个）
	发展潜力	X_{531}R&D人员全时当量（人）
		X_{532}R&D经费（万元）
		X_{533}专利申请数（件）
		X_{534}电热力生产和供应业固定资产投资完成额（亿元）
	生产规模	X_{611}公司数量（家）
		X_{612}平均资产总额（元）
		X_{613}平均从业人数（人）
		X_{614}平均营业收入（元）

续表

新材料产业	行业基础	X_{621} 黑色金属冶炼及压延工业总产值（万元）
		X_{622} 有色金属冶炼及压延工业总产值（万元）
		X_{623} 有色金属、非金属矿产基础储量（万吨）
		X_{624} 黑色金属矿产储量（万吨）
	发展潜力	X_{631} R&D 人员全时当量（人）
		X_{632} R&D 经费（万元）
		X_{633} 专利申请数（件）
		X_{634} 黑色金属冶炼及压延业固定资产投资完成额（亿元）
		X_{635} 有色金属冶炼及压延业固定资产投资完成额（亿元）
新能源汽车产业	生产规模	X_{711} 公司数量（家）
		X_{712} 平均资产总额（元）
		X_{713} 平均从业人数（人）
		X_{714} 平均营业收入（元）
	行业基础	X_{721} 汽车制造业工业销售产值（万元）
		X_{722} 发电量（亿千瓦小时）
		X_{723} 天然气生产量（亿立方米）
		X_{724} 日照（小时）
		X_{725} 人均 GDP（元）
		X_{726} 民用汽车拥有量（万量）
		X_{727} 机动车驾驶员（万人）
	发展潜力	X_{731} R&D 人员全时当量（人）
		X_{732} R&D 经费（万元）
		X_{733} 专利申请数（件）
		X_{734} 汽车制造业固定资产投资完成额（亿元）

表4-6中，生产规模既包括投入规模，也包括产出规模，其中，固定资产净额与从业人员数反映行业的投入规模，营业收入反映行业的产出规模。

行业基础主要用相关资源储备、市场潜力、运输规模等指标来测度。发展潜力是对战略性新兴产业未来发展状态的预期，用地区的人才、技术和资本三大生产要素的投入水平来测度。由于战略性新兴产业存在行业差异,故每个行业的测度指标有所不同。战略性新兴产业是以高端技术为支撑的产业,人才与技术是其发展中不可或缺的主要推动力量,资本投入是其发展中必不可少的资源投入。人才储备用地区 R&D 人数表示,技术潜力用 R&D 经费与专利申请数表示,由于战略性新兴产业的细分行业大部分隶属于制造业,因此,用地区的制造业固定资产投资净额占该地区的固定资产投资总额的比重来表示地区的资本投入水平。

(二)辐射能力测度结果

运用表 4-6 中的指标体系,对各省(市、区)的战略性新兴产业区域经济辐射能力进行测度。所用数据为战略性新兴产业上市公司的财务数据和各省(市、区)相关经济数据。其中,上市公司财务数据来源于 Wind 数据库和各上市公司 2013 年年报,各省(市、区)经济数据通过《中国统计年鉴》(2013)、《中国高技术产业统计年鉴》(2013)和《中国能源统计年鉴》(2013)收集整理得到。由于数据量巨大,此处略去。

由于测度指标体系中各指标的计量单位不一致,所以,先将其标准化,消除量纲。标准化公式为:

$$x_{ij} = \frac{x_{ij} - \min x_i}{\max x_i - x_{ij}}, \ i = 1, 2, \cdots, m; j = 1, 2, \cdots, n$$

式中,x_{ij} 为第 j 个区域第 i 个指标值,$\min x_i$ 为第 i 个指标在所有区域中的最小值,$\max x_i$ 为第 i 个指标在所有区域中的最大值。经过标准化处理后,全部指标值的取值范围就确定在 [0, 1] 之间。

需要说明的是,这里采用逐级等权法对各指标进行权重分配。由于每个行业的测度指标体系分为 3 个子系统,则各子系统的权重均为1/3;在每一子系统内的指标所对应的权重为 1/n(n 为该子系统的指标个数)。故每一指标的最终权数为 1/3n。

经过统计运算,可以求出战略性新兴产业每个行业对各省(市、区)经济辐射能力的综合得分。例如,节能环保产业区域经济辐射能力的得分值如表 4-7 所示。

由表 4-7 可以看出,中国节能环保产业上市公司分布的 25 个省(市、区)的生产规模、产业基础和发展潜力以及综合得分的排名情况。从综合得分看,排在前 4 位的是广东、江苏、浙江和山东,这 4 个省(市、区)的节能环保产业区域经济辐射能力强度值较高,分别为 0.8245、0.7993、0.7299、0.7094。排在前 10 位的省(市、区)中,东部有 6 个省(市、区)，中部有4个省（市、区），西部表现最突出的省（市、区）是四川，排在全国第11位。

表4-7　　　　　节能环保产业区域经济辐射能力得分

省份	行业规模		产业基础		发展潜力		综合	
	得分	排名	得分	排名	得分	排名	得分	排名
广东	0.1612	3	0.1623	3	0.3564	2	0.8245	1
江苏	0.1334	8	0.1196	5	0.3859	1	0.7993	2
浙江	0.1391	7	0.1455	4	0.2481	4	0.7299	3
山东	0.1395	6	0.1058	7	0.2579	3	0.7094	4
安徽	0.0993	10	0.1828	1	0.1445	6	0.6532	5
江西	0.1410	5	0.0552	17	0.1164	11	0.5592	6
天津	0.0215	19	0.1788	2	0.1061	14	0.5535	7
辽宁	0.1666	2	0.0223	24	0.1154	12	0.5516	8
湖北	0.0783	11	0.0873	10	0.1352	7	0.5484	9
河南	0.0508	13	0.0852	11	0.1521	5	0.5368	10
四川	0.1724	1	0.0266	22	0.0837	16	0.5317	11
上海	0.0466	15	0.1176	6	0.1184	10	0.5316	12
北京	0.1457	4	0.0791	13	0.0550	21	0.5290	13
福建	0.0508	14	0.1039	8	0.1153	13	0.5196	14
湖南	0.0189	20	0.0827	12	0.1204	8	0.4712	15
内蒙古	0.1283	9	0.0194	25	0.0727	19	0.4695	16
重庆	0.0353	18	0.1023	9	0.0736	18	0.4595	17
黑龙江	0.0547	12	0.0685	15	0.0766	17	0.4471	18
吉林	0.0110	22	0.0710	14	0.0979	15	0.4242	19
河北	0.0412	16	0.0139	26	0.1193	9	0.4176	20
宁夏	0.0103	23	0.0574	16	0.0553	20	0.3507	21
新疆	0.0373	17	0.0319	21	0.0482	22	0.3427	22
贵州	0.0091	24	0.0473	19	0.0330	24	0.2990	23
甘肃	0.0186	21	0.0338	20	0.0341	23	0.2941	24
海南	0.0086	25	0.0552	18	0.0050	26	0.2622	25

重复同样的方法，可以得到新一代信息技术产业、生物产业、高端装备制造业、新能源产业、新材料产业、新能源汽车产业区域经济辐射强度值的得分与排名。于是可得出各省（市、区）战略性新兴产业区域经济辐射能力的综合得分如表 4-8 所示。

表 4-8　　战略性新兴产业区域经济辐射能力综合得分

节能环保产业		新一代信息技术产业		生物产业	
省份	得分	省份	得分	省份	得分
北京	0.3239	北京	0.2864	北京	0.2312
福建	0.2566	福建	0.2079	福建	0.1606
广东	0.7446	广东	0.7660	广东	0.6294
河北	0.2091	河北	0.1764	海南	0.0277
江苏	0.5836	江苏	0.6767	河北	0.3803
辽宁	0.2517	辽宁	0.2310	江苏	0.6520
山东	0.4291	山东	0.4182	辽宁	0.2512
上海	0.2523	上海	0.4241	山东	0.6126
天津	0.3054	天津	0.0949	上海	0.3006
浙江	0.4741	浙江	0.3655	天津	0.1625
安徽	0.4910	安徽	0.1923	浙江	0.4385
河南	0.3038	河南	0.2186	安徽	0.2649
黑龙江	0.1515	黑龙江	0.1239	河南	0.3628
湖北	0.3146	湖北	0.2220	黑龙江	0.2757
湖南	0.3315	湖南	0.2320	湖北	0.3215
江西	0.1355	吉林	0.0967	湖南	0.3465
山西	0.4224	江西	0.2343	吉林	0.2649
甘肃	0.1773	山西	0.2527	江西	0.3071
广西	0.2559	甘肃	0.1043	山西	0.1699
贵州	0.1462	广西	0.0895	甘肃	0.1146
内蒙古	0.2492	贵州	0.0822	广西	0.1704
宁夏	0.1570	内蒙古	0.0939	贵州	0.1781
陕西	0.1368	宁夏	0.0221	内蒙古	0.1455
四川	0.2125	陕西	0.1486	青海	0.0336
新疆	0.0660	四川	0.3377	陕西	0.1818

续表

节能环保产业		新一代信息技术产业		生物产业	
省份	得分	省份	得分	省份	得分
云南	0.3630	云南	0.1217	四川	0.4172
重庆	0.2825			西藏	0.0405
				新疆	0.1103
				云南	0.2709
				重庆	0.2018

高端装备制造业		新能源产业		新材料产业		新能源汽车产业	
省份	得分	省份	得分	省份	得分	省份	得分
北京	0.3866	北京	0.1362	北京	0.1684	北京	0.2861
福建	0.0884	福建	0.1779	福建	0.1161	福建	0.1971
广东	0.4506	广东	0.5410	广东	0.5080	广东	0.6174
河北	0.1529	海南	0.0044	江苏	0.5762	海南	0.0661
江苏	0.6885	河北	0.2120	山东	0.5700	江苏	0.5680
辽宁	0.2568	江苏	0.5195	上海	0.1438	辽宁	0.2416
山东	0.5214	辽宁	0.1760	天津	0.3252	山东	0.4505
上海	0.1923	山东	0.3708	浙江	0.4075	上海	0.4501
天津	0.1872	上海	0.2003	安徽	0.1833	天津	0.1999
浙江	0.3240	天津	0.0974	河北	0.2590	浙江	0.4352
安徽	0.1868	浙江	0.4445	河南	0.4527	安徽	0.2525
河南	0.2387	安徽	0.1998	湖北	0.1501	河北	0.2503
黑龙江	0.1134	河南	0.1797	湖南	0.1296	河南	0.2819
湖北	0.1754	黑龙江	0.1365	吉林	0.2310	黑龙江	0.1039
湖南	0.1657	湖北	0.2095	宁夏	0.0827	湖北	0.2677
江西	0.1030	湖南	0.1795	陕西	0.1175	湖南	0.1721
山西	0.0440	江西	0.0875	四川	0.2895	吉林	0.2189
甘肃	0.0210	甘肃	0.2113	西藏	0.0406	江西	0.1073
贵州	0.0463	广西	0.0844			贵州	0.0612
青海	0.0117	贵州	0.0678			内蒙古	0.2288
陕西	0.1177	内蒙古	0.3542			四川	0.2681
四川	0.1265	宁夏	0.0844			重庆	0.1926
云南	0.0172	陕西	0.1876				

续表

高端装备制造业		新能源产业		新材料产业		新能源汽车产业	
省份	得分	省份	得分	省份	得分	省份	得分
		四川	0.3342				
		新疆	0.4302				
		云南	0.1763				

注：由于篇幅所限，此处略去了各产业细分的生产规模、产业基础和发展潜力的得分与排名。

为了更清晰地揭示各省（市、区）战略性新兴产业的区域经济辐射范围，此处绘制 Voronoi 图。方法是：先用 Geostatistical Anlysisit 模块下的 Voronoi map 直接生成常规的 Voronoi 图；然后以中国地图为底板建立直角坐标系；再用中国的行政边界对其切割，则获得各省（市、区）省会的坐标位置，若某一行业在多个省（市、区）的区域经济辐射强度是相同的，则每个省（市、区）的辐射范围只与省（市、区）省会点间的距离有关。

常规的 Voronoi 图只考虑了区域间的距离因素，并没有体现各省（市、区）战略性新兴产业的生产规模、产业基础和发展潜力，故以战略性新兴产业区域经济辐射能力得分的平方根作为省（市、区）的权重，对各省（市、区）构建加权 Voronoi 图，便可得到理论上各省（市、区）战略性新兴产业经济辐射区域。

第三节　布局动因现实解析

根据前文的定量研究，结合中国战略性新兴产业资源布局的实际，可对影响战略性新兴产业布局的影响因素作进一步的现实解析。

一　计量研究结果

由前文的计量结果可以发现，三个模型中均影响显著的是产业关联、工业基础、技术创新、政府支持和交通运输条件，它们的系数都为正，说明这五个因子对中国战略性新兴产业的布局具有正影响。利用外资和相邻省（市、区）技术创新的系数一直不显著，所以，对战略性新兴产业的布局可以忽略不计。人力资本在随机效应模型中不显著，在其他两个模型中的系数为负并且显著。人力资本外溢和经济开放在双固定效应模型中不显著。

研究分析中，某些变量不显著可能是由于变量之间严重的多重共线性所引起，所以，进一步采用逐步回归法测度影响战略性新兴产业布局的影响因素。可以根据变量的显著性和添加变量后拟合优度的变化情况来决定变量的取舍。若增加的变量系数较显著，添加后回归方程的拟合优度有所提高并且赤池信息准则（AIC）下降，或拟合优度和赤池信息准则无明显提高，则将该变量纳入模型。

经过逐步回归处理，除去原模型中不显著的变量，可得到计算结果，如表4-9所示。

表4-9　　　　　　　　空间杜宾模型逐步回归结果

变量	模型（1）	模型（2）	模型（3）	模型（4）	模型（5）	模型（6）	模型（7）
cl	1.06 *** (10.44)	1.0263 *** (10.72)	0.9412 *** (10.48)	0.9148 *** (10.23)	0.8949 *** (10.01)	0.8595 *** (9.47)	0.8679 *** (9.63)
tr					0.5090 *** (9.73)	0.3166 * (1.77)	0.3524 ** (1.97)
inb			0.1854 *** (5.22)	0.1981 *** (5.58)	0.1851 *** (5.14)	0.1850 *** (5.18)	0.1884 *** (5.32)
op				0.0554 ** (2.1)	0.0680 ** (2.5)	0.0653 ** (2.42)	0.0634 ** (2.37)
fdi							
peo							-0.0904 * (-1.66)
te					0.0419 * (1.69)	0.0604 ** (2.26)	0.0729 ** (2.65)
gov		0.1399 *** (4.78)	0.2019 *** (6.81)	0.1914 *** (6.44)	0.1803 *** (5.98)	0.1504 *** (4.38)	0.1525 *** (4.48)
w×peo	0.0597 * (1.63)	-0.1503 *** (-2.71)	-0.2011 * (-3.85)	-0.2098 *** (-4.06)	-0.2032 *** (-3.96)	-0.2266 *** (-4.31)	-0.1577 ** (-2.37)
ρ	0.2777 *** (3.31)	0.1129 (1.25)	0.0755 (0.88)	0.0461 (0.53)	0.0531 (0.62)	0.0288 (0.33)	0.0312 (0.36)
调整的 R^2	0.3926	0.5103	0.5891	0.6056	0.6119	0.6235	0.6292

续表

变量	模型（1）	模型（2）	模型（3）	模型（4）	模型（5）	模型（6）	模型（7）
AIC	-406.1294	-425.8514	-449.0376	-451.4062	-452.2252	-453.3156	-454.0559
Log Likelihood	207.0647	217.9257	230.5188	232.7031	234.1126	235.6578	237.02795

注：***、**和*分别表示通过1%、5%和10%的显著性水平检验，除H_0括号内为P值，其余括号内为t值。

表4-9显示了固定效应空间面板杜宾模型的逐步回归估计结果，在模型（7）之后，若再引入变量，则引入的变量将不再显著，而且拟合优度和赤池信息准则无明显提高。模型（7）中所有变量的系数除了系数ρ外，都通过了10%的显著性水平检验，表明这些因素对中国战略性新兴产业布局的影响不可忽略。由系数的大小可以发现，各个变量对战略性新兴产业布局的促进作用依次是产业关联cl、交通运输条件tr、市场需求inb、政府支持gov、经济开放度op、技术创新te、人才资本pco、人力资本溢出$w \times peo$。

二　研究结果的综合解析

综合计量模型的结果和战略性新兴产业辐射能力测度的结果，可以发现：

第一，相邻地区的战略性新兴产业布局对本省战略性新兴产业布局作用不明显。空间滞后系数ρ大于0但未通过10%显著性水平的检验，表明邻近地区的战略性新兴产业的布局对本省战略性新兴产业布局影响力很小，即区域产业布局不具有溢出效应。由于产业在相邻地区的布局既能产生较强的吸收效果又能产生扩散效果，故吸收与扩散效果与产业布局程度有关。若临近地区产业布局集中度的向心力大于离心力，产业会继续向临近地区布局，从而对本地区的布局产生负影响；若相邻地区产业布局集中度的向心力小于离心力，则产业会向外扩散，导致产业发生转移，从而对本地区的战略性新兴产业布局产生正影响。从空间滞后系数ρ的估计结果可以看出，中国战略性新兴产业布局属于第二种情况，但这种情况在统计上的影响可以忽略不计。

第二，产业关联对战略性新兴产业的布局影响最大。产业关联的系数为正且通过了1%显著性水平检验，表明产业关联度对战略性新兴产业布局具有明显的影响力。产业关联系数为 0.8679，说明产业关联提高 1%，战略性新兴产业集聚程度理论上说会提高 0.8679%。关联性强的地区不仅可以节约运输成本、物流成本，缩短生产周期，而且还可以产生新的市场需求，扩大本地市场效应，吸引战略性新兴产业向该地区布局。从产业组织理论的发展来看，纵向一体化为产业的发展降低了成本，促进了产业竞争优势的形成。在目前世界各国整合优势产业，大力发展战略性新兴产业的背景下，按照产业关联度来整合资源可能会推动战略性新兴产业向一地布局。新经济地理理论认为，产业关联促使上下游产业的集聚得到了经济实践的证实，此处的研究也验证了这一理论。

第三，交通运输条件对战略性新兴产业的布局具有明显的推动作用。交通运输条件系数为 0.3524 且通过了 5% 的显著性水平检验，说明便利的交通条件是战略性新兴产业布局的一个原因，且交通运输条件每提高 1%，战略性新兴产业集聚程度理论上说会提高 0.3524%。这也验证了新经济地理学的观点，有利的交通条件在一定范围内促进产业集中。区位理论认为，产业应该布局在运输成本较低的地区，那些规模报酬递增程度更高的行业将集聚于交通设施密集、运输成本较低的地区。此处的发现，支持了韦伯工业区位理论和新经济地理理论关于交通运输条件促进产业集聚的观点。

尽管有交通因素的考虑，但在中国的一些大型国有企业和领军企业一定程度上主导了战略性新兴产业的布局。由于技术、人才、资金以及政策方面的优势，大型国有企业的实力雄厚，资源组合能力强，故其能影响战略性新兴产业的集聚和布局。哪里有大型企业，哪个地区的大型国有企业多，哪个地区就形成了战略性新兴产业的集聚。中国战略性新兴产业的空间布局，本质上体现为大型国有企业的空间布局和大型国有企业的战略实施。

第四，工业基础、经济开放和政府支持对战略性新兴产业布局具有正影响。工业基础系数为正且通过了 1% 的显著性水平检验，表明工业基础对战略性新兴产业布局也具有正向促进作用。工业基础系数为 0.1884，说明工业基础每提高 1%，战略性新兴产业集聚的程度理论上说会提高 0.1884%。工业基础雄厚的地区，战略性新兴产业中生产中间产品的企业可能更希望靠近使用其产品的企业，因而也就更希望靠近工业基础雄厚的地区。工业基础雄厚的地区，企业的经营管理水平相对较高，制度设施也比较完善，会出现更多的企业以新技术改造转型成为战略性新兴产业。

经济开放度系数为0.0634并且通过了5%的显著性水平检验，说明经济开放度能促进战略性新兴产业布局，且经济开放度每提高1%，战略性新兴产业集聚程度理论上说会提高0.0634%。政府支持系数为0.1504且通过了1%的显著性水平检验，说明政府支持能促进战略性新兴产业布局，且政府支持度每提高1%，战略性新兴产业集聚度理论上说会提高0.1504%。现实中，经济发达地区战略性新兴产业分布差异较小，欠发达地区战略性新兴产业分布差异较大。以目前的格局看，东部地区经济发达，产业基础较好，资金实力雄厚，人才集中，产业布局相对均衡，七大战略性新兴产业均有不同程度的集聚；而经济欠发达的中西部地区由于受原有经济基础、人才、资金、地方产业规划等的影响，新兴产业分布出现较大的差异性，产业分布较为狭窄，多为具有一定比较优势的新能源产业、生物制药产业等。

第五，技术、人才、经济发展水平和自然资源决定了战略性新兴产业的基本布局。从现实来看，有些产业主要是以技术、人才和地域的经济发展水平形成集聚，如新一代信息技术、新能源汽车、生物产业、高端装备制造业等；而有些产业则是靠资源环境形成集聚，如新能源产业、新材料产业等。这表明一个地区现代制造业的基础和经济发展水平对战略性新兴产业的布局有着重大影响。现在，东部地区由于技术、人才优势，集聚的战略性新兴产业资源较多；西部地区由于资金、人才等的相对薄弱，集聚的战略性新兴产业较少，且主要是资源型新兴产业；而中部地区则呈现出了技术、资源混合型的集聚特征。

第六，对区域经济的辐射能力也是影响战略性新兴产业布局的重要因素。任一地区的自然资源或生产资源都有禀赋差异。按照瑞典经济学家赫克歇尔和俄林的资源禀赋学说[①]，资源禀赋是一个国家或地区拥有的各种生产要素，包括劳动力、资本、土地、技术、管理等的丰裕和稀缺状况。如果一个地域要素禀赋中某种要素供给所占比例大于别国或别地区同种要素的供给比例，且价格相对低廉，那么该国或该地的此种要素就丰裕；反之，如果某一地域生产要素禀赋中某种要素供给所占比例小于别国或别地区同种要素的供给比例，且价格较高，则表明这一地域的此类生产要素相对稀缺。前文的研究显示，影响战略性新兴产业布局的另一个重要因素是其对

---

① 自然资源禀赋论，http://baike.so.com/doc/6151915-6365116.html。

区域经济的辐射能力，而辐射能力是受生产资源禀赋影响的。一个地区在选择和发展战略性新兴产业时，会充分考虑其辐射能力和自身的资源禀赋。

需要说明的是，人力资本和相邻地区人力资本对战略性新兴产业布局具有较显著的负向作用。人力资本系数为 -0.0904 并且通过了 10% 显著性水平的检验，说明在 10% 的显著性水平下，人力资本对战略性新兴产业集聚具有抑制作用，这与布局理论的方向不吻合。根据资源要素禀赋理论，人力资本丰富的地区会促进产业布局，但是，此处的研究显示，人力资本较高的地区，对于战略性新兴产业反而缺乏吸引力。原因可能是多方面的，其中的一个原因是人力资本是新古典贸易理论关于区域分工的基础，在产业竞争由比较优势向竞争优势转化的经济背景下，由比较优势推动的产业集聚效应自然会减弱。一些地区尽管人力资本不丰富，但是，其他因素的影响力却很强，或者人力资本丰富，但其他因素的影响力却很弱，这都可能引致人力资本抑制战略性新兴产业的集聚。

综合上述研究，产业关联、运输条件、市场需求、经济开放、技术创新、政府支持、对区域经济的辐射能力都对战略性新兴产业布局产生不同程度的正影响，这些因素是战略性新兴产业布局形成的推动因素；人力资本和相邻地区人力资本对战略性新兴产业布局影响没有显著的正向促进作用。

第五章 战略性新兴产业空间布局

随着战略性新兴各产业"十二五"规划的陆续出台,各地方政府也相继出台了发展本地区战略性新兴产业的规划和政策措施。一些大型国有企业、有发展潜力和竞争实力的民营企业也立足各自业务和资源优势,调整投资方向,推动战略性新兴产业的空间布局。现在,中国战略性新兴产业的生产规模、技术突破、产品创新、市场环境等多方面都已取得重大进展,一些重大工程和专项取得显著成就,一批产业基地和示范园区得以建成。实践表明,中国战略性新兴产业资源已呈集聚趋势,空间布局已现雏形。

第一节 从业人员空间布局

从业人员是指从事一定的社会劳动并取得劳动报酬或经营收入的各类人员。从业人员是最为重要的生产要素之一,从业人员的布局是战略性新兴产业空间布局的直接体现。

一 从业人员总量分布

先从总量上考察战略性新兴产业从业人员在空间上的布局情况。由于中国还没有专门的战略性新兴产业统计体系,官方也没有系统的战略性新兴产业统计数据库,故目前的研究都只能借助专业统计数据的剥离或专门的统计调查。据此,我们依据官方公布的统计数据,将战略性新兴产业依托行业数据代表战略性新兴产业的发展和分布状况。选取 2013 年各省(市、区)战略性新兴产业所依托的国民经济行业从业人员数作为战略性新兴产业从业人数的代表值,并以此计算全局莫兰指数。

根据表 3-2 的国民经济行业分类,七大战略性新兴产业所对应的依托行业分别为:C26 化学原料及化学制品制造业,C27 医药制造业,C30 非金属矿物制品业,C32 有色金属冶炼和压延加工业,C34 通用设备制造业,

C35专用设备制造业，C36交通运输设备制造业，C38电气机械和器材制造业，C39计算机、通信和其他电子设备制造业，C40仪器仪表制造业。由《中国工业统计年鉴》（2014），得到所需要的相关数据如表5-1所示。

表5-1　　　　　　战略性新兴产业从业人员总量分布

地区	C26	C27	C30	C32	C34	C35	C36	C38	C39	C40
北京	3.59	6.98	5.96	0.57	5.86	7.46	16.39	5.88	13.56	3.34
天津	6.06	4.42	3.81	1.83	9.78	11.18	16.8	7.23	19.23	1.04
河北	19.24	8.6	24.03	3.35	14.05	15	21.13	14.49	8.21	1.62
山西	10.23	3.19	9.28	6.01	3.41	6.21	3.98	1.61	10.07	0.38
内蒙古	9.73	2.81	6.71	7.12	1.95	1.22	1.68	1.29	0.35	0.02
辽宁	16.83	5.38	25.33	6.69	40.51	18.73	26.68	15.63	8.27	2.6
吉林	9.07	13.28	8.08	1.17	2.86	3.4	29.92	1.88	0.98	0.45
黑龙江	4.15	5.41	5.42	0.84	5.16	4.82	5.13	2.83	0.4	0.6
上海	11.84	6.26	6.69	2.43	23.85	12.97	29.52	23.56	45.83	4.29
江苏	71.08	18.94	39.66	14.59	78.14	56.36	77.44	105.09	183.96	25.11
浙江	25.64	12.89	20.39	9.23	62.44	24.04	45.39	78.23	38.66	13.44
安徽	13.89	5.79	20.62	5.61	17.04	11.41	21.22	26.7	11.27	1.58
福建	9.43	3.01	33.42	4.85	11.55	7.97	14.82	19.57	29.15	3.65
江西	15.5	8.59	22.07	14.06	6.23	4.64	8.7	18.58	14.79	1.41
山东	66.4	22.59	58.95	16.24	59.13	40.01	48.53	37.61	34.19	5.76
河南	28.68	16.26	66.17	20.62	24.63	30.69	27.42	21.07	37.53	4.85
湖北	21.72	10.47	24.72	5.11	11.59	10.04	46.33	14.98	13.76	2.34
湖南	35.94	6.59	31.52	13.16	12.57	18.29	15.83	11.21	19.12	2.07
广东	34.33	11.81	59.16	16.3	46.38	33.92	48.31	180.15	330.9	22.37
广西	9.57	3.99	17.72	6.2	3.43	4.54	16.29	3.99	7.53	0.44
海南	0.43	1.28	1.01	0.05	0.04	0.06	0.81	0.84	0.32	0.39
重庆	8.28	4.41	11.31	2.89	6.57	3.29	42.77	6.43	14.55	2.51
四川	22.74	12.53	30.81	4.71	17.25	13.78	21.69	11.66	30.94	0.88
贵州	5.92	3.15	6.14	3.45	0.98	0.78	3.09	1.02	0.29	0.24
云南	8.03	2.55	6.36	11.68	1.51	1.5	1.68	1.44	0.51	0.28
西藏	0.04	0.15	0.35	0	0	0	0.01	0	0	0

续表

地区	C26	C27	C30	C32	C34	C35	C36	C38	C39	C40
陕西	7.9	4.45	9.53	7.76	6.41	6.68	21.11	7.01	5.08	2.64
甘肃	4.26	1.32	4.58	8.43	1.27	1.96	0.44	1.51	1.04	0.1
青海	3.8	0.5	1.09	3.45	0.52	0.03	0.05	0.18	0.01	0.05
宁夏	3.71	0.55	1.69	3.26	0.79	0.65	0.18	0.59	0.02	0.11
新疆	6.91	0.42	5.94	3.27	0.26	0.46	0.26	0.97	0.01	0.01

资料来源：《中国工业统计年鉴》(2014)，中国统计出版社 2015 年版，笔者加工整理。

使用表 5-1 的数据，可计算得到 2013 年中国战略性新兴产业及各行业从业人员莫兰指数如表 5-2 所示。

表 5-2　　　　　　　　莫兰指数值、Z 值和 P 值

莫兰指数值	Z 值	P 值	莫兰指数值
行业之和	0.145	1.825	0.068
C26	0.225	2.584	0.010
C27	0.224	2.417	0.016
C30	0.240	2.575	0.010
C32	0.096	1.204	0.229
C34	0.294	3.156	0.002
C35	0.262	2.887	0.004
C36	0.266	2.824	0.005
C38	0.104	1.581	0.114
C39	-0.002	0.418	0.676
C40	0.124	1.667	0.096

表 5-2 显示，化学原料及化学制品制造业、医药制造业和非金属矿物制品业的莫兰指数值为正，并且均通过 5% 的显著性水平检验，表明这三个产业的从业人员在空间上呈集聚分布。通用设备制造业和专用设备制造业、交通运输设备制造业的莫兰指数值为正，并且均通过 1% 的显著性水平检验，因此这三个产业的从业人员在空间上也是集聚分布。表 5-2 的数据虽然不一定能精准地说明问题，但可以在一定程度上反映战略性新兴产业从

业人员的分布集聚状况。

二 从业人员地域分布

更进一步地,依据表5-1的数据,可分行业计算从业人员的地域结构比,即计算各省(市、区)战略性新兴产业依托行业从业人员数与对应的各行业全国从业人员数的比值,以此反映战略性新兴产业各行业从业人员在空间上的集聚情况,相关结果如表5-3所示。

表5-3　　　　战略性新兴产业从业人员地域结构比　　　　单位:%

地区	整体	C26	C27	C30	C32	C34	C35	C36	C38	C39	C40
全国	100	100	100	100	100	100	100	100	100	100	100
北京	1.54	0.73	3.35	1.05	0.28	1.23	2.12	2.67	0.94	1.54	3.19
天津	1.80	1.22	2.12	0.67	0.89	2.05	3.18	2.74	1.16	2.18	0.99
河北	2.87	3.89	4.12	4.23	1.63	2.95	4.26	3.44	2.32	0.93	1.55
山西	1.20	2.07	1.53	1.63	2.93	0.72	1.76	0.65	0.26	1.14	0.36
内蒙古	0.73	1.97	1.35	1.18	3.47	0.41	0.35	0.27	0.21	0.04	0.02
辽宁	3.68	3.40	2.58	4.46	3.26	8.51	5.32	4.35	2.51	0.94	2.49
吉林	1.57	1.83	6.37	1.42	0.57	0.60	0.97	4.88	0.30	0.11	0.43
黑龙江	0.77	0.84	2.59	0.95	0.41	1.08	1.37	0.84	0.45	0.05	0.57
上海	3.69	2.39	3.00	1.18	1.19	5.01	3.68	4.81	3.78	5.20	4.10
江苏	14.81	14.36	9.08	6.98	7.12	16.41	16.01	12.62	16.86	20.89	24.01
浙江	7.30	5.18	6.18	3.59	4.50	13.11	6.83	7.40	12.55	4.39	12.85
安徽	2.98	2.81	2.78	3.63	2.74	3.58	3.24	3.46	4.28	1.28	1.51
福建	3.04	1.91	1.44	5.88	2.37	2.43	2.26	2.42	3.14	3.31	3.49
江西	2.53	3.13	4.12	3.88	6.86	1.31	1.32	1.42	2.98	1.68	1.35
山东	8.60	13.42	10.83	10.37	7.92	12.42	11.36	7.91	6.03	3.88	5.51
河南	6.14	5.79	7.80	11.64	10.06	5.17	8.72	4.47	3.38	4.26	4.64
湖北	3.56	4.39	5.02	4.35	2.49	2.43	2.85	7.55	2.40	1.56	2.24
湖南	3.67	7.26	3.16	5.54	6.42	2.64	5.19	2.58	1.80	2.17	1.98
广东	17.31	6.94	5.66	10.41	7.95	9.74	9.63	7.87	28.91	37.58	21.39
广西	1.63	1.93	1.91	3.12	3.03	0.72	1.29	2.65	0.64	0.86	0.42
海南	0.12	0.09	0.61	0.18	0.02	0.01	0.02	0.13	0.13	0.04	0.37
重庆	2.28	1.67	2.11	1.99	1.41	1.38	0.93	6.97	1.03	1.65	2.40

续表

地区	整体	C26	C27	C30	C32	C34	C35	C36	C38	C39	C40
四川	3.69	4.59	6.01	5.42	2.30	3.62	3.91	3.53	1.87	3.51	0.84
贵州	0.55	1.20	1.51	1.08	1.68	0.21	0.22	0.50	0.16	0.03	0.23
云南	0.79	1.62	1.22	1.12	5.70	0.32	0.43	0.27	0.23	0.06	0.27
西藏	0.01	0.01	0.07	0.06	0.00	0.00	0.00	0.00	0.00	0.00	0.00
陕西	1.74	1.60	2.13	1.68	3.79	1.35	1.90	3.44	1.12	0.58	2.52
甘肃	0.55	0.86	0.63	0.81	4.11	0.27	0.56	0.07	0.24	0.12	0.10
青海	0.21	0.77	0.24	0.19	1.68	0.11	0.01	0.01	0.03	0.00	0.05
宁夏	0.26	0.75	0.26	0.30	1.59	0.17	0.18	0.03	0.09	0.00	0.11
新疆	0.41	1.40	0.20	1.04	1.60	0.05	0.13	0.04	0.16	0.00	0.01

表 5-3 基本反映了中国战略性新兴产业依托行业从业人员的地域分布,具体情况如下:

化学原料及化学制品制造业从业人员的主要集聚地是:江苏(14.36%)[1]、山东(13.42%)、湖南(7.26%)、广东(6.94%)、河南(5.79%)、浙江(5.18%)、四川(4.59%)、湖北(4.39%)、河北(3.89%)、辽宁(3.40%)、江西(3.13%)等。

医药制造业从业人员的主要集聚地是:山东(10.83%)、江苏(9.08%)、河南(7.80%)、吉林(6.37%)、浙江(6.18%)、四川(6.01%)、广东(5.66%)、湖北(5.02%)、河北(4.12%)、江西(4.12%)、北京(3.35%)、湖南(3.16%)、上海(3.00%)。

非金属矿物制品业从业人员的主要集聚地是:河南(11.64%)、广东(10.41%)、山东(10.37%)、江苏(6.98%)、福建(5.88%)、湖南(5.54%)、四川(5.42%)、辽宁(4.46%)、湖北(4.35%)、河北(4.23%)、江西(3.88%)、安徽(3.63%)、浙江(3.59%)、广西(3.12%)等。

有色金属冶炼和压延加工业从业人员的主要集聚地是:河南(10.06%)、广东(7.95%)、山东(7.92%)、江苏(7.12%)、江西(6.86%)、湖南(6.42%)、云南(5.70%)、浙江(4.50%)、甘肃

---

[1] 括号中数字为从业人员的地域结构比率,下同。

(4.11%)、陕西（3.79%）、内蒙古（3.47%）、辽宁（3.26%）、广西（3.03%）等。

通用设备制造业从业人员的主要集聚地是：江苏（16.41%）、浙江（13.11%）、山东（12.42%）、广东（9.74%）、辽宁（8.51%）、河南（5.17%）、上海（5.01%）、四川（3.62%）、安徽（3.58%）等。

专用设备制造业从业人员的主要集聚地是：江苏（16.01%）、山东（11.36%）、广东（9.63%）、河南（8.72%）、浙江（6.83%）、辽宁（5.32%）、湖南（5.19%）、河北（4.26%）、四川（3.91%）、上海（3.68%）、安徽（3.24%）、天津（3.18%）等。

交通运输设备制造业从业人员的主要集聚地是：江苏（12.62%）、山东（7.91%）、广东（7.87%）、湖北（7.55%）、浙江（7.40%）、重庆（6.97%）、吉林（4.88%）、上海（4.81%）、河南（4.47%）、辽宁（4.35%）、四川（3.53%）、安徽（3.46%）、河北（3.44%）、陕西（3.44%）等。

电气机械及器材制造业从业人员的主要集聚地是：广东（28.91%）、江苏（16.86%）、浙江（12.55%）、山东（6.03%）、安徽（4.28%）、上海（3.78%）、河南（3.38%）、福建（3.14%）等。

通信设备、计算机及其他电子设备制造业从业人员的主要集聚地是：广东（37.58%）、江苏（20.89%）、上海（5.20%）、浙江（4.39%）、河南（4.26%）、山东（3.88%）、四川（3.51%）、福建（3.31%）等。

仪器仪表制造业从业人员的主要集聚地是：江苏（24.01%）、广东（21.39%）、浙江（12.85%）、山东（5.51%）、河南（4.64%）、上海（4.10%）、福建（3.49%）、北京（3.19%）等。

第二节　发展项目空间布局

为推动战略性新兴产业的发展，中央和地方政府实施了一系列战略性新兴产业重大工程或专项，一些大型国有企业则立足自身技术资源优势，调整策略，在一些重要地区投资立项，抢占战略性新兴产业发展的制高点，引发了战略性新兴产业资源的集聚，项目和骨干企业的分布也是战略性新兴产业空间布局的重要表现。

一　发展项目的实施

为培育和发展战略性新兴产业，中央和地方依据战略性新兴产业发展规划及推进方案，围绕新材料、新能源、节能环保、高端装备、生物技术和新医药、新一代信息技术和软件、物联网和云计算、海洋工程、新能源汽车、智能电网等领域，实施了一些战略性新兴产业重大工程或专项。比如，高性能集成电路工程、宽带中国工程、新型平板显示产业工程、信息惠民工程、云计算物联网重大工程、基因药物和疫苗创新发展工程、生物育种发展工程、支线飞机与通用航空重大创新工程、国家空间基础设施建设重大创新发展工程、轨道交通装备及关键部件创新发展工程、大型飞机科技重大专项、北斗导航等科技重大专项、高档数控机床与基础制造装备科技重大专项等均已推开实施。一些大型国有企业，比如，中国航天科工集团、中国电子信息产业集团、中国节能环保集团、中国第一汽车集团、中国联通、中国移动等也凭借技术优势，开展技术攻关，占领相关产业的制高点，实施战略性新兴产业的空间布局。现在，中国战略性新兴产业的投资项目建设已经全面铺开，战略性新兴产业的资源已呈集聚之势。

随之而来的是，发展项目的分布格局呈现什么特征？是否有其合理性？这些问题已引起政府部门的重视和专家的关注。现在，一些学者已开展了这方面的研究。韦福雷、胡彩梅（2012）[①] 以中国31个省（市、区）战略性新兴产业发展规划为基础，运用空间计量经济方法对中国七大战略性新兴产业的空间布局进行了研究，认为中国七大战略性新兴产业空间布局具有一定的趋同性，其中新能源产业和新材料产业的趋同化现象最突出，基于这种认识，他们提出了促进中国战略性新兴产业合理布局和健康发展的政策建议。周晶（2012）[②] 参照战略性新兴产业统计标准，利用2010年工业和服务业数据，对中国战略性新兴产业的发展现状及地区分布进行了分析，发现东部地区战略性新兴产业发展规模较大，行业优势明显；中西部地区在发展规模和程度上均相当，其中西部地区略好于中部地区；东北地区规模最小，发展也相对滞后。宾建成（2012）[③] 分析了国际金融危机后战略性新兴产业发展中出现的新特点和趋势，认为战略性新兴产业必将改

---

① 韦福雷、胡彩梅：《中国战略性新兴产业空间布局研究》，《经济问题探索》2012年第9期。
② 周晶：《战略性新兴产业发展现状及地区分布》，《统计研究》2012年第9期。
③ 宾建成：《国际战略性新兴产业发展趋势与中国对策》，《亚太经济》2012年第1期。

变世界经济增长的轨迹和旧有格局，中国已经具备发展战略性新兴产业的基本要素和条件，应充分借鉴国外先进经验抓好落实战略性新兴产业的培育工作，以争夺未来世界经济和产业的主导权。

特别值得注意的是，国内颇具影响力的现代咨询机构赛迪公司更是系统地研究了中国各省（市、区）的战略性新兴产业发展规划，推出了大型国有企业战略性新兴产业空间布局战略和部分战略性新兴产业地图白皮书，这些研究对中国战略性新兴产业的发展项目的空间布局均有重要的参考作用。

二　发展项目分布

现代产业发展的事实深刻表明，没有在全球同行业中具有重要影响力的企业，就不可能有行业发展的领先地位。基于此，按照国家统计局《战略性新兴产业分类》，我们对2012年以来各省（市、区）"十二五"发展规划和大型国有企业的战略性新兴产业投资项目进行了梳理，列示如表5-4所示。

表5-4　　　　　战略性新兴产业发展项目分布格局

	发展项目集聚的省市区	重大投资项目
节能环保产业	北京、天津、上海、江苏、浙江、福建、广东、广西、山西、陕西、河南、湖北、江西、重庆	低温余热发电项目（北京）、高炉煤气除尘改造发电项目（天津）、余热回收利用工程（重庆）
新一代信息技术产业	北京、天津、河北、山东、上海、江苏、浙江、福建、广东、河南、安徽、湖北、江西、湖南、陕西、黑龙江、吉林、辽宁、云南、四川、重庆	基础软件应用研发项目（北京）、公共管理与服务云计算平台项目（北京）、集成电路用导电胶三研发项目（江苏）、光明新型平板显示生产（深圳）
生物产业	北京、天津、山东、上海、江苏、浙江、福建、广东、辽宁、河南、陕西、湖北、云南、四川	国家基因库（深圳）、疫苗和基因药物生产项目（长春）、基因工程药物发酵工程药物项目（山东）、基因治疗药物与疫苗研发项目（深圳）
高端装备制造产业	北京、天津、山东、上海、江苏、浙江、福建、广东、黑龙江、吉林、辽宁、河南、安徽、湖北、湖南、江西、陕西、山西、贵州、四川、甘肃、新疆、重庆	数控系统技术研发项目（深圳）、专用数控机床全链条项目（沈阳）、北斗卫星导航系统研制项目（西安）、先进直升机生产项目（青岛）

续表

	发展项目集聚的省市区	重大投资项目
新能源产业	山西、河北、内蒙古、四川、青海、甘肃、宁夏、新疆、黑龙江、吉林、辽宁、山东、河南、安徽、湖北、北京、天津、上海、江苏、江西、浙江、福建、广东、湖北、湖南、贵州、广西、云南、西藏、重庆	石化乙烯改扩建工程（黑龙江）、硅材料生产项目（四川）、风电三峡建设项目（内蒙古）、千万千瓦级风电项目（甘肃）、太阳能光伏发电项目（新疆）
新材料产业	天津、山东、上海、浙江、福建、广东、江苏、山西、河北、黑龙江、吉林、辽宁、内蒙古、安徽、湖北、陕西、贵州、四川、青海、甘肃、新疆、重庆、广西、云南、海南	钒钛新材料项目（河北）、细晶贝钢管件生产项目（深圳）、高纯石英砂项目（四川）、磁性材料生产项目（江苏）
新能源汽车产业	北京、陕西、上海、浙江、广东、河北、吉林、辽宁、湖北、重庆、海南	自主发动机项目（吉林）、混合动力汽车项目（上海）、电动环保汽车项目（湖北）

资料来源：赛迪顾问：《大型国有企业战略性新兴产业空间布局战略研究（2011）》、国家发改委网站（http://www.sdpc.gov.cn）、工信部网站（http://www.miit.gov.cn）等，笔者加工整理。

表5-4中列出的是2010—2012年已经进行某一战略性新兴产业投资发展的地区，较明晰地反映了中国战略性新兴产业发展项目在空间分布上所呈现的基本格局。由表5-4可以看出：

节能环保产业是在国民经济系统中以防治环境污染、改善生态环境、保护自然资源为目的而进行的技术产品开发、资源利用、信息服务、工程承包、商业流通等的活动。目前，这些行业的发展和投资项目主要集中在环渤海地区、东部沿海经济区和南部沿海经济区。

新一代信息技术产业主要包括下一代通信网络、物联网、三网融合、新型平板显示、高性能集成电路和高端软件等在内的高技术产业群，其中的重点是新一代信息网络基础设施、新兴通信业务以及国民经济行业信息化。这些行业的投资和发展项目主要集中在经济发达的北部沿海综合经济区、东部沿海综合经济区和南部沿海综合经济区，内陆的黄河中游地区、长江中游地区以及地处大西南的四川、重庆也集聚了部分资源。

生物产业主要是生物制药，它是利用生物活体来生产药物的科学技术，有时特指利用转基因动植物活体作为生物反应器来生产药物，生物制药技术作为一种高新技术，是20世纪70年代初伴随着DNA重组技术的发明和应用而诞生的。30多年来，生物制药技术的飞速发展为医疗业、制药业的发展开辟了广阔的应用前景，极大地改善了人类的生活。目前，生物产业的投资和发展项目主要集聚在科技人才密集、经济发达的环渤海地区、长三角地区和珠三角地区。

高端装备制造产业是为整个制造业的现代化提供先进技术装备保障、为经济社会发展提供物质基础的行业，其技术密集度和产业关联度高，吸纳就业能力强，技术资金密集，在国民经济建设中处于支柱和主导地位。该产业分布比较广泛，其投资和发展项目主要集聚在东北老工业基地、北部沿海地区、东部沿海地区和大西南地区。

新能源也被称为非常规能源，它指在新技术基础上，系统地开发利用传统能源之外的各种能源形式，如可再生能源、核能、太阳能、风能、生物质能、地热能、海洋能、生物质能等。该产业受地理环境的影响较大，其投资和发展项目主要分布在大西北地区、大西南地区、东北地区和东部沿海地区。

新材料是指新近发展的一些比传统材料具有更为优异性能的材料，包括电子信息材料、新能源材料、纳米材料、先进复合材料、先进陶瓷材料、生态环境材料、新型功能材料、生物医用材料、高性能结构材料、智能材料、新型建筑及化工新材料等，其投资和发展项目主要分布在东北地区、大西北地区、大西南地区、东部沿海地区等。

新能源汽车是指采用新型动力系统，完全领先或主要依靠新型能源驱动的汽车，主要包括纯电动汽车、插电式混合动力汽车及燃料电池汽车，该产业的投资和发展项目主要分布在环渤海地区、长三角地区和西南地区。

第三节　大型企业空间布局

战略性新兴产业空间布局的另一个重要体现就是生产企业的分布，其中领军企业或大型企业所在地区至为关键。领军企业，是一个行业中劳动生产率、经济总量、技术水平、发展态势、社会影响力等方面均具有领先地位的企业，是一个行业发展的标杆。领军企业一般也是大型企业，在全球产业一体化发展的大背景下，领军企业的动向更体现出特殊的战略意义。

一　大型企业的行业布局

现代经济发展的现实充分证明，全球一些重要产业都是由少数跨国公司或寡头垄断企业所把控。这些企业掌握着重要产品的核心生产技术，决定着行业的技术规则，控制着行业的定价权，引领着行业的未来发展方向。在对战略性新兴产业发展项目的布局进行描述后，可讨论若干领军企业或大型企业的空间布局。相关数据如表5-5所示。

表5-5　　战略性新兴产业领军企业或大型企业布局情况

	领军企业	重要园区或生产基地
节能环保产业	中国节能环保集团、宝钢集团公司（上海）、中国华电集团	北方环保科技产业基地（天津）、苏州国家环保高新产业园（江苏）、节能嘉兴产业园（浙江）、花园坊节能环保产业园（上海）等
新一代信息技术产业	中国联合网络通信集团、中国电信集团、中国移动通信集团公司、中国航天科工集团、中国电子信息产业集团、中兴通信股份	芯片设计制造基地（上海）、中电熊猫软件园（江苏）、集成电路生产基地（浙江）、计算机生产基地（北京）、LED研发生产基地（广东）等
生物产业	华北制药股份有限公司（石家庄）、新华制药股份公司（淄博）、东北制药集团（沈阳）	北京国家生物医药基地、深圳国家生物医药基地、上海国家生物医药基地、泰州国家生物医药高新区、武汉国家生物医药基地等
高端装备制造产业	中国航天科工集团、中国北车集团、中国南车集团、中国船舶工业集团、华锐风电科技集团、徐州工程机械集团	智能装备制造基地（北京、辽宁）、大中型集装箱制造基地（广州）、上海临港装备产业园、株洲高新技术产业园等
新能源产业	中国石油天然气集团、中国石油化工集团、中国华能集团、中国大唐集团、中国东方电气集团、中环股份公司	国家风力发电高新技术园（天津）、国家风电装备技术园（新疆）、大亚湾核电站（广东）、光伏产业基地（江苏）、光伏和海上风电基地（浙江）等
新材料产业	中国电子信息产业集团、航天科技集团、安泰科技公司、包钢稀土集团（包头）、博威合金材料公司（宁波）	宁波纳米材料基地、江阴特种金属材料基地、营口耐火材料基地、淄博先进陶瓷材料基地、鄂尔多斯绒纺材料基地等
新能源汽车产业	上海汽车工业集团（上海）、东风汽车集团（武汉）、中国普天信息产业公司、长安汽车股份（重庆）	一汽新能源汽车西南基地（四川）、一汽启明发中心（北京）、上海新能源汽车生产基地等

资料来源：赛迪顾问：《中国战略性新兴产业地图白皮书（2011）》、国家发改委网站（http://www.sdpc.gov.cn）、工业和信息化部网站（http://www.miit.gov.cn）、国研网站（http://www.drcnet.com.cn）等，资料所属时间为2012年。笔者加工整理。

表5-5基本反映了近年来中国战略性新兴产业的领军企业、生产基地（或园区）的布局。值得说明的是，因为篇幅和数据采集的限制，表中所列的仅是一些影响力较大的领军企业、生产基地，并不是全部领军企业和生产基地（或园区）。

进一步地，可以考察大型企业的集中度。我们将战略性新兴产业依托行业的大中型骨干企业的工业总值数据列示如表5-6所示。

表5-6　战略性新兴产业依托行业大中型企业工业总产值　　单位：亿元

地区	电气机械及器材制造	交通运输设备制造	通信设备、计算机及其他电子设备制造	通用设备制造	医药制造	废弃资源和废旧材料回收加工
北京	603.82	2252.38	1796.54	426.77	356.37	—
山西	—	—	113.04	105.10	76.04	—
辽宁	—	—	338.22	265.71	—	—
黑龙江	—	—	9.51	318.5	—	—
安徽	2286.35	1531.91	450.08	626.93	137.08	—
贵州	—	—	23.22	13.00	—	—
甘肃	62.02	25.62	24.70	40.50	26.65	—
河北	784.04	1204.91	206.63	602.67	351.23	8.85
浙江	3099.80	2898.58	1685.05	2003.92	594.84	152.08
福建	732.31	916.94	2443.30	323.02	94.64	1.69
广东	—	—	6831.85	232.98	—	—
四川	—	—	—	909.08	581.71	10.28
陕西	—	—	186.90	308.69	172.77	—
青海	—	—	—	15.14	5.30	—
宁夏	27.48	—	—	25.58	28.84	—
新疆	199.69	4.26	18.76	1.33	2.73	—
中国	33476.60	51645.72	56853.1	19772.77	9211	994.31

资料来源：中国经济与社会发展统计数据库（http://tongji.cnki.net），笔者计算整理。资料所属时间为2011年。表中少部分2011年缺失数据由相近年份替代，仅作分析参考。

需要说明的是，由于《中国统计年鉴》中提供的是规模以上大中型企业数据，且无法剥离，表5-6只能选用大中型企业数据进行统计分析。大中型企业，其产量大、产值高，在行业生产中占有较重要的地位。根据表5-6，计算战略性新兴产业骨干企业的集中度指标。计算公式如下：

$$CR_n = \frac{\sum (x_i)_n}{\sum (x_i)_N}, N > n \tag{5-1}$$

式中，CR_n 表示规模最大的前几个地区（或企业）的行业集中度；x_i 表示第 i 个地区（或企业）的产值（或产量）等；n 为产业内产值最大的前几个地区（企业）数；N 为产业内的地区（或企业）总数。一般情况下，通常 $n=4$，代表了产业内规模最大的前4家企业的集中度。CR_4 越大，说明这一行业的集中度越高，市场竞争越趋向于垄断；反之，集中度越低，市场竞争越趋向于竞争。由表5-6计算的战略性新兴产业企业集中度指标如表5-7所示。

表5-7　　　战略性新兴产业依托行业大中型企业集中度指数　　　单位：%

	集中度指数	有较高集中度的省份
电气机械及器材制造	20.62	浙江（9.26）、安徽（6.83）
交通运输设备制造	15.27	浙江（5.61）、北京（4.36）
通信设备、计算机及其他电子设备制造	23.77	广东（12.02）、福建（4.30）
通用设备制造	20.95	浙江（10.14）、四川（4.60）
医药制造	20.46	浙江（6.46）、四川（6.32）、北京（3.87）
废弃资源和废旧材料回收加工	17.39	浙江（15.30）

表5-7反映了战略性新兴产业大中型骨干企业在部分省（市、区）的集中情况，也在一定程度上反映了战略性新兴产业生产资源的空间分布。

二　大型企业的地域布局

依据《中国大企业集团年度发展报告（2011）》（紫皮书）提供的资料[①]，得相关数据如表5-8所示。

---

① 国家统计局2003年5月22日发布了《统计上大中小型企业划分办法（暂行）》，大型工业企业的划分标准为：同时满足销售额3亿元及以上、资产总额4亿元及以上、从业人员2000人及以上。

表 5-8 战略性新兴产业大型企业数与主营业务收入

地区	C26 企业数（个）	C26 营业收入（亿元）	C27 企业数（个）	C27 营业收入（亿元）	C30 企业数（个）	C30 营业收入（亿元）	C32 企业数（个）	C32 营业收入（亿元）	C34 企业数（个）	C34 营业收入（亿元）
全国	31	7890.84	21	3406.54	16	5711.5	29	8834.78	31	4741.08
北京	1	1402.24	0	0	3	2161.94	1	1954.33	1	198.26
天津	2	956.00	3	361.39	1	117.72	1	95.96	0	0
河北	1	111.45	1	130.89	1	128.65	0	0	0	0
山西	1	278.45	0	0	0	0	0	0	0	0
内蒙古	0	0	1	176.33	0	0	0	0	0	0
辽宁	1	110.19	1	100.23	3	369.88	0	0	5	560.87
吉林	0	0	1	171.04	1	206.98	0	0	0	0
黑龙江	0	0	1	180.00	0	0	0	0	00	0
上海	1	369.99	1	456.92	0	0	1	483.10	1	994.20
江苏	4	685.82	2	491.69	0	0	2	269.78	5	1000.38
浙江	5	537.16	4	439.39	1	72.81	4	990.47	9	724.24
安徽	1	55.59	0	0	1	538.94	1	67.38	3	126.61
福建	0	0	0	0	1	85.08	0	0	0	0
江西	0	0	0	0	0	0	3	1082.26	0	0
山东	7	763.95	0	0	1	1750.00	2	323.46	3	972.67

续表

地区	C26 企业数（个）	C26 营业收入（亿元）	C27 企业数（个）	C27 营业收入（亿元）	C30 企业数（个）	C30 营业收入（亿元）	C32 企业数（个）	C32 营业收入（亿元）	C34 企业数（个）	C34 营业收入（亿元）
河南	1	1066.23	1	59.75	1	131.55	5	870.35	1	37.44
湖北	1	410.89	0	0	0	0	0	0	0	0
湖南	0	0	0	0	0	0	1	159.05	0	0
广东	0	0	2	408.39	1	77.44	1	678.18	0	0
广西	0	0	0	0	0	0	1	127.79	0	0
海南	0	0	0	0	0	0	0	0	0	0
重庆	1	210.56	2	321.59	0	0	1	67.66	1	21.39
四川	0	0	0	0	0	0	1	253.60	0	0
贵州	0	0	0	0	0	0	0	0	0	0
云南	2	584.87	0	0	0	0	2	335.11	0	0
西藏	0	0	0	0	0	0	0	0	0	0
陕西	0	0	1	108.93	0	0	2	1076.30	2	105.02
甘肃	0	0	0	0	0	0	0	0	0	0
青海	1	189.92	0	0	1	70.51	0	0	0	0
宁夏	0	0	0	0	0	0	0	0	0	0
新疆	1	157.53	0	0	0	0	0	0	0	0

续表

地区	C35 企业数（个）	C35 营业收入（亿元）	C36 企业数（个）	C36 营业收入（亿元）	C38 企业数（个）	C38 营业收入（亿元）	C39 企业数（个）	C39 营业收入（亿元）	C40 企业数（个）	C40 营业收入（亿元）
全国	22	3273.24	54	34893.12	55	10849.26	15	9390.9	1	571.12
北京	1	240.54	10	13121.96	1	203.25	4	5188.86	0	0
天津	0	0	1	966.59	2	444.61	1	948.07	0	0
河北	0	0	0	0	1	267.29	0	0	0	0
山西	1	134.04	1	116.11	0	0	0	0	0	0
内蒙古	0	0	0	0	0	0	0	0	0	0
辽宁	2	258.52	2	791.65	0	0	1	80.27	0	0
吉林	0	0	1	2940.16	0	0	0	0	0	0
黑龙江	1	86.21	0	0	2	639.32	0	0	0	0
上海	0	0	1	3672.77	3	346.23	0	0	0	0
江苏	2	297.94	6	1302.24	10	1054.72	0	0	0	0
浙江	4	341.24	7	1714.31	17	2465.06	0	0	0	0
安徽	0	0	3	745.22	2	158.82	0	0	0	0
福建	0	0	4	763.03	0	0	0	0	0	0
江西	0	0	1	271.95	0	0	0	0	0	0
山东	4	408.80	2	936.78	5	1622.65	2	942.76	0	0

第五章 战略性新兴产业空间布局

续表

地区	C35 企业数（个）	C35 营业收入（亿元）	C36 企业数（个）	C36 营业收入（亿元）	C38 企业数（个）	C38 营业收入（亿元）	C39 企业数（个）	C39 营业收入（亿元）	C40 企业数（个）	C40 营业收入（亿元）
河南	1	67.52	1	162.06	2	184.37	0	0	0	0
湖北	0	0	2	3829.67	0	0	0	0	0	0
湖南	2	1010.58	0	0	1	108.42	0	0	0	0
广东	0	0	2	1752.15	6	2561.92	5	1542.19	0	0
广西	1	172.34	2	490.65	0	0	0	0	0	0
海南	0	0	0	0	0	0	0	0	0	0
重庆	0	0	6	875.55	0	0	0	0	1	571.12
四川	2	224.73	0	0	1	428.39	2	688.75	0	0
贵州	0	0	0	0	0	0	0	0	0	0
云南	0	0	0	0	0	0	0	0	0	0
西藏	0	0	0	0	0	0	0	0	0	0
陕西	0	0	2	440.27	1	158.82	0	0	0	0
甘肃	1	30.78	0	0	0	0	0	0	0	0
青海	0	0	0	0	0	0	0	0	0	0
宁夏	0	0	0	0	0	0	0	0	0	0
新疆	0	0	0	0	1	205.39	0	0	0	0

资料来源：《中国大企业集团年度发展报告（2011）》（紫皮书），中国发展出版社2012年版。笔者整理。

表5-8中的数据是中国31个省（市、区）2010年中国战略性新兴产业依托行业中大型企业的企业数和主营业务收入，由表5-8可以发现：

第一，总量上，大型企业数量并不多。从行业来看，化学原料及化学制品制造业31家，医药制造业21家，非金属矿物制品业16家，有色金属冶炼和压延加工业29家，通用设备制造业31家，专用设备制造业22家，交通设备运输制造业54家，电气机械和器材制造业55家，计算机、通信和其他电子设备制造业15家，仪器仪表制造业1家。大型企业较多的行业是，交通设备运输制造业、电气机械和器材制造业等；其次是化学原料及化学制品制造业、有色金属冶炼和压延加工业和通用设备制造业等；仪器仪表制造业所包含的大型企业数最少，只有1家。

第二，省域内大型企业分布量差异明显。有些省（市、区）甚至没有一个大型企业，如海南、西藏和宁夏；对于某一个行业，一半左右的省（市、区）都不拥有一个大型企业。化学原料及化学制品制造业中大型企业的分布是：山东7家，浙江5家，江苏4家，天津2家，云南2家，北京、河北、山西、辽宁、上海、安徽、河南、湖北、重庆、青海、新疆各1家；医药制造业中大型企业的分布是：浙江4家，天津3家，江苏、广东、四川各2家，河北、内蒙古、辽宁、吉林、黑龙江、上海、河南、陕西各1家；非金属矿物制品业中大型企业的分布是：北京、辽宁各3家，天津、河北、吉林、浙江、安徽、福建、山东、河南、广东、青海各1家。

进一步地，可将战略性新兴产业依托行业大型企业数在东部、中部、西部三个地区的分布情况列示如表5-9所示。

表5-9　　　　　　　　三大区域的大型企业数　　　　　　　　单位：家

地区	行业总计	C26	C27	C30	C32	C34	C35	C36	C38	C39	C40
东部	190	22	14	12	12	24	13	35	45	13	
中部	45	4	3	3	10	4	5	9	7	0	0
西部	40	5	4	1	7	3	4	10	3	2	1

更进一步地，利用表5-8的数据，可对中国战略性新兴产业集聚地进行聚类分析以观测大企业的空间分类状况。

聚类分析的基本思想是：首先对各个个体进行分类。首先让各个个体自成一类，如果有n个个体，就分为n类。然后再计算各类之间的距离，将其中距离最小的两类合并成一类。再次计算新类与其余各类的距离，将其中最近的两类进行合并，不断重复这一步，直至将所有个体归为一个大类为止。

聚类分析的关键是距离公式的选取。对于 p 个变量、n 个个体的样本，一般使用欧氏平方距离，用 d_{ij} 表示第 i 个个体与第 j 个个体间的距离，其计算公式为：

$$d_{ij} = \sum_{k=1}^{p}(x_{ki} - x_{kj})^2 \tag{5-2}$$

式中，d_{ij} 满足如下条件：$d_{ij}=0$，当第 i 个个体与第 j 个个体间距离相等时，$d_{ij} \geq 0$，$d_{ij} = d_{ji}$，对一切的 i、j；$d_{ij} \leq d_{ik} + d_{kj}$，对一切的 i、j、k。距离除了用欧氏距离，还有其他计算方法，比如标准化欧氏平方距离，计算公式为：

$$d_{ij} = \frac{\sum_{k=1}^{p}(x_{ki} - x_{kj})^2}{S_k^2} \tag{5-3}$$

式中，S_k^2 是变量 x 的方差。另一个常用的距离计算公式是明考斯基距离，计算公式为：

$$d_{ij} = \left(\sum_{k=1}^{p}|x_{ki} - x_{kj}|^g\right)^{\frac{1}{g}} \tag{5-4}$$

此处，g 一般为 1 或 2。当 g 为 1 时称为绝对值距离，当 g 为 2 时称为欧几里得距离。

为简便起见，运用表 5-8 的数据，计算欧氏平方距离可绘制出战略性新兴产业大型企业聚类分析谱系如图 5-1 所示。

从图 5-1 聚类分析谱系可知，综合企业个数和营业收入两个指标，中国战略性新兴产业大型企业集聚现状基本可以分为 6 类。

一类地区：北京、浙江；
二类地区：江苏、山东、广东、上海；
三类地区：吉林、湖北、天津；
四类地区：辽宁、河南；
五类地区：安徽、重庆、四川；
六类地区：海南、贵州、西藏、宁夏、甘肃、江西、湖南、山西、河北、广西、黑龙江、云南、福建、陕西、内蒙古、青海、新疆。

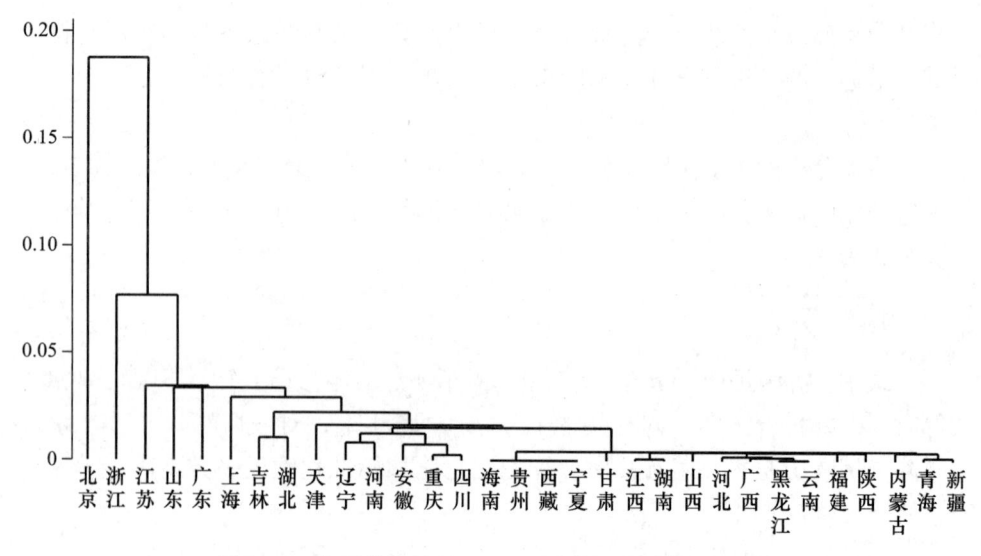

图 5-1 中国战略性新兴产业大型企业聚类分析谱系

第四节 生产基地空间布局

在战略性新兴产业发展和产业链的形成过程中，一批生产基地应运而生。生产基地既是产业生产资源集聚和集中的体现，也是战略性新兴产业空间布局的重要形式。

一　节能环保产业生产基地布局

近年来，国家一直加强战略性新兴产业基地建设，通过对基地核准和认定，推动产业的发展。根据 2011 年国家高新技术产业化基地通过复核保持国家级资格的名单，将节能环保产业基地整理如表 5-10 所示。

表 5-10　　　　　国家级节能环保产业生产基地布局情况

地区	产业基地
北京	大兴节能环保特色产业基地等
河北	石家庄国家半导体照明高新技术产业化基地、大城保温建材特色产业基地等
辽宁	大连国家半导体照明高新技术产业化基地等
上海	上海国家半导体照明高新技术产业化基地等
江苏	无锡滨湖高效节能装备特色产业基地、盐城环保装备特色产业基地、常州国家半导体照明工程高新技术产业化基地、宜兴环保装备制造及服务特色产业基地、扬州国家半导体照明高新技术产业化基地等

续表

地区	产业基地
浙江	杭州国家半导体照明工程高新技术产业化基地、上虞国家半导体照明高新技术产业化基地、宁波国家新能源与节能照明高新技术产业化基地、长兴国家绿色动力能源基地、宁波高新区绿色能源与照明特色产业基地、诸暨环保装备产业基地等
安徽	芜湖国家节能与新能源汽车高新技术产业化基地、芜湖节能环保汽车及零部件高新技术特色产业基地等
福建	漳州国家节能照明高新技术产业化基地、厦门国家半导体照明高新技术产业化基地等
江西	南昌国家半导体照明工程高新技术产业化基地等
山东	潍坊国家半导体照明工程高新技术产业化基地等
湖北	武汉国家半导体照明工程高新技术产业化基地、谷城节能与环保产业基地、武汉青山环保产业基地等
湖南	长沙国家节能环保新材料高新技术产业化基地等
广东	深圳国家半导体高新技术产业化基地、东莞国家半导体照明工程高新技术产业化基地、江门半导体照明特色产业基地等

资料来源：《2011年度国家高新技术产业化基地通过复核保持国家级资格的名单》，工业和信息化部网站：http://www.miit.gov.cn。笔者加工整理。

表5-10显示，节能环保产业基地主要集聚在长三角地区、珠三角地区、环渤海地区、长江流域带。截至2011年，国家批准建立了29个国家级节能环保产业化基地和11个国家火炬计划认定的节能环保特色产业基地，分布在全国13个省（市、区），它们分别是环渤海湾的北京、河北、辽宁和山东，长三角的上海、江苏和浙江，珠三角的广东，以及沿海地区的福建以及中部的安徽、江西、湖南、湖北等。其中，浙江是国家节能环保产业基地最多的省份，拥有6个节能环保产业基地，占整个节能环保产业的20%；其次是江苏有5个，湖北和广东各3个，河北、安徽和福建各2个，其余6个省（市、区）北京、辽宁、上海、江西、山东和湖南各1个。

全国首家环保类国家新型工业化产业示范基地，是江苏宜兴的环保装备制造及服务特色产业基地，该基地不仅聚集了许多知名的节能环保产业，而且还形成了完备的节能环保产业链；长沙国家节能环保新材料高新技术产业化基地，拥有湖南红宇耐磨新材料股份有限公司、湖南邦普循环科技有限公司等76家企业；浙江的诸暨环保装备产业基地已有5家企业跻身于全国环保装备企业百强；石家庄国家半导体照明高新技术产业化基地在LED外延材料、芯片、外壳、光源封装、应用等上、中、下游均有生产，形成了较为完整的产业链；南昌国家半导体照明工程高新技术产业化基地也形成LED较为完整的产业链。

2013年2月，国家开始重点支持建设"城市矿产"基地。截至2012年8月，中国政府共批复了28个"城市矿产"示范基地，这些基地分布在东部、中部、西部地区的22个省（市、区）内。

北京、天津、河北、山西、黑龙江、上海、江苏、河南、湖北、四川、重庆、江西、福建、宁夏、广西和新疆各有1个"城市矿产"示范基地，浙江、辽宁、山东、安徽、湖南及广东有2个"城市矿产"示范基地。

分布在长三角地区的"城市矿产"示范基地是：上海燕龙基再生资源利用示范区、浙江梧桐大地循环经济产业园、邳州循环产业园再生铅产业集聚区等。分布在环渤海地区的是：北京环保技术开发转化中心、天津再生资源专业化园区、青岛新天地静脉产业园、大连国际生态工业园、天津子牙循环经济产业园、辽宁东港再生资源产业园等。分布在珠三角地区的是：广东清远华清循环经济园、广东赢家再生资源回收利用基地。在中部的长江流域带，湖南有2个"城市矿产"示范基地，1个国家节能环保产业示范基地；湖北有国家级武汉青山节能环保产业中心以及1家"城市矿产"示范基地。

二 新一代信息技术产业生产基地布局

依靠巨大的市场需求、较低的生产成本、丰富的人力资源和宽松的政策环境等众多优势，中国已形成了以环渤海湾地区、长三角地区、珠三角地区及中西部地区为代表的新一代信息产业基地。相关资料如表5-11所示。

表5-11　　　　　　新一代信息产业生产基地布局情况

产业基地	主要地区	发展现状
环渤海湾地区	北京	形成了集成电路设计、制造、封装调试及装备材料互动协调发展的良好格局，确立了北京在全国新一代信息技术产业中的重要地位
	辽宁	新一代信息技术产业粗具规模，在集成电路等领域产业链条逐渐形成，产业环境日趋完善，具备了快速发展的基础和条件

续表

产业基地	主要地区	发展现状
环渤海湾地区	河北	产业整体规模偏小，传统产业庞大，但在大部分专业领域具有独特的竞争优势
	天津	拥有IC企业及相关单位40余家，产业链条相对完整，在集成电路方面形成了IC设计、芯片制造、封装测试、半导体分立器件及相关设备材料的完整链条
	山东	基本形成了IC设计、芯片制造、封装测试、半导体分立器件及相关设备材料的完整链条
长三角地区	上海	在新一代信息技术产业中独具优势，形成以芯片制造和设计为龙头、设备用材料和封装协同发展的集成电路产业链，整个产业进入前所未有的发展时期
	浙江	新兴设计企业崭露头角，制造领域骨干企业快速成长、外资项目的顺利引进巩固了浙江集成电路产业在国内的优势地位
	江苏	形成了较为完备的产业链，拥有大批骨干企业，是中国集成电路产业发展的主要基地
珠三角地区	广东	形成了以集成电路设计业为龙头的发展模式，并带动了集成电路相关产业的发展
	深圳	形成了以设计业为龙头、制造业为核心、设备制造和配套产业为支撑的产业链
中西部地区	武汉	在光通信、消费电子、集成器件和集成电路等方面发展迅速，富士康武汉科技园、中芯国际武汉芯片等重大项目在建，打造全国重要通信设备供应基地、国内大型消费电子产品生产基地、国际光电子产业基地、全国重要的集成电路设计和生产基地
	长沙	中部地区唯一的国家软件产业基地——长沙软件园，该软件园共吸纳1200多家企业，30多家大型骨干企业，在嵌入式软件、服务外包、动漫产业领域形成特色和优势
	西安	具有人才、科研及产业等基础和优势，碧辟普瑞、金风科技、西部超导、世纪互联等行业龙头发展态势良好
	成都	在IC设计、服务外包、信息安全、数字新媒体、物联网、云计算、电子商务等多个产业领域竞争优势显著

资料来源：钟永恒：《战略性新兴产业技术分析报告（2011）》，科学出版社2014年版。笔者加工整理。

表 5-11 显示，环渤海湾地区是国内重要的新一代信息技术产业发展地区，该地区不仅是国内集成电路研发、设计和建造基地，同时也是重要新型平板显示产业基地。2010 年，该地区集成电路产业规模为 268.88 亿元，占国内集成电路产业整体规模的 18.8%。[①] 长三角地区是国内最主要的新一代信息技术产业生产基地，该地区的集成电路制造企业、封装测试企业、集成电路设计业占全国的比重均在 50% 以上，尤其封装测试企业高达 80%，初步形成了研发、设计、芯片制造、封装测试及支撑产业在内的比较完整的产业链。珠江三角洲地区是国内主要的集成电路器件市场和重要的电子整机生产基地，集成电路市场需求占全国的比重超过 40%。

中西部地区的新一代信息技术产业正在快速发展，一些专业领域已形成具有特色的产业基地，如武汉的富士康武汉科技园、中芯国际武汉芯片等。中部的长沙软件园有 1200 多家信息企业，30 多家大型骨干企业，在嵌入式软件、服务外包、动漫产业等领域已形成特色。西安的碧辟普瑞、金风科技、西部超导、世纪互联等行业龙头发展态势良好，也都在 IC 设计、服务外包、信息安全、数字新媒体、物联网、云计算、电子商务等多个产业领域表现出显著的竞争优势。

三 生物医药产业生产基地布局

生物医药产业生产基地主要集中在环渤海湾地区、长三角地区、珠三角地区、中部地区、东北地区和西部地区。国家已批准建设的国家级生物产业基地有 22 家，其中，环渤海地区有 5 家，长三角地区有 3 家，珠三角地区有 2 家，中部六省（市、区）有 4 家，东北地区有 3 家，西部地区有 5 家。具体资料如表 5-12 所示。

表 5-12　　　　　　　　　生物医药产业生产基地分布情况

地区	生产基地
环渤海	北京国家生物产业基地、石家庄生物产业基地、天津国家生物产业基地、青岛国家生物产业基地、德州国家生物产业基地等
长三角	上海国家生物产业基地、泰州国家生物产业基地、杭州国家生物产业基地等
珠三角	深圳国家生物产业基地、广州国家生物产业基地等

[①] 王晓涛：《集成电路产业：设计向东制造向西》，《中国经济导报》2011 年 6 月 21 日。

续表

地区	生产基地
中部	长沙国家生物产业基地、武汉国家生物产业基地、郑州国家生物产业基地、南昌国家生物产业基地等
西部	成都国家生物产业基地、昆明国家生物产业基地、重庆国家生物产业基地、南宁国家生物产业基地、西安国家生物产业基地等
东北	长春国家生物产业基地、通化国家生物产业基地、哈尔滨国家生物产业基地等

资料来源：22个国家生物产业基地，中国产业规划网：http://www.chanyeguihua.com/292.html。

不难发现，在22个国家生物产业基地中，17个国家生物产业基地都集聚于中心城市。环渤海湾地区的石家庄国家生物产业基地是制药领先地区，拥有华药、神威、以岭、四药等知名企业；北京国家生物产业基地由中关村生命科学院、北京经济技术开发区、中关村大兴生物医药3个基地核心区构成；青岛国家生物产业基地是中国海洋特色国家生物产业基地；德州国家生物产业基地是全国最大的功能糖生产基地，是以生物制造为主体的生物产业基地。

珠三角地区的深圳国家生物产业基地，既是国内市场化程度最高、最具竞争力的创新药物研发及产业化基地，也是技术含量最高的医疗器械产品生产基地，其拥有华润三九、信立特等知名企业。广州基地有四大重点发展领域，分别是基因工程药物、现代中药、海洋药物、化学合成创新药物，如广药集团、天普生化医药公司，这些企业的发展重点是生物农业、生物技术研发等。中部地区的长沙生物产业基地，其在基因工程、药物开发、干细胞等领域领先；武汉生物医药业则在生物制剂、诊断试剂及芯片产品、诊疗中心等方面具有优势。东北地区的长春国家生物产业基地是亚洲最大的疫苗和基因药物生产基地，长春大成实业集团是全球最大的赖氨酸生产商，哈尔滨国家生物产业基地是以兽用生物制品和北药开发为特色的重要生物产业基地。

四 高端装备制造业生产基地布局

高端装备制造业基地主要集聚在环渤海地区、长三角地区、珠三角地区、中部地区、西部地区，西安、大连、青岛、上海和沈阳是高端装备制造业重要的集聚地。相关资料如表5-13所示。

表 5-13　　　　　　　　　高端装备制造产业生产基地布局情况

地区	生产基地
西安	阎良国家航空高技术产业基地、陕西航天经济技术开发区等
大连	长兴岛经济技术开发区、大连瓦房店太平湾临港经济区等
青岛	海西湾造修船基地等
上海	临港产业园等
沈阳	铁西工业基地等

资料来源：钟永恒：《战略性新兴产业技术分析报告（2011）》，科学出版社 2014 年版。

对表 5-13 中的资料可作进一步的阐释。西安阎良国家航空高技术产业基地有阎良航空制造园、蒲城通用航空产业园、咸阳空港产业园和宝鸡凤翔飞行培训园四大园区。[①] 阎良航空制造园主要发展整机制造、大部件制造和零部件加工等；蒲城通用航空产业园主要发展通用飞机的整机制造、零部件加工、飞行员培训、航空俱乐部等通用航空产业项目；咸阳空港产业园主要发展民用飞机维修、定检、客机改货机、公务机托管、零部件支援、航空物流等项目；宝鸡凤翔飞行培训园主要发展从事飞行员训练及航空相关的业务培训活动等。西安拥有中航工业、中国一航飞行实验研究院、中航第一集团第一飞机设计研究院等大型企业，拥有全国唯一的航空科技专业孵化器和全国最先进的飞机实验中心。陕西航天经济技术开发区是国家民用航天产业基地，集聚了航天动力技术研究院，中国航天科技集团第六研究院等企业，主要打造以卫星及卫星应用为主的民用航天产业集群。

上海临港产业园[②]，主要以装备制造业为发展方向，已形成了汽车整车及零部件、大型船舶关键件、发电及输变电设备、海洋工程设备、航空零部件配套五大装备产业建造基地。大连长兴岛经济技术开发区，主要发展船用发动机曲轴制造、船用柴油机制造、海洋结构物制造、钻井专用的全套设备制造以及培养海洋工程方面的专业人才；大连瓦房店太平湾临港经济区，主要发展轴承及功能部件、风力发电机组及成套设备、数控机床、LED 光电等装备制造。

青岛海西湾造修船基地，是国内大型船用曲轴的生产集中区，有世界

---

① 西安阎良国家航空高技术产业基地官网：http://www.caibxa.com/avi/。
② 上海招商网：http://www.zhaoshang-sh.com/kfqzs/lingangxincheng/。

领先的船用柴油机、船用电力推进系统、深海钻井平台、海洋工程钢材等核心项目；沈阳铁西工业基地，是中国重要的装备制造业集聚区和重大技术装备研制基地，主要发展数控机床、通用石化装备、重型矿山机械、输变电设备、汽车及零部件、新能源装备、轨道交通设备等制造业，已形成以汽车及零部件、仪器仪表、模具及压轴件、机床功能部件制造等为主体的产业集群，拥有沈阳飞机集团、沈阳机床集团、沈阳新松机器人自动化公司、沈阳机车车辆公司等龙头企业。

五 新能源产业生产基地布局

新能源产业基地主要集聚在环渤海湾地区、长三角地区、中西部地区等，根据《战略性新兴产业技术分析报告（2011）》整理的新能源产业布局情况如表5-14所示。

表5-14　　　　　　　　　新能源产业生产基地布局情况

	主要地区	产业基地
环渤海湾地区	天津	锂离子动力电池生产基地、锂离子电池电解液产业化基地、天然气与太阳能产业基地、风电产业基地、电力能源项目与设备建造基地等
	辽宁	大连世界级新能源装备建造基地、沈阳铁西新能源装备生产基地、铁岭新能源产业基地、法库县风电产业基地、锦州光伏产业基地等
	内蒙古	通辽市风电产业基地、包头达茂旗生物质能源发电基地等
	河北	保定市新能源设备产业基地、承德市风电机组总装和搭架制造生产基地、唐山乐亭产业基地、张家口市新型能源基地、保定风电产业园、秦皇岛市新能源沼气物业服务站等
	山东	济南太阳能产业基地、德州太阳能产业基地、海阳能源基地、东营市新能源产品及装备建造基地、乳山LED产业基地等
长三角地区	上海	临港大型风电机组关键设备产业化研发建造基地、闵行核电产业基地临港核电产业基地、宝钢核材料供应基地、闵行太阳能光伏生产基地等
	浙江	三门市核电产业基地、杭州光伏产业基地、嘉善县光伏产业基地、温州光伏产业基地等
	江苏	无锡光伏产业基地、盐城海上风电产业基地、江阴风电轮基地、常州市能源汽车核心零部件研发和产业化基地等

续表

主要地区		产业基地
中西部地区	新疆	乌鲁木齐高新区光伏产业基地、乌鲁木齐甘泉堡光伏材料产业基地、哈密光伏产业基地、乌鲁木齐达坂城风力发电产业基地、乌鲁木齐开发区风力发电装备制造业基地、哈密装备制造业基地等
	内蒙古	呼和浩特风电产业基地，包头风电产业基地，兴安盟华锐风电产业基地，北疆非并网风电与高耗能产业基地，呼和浩特、包头、阿拉善、锡林郭勒盟光伏产业基地等
	甘肃	酒泉风电产业基地等
	四川	乐山硅片制造和原料多晶硅基地、成都光伏新能源产业园区、成都国家新能源装备高新技术产业化基地、成都双流核电新能源产业园区等
	重庆	新能源汽车产业基地等
	江西	新余市硅片制造和原料多晶硅基地、宜春锂电新能源产业基地、九江核电产业基地等
	河南	洛阳市硅片制造和原料多晶硅基地、安阳光伏产业化与技术研发基地、郑州薄膜太阳能电池产业基地、南阳市新能源产业国家高新技术产业基地等

资料来源：钟永恒：《战略性新兴产业技术分析报告（2011）》，科学出版社2014年版。笔者加工整理。

表5-14显示，截至2011年，中国已建有64家新能源产业基地，其中环渤海湾地区23个，长三角地区13个，中西部地区28个，新能源产业基地在这三个地区的分布相对均匀。各省（市、区）新能源基地分布数量如图5-2所示。

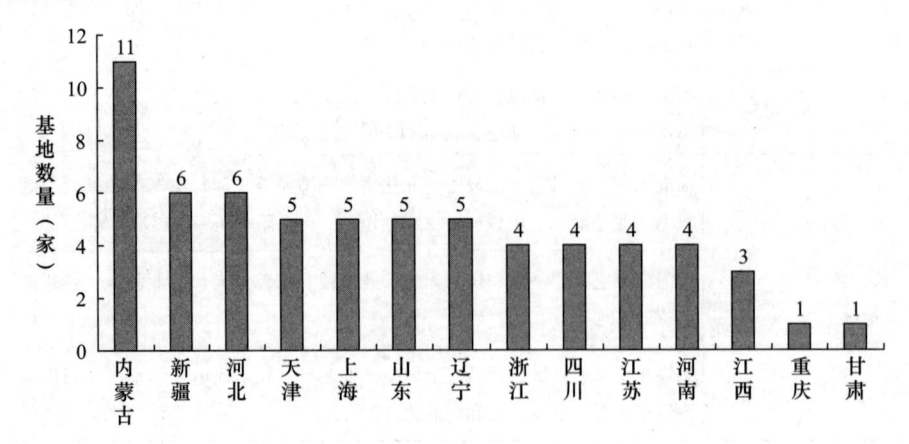

图5-2 新能源产业基地分布

从图 5-2 可以看出，中国新能源产业基地主要分布在内蒙古、新疆、河北、天津、上海、山东、辽宁、浙江、四川、江苏、河南、江西、重庆和甘肃 14 个省（市、区）；基地最少的省（市、区）是重庆和甘肃，仅 1 家新能源产业基地，最多的是内蒙古，有 11 家新能源产业基地，其余省（市、区）新能源产业基地个数差距不大；河北、新疆各 6 个，天津、上海、山东、辽宁各 5 个，浙江、四川、江苏、河南各 4 个，江西 3 个。

由表 5-14 可知，中国新能源产业基地主要以环渤海湾地区、长三角地区、西南地区、西北地区等为核心，整体呈现出东部地区、中部地区、西部地区协调发展的产业布局。中西部地区的江西、河南、四川、重庆、内蒙古、新疆也是中国重要的新能源应用基地；环渤海湾地区是风电、太阳能、新能源项目与设备的生产基地，是国内外知名的风电装备制造企业集聚地；长三角地区是太阳能光伏产业的生产基地，同时拥有了一批风电装备制造企业；西北地区的风能和太阳能资源丰富，是风电场的建设和大规模风电、太阳能光伏发电的集聚区；西南地区依托雄厚的资源和重工业基础，已成为中国重要的硅材料基地和核电装备生产基地。

六　新材料产业生产基地布局

新材料产业主要集聚在环渤海湾地区、长三角地区、珠三角地区、中部地区、西部地区、东北地区，产业基地数相对较多，根据《战略性新兴产业技术分析报告（2011）》整理的新材料产业基地的布局如表 5-15 所示。

表 5-15　　　　　　　　新材料产业生产基地布局情况

	主要地区	生产基地
环渤海湾地区	北京	北京国家新材料高新技术产业化基地、北京石化新材料科技产业基地、中关村永丰高新技术产业基地等
	天津	国家半导体照明工程高新技术产业化基地、国家纳米技术产业化基地、石油化工新型工业化示范基地等
	河北	宁晋太阳能硅材料产业基地、邯郸新材料产业基地、大城保温建材特色产业基地、唐山陶瓷材料产业基地、衡水工程橡胶特色产业基地、唐山国家钢铁材料高新技术产业化基地、承德国家钒钛新材料高新技术产业化基地等
	辽宁	锦州硅材料及太阳能电池产业基地、营口国家镁质材料高新技术产业化基地、锦州国家硅材料及光伏高新技术产业基地等

续表

主要地区		生产基地
环渤海湾地区	山东	泰安非金属新材料产业基地、淄博先进陶瓷产业基地、章丘有机高分子材料产业基地、淄博功能玻璃特色产业基地、青岛新材料产业基地、济宁纺织新材料产业基地、招远电子信息材料产业基地、淄博国家新材料高新技术产业化基地、莱芜国家新材料高新技术产业化基地、烟台国家聚氨酯高新技术产业化基地、龙口国家铝及铝合金加工高新技术产业化基地、威海国家先进复合材料高新技术产业化基地、招远国家电子材料高新技术产业化基地等
长三角地区	上海	上海张堰新材料深加工产业基地、上海青浦新材料产业基地等
	浙江	长兴无机非金属新材料产业基地、宁波鄞州新型金属材料产业基地、海宁软磁材料产业基地、桐乡新型纤维产业基地、东阳磁性材料产业基地、海宁纺织新材料产业基地、浙江衢州氟硅新材料产业基地、绍兴国家纺织新材料高新技术产业化基地、宁波国家新材料高新技术产业化基地、宁波国家化工新材料高新技术产业化基地等
	江苏	海门新材料产业基地、锡山新材料产业基地、丹阳新材料产业基地、武进特种材料产业基地、东海硅材料产业基地、太仓特种功能新材料产业基地、兴化特种合金材料及制品产业基地、宜兴非金属材料产业基地、南通化工新材料产业基地、常熟高分子材料产业基地、惠山特种冶金新材料产业基地、通州电子元器件及材料产业基地、江阴高性能合金材料及制品产业基地、江阴国家新材料高新技术产业化基地、常州国家新型涂料高新技术产业化基地、连云港国家高性能纤维及复合材料高新技术产业化基地等
珠三角地区	广东	佛山新材料产业基地、江门新材料产业基地、江门纺织化纤产业基地、广州高新区环保新材料产业基地、肇庆金属新材料产业基地、佛山国家陶瓷高新技术产业化基地、潮州国家日用陶瓷高新技术产业化基地等
东部地区	福建	厦门钨材料产业基地、德化陶瓷产业基地等
东北地区	黑龙江	牡丹江特种新材料产业基地、大庆新型复合材料及制品产业基地、哈尔滨国家铝镁合金新材料高新技术产业化基地、牡丹江国家特种材料高新技术产业化基地等
	吉林	吉林国家碳纤维高新技术产业化基地等

续表

主要地区		生产基地
中部地区	山西	太原国家镁及镁合金高新技术产业化基地、太原经济技术开发区国家新材料高新技术产业化基地等
	安徽	铜陵电子材料产业基地、马鞍山国家新材料高新技术产业化基地、铜陵国家电子基础材料及新型元件高新技术产业化基地、蚌埠国家玻璃新材料高新技术产业化基地等
	江西	景德镇陶瓷新材料及制品产业基地、九江星火有机硅材料产业基地、萍乡国家新材料高新技术产业化基地、鹰潭国家新材料高新技术产业化基地、新余国家光伏高新技术产业化基地、九江国家玻璃纤维及复合材料高新技术产业化基地等
	河南	河南超硬材料产业基地、郑州精密合金产业基地、郑州国家超硬材料高新技术产业化基地、洛阳国家硅及光伏高新技术产业化基地、新乡国家新型电池高新技术产业化基地等
	湖北	武汉新材料产业基地、应城精细化工新材料产业基地等
	湖南	长沙国家节能环保新材料高新技术产业化基地、郴州永兴国家稀贵金属再生利用高新技术产业化基地、长沙国家先进电池材料及电池高新技术产业化基地、湘西国家锰深加工高新技术产业化基地等
西南地区	广西	柳州国家新材料高新技术产业化基地等
	重庆	重庆九龙轻合金特色产业基地、重庆国家镁合金高新技术产业化基地、重庆国家化工新材料高新技术产业化基地、重庆国家铝加工高新技术产业化基地、重庆国家功能材料高新技术产业化基地等
	四川	成都国家生物医用材料与医疗器械高新技术产业化基地、攀枝花国家钒钛新材料高新技术产业化基地、遂宁国家镁锂新材料高新技术产业化基地、绵阳国家新材料高新技术产业化基地、德阳国家新材料高新技术产业化基地、自贡国家新材料高新技术产业化基地、广元先进电子产品及配套材料高新技术产业化基地、乐山国家硅材料开发与副产物利用高新技术产业化基地、成都国家高性能纤维高新技术产业化基地、宜宾国家精密模具与特种材料集成制造高新技术产业化基地等
	贵州	贵阳国家新材料高新技术产业化基地、遵义国家新材料高新技术产业化基地等
	云南	昆明国家稀贵金属新材料高新技术产业化基地、临沧国家锗材料高新技术产业化基地等

续表

主要地区		生产基地
西北地区	内蒙古	鄂尔多斯国家新材料高新技术产业化基地、包头国家稀土新材料高新技术产业化基地等
	陕西	宝鸡钛产业基地、西安国家新材料高新技术产业化基地、宝鸡国家钛材料高新技术产业化基地等
	甘肃	金昌国家新材料高新技术产业化基地、白银国家新材料高新技术产业化基地、白银有色金属新材料及制品产业基地等
	宁夏	石嘴山稀有金属材料及制品产业基地、石嘴山国家稀有金属材料高新技术产业化基地等
	新疆	乌鲁木齐国家有色金属新材料高新技术产业化基地、石河子国家新材料高新技术产业化基地等

资料来源：钟永恒：《战略性新兴产业技术分析报告（2011）》，科学出版社2014年版。笔者加工整理。

截至2011年，中国已陆续在全国27个省（市、区）建立了126个新材料产业基地；环渤海湾地区有新材料产业基地29个、长三角地区28个、中部地区28个、西部地区32个、珠三角地区和福建9个。各省（市、区）新材料基地数量如图5-3所示。

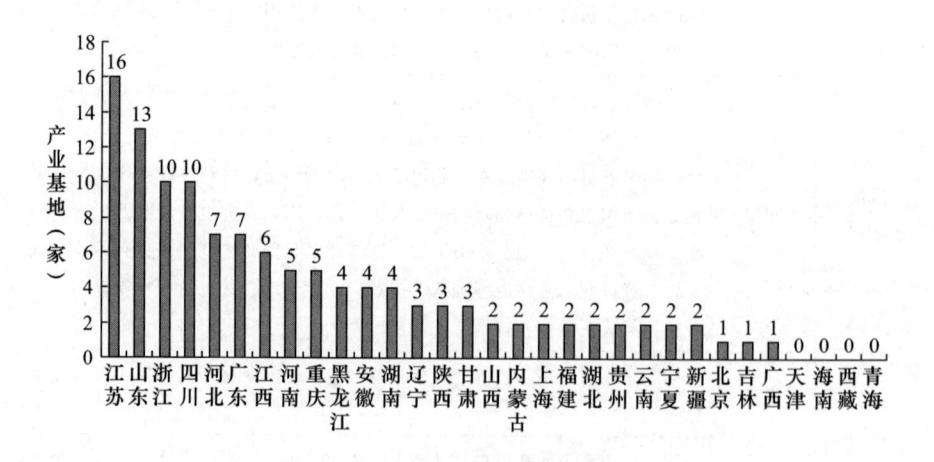

图5-3 新材料产业基地数量分布情况

图 5-3 显示，未布局新材料产业基地的省（市、区）是天津、海南、西藏和青海。含基地最少的省（市、区）是北京、吉林和广西，只有 1 个新材料产业基地；最多的是江苏有 16 个新材料产业基地；分别布局在海门、锡山、丹阳、武进、东海、太仓、兴化、宜兴、南通、常熟、惠山、通州、江阴、江阴、常州、连云港等地。新材料产业基地数量次之的是山东 13 个，浙江、四川各有 10 个；河北和广东各有 7 个；其他省（市、区）新能源产业基地的数量是：江西 6 个；河南、重庆各 5 个；黑龙江、安徽、湖南各 4 个；辽宁、陕西、甘肃各 3 个；山西、内蒙古、上海、福建、湖北、贵州、云南、宁夏、新疆各 2 个。

结合表 5-15 可以看出，中国新材料产业基地主要以环渤海地区、长三角地区、西南地区、西北地区和东北地区等为核心；整体呈现出东部地区、中部地区、西部地区协调发展的产业布局。中西部地区的四川、江西、河南、重庆、黑龙江、安徽和湖南也是中国重要的新材料产业发展基地；环渤海地区的北京在石化新材料、磁性材料、高端金属材料、生物医用材料等方面具有比较优势；天津在半导体照明工程、纳米技术、石油化工等方面具有比较优势。

长三角地区新材料的生产优势主要是新材料深加工、无机非金属新材料、新型金属材料、软磁材料产业、新型纤维磁性材料、纺织新材料、氟硅新材料、硅材料、非金属材料、高分子材料、电子元器件及材料、高性能合金材料及制品、新型涂料、高性能纤维及复合材料产业等；珠三角地区新材料的生产优势主要是纺织化纤、环保新材料、金属新材料、陶瓷等；中部地区武汉新材料的生产优势主要是光电子信息材料、金属材料；河南新材料的生产优势主要是超硬材料、精密合金材料、硅及光伏材料、新型电池等；江西新材料的生产优势主要是陶瓷新材料、有机硅材料、光伏材料、玻璃纤维及复合材料、有机硅等。

西部地区的陕西有钛产业基地和钛材料高新技术产业化基地；重庆形成了轻合金、镁合金、化工新材料、铝加工以及功能材料五个新材料产业化基地；四川有生物医用材料与医疗器械、钒钛新材料、镁锂新材料、先进电子产品及配套材料、硅材料开发与副产物利用硅、精密模具与特种材料集成制造、高性能纤维等高新技术产业化基地；云南有稀贵金属新材料和锗材料高新技术产业化基地；贵州的高性能金属及合金材料、新型能源材料、电子功能材料；广西的有色金属材料等均在全国具有优势。

东北地区新材料生产的比较优势主要是碳纤维、特种新材料、新型复合材料及制品、家铝镁合金新材料、硅材料及太阳能电池、光伏新材料、镁质材料等。

七 新能源汽车产业生产基地布局

新能源汽车生产基地主要集聚在珠三角地区、长春、北京、上海、武汉、重庆等地区。广东中山有中国南方最大的锂电池及新能源汽车生产基地，北汽福田新能源客车于2013年在南海建成投产混合动力汽车，南海有望借此成为中国最大的新能源客车生产基地。

新能源汽车主要的基地主要有6个，分别是北京新能源汽车设计制造产业基地、株洲国家电动车高新技术产业化基地、重庆两江新区国家新能源汽车高新技术产业化基地、芜湖国家节能与新能源汽车高新技术产业化基地、天津纯电动汽车产业化示范基地、上海市新能源汽车及零部件产业基地等。

北京新能源汽车设计制造产业基地已建成氢燃料电池、混合动力、纯电动、高效节能和发动机四大核心设计制造工程中心。株洲国家电动车高新技术产业化基地，在电动客车产业具有较强的竞争优势，形成了以时代电动汽车为主体，以时代新材、时代电气、南车电机株齿等一批骨干企业为依托的电动汽车产业化配套体系和技术创新体系。重庆两江新区国家新能源汽车高新技术产业化基地已建成国际领先的新能源汽车研发总部；既是国内最好的新能源汽车测试评价中心，也是西部地区汽车产业资讯高地。

芜湖国家节能与新能源汽车高新技术产业化基地主要发展从整车到动力系统、制动系统、汽车电子等关键汽车零部件的完整产业链，成为以自主品牌、自主知识产权为主要特征的重要汽车产业集群。天津纯电动汽车产业化示范基地已初步形成以丰田皇冠、锐志、花冠、威驰、夏利、威乐、威资、威志、美亚为代表的中高级轿车、经济型轿车、轻型车、大客车四大系列，是经济型轿车和中高级轿车基地。

2011年，中央政府确定上海为新能源汽车及零部件产业基地电动汽车国际示范区，嘉定区为电动汽车国际示范区。上海张江高新技术产业开发区嘉定园为上海市新能源汽车及关键零部件产业基地。同年，国通青扬新能源汽车发展有限公司落户武汉，这家由东风扬子江汽车（武汉）公司和湖北国通青山新能源高科技有限公司合资组建的新能源汽车企业，主要从事新能源汽车的生产，以及动力电池、电机、电控系统等关键零部件的制造和研发，这是中部地区重要的新能源汽车生产基地。重庆则有国内颇富盛名的长安新能源汽车制造商，这都是中部地区重要的新能源汽车生产基地。

第五节 空间布局综合分析

中国战略性新兴产业布局很不均衡，主要集聚在环渤海地区、长三角地区、珠三角地区。除此之外，某些产业还集聚在成渝地区、中部地区、东北地区，少数产业集聚在西北地区、西南地区，经济发达程度决定了战略性新兴产业的集聚状况，经济越发达，战略性新兴产业集聚的资源就越多；反之集聚的资源就越少。

一 生产资源集聚度测算

在经济学上，生产基地是生产资源集聚的最集中体现，生产基地集中了产业生产所需要的劳动力、资本、土地、技术等重要生产要素和生产资源。一个产业的生产基地越密集，则其集聚的生产资源就越多；反之则越少。故我们通过测度生产基地的集中度反映战略性新兴产业空间布局的整体情况。

（一）生产资源布局的总量

根据研究需要，将反映战略性新兴产业生产基地布局的相关数据列示如表5-16所示。

表5-16　　战略性新兴产业生产基地总量布局情况　　单位：个

地区	总数	节能环保	生物	新能源	新材料	新能源汽车
北京	5	2	1		1	1
天津	8	1	1	5	0	1
河北	17	3	1	6	7	
山西	3	1	0		2	
内蒙古	13	0	0	11	2	
辽宁	11	3	0	5	3	
吉林	3	0	2		1	
黑龙江	6	1	1		4	
上海	11	2	1	5	2	1
江苏	27	6	1	4	16	
浙江	23	8	1	4	10	

续表

地区	总数	节能环保	生物	新能源	新材料	新能源汽车
安徽	9	4	0		4	1
福建	5	3	0		2	
江西	12	2	1	3	6	
山东	23	3	2	5	13	
河南	11	1	1	4	5	
湖北	7	4	1		2	
湖南	9	3	1		4	1
广东	15	6	2		7	
广西	3	1	1		1	
海南	0	0	0		0	
重庆	9	1	1	1	5	1
四川	16	1	1	4	10	
贵州	3	0	1		2	
云南	2	0	0		2	
西藏	0	0	0		0	
陕西	4	0	1		3	
甘肃	4	0	0	1	3	
青海	0	0	0		0	
宁夏	3	1	0		2	
新疆	9	1	0	6	2	

资料来源：钟永恒：《战略性新兴产业技术分析报告（2011）》，科学出版社 2014 年版。笔者加工整理。

需要说明的是，由于高端装备制造业形成了上海、大连、青岛、西安和沈阳等产业基地，新一代信息技术产业已经形成大地域的环渤海湾地区、珠三角地区、长三角地区以及中部地区某些的基地，故表 5－16 只列示了 5 大战略性新兴产业的基地数目。

利用表 5－16 中的数据计算莫兰指数，得到结果如表 5－17 所示。

表 5－17 显示，战略性新兴产业基地的莫兰指数值是 0.182 大于 0，Z 值是 2.01，P 值是 0.044，因此在 5% 显著水平上拒绝原假设为随机分布的假设，也就是说中国战略性新兴产业基地在空间上呈正自相关的集聚分布。

表 5-17 莫兰指数值、Z 值和 P 值

行业	莫兰指数值	Z 值	P 值
整体	0.182	2.010	0.044**
节能环保产业	0.457	4.754	0.000***
新能源产业	0.003	0.343	0.732
新材料产业	0.141	1.681	0.093*

注：***、** 和 * 分别表示通过 1%、5% 和 10% 的显著性水平检验。

分行业看，节能环保产业的莫兰指数值为 0.457，P 值为 0，通过了 1% 显著性水平检验，所以，在统计意义上认为节能环保产业生产资源布局呈集聚分布。

新能源产业的莫兰指数值为 0.003，P 值为 0.732，未通过 5% 显著性水平检验，统计意义上可认为新能源产业资源布局较为分散。事实上，新能源产业资源主要分布在内蒙古、新疆、河北、天津、上海、山东、辽宁、浙江、四川、江苏、河南、江西、重庆和甘肃 14 个省（市、区），内蒙古有 11 家新能源产业基地，其他省（市、区）如河北、新疆、天津、上海、山东、辽宁、浙江、四川、江苏、河南、江西等也都有新能源生产基地。

新材料产业的莫兰指数值为 0.141，P 值为 0.093，未通过 5% 显著性水平检验，所以，在统计意义上也认为，新材料产业基地布局是随机分布，呈分散型。

（二）生产资源布局的结构

进一步地，可计算中国战略性新兴产业生产基地的地域结构比，得到结果如表 5-18 所示。

表 5-18 战略性新兴产业生产基地的地域结构比 单位：%

地区	总数	节能环保	生物	新能源	新材料	新能源汽车
北京	1.85	3.45	4.55	0.00	0.83	16.67
天津	2.95	1.72	4.55	7.81	0.00	16.67
河北	6.27	5.17	4.55	9.38	5.79	0.00
山西	1.11	1.72	0.00	0.00	1.65	0.00
内蒙古	4.80	0.00	0.00	17.19	1.65	0.00

续表

地区	总数	节能环保	生物	新能源	新材料	新能源汽车
辽宁	4.06	5.17	0.00	7.81	2.48	0.00
吉林	1.11	0.00	9.09	0.00	0.83	0.00
黑龙江	2.21	1.72	4.55	0.00	3.31	0.00
上海	4.06	3.45	4.55	7.81	1.65	16.67
江苏	9.96	10.34	4.55	6.25	13.22	0.00
浙江	8.49	13.79	4.55	6.25	8.26	0.00
安徽	3.32	6.90	0.00	0.00	3.31	16.67
福建	1.85	5.17	0.00	0.00	1.65	0.00
江西	4.43	3.45	4.55	4.69	4.96	0.00
山东	8.49	5.17	9.09	7.81	10.74	0.00
河南	4.06	1.72	4.55	6.25	4.13	0.00
湖北	2.58	6.90	4.55	0.00	1.65	0.00
湖南	3.32	5.17	4.55	0.00	3.31	16.67
广东	5.54	10.34	9.09	0.00	5.79	0.00
广西	1.11	1.72	4.55	0.00	0.83	0.00
海南	0.00	0.00	0.00	0.00	0.00	0.00
重庆	3.32	1.72	4.55	1.56	4.13	16.67
四川	5.90	1.72	4.55	6.25	8.26	0.00
贵州	1.11	0.00	4.55	0.00	1.65	0.00
云南	0.74	0.00	0.00	0.00	1.65	0.00
西藏	0.00	0.00	0.00	0.00	0.00	0.00
陕西	1.48	0.00	4.55	0.00	2.48	0.00
甘肃	1.48	0.00	0.00	1.56	2.48	0.00
青海	0.00	0.00	0.00	0.00	0.00	0.00
宁夏	1.11	1.72	0.00	0.00	1.65	0.00
新疆	3.32	1.72	0.00	9.38	1.65	0.00

表5-18的数据是中国战略性新兴产业基地的地域结构比；也可反映战略性新兴产业生产资源的地域结构。表5-18中的数据显示（括号中数字为基地的地域结构比率）：

战略性新兴产业生产资源的主要集聚地是：江苏（9.96%）、浙江

(8.48%)、山东（8.48%）、河北（6.27%）、四川（5.90%）、广东（5.54%）、内蒙古（4.80%）、江西（4.43%）、辽宁（4.06%）、上海（4.06%）、河南（4.06%）。

节能环保产业生产资源的主要集聚地是：浙江（13.79%）、江苏（10.34%）、广东（10.34%）、安徽（6.90%）、湖北（6.90%）、河北（5.17%）、辽宁（5.17%）、福建（5.17%）、山东（5.17%）、湖南（5.17%）。

生物产业生产资源的主要集聚地是：吉林（9.09%）、广东（9.09%）、山东（9.09%）、北京（4.55%）、天津（4.55%）、河北（4.55%）、黑龙江（4.55%）、上海（4.55%）、江苏（4.55%）、浙江（4.55%）、江西（4.55%）、河南（4.55%）、湖北（4.55%）、湖南（4.55%）、广西（4.55%）、重庆（4.55%）、四川（4.55%）、贵州（4.55%）、陕西（4.55%）。

新能源产业生产资源的主要集聚地是：内蒙古（17.19%）、河北（9.4%）、新疆（9.38%）、天津（7.81%）、辽宁（7.81%）、上海（7.81%）、山东（7.81%）、江苏（6.25%）、浙江（6.25%）、河南（6.25%）、四川（6.25%）。

新材料产业生产资源的主要集聚地是：江苏（13.22%）、山东（10.74%）、浙江（8.26%）、四川（8.26%）、河北（5.79%）、广东（5.79%）、江西（4.96%）、河南（4.13%）、重庆（4.13%）。

还可进一步观测战略性新兴产业生产资源在城市的分布状况。相关结果如表5-19所示。

表5-19　　　　战略性新兴产业基地的城市分布情况

地区	节能环保	生物	高端装备制造	新能源	新材料	新能源汽车
北京	北京	北京			北京	北京
天津	天津	天津		天津		天津
河北	石家庄、廊坊、唐山、邢台		石家庄	保定、承德、秦皇岛、唐山、张家口	邢台、邯郸、廊坊、唐山、衡水、承德	
辽宁	大连、丹东			大连、沈阳	大连、沈阳、铁岭、锦州	锦州、营口	

续表

地区	节能环保	生物	高端装备制造	新能源	新材料	新能源汽车
山东		青岛、德州	青岛	济南、德州、烟台、东营、威海	泰安、淄博、济南、青岛、招远、莱芜、烟台、威海	
上海	上海	上海	上海	上海		上海
江苏	扬州、常州、无锡、盐城、宜兴、邳州、南通	泰州		无锡、盐城、江阴、常州	海门、无锡、丹阳、常州、苏州、泰州、宜兴、南通、常熟、通州、江阴、常州、连云港	
浙江	杭州、上虞、宁波、长兴、诸暨、桐庐、台州	杭州		三门、杭州、嘉善、温州	湖州、鄞州、海宁、嘉兴、金华、衢州、绍兴、宁波	
广东	深圳、东莞、江门、清远、佛山	深圳、广州			佛山、江门、广州、肇庆、潮州	
福建	漳州、厦门、福清、泉州					
安徽	阜阳、芜湖				铜陵、马鞍山、蚌埠	芜湖
山西	阳泉				太原	
吉林		长春、通化			吉林	
黑龙江	七台河	哈尔滨			牡丹江、大庆、哈尔滨	
江西		南昌		新余、宜春、九江	景德镇、九江、萍乡、鹰潭、新余	
河南	长葛市	郑州		郑州、洛阳、安阳、南阳	郑州、洛阳、新乡	
湖北	武汉、襄阳	武汉			武汉、孝感	

续表

地区	节能环保	生物	高端装备制造	新能源	新材料	新能源汽车
湖南	长沙、岳阳、郴州	长沙			长沙、郴州、湘西	株洲
内蒙古				通辽、包头、呼和浩特、阿拉善、锡林郭勒盟	鄂尔多斯、包头	
广西	梧州	南宁			柳州	
海南						
重庆	重庆	重庆		重庆	重庆	重庆
四川	内江、绵阳	成都		乐山、成都	成都、攀枝花、遂宁、绵阳、德阳、自贡、广元、乐山、宜宾	
贵州	贵阳				贵阳、遵义	
云南		昆明			昆明	
西藏						
陕西		西安	西安		宝鸡、西安	
甘肃				酒泉	金昌、白银	
青海						
宁夏	灵武				石嘴山	
新疆	南疆			乌鲁木齐、哈密	乌鲁木齐、石河子	

资料来源：钟永恒：《战略性新兴产业技术分析报告（2011）》，科学出版社2014年版。笔者加工整理。

需要说明的是，由于新一代信息产业没有具体的城市基地分布，所以，只整理了其他6类行业的城市基地。由此可发现：

节能环保产业的生产资源主要集聚于长三角地区的上海、南京、无锡、苏州、宜兴、常州、镇江、盐城、扬州、杭州、上虞、绍兴、宁波、长兴、诸暨、桐庐、台州等市；环渤海湾地区的北京、天津、大连、丹东、石家庄、廊坊、唐山、邢台等市；珠三角地区的深圳、东莞、江门、清远、佛山等市；福建的漳州、厦门、福清、泉州等市；中部地区的武汉、襄阳、长沙、岳阳、郴州、阜阳、芜湖、南昌等市。

新能源产业的生产资源主要集聚于环渤海湾地区的天津、保定、承德、秦皇岛、唐山、张家口、大连、沈阳、铁岭、锦州、济南、德州、烟台、东营、威海等市；长三角地区的上海、无锡、盐城、江阴、常州、三门、杭州、嘉善、温州等市；中部地区的新余、宜春、九江、郑州、洛阳、安阳、南阳等市；西部地区的通辽、包头、呼和浩特、阿拉善、锡林郭勒盟、乐山、成都、酒泉、乌鲁木齐、哈密等市。

新材料产业的生产资源主要集聚于环渤海湾地区的北京、邢台、邯郸、廊坊、唐山、衡水、承德、锦州、营口、泰安、淄博、济南、青岛、招远、莱芜、烟台、烟台、威海等市；长三角地区的海门、无锡、丹阳、常州、苏州、泰州、宜兴、南通、常熟、无锡、通州、江阴、常州、连云港、湖州、鄞州、海宁、嘉兴、金华、衢州、绍兴、宁波等市；珠三角地区的佛山、江门、广州、肇庆、潮州等市；中部地区的铜陵、马鞍山、蚌埠、太原、吉林、牡丹江、大庆、哈尔滨、景德镇、九江、萍乡、鹰潭、新余、九江、郑州、洛阳、新乡、武汉、孝感、长沙、郴州等市；西部地区的重庆、成都、攀枝花、遂宁、绵阳、德阳、自贡、广元、乐山、宜宾、贵阳、遵义、昆明、宝鸡、西安、金昌、白银、石嘴山、乌鲁木齐、石河子等市。

生物产业的生产资源主要集聚在北京、天津、石家庄、青岛、德州、上海、泰州、杭州、深圳、广州、长春、通化、哈尔滨、南昌、郑州、武汉、长沙、南宁、重庆、成都、昆明、西安等市；新能源汽车产业的生产资源主要集聚在北京、天津、上海、芜湖、株洲、重庆等市；高端装备制造产业的生产资源主要集聚在大连、沈阳、青岛、上海、西安等市。

二　生产资源集聚特征

前文的研究发现，中国战略性新兴产业整体上呈集聚分布，分行业除新一代信息产业、节能环保产业呈随机分布外，东部地区是战略性新兴产业的主要集聚地。

第一，在生产资源布局上，行业之间差异较大。战略性新兴产业中，新材料产业基地最多有126个，其次是新能源产业有64个，节能环保产业有58个，生物产业有22个，新能源汽车有6个，高端装备制造有5大基地，新一代信息技术产业则形成环渤海地区、长三角地区、珠三角地区以及中部地区生产带。

从行业类型上看，资源型产业基地布局范围比较广，散布于全国。如新材料产业布局于全国27个省（市、区），在空间上呈分散状态，其中，西部地区的基地数量占总基地数量的 26.4%，中部地区基地数量占总基地数量的 22.2%，几乎可以与东部地区基地数量平分秋色。另一个资源型产业——新能源产业，其生产资源散布于内蒙古、新疆、河北、天津、上海、山东、辽宁、浙江、四川、江苏、河南、江西、重庆和甘肃 14 个省（市、区），其中，东部地区和中西部地区生产基地的数量各占一半，"城市矿产"示范基地主要分布在辽宁、山东、浙江、安徽、湖南、广东、北京、天津、重庆、上海、河北、黑龙江、新疆、四川、河南、湖北、山西、宁夏、广西、福建、江西、江苏等省（市、区）。

技术型产业基地布局范围相对较小，趋向环渤海湾地区、东部沿海地区、长三角地区、珠三角地区以及中部地区个别省（市、区）。如高端装备制造有五大基地，且主要分布于西安、上海、大连、青岛、沈阳等港口城市和区域中心城市。新能源汽车的生产资源也只布局在北京、株洲、重庆、芜湖、天津、上海等。新一代信息产业生产资源主要布局在环渤海地区、长三角地区、珠三角地区以及中部地区的武汉、长沙，西部地区的西安、成都等。而节能环保产业的生产资源分布较多的省（市、区）是浙江、江苏、湖北和广东等。

第二，区域中心城市成为生产资源集聚地的首选。前文的计量结果表明，区域中心城市是中西部地区战略性新兴产业基地的首选地。山西有 2 个产业基地，其中 1 个在太原；吉林有 3 个产业基地，其中 1 个在长春；黑龙江有 6 个产业基地，3 个在哈尔滨。节能环保、生物、新材料中有两种产业集聚在哈尔滨，生物、新材料、新能源产业均集聚于郑州，11 个产业基地 4 个在郑州，湖北共 7 个战略性新兴产业基地，而 4 个集聚在武汉，湖南 9 个战略性新兴产业基地，4 个在长沙，节能环保、生物、新材料、新能源汽车四类产业中有三类布局在长沙。

内蒙古有新能源和新材料两类产业，新能源产业集聚于呼和浩特，四川有四大类战略性新兴产业，均在成都布局，贵州有节能环保、新材料两类产业，均集聚于贵阳，3 个产业基地中 2 个选定在贵阳，云南的两个战略性新兴产业基地，都集中在昆明布局，西安是四大高端装备制造业基地之一，5 个产业基地，3 个选定在西安，新疆有节能环保、新能源、新材料三类产业基地，而两类集中在乌鲁木齐。

东部地区的战略性新兴产业基地也多集中于省会城市，但一些经济发达、竞争力强的非省会城市也集聚了战略性新兴产业的生产资源，如扬州、常州、无锡、盐城、宜兴、邳州、南通、海门、丹阳、苏州、泰州、宜兴、南通、常熟、通州、江阴、青岛、大连等也都是战略性新兴产业生产资源集聚地。

三 空间局部自相关分析

（一）分析方法的选择

前文的研究发现，东部地区是战略性新兴产业的重要集聚区。由此，可进一步研究战略性新兴产业所属的区域属性值，即是高值区还是低值区，并分析值区与相邻省（市、区）之间的关系。此处，选择局部自相关指数方法进行这一自相关分析。

由于全局莫兰指数只能测度地区之间的相关程度，并不能度量地区之间的异质性，这就需要计算局部自相关指数。局部自相关指数 $LISA_i$ 的计算公式为：

$$LISA_i = Z_i \sum_{j}^{n} w_{ij} Z_j \tag{5-5}$$

式中，$Z_i = \dfrac{x_i - \bar{x}}{s}$

$LISA_i > 0$，表明中心地区与其相邻地区属性值存在正相关；$LISA_i$ 越大，正相关性就越强，$LISA_i < 0$，表明中心地区与其相邻地区的属性值存在负相关，$LISA_i$ 越小，负相关性就越强。

通过 Z_i 和 $LISA_i$ 的正负组合形式，可将地区与相邻地区之间的关系分为四种类型：

高—高型：$Z_i > 0$ 且 $LISA_i > 0$，中心地区和周边地区的属性值均高于地区内平均水平，中心地区发展较好且周边地区发展也较好，如果中心地区经济具有较强的吸收效应，则产业发展水平将会从高—高型转向高—低型，即中心地区极化效应。

高—低型：$Z_i > 0$ 和 $LISA_i < 0$，中心地区的属性值高于地区内平均水平，周边地区的属性值低于地区内平均水平，中心地区发展较好但是周边发展不好，这种类型凸显中心地区的集聚优势，中心地区的极化效应既能产生较强的吸收效果，同时又能产生扩散效果。吸收与扩散效果与其产业发展有关，较大的产业规模才能产生较强的吸收与扩散效果。若周边地区崛起，中心地区的极化效应减弱，则其可能从高—低型转向高—高型。

低—高型：$Z_i < 0$ 和 $LISA_i > 0$，中心地区的属性值低于地区内平均水平，周边地区的属性值高于地区内平均水平，中心地区发展不好但周边地区发展较好，这种类型特征表明中心地区产业发展水平较低，较强的周边地区产业发展对中心地区的发展产生一定负面影响，从而导致中心地区边缘效应。如果中心地区崛起，走出低谷，则其产业发展水平会从低—高型转向高—高型。

低—低型：$Z_i<0$ 和 $LISA_i<0$，中心地区和周边地区的属性值均低于地区内平均水平，中心地区发展不好且周边地区发展也不好。中心地区与周边地区呈现整体盆地形状。若周边地区产业发展速度较快，则可能导致中心地区发展从低—低型转向低—高型，这将造成中心地区发展水平下降，从而产生中心地区边缘效应，若中心地区崛起，走出低谷，则其产业发展水平能从低—低型转向高—低型。

（二）计量结果分析

根据局部自相关分析原理，将表3-4中的2013年战略性新兴产业主营业务收入值代入 $LISA_i$ 指数计算公式，则可计算求得所需的局部自相关指数如表5-20所示。

表5-20　战略性新兴产业及分行业 Z_i 值和 $LISA_i$ 指数

地区	行业总计		C26		C27		C30		C32		C34	
	Z_i	$LISA_i$	Z_i	$LISA_i$	Z_i	$LISA_i$	Z_i	$LISA_i$	Z_i	$LISA_i$	Z_i	$LISA_i$
北京	-0.315	0.13	-0.587	0.218	-0.072	-0.003	-0.632	0.406	-0.926	0.948	-0.431	0.135
天津	-0.218	0.112	-0.315	0.206	-0.208	-0.037	-0.738	0.394	-0.372	0.593	-0.202	0.111
河北	-0.183	-0.301	-0.045	-0.099	0.246	0.759	0.116	0.518	-0.618	-1.633	-0.101	-0.318
山西	-0.668	0.415	-0.472	0.319	-0.719	-0.167	-0.72	-1.497	-0.645	-0.807	-0.619	0.458
内蒙古	-0.565	1.91	-0.299	0.874	-0.569	1.143	-0.498	1.196	0.149	-0.504	-0.617	1.38
辽宁	0.362	-0.345	0.202	-0.123	0.153	0.079	1.11	-0.605	-0.104	0.141	1.517	-1.937
吉林	-0.174	0.161	-0.246	0.163	0.822	-0.648	-0.145	0.003	-0.849	0.792	-0.518	-0.189
黑龙江	-0.689	0.526	-0.544	0.306	-0.346	-0.09	-0.632	0.42	-0.948	0.686	-0.548	0.642
上海	0.367	1.529	0.081	0.366	-0.113	-0.388	-0.599	-0.907	-0.666	-1.291	0.637	2.912
江苏	3.391	11.854	3.459	15.16	2.839	10.685	1.35	3.619	1.386	4.184	3.05	15.93
浙江	0.644	2.359	0.907	2.711	0.476	1.1	0.115	0.172	0.489	1.72	1.376	4.421
安徽	0.013	0.093	-0.165	-1.38	-0.18	-1.537	0.109	0.892	0.434	3.997	0.143	1.073
福建	-0.21	-0.636	-0.331	-0.527	-0.633	-0.968	0.331	0.532	-0.366	-1.51	-0.298	-0.564
江西	-0.014	-0.04	-0.152	-0.233	0.325	0.189	0.253	0.653	2.615	5.813	-0.424	-0.827
山东	2.36	9.41	3.418	12.17	3.459	13.766	2.969	13.55	2.665	8.237	2.9	10.78
河南	0.638	0.749	0.196	0.502	0.946	2.567	2.843	7.16	1.79	3.131	0.507	0.87
湖北	0.105	-0.011	0.244	-0.27	0.219	0.045	0.412	1.119	-0.031	-0.157	-0.156	0.132

续表

地区	行业总计		C26		C27		C30		C32		C34	
	Z_i	$LISA_i$	Z_i	$LISA_i$	Z_i	$LISA_i$	Z_i	$LISA_i$	Z_i	$LISA_i$	Z_i	$LISA_i$
湖南	0.039	0.038	0.046	-0.026	0.003	-0.001	0.347	0.17	0.736	1.278	-0.06	0.089
广东	2.306	-3.472	0.787	-1.258	0.679	-1.113	1.186	-0.262	0.889	1.464	0.882	-1.881
广西	-0.462	-0.466	-0.447	0.064	-0.493	0.264	-0.282	-0.062	-0.419	-0.393	-0.564	0.32
海南	-0.811	-1.933	-0.663	-0.539	-0.788	-0.553	-0.862	-1.057	-0.973	-0.894	-0.72	-0.655
重庆	-0.285	0.308	-0.487	0.389	-0.495	0.18	-0.475	-0.009	-0.632	0.414	-0.477	0.632
四川	0.015	-0.07	-0.062	0.249	0.431	-2.085	0.327	-1.618	-0.486	1.178	0.129	-0.596
贵州	-0.713	0.994	-0.496	0.731	-0.607	0.72	-0.62	0.502	-0.742	0.595	-0.689	1.178
云南	-0.656	1.351	-0.476	0.834	-0.594	0.97	-0.699	1.076	0.025	-0.067	-0.681	1.298
西藏	-0.835	1.867	-0.69	1.196	-0.911	1.82	-0.914	1.86	-0.975	1.788	-0.72	1.466
陕西	-0.492	1.112	-0.506	1.098	-0.398	0.777	-0.448	-0.131	-0.111	-0.016	-0.506	1.371
甘肃	-0.645	2.232	-0.61	1.65	-0.808	2.67	-0.754	2.391	0.711	-1.818	-0.692	2.224
青海	-0.787	1.79	-0.627	1.215	-0.869	1.965	-0.879	1.871	-0.622	0.926	-0.71	1.461
宁夏	-0.785	1.38	-0.609	0.891	-0.893	1.638	-0.851	1.496	-0.712	-0.551	-0.7	1.312
新疆	-0.735	1.722	-0.512	1.02	-0.9	2.408	-0.718	1.89	-0.691	0.632	-0.709	1.553

地区	C35		C36		C38		C39		C40	
	Z_i	$LISA_i$	Z_i	$LISA_i$	Z_i	$LISA_i$	Z_i	$LISA_i$	Z_i	$LISA_i$
北京	-0.286	-0.055	0.440	-0.018	-0.388	0.161	0.009	-0.003	0.078	-0.049
天津	0.022	-0.003	0.036	0.014	-0.317	0.155	0.094	-0.039	-0.310	0.072
河北	0.165	0.683	-0.076	-0.085	-0.084	0.032	-0.415	0.322	-0.301	0.077
山西	-0.497	-0.169	-0.894	1.19	-0.584	0.581	-0.394	0.556	-0.365	0.332
内蒙古	-0.643	1.443	-0.877	1.633	-0.522	1.772	-0.474	1.708	-0.438	1.138
辽宁	0.937	-0.833	0.553	0.463	0.077	-0.09	-0.313	0.441	0.008	-0.009
吉林	-0.383	0.085	1.764	-2.108	-0.526	0.54	-0.474	0.623	-0.377	0.328
黑龙江	-0.507	0.538	-0.832	-0.763	-0.550	0.595	-0.485	0.475	-0.411	0.346
上海	0.054	0.186	1.691	4.952	0.079	0.399	0.577	1.665	0.185	1.105
江苏	2.961	11.203	2.556	9.451	3.797	11.846	2.787	1.89	5.018	7.771
浙江	0.340	0.791	0.278	0.89	1.112	4.933	0.004	0.011	0.746	3.548
安徽	0.036	0.264	-0.166	-0.892	0.555	3.517	-0.292	-0.776	-0.166	-1.031
福建	-0.304	-0.12	-0.483	-0.566	-0.158	-0.63	0.075	0.307	-0.153	-0.214
江西	-0.494	-0.799	-0.504	-0.909	0.018	0.073	-0.313	-1.164	-0.285	-0.304
山东	3.231	14.683	1.775	4.317	1.273	5.732	0.367	0.774	0.733	3.482
河南	1.235	2.999	0.040	0.055	0.090	0.052	-0.039	0.056	0.048	-0.026
湖北	-0.158	-0.144	1.067	-0.628	-0.159	0.062	-0.239	0.335	-0.239	0.208
湖南	1.113	-2.172	-0.311	-0.507	-0.228	-0.286	-0.201	-0.58	-0.049	0.033

续表

地区	C35 Z_i	C35 $LISA_i$	C36 Z_i	C36 $LISA_i$	C38 Z_i	C38 $LISA_i$	C39 Z_i	C39 $LISA_i$	C40 Z_i	C40 $LISA_i$
广东	0.538	-0.513	1.359	-3.442	2.737	-3.948	4.253	-5.631	0.892	-1.212
广西	-0.461	-0.096	-0.217	0.163	-0.431	-0.596	-0.356	-1.135	-0.392	0.001
海南	-0.778	-0.432	-0.935	-1.314	-0.597	-1.689	-0.487	-2.14	-0.436	-0.402
重庆	-0.576	0.077	0.747	-0.39	-0.366	0.652	-0.076	0.089	-0.202	0.259
四川	0.082	-0.402	-0.010	0.044	-0.305	1.19	0.230	-0.698	-0.334	0.889
贵州	-0.738	0.422	-0.875	0.626	-0.585	1.157	-0.480	0.44	-0.429	0.618
云南	-0.711	1.393	-0.902	1.935	-0.586	1.173	-0.483	0.547	-0.418	0.692
西藏	-0.780	1.726	-0.975	2.865	-0.617	1.28	-0.489	0.623	-0.447	0.758
陕西	-0.429	0.892	-0.376	0.725	-0.447	1.394	-0.438	0.887	-0.191	0.474
甘肃	-0.713	2.393	-0.969	4.172	-0.570	1.762	-0.481	1.068	-0.443	1.046
青海	-0.778	1.725	-0.973	2.929	-0.611	1.26	-0.489	0.621	-0.445	0.767
宁夏	-0.744	1.372	-0.972	2.231	-0.604	0.96	-0.489	0.704	-0.435	0.481
新疆	-0.736	1.727	-0.960	2.894	0.504	0.937	-0.489	0.738	-0.445	0.614

表5-20给出了中国战略性新兴产业及分行业的Z_i值和$LISA_i$指数值，由二值的正负性可看出本地区战略性新兴产业与相邻地区战略性新兴产业之间的邻接关系。

整体上看，辽宁、上海、江苏、浙江、安徽、山东、河南、湖北、湖南、广东、四川的值大于0，表明这些地区的战略性新兴产业的主营业务收入值高于平均水平，即处在高值区。北京、天津、河北、山西、内蒙古、吉林、黑龙江、福建、江西、广西、海南、重庆、贵州、云南、西藏、陕西、甘肃、青海、宁夏和新疆的Z_i值小于0；表明这些地区战略性新兴产业的主营业务收入值低于平均水平即处在低值区。结合$LISA_i$指数值的符号，得31个省（市、区）与相邻地区之间的关系如下：高—高型区为上海、江苏、浙江、安徽、山东、河南、湖南；高—低型区为辽宁、湖北、广东、四川；低—高型区为河北、福建、江西、广西、海南；低—低型区为北京、天津、山西、内蒙古、吉林、黑龙江、重庆、贵州、云南、西藏、陕西、甘肃、青海、宁夏和新疆。

进一步地，可分行业观察本地区战略性新兴产业与相邻地区之间的关系。

（1）化学原料及化学制品制造业的邻接关系。高值区为辽宁、上海、江苏、浙江、山东、河南、湖北、湖南和广东；低值区是北京、天津、河北、山西、内蒙古、吉林、黑龙江、安徽、福建、江西、广西、海南、重庆、四川、贵州、云南、西藏、陕西、甘肃、青海、宁夏和新疆；高—高型区为上海、江苏、浙江、山东、河南；高—低型区为辽宁、湖北、湖南、广东；低—高型区为河北、安徽、福建、江西、海南；低—低型区为北京、天津、山西、内蒙古、吉林、黑龙江、广西、重庆、四川、贵州、云南、西藏、陕西、甘肃、青海、宁夏和新疆。

（2）医药制造业的邻接关系。高值区为河北、辽宁、吉林、江苏、浙江、江西、山东、河南、湖北、湖南和广东；低值区是北京、天津、山西、内蒙古、黑龙江、上海、安徽、福建、广西、海南、重庆、四川、贵州、云南、西藏、陕西、甘肃、青海、宁夏、新疆；高—高型区为河北、辽宁、江苏、浙江、江西、山东、河南、湖北和四川；高—低型区为吉林、湖南和广东；低—高型区为北京、天津、山西、黑龙江、上海、安徽、福建和海南；低—低型区为：内蒙古、广西、重庆、贵州、云南、西藏、陕西、甘肃、青海、宁夏和新疆。

（3）非金属矿物制品业的邻接关系。高值区为河北、辽宁、江苏、浙江、安徽、福建、江西、山东、河南、湖北、湖南和广东；低值区为北京、天津、山西、内蒙古、吉林、黑龙江、上海、广西、海南、重庆、四川、贵州、云南、西藏、陕西、甘肃、青海、宁夏和新疆；高—高型区为河北、江苏、浙江、安徽、福建、江西、山东、河南、湖北、湖南；高—低型区为辽宁和广东；低—高型区为山西、上海、广西、海南、重庆、四川和陕西；低—低型区为北京、天津、内蒙古、吉林、黑龙江、贵州、云南、西藏、甘肃、青海、宁夏和新疆。

（4）有色金属冶炼和压延加工业的邻接关系。高值区为江苏、浙江、安徽、江西、山东、河南、湖南、广东和甘肃；低值区为北京、天津、河北、山西、内蒙古、辽宁、吉林、黑龙江、上海、福建、湖北、广西、海南、重庆、四川、贵州、云南、西藏、陕西、青海、宁夏和新疆；高—高型区为江苏、浙江、安徽、江西、山东、河南、湖南和广东；高—低型区为甘肃；低—高型区为河北、山西、内蒙古、上海、福建、湖北、广西、海南、云南、陕西和宁夏；低—低型区为北京、天津、辽宁、吉林、黑龙江、重庆、四川、贵州、西藏、青海和新疆。

（5）通用设备制造业的邻接关系。高值区为辽宁、上海、江苏、浙江、安徽、山东、河南、广东和四川；低值区为北京、天津、河北、山西、内蒙古、吉林、黑龙江、福建、江西、湖北、湖南、广西、海南、重庆、贵州、云南、西藏、陕西、甘肃、青海、宁夏和新疆；高—高型区为上海、江苏、浙江、安徽、山东、河南；高—低型区为辽宁、广东和四川；低—高型区为河北、吉林、福建、江西、海南；低—低型区为北京、天津、山西、内蒙古、黑龙江、湖北、湖南、广西、重庆、贵州、云南、西藏、陕西、甘肃、青海、宁夏和新疆。

（6）专用设备制造业的邻接关系。高值区为天津、河北、辽宁、上海、江苏、浙江、安徽、山东、河南、湖南、广东、四川；低值区为北京、山西、内蒙古、吉林、黑龙江、福建、江西、湖北、广西、海南、重庆、贵州、云南、西藏、陕西、甘肃、青海、宁夏和新疆；高—高型区为河北、上海、江苏、浙江、安徽、山东、河南；高—低型区为天津、辽宁、湖南、广东、四川；低—高型区为北京、山西、福建、江西、湖北、广西、海南；低—低型区为内蒙古、吉林、黑龙江、重庆、贵州、云南、西藏、陕西、甘肃、青海、宁夏和新疆。

（7）交通运输设备制造业的邻接关系。高值区为北京、天津、辽宁、吉林、上海、江苏、浙江、山东、河南、湖北、广东、重庆、四川；低值区为河北、山西、内蒙古、黑龙江、安徽、福建、江西、湖南、广西、海南、贵州、云南、西藏、陕西、甘肃、青海、宁夏、新疆；高—高型区为天津、辽宁、上海、江苏、浙江、山东、河南、四川；高—低型区为北京、吉林、湖北、广东、重庆；低—高型区为河北、黑龙江、安徽、福建、江西、湖南、海南；低—低型区为河北、山西、内蒙古、广西、贵州、云南、西藏、陕西、甘肃、青海、宁夏、新疆。

（8）电气机械及器材制造业的邻接关系。高值区为辽宁、上海、江苏、浙江、安徽、江西、山东、河南、广东；低值区为北京、天津、河北、山西、内蒙古、吉林、黑龙江、福建、湖北、湖南、广西、海南、重庆、四川、贵州、云南、西藏、陕西、甘肃、青海、宁夏、新疆；高—高型区为上海、江苏、浙江、安徽、江西、山东、河南；高—低型区为辽宁、广东；低—高型区为福建、湖南、广西、海南；低—低型区为北京、天津、河北、山西、内蒙古、吉林、黑龙江、湖北、重庆、四川、贵州、云南、西藏、陕西、甘肃、青海、宁夏、新疆。

（9）通信设备、计算机及其他电子设备制造业的邻接关系。高值区为北京、天津、上海、江苏、浙江、福建、山东、广东、四川；低值区为河北、山西、内蒙古、辽宁、吉林、黑龙江、安徽、江西、河南、湖北、湖南、广西、海南、重庆、贵州、云南、西藏、陕西、甘肃、青海、宁夏、新疆；高—高型区为上海、江苏、浙江、福建、山东；高—低型区为北京、天津、广东、四川；低—高型区为安徽、江西、广西、海南；低—低型区为河北、山西、内蒙古、辽宁、吉林、黑龙江、河南、湖北、湖南、重庆、贵州、云南、西藏、陕西、甘肃、青海、宁夏、新疆。

（10）仪器仪表制造业的邻接关系。高值区为北京、辽宁、上海、江苏、浙江、山东、河南、广东；低值区为天津、河北、山西、内蒙古、吉林、黑龙江、安徽、福建、江西、湖北、湖南、广西、海南、重庆、四川、贵州、云南、西藏、陕西、甘肃、青海、宁夏、新疆；高—高型区为上海、江苏、浙江、山东；高—低型区为北京、辽宁、河南、广东；低—高型区为安徽、福建、江西、海南；低—低型区为天津、河北、山西、内蒙古、吉林、黑龙江、湖北、湖南、广西、重庆、四川、贵州、云南、西藏、陕西、甘肃、青海、宁夏、新疆。

由上可知，中国约 2/3 省（市、区）的战略性新兴产业产出值处在低值区，且主要为西部地区；高值区集中在东部一些省（市、区）；中部地区是一个缓冲区，一些省（市、区）处在高值区，一些省（市、区）处在低值区。在与邻省（市、区）的关系上，江苏、山东和浙江一直是高—高型区，广东是高—低型区，海南是低—高型区，西藏、青海、新疆是低—低型区，其他省（市、区）则根据不同的行业具有不同的邻接关系。

四　未来格局分析

许多经济地理或区域经济现象演变过程的状态转移都具有无后效性特征[①]，也就是说，中国战略性新兴产业未来的布局状态只与现在的状态有关；因为如果现在的状态是集聚，未来可能是集聚也可能是分散，且未来的这种状态是与发生过的过去状态是无关的。据此，我们进行战略性新兴产业未来格局的分析。

（一）方法的选择

马尔可夫链是分析状态演变和趋势变化的经典方法，其基本思想是：将事物演变过程近似看成为马尔可夫过程，先将连续的数据离散化为 k 种

---

① 徐建华：《现代地理学中的数学方法》，高等教育出版社 2002 年版。

类型，而后计算相应类型的概率分布和转移概率，最后通过马尔可夫链预测现象或事物演变的整个过程。分析原理如下：

马尔可夫链是一种时间与状态均为离散的随机过程[①]，设 $\{X_n, n=0, 1, 2, \cdots\}$ 是定义在概率空间上 (Ω, F, P) 取值于可数集 E 中的随机序列，如果对任意非负整数 n 及状态 $i_0, i_1, \cdots, i_n, i_{n+1} \in E$，都有：

$$P(X_{n+1}=i_{n+1} \mid X_0=i_0, X_1=i_1, \cdots, X_n=i_n) = P(X_{n+1}=i_{n+1} \mid X_n=i_n)$$

则称 $\{X_n, n=0, 1, 2, \cdots\}$ 为马尔可夫链，记为 $\{X_n, n \geq 0\}$，称概率分布：

$$p_n(i_n) = P(X_n=i_n) \tag{5-6}$$

为绝对分布，绝对分布满足一般概率分布的两个条件：非负性 $p_n(i_n) \geq 0$，非负性 $\sum_{i_n \in E} p_n(i_n) = 1$，从而可得：

$$p_{n+m}(i_n) = \sum_{j \in E} p_n(j) p_{ji}(m) \tag{5-7}$$

其中，$p_{ji}(m)$ 为 m 时刻的转移概率。

通常，记 t 时刻事物属性类型的概率分布为一个 $1 \times k$ 阶的状态概率向量 F_t，即 $F_t = [F_{1t}, F_{2t}, \cdots, F_{kt}]$；而不同时刻事物属性类型间的转移可用一个 $k \times k$ 阶的马尔可夫转移概率矩阵（M）表示：

$$M = \begin{pmatrix} m_{11} & m_{12} & \cdots & m_{1k} \\ m_{21} & m_{22} & \cdots & m_{2k} \\ \vdots & \ddots & & \vdots \\ m_{k1} & m_{k2} & \cdots & m_{kk} \end{pmatrix}$$

矩阵元素 m_{ij} 是 t 时刻类型为 i 的区域在下一时刻转移到类型 j 的概率，公式为 $m_{ij} = \dfrac{n_{ij}}{n_i}$，$n_{ij}$ 表示在整个研究期间内由 t 时刻类型为 i 的区域在 t+1 时刻转移为类型 j 的区域数量之和，n_i 为所有时段上类型为 i 的区域数量之和。

如果事物在 t 时刻处于状态 i，n 步转移后，在 t_n 时刻处于状态 j，则将这种转移的可能性数量指标称为 n 步转移概率，记为 $F(x_n=j \mid x_0=i) = F_{ij}^n$，以矩阵表示为：

[①] 宋庆龙、宋程成：《马尔可夫链在市场经济预测中的应用》，《商业研究》2009 年第 2 期。

$$F(n) = \begin{pmatrix} F_{11}^n & F_{12}^n & \cdots & F_{1k}^n \\ F_{21}^n & F_{22}^n & \cdots & F_{2k}^n \\ \vdots & \ddots & & \vdots \\ F_{k1}^n & F_{k2}^n & \cdots & F_{kk}^n \end{pmatrix} \tag{5-8}$$

根据该矩阵，在 $n \to \infty$ 时，可得到每种状态类型最终的收敛结果。

（二）计量结果分析

用马尔可夫链进行未来趋势分析的关键是要进行状态划分和转移概率求解。战略性新兴产业布局的相邻关系用局部空间自相关系数可将其划分为低—低型区、低—高型区、高—低型区和高—高型区四种。以 31 个省（市、区）为研究单元，使用 2009—2013 年 31 个省（市、区）战略性新兴产业的主营业务收入数据计算得出相应的 Z_i 值和局部自相关指数 $LISA_i$ 如表 5-21 所示。

表 5-21　　战略性新兴产业 Z_i 值和局部自相关指数 $LISA_i$

地区	2009 年		2010 年		2011 年		2012 年		2013 年	
	Z_i	$LISA_i$	Z_i	$LISA_i$	Z_i	$LISA_i$	Z_i	$LISA_i$	Z_i	$LISA_i$
北京	-0.1873	0.0780	-0.2361	0.0990	-0.3103	0.1320	-0.3106	0.1300	-0.3147	0.1300
天津	-0.2098	0.0830	-0.2351	0.0990	-0.2562	0.1240	-0.2236	0.1140	-0.2177	0.1120
河北	-0.1950	-0.2900	-0.1721	-0.2150	-0.1566	-0.2040	-0.1810	-0.2870	-0.1828	-0.3010
山西	-0.6114	0.5480	-0.6164	0.5380	-0.6361	0.4300	-0.6451	0.4530	-0.6676	0.4150
内蒙古	-0.4996	1.6040	-0.5193	1.6690	-0.5203	1.7510	-0.5562	1.8150	-0.5647	1.9100
辽宁	0.3845	-0.3760	0.4206	-0.4070	0.3668	-0.3420	0.4127	-0.3850	0.3622	-0.3450
吉林	-0.2516	0.1850	-0.2451	0.1830	-0.2257	0.1900	-0.1663	0.1400	-0.1742	0.1610
黑龙江	-0.5970	0.4630	-0.6240	0.4930	-0.6613	0.5100	-0.6706	0.5010	-0.6890	0.5260
上海	0.6759	2.8080	0.6609	2.8460	0.5303	2.2970	0.4818	2.0790	0.3668	1.5290
江苏	3.1231	11.748	3.2371	11.843	3.3606	12.0010	3.4356	12.4420	3.3905	11.8540
浙江	0.8965	2.8860	0.9296	3.2300	0.8320	3.0460	0.7406	2.7860	0.6438	2.3590
安徽	-0.2018	-1.2920	-0.1301	-0.8470	-0.0122	-0.0840	-0.0196	-0.1420	0.0126	0.0930
福建	-0.1969	-0.6920	-0.1804	-0.6440	-0.1671	-0.5550	-0.2033	-0.6250	-0.2096	-0.6360
江西	-0.2850	-0.8840	-0.2253	-0.7530	-0.1683	-0.5640	-0.0539	-0.1590	-0.0135	-0.0400
山东	2.2695	7.0870	2.0799	6.9900	2.1059	8.0510	2.3019	9.0110	2.3602	9.4100
河南	0.2957	0.2100	0.3175	0.2140	0.5082	0.4340	0.5533	0.5650	0.6378	0.7490
湖北	-0.1043	0.1280	-0.0379	0.0380	0.0098	-0.0050	0.0276	-0.0090	0.1053	-0.0110
湖南	-0.1780	-0.1630	-0.0995	-0.0990	0.0270	0.0250	0.0119	0.0090	0.0389	0.0380

续表

地区	2009年 Z_i	2009年 LISA$_i$	2010年 Z_i	2010年 LISA$_i$	2011年 Z_i	2011年 LISA$_i$	2012年 Z_i	2012年 LISA$_i$	2013年 Z_i	2013年 LISA$_i$
广东	2.7875	-5.4330	2.7515	-4.9290	2.5538	-4.1390	2.2877	-3.5680	2.3061	-3.4720
广西	-0.4874	-0.6790	-0.4701	-0.6490	-0.4726	-0.6010	-0.4727	-0.4580	-0.4617	-0.4660
海南	-0.7390	-2.1290	-0.7584	-2.1560	-0.7873	-2.0770	-0.7912	-1.8700	-0.8111	-1.9330
重庆	-0.3537	0.5360	-0.3546	0.4970	-0.3243	0.3800	-0.3235	0.3990	-0.2851	0.3080
四川	-0.0481	0.2100	-0.0512	0.2290	0.0270	-0.1240	-0.0165	0.0750	0.0154	-0.0700
贵州	-0.6688	1.1470	-0.6969	1.1480	-0.7139	1.0170	-0.7203	1.0730	-0.7133	0.9940
云南	-0.5926	1.2050	-0.6181	1.2800	-0.6353	1.2980	-0.6411	1.3480	-0.6555	1.3510
西藏	-0.7626	1.6280	-0.7867	1.7370	-0.8177	1.7910	-0.8255	1.8610	-0.8354	1.8670
陕西	-0.4686	1.3030	-0.4715	1.2980	-0.4849	1.2000	-0.4959	1.2160	-0.4918	1.1120
甘肃	-0.6505	2.1240	-0.6621	2.2220	-0.6931	2.3320	-0.6366	2.2160	-0.6451	2.2320
青海	-0.7228	1.6160	-0.7457	1.7110	-0.7655	1.7640	-0.7767	1.7870	-0.7874	1.7900
宁夏	-0.7182	1.2010	-0.7393	1.2630	-0.7666	1.3450	-0.7752	1.3530	-0.7846	1.3800
新疆	-0.7028	1.5510	-0.7212	1.6350	-0.7461	1.7550	-0.7474	1.7290	-0.7349	1.7220

表 5-21 给出了中国战略性新兴产业发展水平与相邻省（市、区）邻接关系的类型划分。

从中可以发现，中国各省（市、区）的 Z_i 值多数都是小于 0 的，说明战略性新兴产业的发展多数处在平均水平以下。与相邻地区关系上，多数是高—高型区、低—低型区，说明战略性新兴产业呈正相关集聚分布，且从时间上看，各省（市、区）的布局类型随时间变化也不大。

根据表 5-21 划分的各省（市、区）战略性新兴产业布局类型，用转移概率公式可计算出战略性新兴产业布局在整个研究期间的马尔可夫转移概率矩阵如表 5-22 所示。

表 5-22　　　　　　邻接关系类型的转移概率矩阵

	n	低—低型	低—高型	高—低型	高—高型
低—低型	65	62 (0.9535)	0 (0)	3 (0.0462)	0 (0)
低—高型	26	0 (0)	24 (0.9167)	0 (0)	2 (0.0833)
高—低型	11	1 (0.0909)	0 (0)	10 (0.9091)	0 (0)
高—高型	22	0 (0)	0 (0)	0 (0)	22 (1)

表 5-22 给出了 2009—2013 年中国战略性新兴产业布局与相邻省（市、区）邻接关系类型；即低—低型、低—高型、高—低型、高—高型之间的马尔可夫转移概率矩阵。表中第 2 列（n）表示在整个研究期间分别处于不同初始状态类型的总数量，第 3 列至第 6 列分别表示从初始状态转移为每列所对应类型的总次数，括号中的数字是不同省（市、区）战略性新兴产业邻接关系类型间的转移概率。例如，表中低—低型转变到低—低型的总次数为 62，转移概率为 0.9535，这表示在整个研究期间，一个初期邻接关系类型为低—低型的地区，到下一年度仍为低—低型的概率是 0.9535，而其演变为低—高型和高—高型的概率为 0，演变为高—低型的概率是 0.0462。

主对角线上的元素值都非常高，在 0.9 以上，这表明地区初期是某一类邻接关系类型，下一年份仍属于此种类型的可能性非常大。换言之，战略性新兴产业布局的邻接关系在年际变化不大。不同产业邻接关系类型之间的转移概率较小，多数类型之间并不会发生变化。非对角线元素在数值上远小于对角线元素，其最大值 0.0909 仅是对角线上最小值 0.9091 的 1/10。2009—2013 年，不同类型之间最大的转移概率发生在高—低型向低—低型间的转变，概率为 0.0909，其次为低—高型向高—高型转变，概率为 0.0833，低—低型向高—低型转变，概率仅为 0.0462。高—高型横列非对角线上的元素为 0，也表明初期属于高—高型，在随后年份该类型不会向其他类型转变。可见，战略性新兴产业邻接关系之间相互转移的可能性不大，邻接关系类型可能将长期保持不变。

如果将一步状态转移概率矩阵扩展至 n 步状态转移概率矩阵，然后研究地区的邻接关系类型在 n 年后的状态。当 n 趋于无穷大时，就可得到状态转移概率矩阵的极限分布，根据极限分布的邻接关系类型的特征就可以判断战略性新兴产业的未来布局。表 5-23 是战略性新兴产业邻接关系类型在 $n \to \infty$ 的极限分布。

表 5-23 给出了 $n \to \infty$ 时的转移概率矩阵。当 $n \to \infty$ 时，所有类型的转移概率都不再会随时间的变化而发生变化。矩阵中，第 1 行元素表示战略性新兴产业由低—低型向低—低型转变的概率为 0.6630，向高—低型转变的概率是 0.3370，这种转移概率将不再随着时间的变化而发生变化。

最为明显的特征是，所有低—高型省（市、区）最终都变成了高—高型，这也说明相邻省域高值对中心地区带动作用，也就是说，对于高—

表 5-23　　n→∞ 时邻接关系类型 n 步转移矩阵的极限矩阵

	低—低型	低—高型	高—低型	高—高型
低—低型	0.6630	0	0.3370	0
低—高型	0	0	0	1
高—低型	0.6630	0	0.3370	0
高—高型	0	0	0	1

高型的省（市、区），如果按现有模式发展最终还是处于高于平均水平的布局。高—高型省（市、区）不会出现向低—低型、低—高型和高—低型转变的可能性。高—低型省（市、区）容易受相邻省（市、区）低值的影响而向低—低型转变，而且转变的概率比向高—低型转变的概率更高。

当 n→∞ 时，战略性新兴产业发展布局的邻接关系将只有三种类型：低—低型、高—低型和高—高型，若将这三种类型放在地图上就是高值与高值相邻组成的高值区，低值与低值相邻组成的低值区，以及连接高值与高值、低值与低值的过渡地带高—低型。这三种类型所占结构比率如表 5-24 所示。

表 5-24　　战略性新兴产业布局邻接关系类型占比

	低—低型	低—高型	高—低型	高—高型
初始分布下	0.5242	0.2097	0.0887	0.1774
极限分布下	0.4064	0.0000	0.2065	0.3871

表 5-24 表明，相对于初始分布中各类型的比率，在极限分布状态下，战略性新兴产业的发展水平在提高，低—低型的省（市、区）由初始的占 52.42% 下降为 40.64%，高—高型由初始的占 17.74% 提高到 38.71%，低—高型值的占比为 0。其中，低—低型与高—高型占比之和是 79.35%，即战略性新兴产业发展水平 79.35% 的省（市、区）是高值与高值相邻、低值与低值相邻。依据莫兰指数可知，此时的战略性新兴产业布局仍呈空间自相关，也即仍为集聚分布。

综上所述，2009—2013 年，战略性新兴产业分布呈集聚分布且分布状态并未随时间变化而变化。多数行业呈集聚分布，且集聚分布的行业随时间变化在增多，战略性新兴产业主要集聚在东部地区，在布局的邻接关系上，呈高—高型的是上海、江苏、浙江、安徽、山东、河南、湖南；呈高—低型的是辽宁、湖北、广东、四川；呈低—高型的是河北、福建、江西、广西、海南；呈低—低型的是北京、天津、山西、内蒙古、吉林、黑龙江、重庆、贵州、云南、西藏、陕西、甘肃、青海、宁夏和新疆。现在，约2/3省（市、区）的战略性新兴产业产出还处于低值区，中国战略性新兴产业发展水平还不够高，两极格局分布明显。

第六章　战略性新兴产业转移承接

现阶段，中国战略性新兴产业主要集中在东部沿海等经济发达地区，呈不均衡状态，产业布局整体协调性不强，产业布局雷同、产业同构现象不同程度地存在，两极格局比较明显。适度的产业集聚可以促进全要素生产率和技术效率指数的提高，但产业集聚过度，则有可能加大地区间经济发展水平的差距，造成生产规模效益的递减。因此，未来战略性新兴产业的发展必须高度重视产业资源的合理流动，注重产业资源的有序转移和承接，保证战略性新兴产业健康、协调地发展。

第一节　转移的必要性分析

产业转移，是产业的生产资源在不同经济发展水平地区之间重新布局的一种经济现象。在市场经济条件下，由于地区比较优势的改变，发达地区的部分企业会通过跨地区直接投资等方式，把部分产业资源转移到其他地区，从而形成新的产业集聚。

一　产业布局的同构现象

（一）产业转移的本质

产业转移是一个再区位过程。地区间的产业级差、产业利益差、生产要素的变化以及产业竞争环境等是产业进行转移的基础条件，而地区间经济结构的变迁、生产要素供给结构的变化等则是产业转移的动力。受规模收益递减、资源环境约束以及生产成本的影响，产业转移成为市场经济条件下产业发展的一种必然现象。实施产业转移，可以加强不同地区间资本、劳动等生产要素的流通与互动，提高生产经营效率，实现经济的协调发展。

马歇尔[①]认为，产业集聚可以使企业共享特殊技能劳动力的积蓄，共享特殊投入和服务设施以及外部经济。克鲁格曼[②]认为，产业集聚受向心力和离心力的作用而产生，当向心力大于离心力时，产业向此地集聚；当向心力小于离心力时，产业从此地转移向外扩散。胡佛[③]认为，产业集聚并非是永久有效的，产业集聚的规模效应存在一个临界点，即所谓的最佳规模，若集聚的企业过少，则不能达到规模效应的最佳效果；若集聚的企业过多，反而会使产业的整体效应下降。Tichy 提出了集聚生命周期理论，这一理论将产业集聚分为诞生、成长、成熟和衰退四个阶段，而衰退阶段就是集聚导致的规模不经济。日本经济学家藤田昌久设计了一个集聚周期模型，证明当产业集聚越过临界点时便会导致规模不经济。

产业集聚与产业转移天然地相依相存，产业集聚到一定程度后产生的集聚区内土地、劳动力、原材料等生产要素成本的上升以及环境污染的压力，将会形成产业扩散离心力，离心力增强会导致相关产业等脱离产业集聚区而转移到新的地区，最终导致产业空间布局变化，形成新的区位均衡。在市场经济条件下，产业转移就是寻求最优的集聚规模、追求利润最大化和"再区位"的过程，也是产业布局的优化过程。

（二）战略性新兴产业布局出现同构

前文的研究显示，中国战略性新兴产业主要集中在东部地区，中部和西部地区产业资源较分散。2013 年，战略性新兴产业依托的行业中，东部地区各行业总产值的占比分别是化学原料和化学制品制造业为 67.80%，医药制造业为 56.48%，非金属矿物制品业为 50.63%，有色金属冶炼和压延加工业为 40.13%，通用设备制造业为 74.06%，专用设备制造业为 63.95%，交通运输设备制造业为 59.29%，电气机械和器材制造业为 74.81%，计算机、通信和其他电子设备制造业为 81.27%。显而易见，东部地区战略性新兴产业生产资源几乎都在一半以上，两极格局已经出现。

另外，战略性新兴产业布局的趋同现象，即同构化也较为严重。产业同构化是指在一地区产业结构变动过程中不断出现和增强的地区间结构的高度相似趋势，这种产业结构的相似趋势会使资源配置效率低，劳动生产

---

① [英] 马歇尔：《经济学原理》，商务印书馆 1997 年版。
② Krugman, P., Increasing returns and economic geography [J]. *Journal of Political Economy*, 1991 (99), pp. 483–499.
③ [美] 埃德加·胡佛：《区域经济学导论》，商务印书馆 1990 年版。

率下降。现在,全国有 13 个省(市、区)将新一代信息技术产业作为优先发展领域,18 个省(市、区)提出要打造新能源基地,近 100 个城市提出要把太阳能、风能作为支柱产业。产业同构趋势已经出现。

为测度东部地区战略性新兴产业的同构程度,我们使用 1979 年联合国工业发展组织(UNIDO)国际工业研究中心提出的产业结构相似系数,进行战略性新兴产业同构测度。地区 i 和地区 j 之间的产业结构相似系数计算公式为①:

$$S_{ij} = \frac{\sum_{k=1}^{n}(X_{ik}X_{jk})}{\sqrt{\sum_{k=1}^{n}X_{ik}^2 \times \sum_{k=1}^{2}X_{jk}^2}} \quad (6-1)$$

式中,S_{ij} 表示产业结构相似系数;X_{ik} 和 X_{jk} 分别表示地区 i 和地区 j 中 k 产业产值占地区 i 和地区 j 的比重;S_{ij} 取值范围为 [0,1]。S_{ij} 数值越高,表明两个地区的产业结构相似程度越高;反之则越低。不同时期的 S_{ij} 变动能够反映出地区之间产业结构差异的变动方向,如果 S_{ij} 上升,则表示地区之间产业结构呈趋同化发展;如果 S_{ij} 下降,则表明地区之间产业结构差异扩大。

根据相似系数的公式,从《中国工业统计年鉴(2013)》选取东部地区和一些有代表性省(市、区)的战略性新兴产业依托行业的总产值数据,计算其产业结构相似系数,得到结果如表 6-1 所示。

表 6-1　　　　　　　战略性新兴产业结构相似系数

	天津	河北	辽宁	上海	江苏	浙江	福建	山东	广东	海南
北京	0.9217	0.6678	0.6494	0.9579	0.7395	0.5990	0.7439	0.5809	0.7562	0.5922
天津		0.7380	0.7311	0.9656	0.9016	0.7728	0.8597	0.7626	0.8711	0.5735
河北			0.9479	0.7484	0.8125	0.9046	0.7666	0.9431	0.5249	0.8734
辽宁				0.7451	0.7664	0.8788	0.7661	0.9119	0.5069	0.7446
上海					0.8658	0.7621	0.7974	0.7250	0.8093	0.5993
江苏						0.9254	0.8922	0.8672	0.8844	0.6489
浙江							0.7867	0.9403	0.6689	0.7052

---

① 王文森:《产业结构相似系数在统计分析中的应用》,《中国统计》2007 年第 10 期。

续表

	天津	河北	辽宁	上海	江苏	浙江	福建	山东	广东	海南
福建								0.7925	0.8913	0.6715
山东									0.5851	0.7747
广东										0.5851

从表 6-1 中可以看出，东部地区战略性依托行业产业结构的相似系数都较大，特别是北京与天津、天津与上海、北京与上海、江苏与浙江、浙江与山东、山东与河北、河北与辽宁的相似系数均超过 0.9 以上，一定程度上反映这些地区的产业结构存在同构现象，严重的是，某些省（市、区）的战略性新兴产业可能在另一省（市、区）不断地复制，不同省（市、区）产业结构不存在个性，没有地区特色，这不利于产业的可持续发展。

二　产业布局与生产率的一致性

根据产业发展理论，产业同构有可能导致劳动生产率下降。实践中，某一产业的从业人员在某一地区集中，劳动生产率会很低，而从业人员在某一地区分布较少，劳动生产率却会很高。这就是产业从业人员布局与劳动生产率不一致的问题。研究战略性新兴产业的转移承接问题，有必要考察其从业人员与劳动生产率的一致性问题。

（一）一致性测度方法的设计

需要设计一种测度战略性新兴产业从业人员布局与劳动生产率一致性的方法。设劳动生产率为：

$$r_i = \frac{y_i}{l_i} \tag{6-2}$$

式中，y_i 表示工业产值，l_i 表示从业人员数，l_i 和 r_i 的标准化变量 l_i^* 和 r_i^* 值为：

$$r_i^* = \frac{r_i - \bar{r}}{\bar{s}} = \frac{r_i - \bar{r}}{\frac{1}{n}\sum_i (r_i - \bar{r})^2} \tag{6-3}$$

$$l_i^* = \frac{l_i - \bar{l}}{\bar{s}} = \frac{l_i - \bar{l}}{\frac{1}{n}\sum_i (l_i - \bar{l})^2} \tag{6-4}$$

于是得到反映从业人员与劳动生产率一致程度的指标——一致性指数如式（6-5）所示：

$$e_i = r_i^* l_i^* \quad (6-5)$$

即：

$$e_i = \frac{n^2 (r_i - \bar{r})(l_i - \bar{l})}{\sum_i (r_i - \bar{r})^2 \sum_i (l_i - \bar{l})^2} \quad (6-6)$$

若 $e_i > 0$，表明该地区的劳动生产率与从业人员产业布局一致；若 $e_i < 0$，表明该地区的劳动生产率与从业人员布局不一致。

r_i^* 和 l_i^* 的符号有 4 种组合形式，含义如下：

$r_i^* > 0$ 且 $l_i^* > 0$，表明地区内的劳动生产率和从业人员数高于平均水平，从业人员数与劳动生产率一致。

$r_i^* > 0$ 但 $l_i^* < 0$ 时，表明地区内的劳动生产率仍高于平均水平，但从业人员数低于平均水平，从业人员数与劳动生产率不一致。

$r_i^* < 0$ 但 $l_i^* > 0$ 时，表明地区内的劳动生产率低于平均水平，但从业人员数高于平均水平，从业人员数与劳动生产率不一致。

$r_i^* < 0$ 且 $l_i^* < 0$ 时，表明地区内的劳动生产率和从业人员数均低于平均水平，从业人员数与劳动生产率一致。

运用这一指标，可以测度各省（市、区）战略性新兴产业布局与劳动生产率的一致性问题。

(二) 测度结果及其分析

运用表 3 - 4 中 2013 年中国战略性新兴依托行业主营业务收入和表 5 - 1 中 2013 年各省（市、区）从业人员数，根据一致性指数的计算公式，可得 l_i^*、r_i^* 和 e_i^* 的结果如表 6 - 2 所示。

表 6 - 2　　　　战略性新兴产业的 l_i^* 值、r_i^* 值和 e_i^* 值

地区	C26			C27			C30			C32		
	l_i^*	r_i^*	e_i^*	l_i^*	r_i^*	e_i^*	l_i^*	r_i^*	e_i^*	l_i^*	r_i^*	e_i^*
北京	-0.732	-0.928	0.679	0.044	-0.451	-0.020	-0.688	-0.085	0.059	-1.111	-0.888	0.987
天津	-0.586	1.188	-0.696	-0.405	0.736	-0.298	-0.808	-0.080	0.065	-0.880	2.595	-2.282
河北	0.194	-0.615	-0.119	0.329	-0.042	-0.014	0.316	-0.488	-0.154	-0.600	-0.584	0.350
山西	-0.339	-1.394	0.473	-0.622	-2.142	1.331	-0.504	-1.935	0.974	-0.111	-1.319	0.146
内蒙古	-0.369	-0.191	0.071	-0.688	-0.301	0.208	-0.646	0.906	-0.586	0.094	0.148	0.014
辽宁	0.051	0.622	0.032	-0.237	1.858	-0.440	0.389	2.042	0.793	0.015	-0.246	-0.004

续表

地区	C26			C27			C30			C32		
	l_i^*	r_i^*	e_i^*	l_i^*	r_i^*	e_i^*	l_i^*	r_i^*	e_i^*	l_i^*	r_i^*	e_i^*
吉林	-0.408	0.364	-0.149	1.151	-0.182	-0.210	-0.570	3.150	-1.796	-1.001	-0.570	0.570
黑龙江	-0.699	-0.508	0.355	-0.232	-0.898	0.208	-0.718	0.252	-0.181	-1.062	-1.639	1.740
上海	-0.244	1.394	-0.340	-0.082	-0.229	0.019	-0.647	-0.116	0.075	-0.769	-0.290	0.223
江苏	3.259	0.963	3.139	2.145	1.802	3.866	1.185	0.472	0.560	1.468	0.204	0.299
浙江	0.572	1.212	0.693	1.083	-0.857	-0.928	0.114	0.039	0.004	0.482	0.159	0.077
安徽	-0.123	-0.346	0.043	-0.165	-0.258	0.043	0.127	-0.021	-0.003	-0.184	1.476	-0.272
福建	-0.386	-0.324	0.125	-0.653	-1.180	0.771	0.838	-0.878	-0.736	-0.324	-0.312	0.101
江西	-0.028	-0.539	0.015	0.327	0.235	0.077	0.207	0.200	0.041	1.371	1.535	2.104
山东	2.982	1.186	3.537	2.787	1.663	4.634	2.257	1.065	2.405	1.772	1.091	1.933
河南	0.752	-0.783	-0.589	1.675	-0.669	-1.121	2.659	0.444	1.179	2.578	-0.191	-0.491
湖北	0.340	-0.013	-0.005	0.657	-0.838	-0.551	0.355	0.249	0.088	-0.276	0.529	-0.146
湖南	1.181	-1.447	-1.709	-0.024	0.099	-0.002	0.733	-0.690	-0.506	1.205	-0.248	-0.299
广东	1.086	-0.012	-0.013	0.893	-0.054	-0.048	2.269	-1.009	-2.288	1.783	-0.472	-0.841
广西	-0.378	-1.131	0.428	-0.481	-0.852	0.410	-0.034	-0.968	0.033	-0.076	-0.822	0.062
海南	-0.919	1.245	-1.144	-0.957	-0.848	0.812	-0.963	0.850	-0.819	-1.207	-1.629	1.967
重庆	-0.455	-1.186	0.539	-0.407	-1.175	0.478	-0.391	-0.729	0.285	-0.685	-0.409	0.280
四川	0.401	-0.992	-0.397	1.019	-0.870	-0.887	0.693	-0.670	-0.465	-0.350	-0.622	0.217
贵州	-0.594	-0.663	0.394	-0.629	-1.067	0.670	-0.678	-0.047	0.032	-0.582	-1.140	0.663
云南	-0.469	-1.056	0.495	-0.734	-0.209	0.154	-0.666	-1.019	0.678	0.933	-0.881	-0.822
西藏	-0.942	-2.078	1.957	-1.156	-0.799	0.924	-1.000	-1.141	1.141	-1.216	-2.100	2.554
陕西	-0.477	-1.270	0.606	-0.400	-0.557	0.223	-0.490	-0.028	0.014	0.211	-0.514	-0.109
甘肃	-0.692	-1.559	1.079	-0.950	-1.384	1.315	-0.765	-0.890	0.680	0.335	0.748	0.250
青海	-0.719	-1.698	1.222	-1.094	-0.613	0.670	-0.959	-0.564	0.541	-0.582	-0.641	0.373
宁夏	-0.725	-1.359	0.985	-1.085	-2.219	2.408	-0.925	-0.454	0.420	-0.616	-0.951	0.586
新疆	-0.536	-1.109	0.594	-1.108	-2.149	2.382	-0.689	-1.062	0.732	-0.615	-0.865	0.532

地区	C34			C35			C36			C38		
	l_i^*	r_i^*	e_i^*	l_i^*	r_i^*	e_i^*	l_i^*	r_i^*	e_i^*	l_i^*	r_i^*	e_i^*
北京	-0.462	0.150	-0.069	-0.291	-0.099	0.029	-0.177	1.935	-0.343	-0.380	0.421	-0.160
天津	-0.271	0.389	-0.106	-0.013	0.124	-0.002	-0.156	0.571	-0.089	-0.344	0.544	-0.187
河北	-0.064	-0.180	0.011	0.272	-0.230	-0.063	0.070	-0.351	-0.024	-0.150	0.306	-0.046

续表

地区	C34			C35			C36			C38		
	l_i^*	r_i^*	e_i^*	l_i^*	r_i^*	e_i^*	l_i^*	r_i^*	e_i^*	l_i^*	r_i^*	e_i^*
山西	-0.581	-1.107	0.643	-0.385	-0.940	0.362	-0.824	-1.506	1.241	-0.494	-0.507	0.250
内蒙古	-0.652	0.385	-0.251	-0.758	1.756	-1.330	-0.944	0.469	-0.443	-0.502	2.199	-1.105
辽宁	1.223	0.536	0.656	0.551	0.937	0.516	0.359	0.418	0.150	-0.119	0.691	-0.082
吉林	-0.608	1.511	-0.919	-0.595	1.956	-1.163	0.528	2.207	1.165	-0.486	0.913	-0.444
黑龙江	-0.496	-0.867	0.430	-0.489	-0.492	0.240	-0.764	-1.122	0.857	-0.461	-0.343	0.158
上海	0.413	0.643	0.266	0.120	-0.177	-0.021	0.507	2.142	1.086	0.092	-0.059	-0.005
江苏	3.053	0.089	0.271	3.363	-0.093	-0.312	3.005	-0.191	-0.573	2.269	0.567	1.287
浙江	2.289	-0.854	-1.954	0.948	-0.900	-0.853	1.334	-1.129	-1.507	1.552	-0.433	-0.671
安徽	0.082	0.243	0.020	0.004	0.116	0.000	0.074	-0.580	-0.043	0.176	0.663	0.117
福建	-0.185	-0.663	0.123	-0.253	-0.366	0.093	-0.259	-0.838	0.217	-0.014	-0.363	0.005
江西	-0.444	0.041	-0.018	-0.502	-0.290	0.145	-0.578	0.252	-0.146	-0.041	0.176	-0.007
山东	2.128	0.922	1.962	2.141	1.289	2.759	1.498	0.386	0.579	0.467	0.982	0.459
河南	0.451	0.188	0.085	1.445	-0.122	-0.176	0.398	-0.638	-0.254	0.026	0.145	0.004
湖北	-0.183	0.115	-0.021	-0.098	-0.273	0.027	1.383	-0.270	-0.374	-0.137	-0.005	0.001
湖南	-0.136	0.360	-0.049	0.518	1.420	0.736	-0.207	-0.383	0.079	-0.237	0.202	-0.048
广东	1.508	-0.792	-1.195	1.686	-1.215	-2.049	1.487	-0.049	-0.073	4.272	-0.608	-2.599
广西	-0.580	-0.090	0.052	-0.509	0.064	-0.033	-0.183	-0.141	0.026	-0.430	0.806	-0.347
海南	-0.745	-2.565	1.911	-0.844	-1.609	1.358	-0.990	-0.036	0.035	-0.514	-0.331	0.170
重庆	-0.427	-0.635	0.272	-0.603	-0.280	0.169	1.198	-0.469	-0.562	-0.365	0.424	-0.155
四川	0.092	0.150	0.014	0.181	-0.249	-0.045	0.099	-0.248	-0.025	-0.225	-0.195	0.044
贵州	-0.699	-1.019	0.712	-0.790	-0.618	0.488	-0.871	-0.892	0.776	-0.509	0.083	-0.042
云南	-0.673	-1.354	0.912	-0.737	-0.928	0.684	-0.944	-0.297	0.280	-0.498	-0.432	0.215
西藏	-0.747	-3.009	2.248	-0.849	-2.798	2.375	-1.031	-1.077	1.111	-0.537	-1.544	0.829
陕西	-0.435	-0.863	0.376	-0.350	-0.656	0.229	0.069	-1.089	-0.075	-0.350	-0.320	0.112
甘肃	-0.685	-1.578	1.081	-0.702	-1.416	0.994	-1.009	-1.842	1.858	-0.496	0.046	-0.023
青海	-0.722	-1.807	1.304	-0.847	-0.359	0.304	-1.029	-0.683	0.703	-0.532	0.421	-0.224
宁夏	-0.709	-1.421	1.006	-0.800	-0.562	0.450	-1.022	-1.806	1.847	-0.521	-0.392	0.204
新疆	-0.734	-0.255	0.187	-0.814	1.066	-0.869	-1.018	0.340	-0.346	-0.511	4.321	-2.207

续表

地区	C39			C40			行业之和		
	l_i^*	r_i^*	e_i^*	l_i^*	r_i^*	e_i^*	l_i^*	r_i^*	e_i^*
北京	-0.227	1.746	-0.396	-0.005	0.314	-0.002	-0.420	1.224	-0.515
天津	-0.140	1.170	-0.164	-0.386	-0.019	0.007	-0.356	1.225	-0.436
河北	-0.309	-0.726	0.224	-0.290	-0.539	0.156	-0.090	-0.457	0.041
山西	-0.280	-0.694	0.195	-0.495	1.053	-0.521	-0.504	-1.743	0.879
内蒙古	-0.429	2.503	-1.074	-0.554	3.707	-2.054	-0.622	1.632	-1.016
辽宁	-0.308	0.366	-0.113	-0.128	0.541	-0.069	0.113	0.945	0.107
吉林	-0.419	-0.116	0.049	-0.483	0.281	-0.136	-0.412	2.328	-0.960
黑龙江	-0.428	-0.560	0.240	-0.458	-0.926	0.424	-0.612	-0.957	0.586
上海	0.266	0.542	0.144	0.152	0.191	0.029	0.117	0.975	0.114
江苏	2.379	0.054	0.127	3.592	1.089	3.910	2.884	0.345	0.996
浙江	0.157	-0.442	-0.069	1.664	-0.557	-0.927	1.014	-0.789	-0.800
安徽	-0.262	0.024	-0.006	-0.296	0.580	-0.172	-0.060	0.341	-0.020
福建	0.011	0.193	0.002	0.046	-0.663	-0.030	-0.047	-0.748	0.035
江西	-0.208	-0.471	0.098	-0.324	-0.228	0.074	-0.173	0.949	-0.164
山东	0.088	0.700	0.062	0.394	0.924	0.364	1.339	1.605	2.149
河南	0.140	-0.464	-0.065	0.244	-0.388	-0.095	0.725	-0.279	-0.202
湖北	-0.224	0.090	-0.020	-0.171	-0.556	0.095	0.083	0.079	0.007
湖南	-0.142	-0.190	0.027	-0.215	0.765	-0.165	0.111	-0.334	-0.037
广东	4.626	-0.257	-1.188	3.140	-0.927	-2.909	3.507	-1.106	-3.879
广西	-0.319	0.050	-0.016	-0.485	-0.099	0.048	-0.398	-0.439	0.175
海南	-0.429	-0.842	0.361	-0.493	-1.346	0.664	-0.774	-0.289	0.224
重庆	-0.212	0.999	-0.212	-0.143	-0.446	0.064	-0.237	-0.231	0.055
四川	0.039	0.539	0.021	-0.412	-0.058	0.024	0.115	-0.433	-0.050
贵州	-0.430	1.331	-0.572	-0.518	-0.764	0.396	-0.665	-0.525	0.349
云南	-0.427	-0.483	0.206	-0.511	-0.388	0.199	-0.608	-0.422	0.257
西藏	-0.434	-1.536	0.667	-0.557	-1.691	0.943	-0.800	-1.567	1.254
陕西	-0.357	-0.625	0.223	-0.121	-0.453	0.055	-0.371	-0.863	0.320
甘肃	-0.418	-0.807	0.338	-0.541	-1.182	0.639	-0.666	1.275	-0.849
青海	-0.434	2.514	-1.091	-0.549	-1.200	0.659	-0.750	-0.396	0.297
宁夏	-0.434	1.724	-0.748	-0.539	-0.289	0.156	-0.740	-0.787	0.582
新疆	-0.434	-0.764	0.332	-0.556	0.061	-0.034	-0.701	-0.161	0.113

注：由于还没有专门的战略性新兴产业统计数据，此处用战略性新兴产业依托行业的数据代替战略性新兴产业的数据进行分析。

从表 6-2 可知：

行业之和的 $e_i^* > 0$ 的地区是山东、西藏、江苏、山西、黑龙江、宁夏、贵州、陕西、青海、云南、海南、广西、上海、新疆、辽宁、重庆、河北、福建、湖北，表明这些地区从业人员与劳动生产率水平一致。

行业之和的 $e_i^* < 0$ 的地区是安徽、湖南、四川、江西、河南、天津、北京、浙江、甘肃、吉林、内蒙古、广东，表明这些地区从业人员与劳动生产率水平不一致。

由 l_i^*、r_i^* 的符号可知，从业人员高于平均水平，劳动生产率也高于平均水平的地区是辽宁、上海、江苏、山东和湖北；从业人员高于平均水平，劳动生产率低于平均水平的地区是浙江、河南、湖南、广东、四川；从业人员低于平均水平，劳动生产率高于平均水平的地区是北京、天津、内蒙古、吉林、安徽、江西、甘肃；从业人员低于平均水平，劳动生产率也低于平均水平的地区是河北、山西、黑龙江、福建、广西、海南、重庆、贵州、云南、西藏、陕西、青海、宁夏、新疆。

进一步地，从行业上看：

1. 化学原料及化学制品制造业

化学原料及化学制品制造业，从业人员与劳动生产率水平一致的地区是北京、山西、内蒙古、辽宁、黑龙江、江苏、浙江、安徽、福建、江西、山东、广西、重庆、贵州、云南、西藏、陕西、甘肃、青海、宁夏、新疆；从业人员与劳动生产率水平不一致的地区是天津、河北、吉林、上海、河南、湖北、湖南、广东、海南、四川；从业人员高于平均水平，劳动生产率也高于平均水平的地区是辽宁、江苏、浙江、山东；从业人员高于平均水平，劳动生产率也低于平均水平的地区是河北、河南、湖北、湖南、广东、四川；从业人员低于平均水平，劳动生产率高于平均水平的地区是天津、吉林、上海、海南；从业人员低于平均水平，劳动生产率低于平均水平的地区是北京、山西、内蒙古、黑龙江、安徽、福建、江西、广西、重庆、贵州、云南、西藏、陕西、甘肃、青海、宁夏、新疆。

2. 医药制造业

医药制造业，从业人员与劳动生产率水平一致的地区是山西、内蒙古、黑龙江、上海、江苏、安徽、福建、江西、山东、广西、海南、重庆、贵州、云南、西藏、陕西、甘肃、青海、宁夏、新疆；从业人员与劳动生产率水平不一致的地区是北京、河北、吉林、浙江、河南、湖北、广东、四川、天津、辽宁、湖南；从业人员高于平均水平，劳动生产率也高于平均水平的地区是江苏、江西、山东；从业人员高于平均水平，劳动生产率低于平均水平的地区是北京、河北、吉林、浙江、河南、湖北、广东、四川；从业人员低于平均水平，劳动生产率高于平均水平的地区是天津、辽宁、湖南；从业人员低于平均水平，劳动生产率也低于平均水平的地区是山西、内蒙古、黑龙江、上海、安徽、福建、广西、海南、重庆、贵州、云南、西藏、陕西、甘肃、青海、宁夏、新疆。

3. 非金属矿物制品业

非金属矿物制品业，从业人员与劳动生产率水平一致的地区是辽宁、江苏、浙江、江西、山东、河南、湖北、北京、天津、山西、上海、重庆、贵州、云南、西藏、陕西、甘肃、青海、宁夏、新疆、广西；从业人员与劳动生产率水平不一致的地区是辽宁、江苏、浙江、江西、山东、河南、湖北、河北、安徽、福建、湖南、广东、四川；从业人员高于平均水平，劳动生产率也高于平均水平的地区是辽宁、江苏、浙江、江西、山东、河南、湖北；从业人员高于平均水平，劳动生产率也低于平均水平的地区是河北、安徽、福建、湖南、广东、四川；从业人员低于平均水平，劳动生产率高于平均水平的地区是内蒙古、吉林、黑龙江、海南；从业人员低于平均水平，劳动生产率也低于平均水平的地区是北京、天津、山西、上海、重庆、贵州、云南、西藏、陕西、甘肃、青海、宁夏、新疆、广西。

4. 有色金属冶炼和压延加工业

有色金属冶炼和压延加工业，从业人员与劳动生产率水平一致的地区是浙江、江西、山东、内蒙古、甘肃、北京、河北、山西、吉林、黑龙江、上海、福建、广西、海南、重庆、四川、贵州、西藏、青海、宁夏、新疆；从业人员与劳动生产率不一致的地区是湖南、广东、云南、陕西、辽宁、河南、天津、安徽、湖北；从业人员高于平均水平，劳动生产率也高于平均水平的地区是浙江、江西、山东、内蒙古、甘肃；从业人员高于平均水平，劳动生产率低于平均水平的地区是湖南、广东、云南、陕西、辽宁、河南；从业人员低于平均水平，劳动生产率高于平均水平的地区是天津、安徽、湖北；从业人员低于平均水平，劳动生产率也低于平均水平的地区是北京、河北、山西、吉林、黑龙江、上海、福建、广西、海南、重庆、四川、贵州、西藏、青海、宁夏、新疆。

5. 通用设备制造业

通用设备制造业，从业人员与劳动生产率水平一致的地区是四川、辽宁、山东、河南、上海、江苏、安徽、福建、黑龙江、河北、山西、广西、海南、重庆、贵州、云南、西藏、陕西、甘肃、青海、宁夏、新疆；从业人员与劳动生产率水平不一致的地区是浙江、广东、北京、天津、内蒙古、吉林、江西、湖北、湖南；从业人员高于平均水平，劳动生产率也高于平均水平的地区是四川、辽宁、山东、河南、上海、江苏、安徽；从业人员高于平均水平，劳动生产率低于平均水平的地区是浙江、广东；从业人员低于平均水平，劳动生产率高于平均水平的地区是北京、天津、内蒙古、吉林、江西、湖北、湖南；从业人员低于平均水平，劳动生产率也低于平均水平的地区是福建、黑龙江、河北、山西、广西、海南、重庆、贵州、云南、西藏、陕西、甘肃、青海、宁夏、新疆。

6. 专用设备制造业

专用设备制造业，从业人员与劳动生产率水平一致的地区是湖南、辽宁、山东、安徽、黑龙江、北京、山西、湖北、海南、重庆、贵州、云南、西藏、陕西、甘肃、青海、宁夏、福建、江西；从业人员与劳动生产率水平不一致的地区是河北、上海、江苏、浙江、河南、广东、四川、内蒙古、吉林、广西、新疆、天津；从业人员高于平均水平，劳动生产率也高于平均水平的地区是湖南、辽宁、山东、安徽；从业人员高于平均水平，劳动生产率低于平均水平的地区是河北、上海、江苏、浙江、河南、广东、四川；从业人员低于平均水平，劳动生产率高于平均水平的地区是内蒙古、吉林、广西、新疆、天津；从业人员低于平均水平，劳动生产率也低于平均水平的地区是黑龙江、北京、山西、湖北、海南、重庆、贵州、云南、西藏、陕西、甘肃、青海、宁夏、福建、江西。

7. 交通运输设备制造业

交通运输设备制造业，从业人员与劳动生产率水平一致的地区是辽宁、吉林、山东、上海、福建、黑龙江、湖南、山西、广西、海南、贵州、云南、西藏、甘肃、青海、宁夏；从业人员与劳动生产率水平不一致的地区是河南、湖北、广东、重庆、四川、陕西、河北、江苏、浙江、安徽、北京、天津、内蒙古、江西、新疆；从业人员高于平均水平，劳动生产率也高于平均水平的地区是辽宁、吉林、山东、上海；从业人员高于平均水平，劳动生产率低于平均水平的是河南、湖北、广东、重庆、四川、陕西、河北、江苏、浙江、安徽；从业人员低于平均水平，劳动生产率高于平均水平的地区是北京、天津、内蒙古、江西、新疆；从业人员低于平均水平，劳动生产率也低于平均水平的地区是福建、黑龙江、湖南、山西、广西、海南、贵州、云南、西藏、甘肃、青海、宁夏。

8. 电气机械及器材制造业

电气机械及器材制造业，从业人员与劳动生产率水平一致的地区是江苏、安徽、山东、河南、北京、天津、河北、内蒙古、辽宁、吉林、江西、湖南、广西、重庆、贵州、甘肃、青海、新疆；从业人员与劳动生产率不一致的地区是上海、浙江、广东、湖北、福建、海南、四川、云南、西藏、陕西、山西、黑龙江、宁夏；从业人员高于平均水平，劳动生产率也高于平均水平的地区是江苏、安徽、山东、河南；从业人员高于平均水平，劳动生产率低于平均水平的地区是上海、浙江、广东；从业人员低于平均水平，劳动生产率高于平均水平的地区是湖北、福建、海南、四川、云南、西藏、陕西、山西、黑龙江、宁夏；从业人员低于平均水平，劳动生产率也低于平均水平的地区是北京、天津、河北、内蒙古、辽宁、吉林、江西、湖南、广西、重庆、贵州、甘肃、青海、新疆。

9. 通信设备、计算机及其他电子设备制造业

通信设备、计算机及其他电子设备制造业，从业人员与劳动生产率一致的地区是上海、江苏、福建、山东、四川、湖南、海南、河北、山西、吉林、黑龙江、江西、云南、西藏、陕西、甘肃、新疆；从业人员与劳动生产率不一致的地区是浙江、河南、广东、北京、天津、内蒙古、辽宁、安徽、湖北、广西、重庆、贵州、青海、宁夏；从业人员高于平均水平，劳动生产率也高于平均水平的地区是上海、江苏、福建、山东、四川；从业人员高于平均水平，劳动生产率低于平均水平的是浙江、河南、广东；从业人员低于平均水平，劳动生产率高于平均水平的地区是北京、天津、内蒙古、辽宁、安徽、湖北、广西、重庆、贵州、青海、宁夏；从业人员低于平均水平，劳动生产率也低于平均水平的地区是湖南、海南、河北、山西、吉林、黑龙江、江西、云南、西藏、陕西、甘肃、新疆。

10. 仪器仪表制造业

仪器仪表制造业，从业人员与劳动生产率一致的地区是上海、江苏、山东、天津、河北、黑龙江、江西、湖北、广西、海南、重庆、四川、贵州、云南、西藏、陕西、甘肃、青海、宁夏；从业人员与劳动生产率不一

致的地区是北京、山西、内蒙古、辽宁、吉林、安徽、湖南、新疆；从业人员高于平均水平，劳动生产率也高于平均水平的地区是上海、江苏、山东；从业人员高于平均水平，劳动生产率低于平均水平的地区是浙江、福建、河南、广东；从业人员低于平均水平，劳动生产率高于平均水平的地区是北京、山西、内蒙古、辽宁、吉林、安徽、湖南、新疆；从业人员低于平均水平，劳动生产率也低于平均水平的地区是天津、河北、黑龙江、江西、湖北、广西、海南、重庆、四川、贵州、云南、西藏、陕西、甘肃、青海、宁夏。

前文的研究显示，中国战略性新兴产业布局已经出现雷同，地区间产业结构出现同构现象，有必要进行产业转移，进行产业的再区位。

三 产业资源集中度分析

（一）三大区域产业集中度

前文是从行业角度考察战略性新兴产业资源的集中情况，下面从地区角度考察战略性新兴产业的集中度。Wen（2004）[①]曾通过地区的工业份额上升比率来测度产业集中情况，并据此进行产业转移和承接的分析。借鉴这一思路，我们以战略性新兴产业产值占全国的比重来度量产业资源在各省（市、区）的集中度。根据《中国工业统计年鉴》提供的数据，将2013年全国各省（市、区）战略性新兴依托行业的主营业务收入按照东部、中部、西部分地区进行统计[②]，计算可得到各地区战略性新兴产业占比结果如表6-3所示。

表6-3　　　　　　三大区域战略性新兴产业集中度

行业	主营业务总收入（亿元）	东部地区		中部地区		西部地区	
		收入（亿元）	百分比（%）	收入（亿元）	百分比（%）	收入（亿元）	百分比（%）
C26	76645.33	51968.08	67.8	15863.14	20.7	8814.11	11.5
C27	20484.24	11568.97	56.5	6047.52	29.5	2867.75	14.0
C30	51967.16	26312.97	50.6	17878.63	34.4	7775.56	15.0

---

① Wen, M., Relocation and Agglomeration of Chinese Industry [J]. *Journal of Development Economics*, 2004, pp. 329-347.

② 按照国家规定，东部地区包括北京、天津、河北、辽宁、上海、江苏、浙江、福建、山东、广东和海南11个省市；中部地区包括山西、吉林、黑龙江、安徽、江西、河南、湖北、湖南8个省；西部地区包括重庆、四川、贵州、云南、西藏、陕西、甘肃、青海、宁夏、新疆、广西、内蒙古12个省（市、区）。

续表

行业	主营业务总收入（亿元）	东部地区 收入（亿元）	百分比（%）	中部地区 收入（亿元）	百分比（%）	西部地区 收入（亿元）	百分比（%）
C32	47192.15	18936.79	40.1	17021.11	36.1	11234.25	23.8
C34	43575	31648.65	72.7	8600.8	19.7	3325.55	7.6
C35	32714.71	20922.26	64.0	8910.09	27.2	2882.36	8.8
C36	76055.13	45093.37	59.3	20040.14	26.3	10921.62	14.4
C38	61553.6	46051.09	74.8	11436.61	18.6	4065.9	6.6
C39	78817.79	64062.12	81.3	7688.9	9.0	7066.77	9.7
C40	7567.75	6216.37	82.1	945.94	12.5	405.44	5.4
行业总计	496576.76	323407.54	65.1	113806.01	22.9	59363.21	12.0

资料来源：国家统计局：《中国工业统计年鉴》，中国统计出版社2014年版。笔者计算整理。

表6-3显示，东部地区战略性新兴产业依托行业主营业务收入占全国的65.1%，而东部地区土地面积只占全国总面积的11.2%。分行业看，东部地区的产出占全国的比重超过80%的行业是通信设备制造业、计算机及其他电子设备制造业、仪器仪表制造业；占比高于70%的行业是通用设备制造业和电气机械及器材制造业；占比高于60%的行业是化学原料及化学制品制造业和专用设备制造业；占比高于50%的行业是医药制造业、非金属矿物制品业和交通运输设备制造业；占比低于50%的行业是有色金属冶炼和压延加工业，但是，东部地区的有色金属产出也是三个地区中最高的一个。东部地区集中的产业主要是化学原料及化学制品制造业，通用设备制造业，交通运输设备制造业，电气机械及器材制造业，通信设备、计算机及其他电子设备制造业等；中部地区集中的产业主要是化学原料及化学制品制造业、非金属矿物制品业、有色金属冶炼和压延加工业、交通运输设备制造业和电气机械及器材制造业等；西部地区集中的产业主要是化学原料及化学制品制造业、非金属矿物制品业、有色金属冶炼和压延加工业、交通运输设备制造业和通信设备、计算机及其他电子设备制造业。中西部地区战略性新兴产业集中情况比较相似。

（二）省（市、区）产业集中度

分析各省（市、区）战略性新兴产业的集中度，可计算产业集中度指数，计算公式为：

$$CR_n = \frac{\sum (x_i)_n}{\sum (x_i)_N}, N > n \qquad (6-7)$$

式中，CR_n 表示规模最大的前 n 家企业（或地区）的产业集中度；x_i 表示第 i 家企业（或地区）的产值、销售额、职工人数、资产总额等；n 为产业内规模最大的前几家企业（或地区）数；N 为产业内的企业（或地区）总数，比如 $n=5$ 或者 $n=10$，分别表示产业内规模最大的前 5 家或者前 10 家企业的集中度。

依据产业集中度公式，仍然用产业的主营业务收入数据，可计算出 2009—2013 年战略性新兴产业集中度居前 5 位省（市、区）如表 6-4 所示。

表 6-4　　　　战略性新兴产业前 5 位省（市、区）集中度　　　　单位：%

行业	2009 年	2010 年	2011 年	2012 年	2013 年
整体	江苏 16.41	江苏 16.47	江苏 16.46	江苏 16.62	江苏 16.29
	广东 14.99	广东 14.49	广东 13.28	山东 12.2	山东 12.32
	山东 12.81	山东 11.74	山东 11.52	广东 12.15	广东 12.11
	浙江 7.01	浙江 7.03	浙江 6.5	浙江 6.11	浙江 5.71
	上海 6.08	上海 5.93	上海 5.31	河南 5.38	河南 5.68
CR_5	57.3	55.66	53.07	52.46	52.11
C26	山东 19.39	江苏 19.14	江苏 19.3	江苏 19.38	江苏 19.39
	江苏 19.21	山东 17.3	山东 16.72	山东 19.12	山东 19.2
	广东 8.69	广东 8.54	广东 8.13	浙江 7.33	浙江 7.47
	浙江 7.33	浙江 7.33	浙江 7.48	广东 6.81	广东 6.91
	上海 4.58	上海 4.77	河南 4.17	湖北 4.14	湖北 4.37
CR_5	59.20	57.08	55.8	56.78	57.34
C27	山东 14.55	山东 13.76	山东 13.54	山东 15.04	山东 15.25
	江苏 11.72	江苏 12.09	江苏 12.11	江苏 13.15	江苏 13.1
	浙江 7.05	广东 6.82	河南 7.25	河南 6.28	河南 6.51
	广东 6.54	浙江 6.56	广东 6.16	吉林 5.68	吉林 6.08
	河南 6.08	河南 6.34	四川 6.03	广东 5.58	广东 5.59
CR_5	45.94	45.57	45.09	45.73	46.53
C30	山东 16.80	山东 14.65	山东 13.66	山东 14.2	山东 13.57
	河南 12.03	河南 11.76	河南 12.65	河南 12.71	河南 13.14

续表

行业	2009 年	2010 年	2011 年	2012 年	2013 年
C30	广东 9.40	广东 9.53	广东 7.98	江苏 8.03	江苏 7.93
	江苏 8.05	江苏 8.14	江苏 7.86	辽宁 7.77	广东 7.36
	辽宁 6.94	辽宁 7.23	辽宁 6.79	广东 6.95	辽宁 7.09
CR$_5$	53.22	51.31	48.94	49.66	49.09
C32	江苏 11.19	江苏 10.33	山东 10.91	山东 12.00	山东 12.04
	山东 10.75	山东 9.91	河南 10.38	江西 11.50	江西 11.88
	河南 10.08	河南 9.86	江西 9.66	河南 9.41	河南 9.15
	广东 8.89	江西 8.9	江苏 8.32	江苏 8.22	江苏 7.81
	江西 8.21	广东 8.22	湖南 6.92	湖南 5.65	广东 6.17
CR$_5$	49.12	47.22	46.19	46.78	47.05
C34	山东 18.15	江苏 17.60	山东 17.02	江苏 16.99	江苏 16.89
	江苏 17.39	山东 16.80	江苏 15.84	山东 15.46	山东 16.22
	浙江 10.36	浙江 10.75	辽宁 10.37	辽宁 10.53	辽宁 10.02
	辽宁 10.14	辽宁 10.29	浙江 9.56	浙江 9.72	浙江 9.39
	上海 7.94	上海 6.82	上海 6.34	广东 7.35	广东 7.18
CR$_5$	63.99	62.26	59.13	60.05	59.7
C35	山东 15.52	江苏 15.41	山东 15.03	山东 15.24	山东 16.60
	江苏 14.41	山东 14.55	山东 14.04	江苏 15.12	江苏 15.48
	河南 7.83	河南 7.51	湖南 9.53	湖南 9.15	河南 8.34
	辽宁 7.81	湖南 7.38	河南 8.15	河南 8.41	湖南 7.83
	广东 7.13	辽宁 7.29	辽宁 6.82	辽宁 7.57	辽宁 7.10
CR$_5$	52.70	52.14	53.57	55.49	55.35
C36	江苏 11.67	江苏 11.64	江苏 12.08	江苏 12.02	江苏 11.68
	广东 9.96	山东 9.7	山东 9.14	山东 9.24	山东 9.1
	山东 9.64	广东 9.34	广东 8.69	吉林 9.18	吉林 9.06
	上海 7.78	上海 8.07	上海 7.94	上海 9.11	上海 8.82
	吉林 7.46	吉林 7.5	吉林 7.73	广东 7.46	广东 7.72
CR$_5$	46.50	46.25	45.58	47.01	46.38
C38	广东 21.82	广东 21.58	江苏 22.66	江苏 23.01	江苏 23.06
	江苏 19.36	江苏 20.19	广东 19.49	广东 17.76	广东 17.52
	山东 11.33	浙江 10.84	浙江 9.92	山东 9.99	山东 9.87

续表

行业	2009 年	2010 年	2011 年	2012 年	2013 年
C38	浙江 11.04	山东 9.86	山东 8.92	浙江 9.66	浙江 9.04
	上海 4.76	安徽 4.6	安徽 6.02	安徽 5.89	安徽 6.12
CR_5	68.30	67.07	67.01	66.31	65.61
C39	广东 35.28	广东 34.98	广东 33.7	广东 31.67	广东 31.30
	江苏 23.47	江苏 23.53	江苏 23.3	江苏 22.92	江苏 21.62
	上海 10.87	上海 10.96	上海 9.54	上海 8.3	上海 7.04
	山东 6.23	山东 5.63	山东 5.66	山东 5.63	山东 5.65
	北京 4.7	福建 4.2	福建 4.21	福建 3.89	四川 4.75
CR_5	80.55	79.3	76.41	72.41	70.36
C40	江苏 25.76	江苏 27.01	江苏 32.01	江苏 38.33	江苏 39.47
	广东 22.79	广东 21.57	广东 19.67	浙江 9.99	广东 9.67
	浙江 10.67	浙江 11.18	浙江 9.29	广东 9.05	浙江 8.62
	山东 5.98	上海 5.9	山东 5.69	山东 8.15	山东 8.52
	上海 5.9	山东 5.3	上海 5.11	上海 4.81	上海 4.57
CR_5	71.1	70.96	71.77	70.33	70.85

表 6-4 显示，2009—2011 年，战略性新兴产业集中度居前 5 位的地区是江苏、广东、山东、浙江和上海；2011 年之后，河南取代上海成为战略性新兴产业排名前 5 的地区之一，5 个地区占全国的比重均在 50% 以上；2009—2013 年，战略性新兴产业排名前 5 的 4 个地区都在东部，最高的是江苏，之后是广东、山东、浙江。进一步的分析如下：

第一，CR_5 值在 45%—85% 的行业。6 个行业的 CR_5 值在 45%—60%，分别是化学原料及化学制品制造业、医药制造业、非金属矿物制品业、有色金属冶炼和压延加工业、专用设备制造业、交通运输设备制造业；4 个行业的 CR_5 值在 60%—85%，分别是通用设备制造业、电气机械及器材制造业和通信设备、计算机及其他电子设备制造业和仪器仪表制造业。2009—2013 年战略性新兴产业集中度排名前 5 的省市共包括江苏、浙江、上海、广东、山东、福建、辽宁、北京、河南、湖北、四川、吉林、江西、湖南和安徽 15 个省市。

第二，战略性新兴产业集中度高的地区是东部。排名前 5 的地区一直未变的是非金属矿物制品业、交通运输设备制造业和仪器仪表制造业。对于化学原料及化学制品制造业，2009—2010 年排名前 5 的是江苏、广东、山东、浙江和上海，2010 年后河南和湖北取代上海成为排名第 5 的地区。医药制造业，2009—2010 年排名前 5 的是江苏、广东、山东、浙江和河南，2011 年后四川取代浙江成为排名前 5 的地区，2012 年后吉林取代四川成为医药制造业排名第 4 的地区。

有色金属冶炼和压延加工业区域集中度变化较大，2009—2010 年和 2013 年排名前 5 的地区相同，分别是江苏、山东、河南、江西和广东；2011—2012 年排名前 5 的是江苏、山东、河南、江西和湖南。通用设备制造业，2009—2010 年排名前 5 的是江苏、山东、浙江、辽宁和上海；2011—2013 年排名前 5 的是江苏、山东、浙江、辽宁和广东。专用设备制造业，2009 年排名前 5 的是山东、江苏、河南、辽宁和广东；2010—2013 年排名前 5 的是山东、江苏、河南、辽宁和湖南。电气机械及器材制造业，2009 年排名前 5 的是广东、江苏、山东、浙江和上海；2010—2013 年排名前 5 的是广东、江苏、山东、浙江和安徽。计算机及其他电子设备制造业，2009 年排名前 5 的是广东、江苏、上海、山东、北京；2010—2012 年排名前 5 的是广东、江苏、上海、山东和福建；2013 年排名前 5 的是广东、江苏、上海、山东和四川。

在排名前 5 的地区中，尽管中西部省（市、区）排名靠后，但数量在增加。在排名前 5 的省（市、区）中，只有有色金属冶炼和压延加工业在五个地区的占比差距较小，其余行业第一、第二省（市、区）与第四、第五省（市、区）占比差距较大，这也反映资源型行业的集中主要依赖资源优势。

按照美国经济学家贝恩（Bain，1959）对行业市场集中度的划分标准①，通信设备、计算机及其他电子设备制造业五省（市、区）集中度在 75% 以上，属于极高寡占型结构；电气机械及器材制造业和仪器仪表制造业的五省（市、区）集中度在 65%—70%，属于高度集中寡占型结构；化学原料及化学制品制造业、通用设备制造业、专用设备制造业、交通运输设备制造业的五省（市、区）集中度在 50%—65%，属于中上集中寡占型结构；医药制造业、非金属矿物制品业、有色金属冶炼和压延加工业、交通运输设备制造业的五省（市、区）集中度在 50% 以下，属于中下集中寡

---

① Bain, J. S., *Industrial Organization* [M]. New York: Harvard University Press, 1959.

占型结构。

（三）省域产业集中度排行分析

在测度了省（市、区）产业集中度后，可进一步分析各省（市、区）10 个战略性新兴产业依托行业集中度排名进入前 5 位的累计上榜情况，计算结果如表 6-5 所示。

表 6-5　　　　战略性新兴产业集中省区分布排行榜

	2009 年		2010 年		2011 年	
	上榜次数	行业代码	上榜次数	行业代码	上榜次数	行业代码
江苏	10	C26、C27、C30、C32、C34、C35、C36、C38、C39、C40	10	C26、C27、C30、C32、C34、C35、C36、C38、C39、C40	10	C26、C27、C30、C32、C34、C35、C36、C38、C39、C40
山东	10	C26、C27、C30、C32、C34、C35、C36、C38、C39、C40	10	C26、C27、C30、C32、C34、C35、C36、C38、C39、C40	10	C26、C27、C30、C32、C34、C35、C36、C38、C39、C40
广东	9	C26、C27、C30、C32、C35、C36、C38、C39、C40	8	C26、C27、C30、C32、C36、C38、C39、C40	7	C26、C27、C30、C36、C38、C39、C40
浙江	5	C26、C27、C34、C38、C40	5	C26、C27、C34、C38、C40	4	C26、C34、C38、C40
上海	6	C26、C34、C36、C38、C39、C40	5	C26、C34、C36、C39、C40	4	C34、C36、C39、C40
河南	4	C27、C30、C32、C35	4	C27、C30、C32、C35	5	C26、C27、C30、C32、C35
辽宁	3	C30、C34、C35	3	C30、C34、C35	3	C30、C34、C35
吉林	1	C36	1	C36	1	C36
湖南	0		1	C35	2	C32、C35
江西	1	C32	1	C32	1	C32
安徽	0		1	C38	1	C38
福建	0		1	C39	1	C39
湖北	0		0		0	
四川	0		0		1	C27
北京	1	C39	0		0	

续表

	2012 年		2013 年	
	上榜次数	行业代码	上榜次数	行业代码
江苏	10	C26、C27、C30、C32、C34、C35、C36、C38、C39、C40	10	C26、C27、C30、C32、C34、C35、C36、C38、C39、C40
山东	10	C26、C27、C30、C32、C34、C35、C36、C38、C39、C40	10	C26、C27、C30、C32、C34、C35、C36、C38、C39、C40
广东	8	C26、C27、C30、C34、C36、C38、C39、C40	9	C26、C27、C30、C32、C34、C36、C38、C39、C40
浙江	4	C26、C34、C38 C40	4	C26、C34、C38、C40
上海	3	C36、C39、C40	3	C36、C39、C40
河南	4	C27、C30、C32、C35	4	C27、C30、C32、C35
辽宁	3	C30、C34、C35	3	C30、C34、C35
吉林	2	C27、C36	2	C27、C36
湖南	2	C32、C35	1	C35
江西	1	C32	1	C32
安徽	1	C38	1	C38
福建	1	C39		
湖北	1	C26	1	C26
四川	0		1	C39
北京	0		0	

表6-5显示，2009—2013年，战略性新兴产业集中度排名前5的省（市、区）中，有8个属于东部地区，6个属于中部地区，1个属于西部地区。分行业看，5年间31个省（市、区）总共上榜次数是250次，东部地区上榜203次，占总上榜次数的81.2%；中部地区共上榜45次，占总上榜次数的18%；西部地区共上榜2次，占总上榜次数的0.08%，再次说明了战略性新兴产业分布的不均衡性。2009—2013年，绝大多数战略性新兴产业都集中在江苏、山东、广东、浙江、上海和河南，5年间每个省（市、区）集中的行业数达20—50个［每年省（市、区）地区最多可集中10个行业］，尤其江苏和山东全部上榜，其他省（市、区）则低于20个，或未上榜。

从各年的上榜次数来看，不同省（市、区）的升降变化不一致。江苏、山东、辽宁和江西上榜次数和上榜的行业没有任何变化,浙江、上海和北京上榜次数则呈下降趋势,从2009年的5次、6次和1次分别下降到2013年的4次、3次和0次。中部地区的湖南、安徽、湖北、吉林上榜次数则呈上升趋势,特别是安徽和湖北从无到有,安徽自2010年上榜一直保持未变,湖北则从2012年上榜也一直未变。

第二节 转移行业的甄别

战略性新兴产业的转移是产业生产资源的有序流动,是资源在区位上的再布局过程。进行产业转移先需要筛选或甄别要进行转移的行业。

一 转移行业的甄别方法

如何筛选或甄别需要进行产业转移的行业,一些学者做过有益的探索。马子红(2010)[①]、梁梓标(2013)[②] 设计了一种产业区位熵和产业集聚动态指数,以此来判别一个行业是否应该进行转移。刘红光(2011)[③] 利用区域间投入产出模型,设计了一个定量测算区域间产业转移的方法,并结合中国地区投入产出表,测算了中国1997—2007年地区间产业转移的状况。贺曲夫、刘友金(2013)采用产业比重的变化,即各地区某产业工业总产值占该产业全国工业总产值的比重,考察了中国东部、中部、西部地区与八大地区间产业转移趋势和特征。Maria Savona 等(2004)[④] 根据区位熵原理,构建了国际产业转移指数,并利用这一指数分析了国际产业转移与意大利产业发展的相关关系。张公嵬、梁琦(2010)[⑤] 依据中国各地域产业销售产值,运用赫芬达尔指数、区位熵、产业的绝对份额三个指标,综合测度了中国产业的转移状况。

---

① 马子红:《产业转移与产业集聚的实证分析:以昆明为例》,《经济问题探索》2010年第6期。
② 梁梓标:《广东省产业转移与产业集聚分析》,《产业经济》2013年第5期。
③ 刘红光:《区域间产业转移定量测度研究——基于区域间投入产出表分析》,《中国工业经济》2011年第6期。
④ Savona, M., Schiattarella, R., International relocation of production and the growth of services: The case of the "Made in Italy" industries [J]. Transnational Corporations, 2004, 13 (2), pp. 57 – 76.
⑤ 张公嵬、梁琦:《产业转移与资源的空间配置效应研究》,《产业经济评论》2010年第3期。

一般而言，产业转移可从产业水平值和增长速度两个角度来度量。采用水平值度量，就是从产业水平值的增减来衡量，但水平值的增减并不一定能完全代表产业转移。因此，借鉴杨光的研究成果，我们拟用增长速度来度量产业转移的必要性，计算公式如下①：

$$A_{ijt} = \frac{s_{ijt}}{s_{it}} = \left(\frac{x_{ijt}}{x_{ij0}} - 1\right) \bigg/ \left(\frac{x_{it}}{x_{i0}} - 1\right) \qquad (6-8)$$

式中，x_{ij0} 和 x_{ijt} 分别表示 j 地区的 i 行业在观测期间期初和期末的某一项经济发展指标。s_{ijt} 表示产业 i 在地区 j 的增长速度，s_{it} 表示产业 i 的全国增长速度。$s_{it} > 0$，表明行业 i 在全国的生产规模在扩大，该行业属于扩张性行业，此时若 $A_{ijt} \geq 1$，表明该行业 i 向地区 j 集聚；$0 \leq A_{ijt} < 1$，表示 i 行业尽管在 j 地区发展有进步，但增长速度低于全国水平，该行业生产也在向外部转移；$A_{ijt} < 0$，表明该产业已在地区 j 出现了萎缩或已向外部转移，经济学上看，一般认为该指数 < 0.8 时应该进行产业转移。$s_{it} < 0$，表明产业属于收缩性行业，$s_{it} < 0$ 时，若 $A_{ijt} > 0$，表明观测期内行业 i 的生产从地区 j 向外部转移扩散；$A_{ijt} < 0$，表明行业 i 的生产向地区 j 集聚，产业应该进行转移；$A_{ijt} < 0.8$ 时，表明产业在某一地区的增长速度低于全国水平，产业应该进行转移。

产业转移，是生产资源过度集中的一些产业向资源集聚度不高的地区流动。实践中，一些经济欠发达地区，某个或某些产业的增长速度低于全国平均水平，按照产业集聚动态指数应该进行产业转移，但可能该地区没有进行产业转移的能力。因此，需要将本地区工业产值与全国平均水平进行对比，依据比值来判断某个地区的集聚程度与转移能力，计算公式为：

$$Q_{ij} = \frac{q_{ij}}{q_i} \qquad (6-9)$$

式中，q_{ij} 表示 j 地区 i 产业的产值指标；q_i 表示全国 i 产业产值的平均数。当 $Q_{ij} > 1$ 时，表示该地区该产业在全国具有较强的集聚能力，值越大，集聚能力越强；当 $Q_{ij} = 1$ 时，表明该地区该产业在全国处于均势，该产业的集聚能力并不明显；当 $Q_{ij} < 1$ 时，表明该地区该产业在全国具有比较劣势，集聚能力弱。

---

① 杨光：《河南省承接长三角产业转移的问题及对策——基于区位熵和产业动态聚集指数的分析》，《商业经济》2014 年第 14 期。

按照产业经济理论，影响产业转移的因素有很多，如资源、环境、劳动力成本、土地价格、新的市场等。无论是追寻新市场还是受资源环境约束，都与成本有关。所以，本地区的产业产值增长速度低于全国水平并不能就确定其要进行产业转移，因此实际中可选择一些辅助性指标，如利润额计算集聚动态指数来判断产业转移的必要性和可能性。用产值和利润计算的 A_{ijt} 值分别记为 A_{ijt1} 和 A_{ijt2}。

若 $Q_{ij}>1$，$A_{ijt1}>0.8$，产业生产可向该地区集聚；若 $Q_{ij}>1$，$A_{ijt1}<0.8$，当 $A_{ijt2}>0.8$ 时，产业不需要转移，而当 $A_{ijt2}<0.8$ 时，产业可向外部转移。

若 $Q_{ij}<1$，$A_{ijt1}>0.8$，产业向该地域集聚；若 $Q_{ij}<1$，$0<A_{ijt1}<0.8$，表示该地区产业发展有进步，产业有向外转移的趋向；若 $Q_{ij}<1$，$A_{ijt1}<0$，则认为产业已经发生转移。

二 可转移行业的甄别结果

为甄别需要进行战略性新兴产业转移的行业，我们选取 2012—2013 年中国战略性新兴产业依托行业的主营业务收入和利润两个指标，加工整理后的数据如表 6-6 所示。

表 6-6 战略性新兴产业主营业务收入及利润 单位：亿元

地区	C26				C27				C30	
	主营业务收入		利润		主营业务收入		利润		主营业务收入	
	2012年	2013年	2012年	2013年	2012年	2013年	2012年	2013年	2012年	2013年
北京	360.55	368.18	4.17	1.26	525.72	609.69	86.13	109.93	486.81	531.35
天津	1210.9	1344.25	39.81	45.31	457.48	512.5	63.09	59.87	326.66	340.15
河北	2008.43	2312.22	142.86	156.04	744.8	835.84	49.25	56.13	1720.55	1885.7
山西	757.55	780.43	10.65	-12.19	115.83	148.56	9.19	10.84	366.01	372.1
内蒙古	1249.45	1401.92	88.09	73.58	182.68	255.55	12.63	27.18	688.76	774.55
辽宁	2709.73	3196.35	117.91	119.27	668.23	769.46	59.31	71.26	3415.88	3686.89
吉林	1488.78	1590.75	-23.02	-1.92	985.57	1245.95	77.71	100.63	1240.39	1413.57
黑龙江	529.84	523.88	29.04	34.82	366.59	414.14	40.25	40.48	463.49	531.59
上海	2641.11	2763.34	124.56	142.84	517.04	580.18	67.68	74.49	541.46	590.86
江苏	13128.1	14865.0	797.72	904.58	2279.74	2683.07	244.06	272.88	3531.2	4122.22
浙江	4966.13	5721.61	268.31	348.08	939.06	999.63	110.07	108.76	1633.88	1884.94
安徽	1590.46	1879.97	119.22	133.02	457.23	532.58	44.11	46.92	1555.96	1873.16

续表

地区	C26 主营业务收入		C26 利润		C27 主营业务收入		C27 利润		C30 主营业务收入	
	2012年	2013年	2012年	2013年	2012年	2013年	2012年	2013年	2012年	2013年
福建	1077.38	1288.22	51.4	52.85	176.9	209.98	21.93	26.26	1951.49	2276.39
江西	1719.4	1929.35	128.04	139.63	763.69	892.25	58.17	65.06	1703.94	2134.38
山东	12956.3	14719.2	894.04	1030.44	2608.23	3124.5	298.43	327.59	6246.32	7054.2
河南	2787.2	3175.99	181.93	205.41	1089.3	1334.45	105.88	132.36	5590.24	6826.85
湖北	2802.4	3347.22	134.77	213.44	684.79	816.59	65.94	73.56	1860.07	2422.95
湖南	2309.75	2635.55	148.42	169.51	544.78	663	47.02	57.84	1825.4	2304.03
广东	4611.37	5292.94	382.92	401.07	966.67	1144.59	134.82	150.13	3059.43	3825.19
广西	763.21	872.13	58.57	60.42	239.52	309.92	35.21	41.7	957.81	1164.87
海南	107.44	96.75	30.79	29.25	89.6	99.53	14.74	13.68	99.2	115.09
重庆	698.51	728.88	17.86	7.98	247.1	308.2	19.5	31.31	666.06	815.12
四川	2123.65	2250.78	178.06	122.58	850.37	967.7	89.13	98.11	2014.54	2268.54
贵州	575.97	695.7	42.1	35.05	170.81	228.35	25.55	27.49	310.69	553.64
云南	789.46	765.87	27.13	19.06	198.99	237.57	25.43	38.31	343	409.54
西藏	1.56	1.51	0.4	0.7	7.71	11.84	2.59	3.26	19	21.4
陕西	548.05	658.25	8.43	17.02	314.85	377.24	38.22	43.26	676.1	864.14
甘肃	297.18	285.54	4.95	2.21	72.17	85.59	11.08	14.24	228.67	310.58
青海	238.81	224.85	48.64	21.44	34.8	41.72	4.91	7.68	53.8	83.33
宁夏	234.78	290.37	0.89	3.3	21.43	24.59	1.3	-0.24	107.76	134.15
新疆	472.79	638.31	62.96	46.36	15.99	19.48	2.57	1.73	304.44	375.7

地区	C30 利润		C32 主营业务收入		C32 利润		C34 主营业务收入		C34 利润	
	2012年	2013年	2012年	2013年	2012年	2013年	2012年	2013年	2012年	2013年
北京	31.14	22.02	89.69	75.72	7.04	3.88	558.69	563.02	50.67	43.98
天津	18.4	18.19	726.81	942.26	44.68	52.1	845.45	1010.82	74.97	81.6
河北	105.73	113.84	535.29	557.01	26.71	32.26	1060.98	1209.07	96.79	97.94
山西	12.17	8.19	490.64	514.72	-8.74	-0.98	168.23	197.31	12.07	11.04
内蒙古	44.84	59.03	1566.36	1754.98	135.18	89.71	158.99	201.31	7.35	11.5
辽宁	281.32	263.26	1148.72	1360.19	37.67	182.1	4005.04	4368.07	242.59	289.35
吉林	84.29	70.18	168.1	196.35	7.1	7.38	344.84	393.15	23.6	25.33

续表

地区	C30 利润		C32 主营业务收入		C32 利润		C34 主营业务收入		C34 利润	
	2012年	2013年	2012年	2013年	2012年	2013年	2012年	2013年	2012年	2013年
黑龙江	53.12	40.88	36.38	42.43	0.3	1.13	350.41	336.21	14.42	12.49
上海	23.95	29.06	484.41	482.22	7.69	11.6	2511.62	2649.01	158.96	181.82
江苏	226.14	267.44	3393.56	3685.73	151.17	137.34	6463.48	7361.65	466.28	534.78
浙江	103.06	122.68	2079.7	2286.31	70.15	72.97	3698.22	4093.48	258.33	276.59
安徽	124.32	169.86	1894.37	2199.88	34.43	47.07	1340.84	1685.33	104.67	115.87
福建	153.77	189.66	846.42	951	91.97	56.83	752.7	824.18	60.71	66.99
江西	181.83	215.6	4745.44	5605.05	283.57	268.31	479.38	577.85	33.66	42.37
山东	527.4	574.11	4953.38	5683.33	303.34	331.63	5882.59	7068.52	445.26	529.71
河南	627.44	713.16	3884.23	4317.34	95.07	101.54	1908.86	2394.96	160.36	193.12
湖北	132.99	197.93	1213.06	1473.16	18.88	20.14	850.28	1101.27	74.95	77.47
湖南	123.66	163.19	2330.61	2672.18	133.15	123.38	1097.03	1287.85	87.44	92.65
广东	194.07	270.44	2330.36	2910.44	100.64	99.07	2797.41	3127.16	153.46	177.33
广西	94.48	119.53	801.36	868.49	11.5	7.7	259.48	304.49	19.74	19.64
海南	5.34	5.38	3.01	2.58	0.79	0.79	0.48	0.54	-0.01	0.01
重庆	33.86	55.08	465.63	535.84	6.86	14.3	407.7	474.29	34.5	40.98
四川	133.18	148.52	767.13	763.4	33.16	25.38	1523.84	1657.51	108.78	106.53
贵州	11.41	52.77	316.93	363.22	26.37	-0.05	36.09	59.33	4.46	4.75
云南	16.04	23.01	1401.36	1560.93	33.71	5.1	65.29	76.01	2.9	1.4
西藏	3.93	4.28	—	—	—	—	—	—	—	—
陕西	59.91	65.06	1235.36	1349.12	65.18	71.78	359.34	418.38	31.84	28.71
甘肃	10.3	29.66	2268.62	2633.2	24.41	8.78	48.73	55.27	1.81	1.82
青海	0.95	4.82	489.77	551.78	1.57	-2.85	22.02	19.01	0.01	0.65
宁夏	1.44	8.33	373.61	410.62	3.88	1.09	34.82	38.17	3.79	1.62
新疆	17.76	14.99	226.93	442.67	12.46	20.5	11.05	21.78	13	2.99

地区	C35 主营业务收入		C35 利润		C36 主营业务收入		C36 利润		C38 主营业务收入	
	2012年	2013年	2012年	2013年	2012年	2013年	2012年	2013年	2012年	2013年
北京	570.5	668.62	56	78	2788.56	3561.33	243.19	313.49	667.51	738.97
天津	956.11	1084.95	51.42	60.22	2246.72	2544.83	201.46	224.24	852.93	965.68

续表

地区	C35				C36				C38	
	主营业务收入		利润		主营业务收入		利润		主营业务收入	
	2012年	2013年	2012年	2013年	2012年	2013年	2012年	2013年	2012年	2013年
河北	1161.45	1279.13	104.15	113.19	1882.51	2261.09	180.36	218.31	1461.21	1714.22
山西	406.26	383.1	9.51	9.89	182.46	204.35	5.21	5.84	119.8	106.78
内蒙古	109.03	184.49	5.94	12.02	318.22	246.27	3.37	0.55	244.7	308.87
辽宁	2180.31	2323.14	124.2	137.82	3621.56	3845.17	246.09	257.09	2117.26	2234.12
吉林	472.93	536.77	27.41	34.25	6146.59	6893.71	529.95	634.78	285.99	295.43
黑龙江	332.69	369.13	19.13	16.5	335.67	358.34	-2.44	-1.64	211.61	217.39
上海	1105.05	1129.02	73.03	82.7	6098.9	6708.87	761.23	875.5	2184.17	2238.5
江苏	4353.12	5063.25	330.1	368.57	8051.39	8886.85	679.22	736.9	12547.7	14193.1
浙江	1342.64	1515.41	99.12	109.07	3871.51	3154.27	188.51	186.51	5268.89	5562
安徽	933.72	1104	75.01	82.86	1839.05	2036.67	89.82	118.06	3213.36	3769.84
福建	550.75	643.81	37.36	40.61	1106.19	1237.96	77.02	75.75	1270.4	1478.45
江西	304.36	386.49	23.76	29.46	987.97	1184.2	67.86	72.43	1624.78	2044.31
山东	4388.96	5429.37	343.09	412.06	6187.6	6919.78	355.19	433.58	5445.56	6077.49
河南	2423.3	2727.2	199.16	203.76	2028.3	2554.79	187.06	231.16	1847.28	2275.88
湖北	601.11	841.72	33.86	45.07	4289.48	5138.6	462.04	483.54	1069.3	1474.8
湖南	2634.48	2561.68	247.47	186.43	1284.01	1669.48	70.31	93.03	1049.5	1252.18
广东	1581.24	1783.19	133.05	137.73	4997.71	5874.21	388.95	474.98	9681.98	10783.4
广西	395.64	431.54	29.49	21.84	1613.73	1908.23	81.13	94.27	493.18	599.75
海南	90	2.37	0.22	0.34	99.68	99.01	6.64	7.05	64.83	65.19
重庆	196.01	275.16	17.79	29.25	3516.85	4333.26	192.3	321.88	775.15	809.34
四川	1031.61	1166.67	62.71	71.81	1767.09	2428.85	150.47	213.76	929.5	1006.31
贵州	35.36	56.48	2.33	0.72	233.19	250.12	6.53	-0.96	71.18	106.14
云南	68.47	93.15	2.53	4.64	171.83	184.18	14.92	14.25	86.96	102.45
西藏	—	—	—	—	—	—	—	—	—	0.62
陕西	404.24	475.16	24.21	30.54	1256.69	1507.59	57.15	71.43	435.15	548.9
甘肃	82.96	89.99	2.86	3.81	17.36	15.45	0.94	1.12	190.61	153.53
青海	2.2	2.43	0.03	0.19	3.2	4.55	-0.08	0.27	12.22	22.62
宁夏	51.38	48.26	5.94	5.72	5.38	6.63	1.6	0.78	43.37	43.48
新疆	33.56	59.03	3.57	4.91	34.56	36.49	-0.82	0.71	256.51	363.89

续表

地区	C38 利润		C39 主营业务收入		C39 利润		C40 主营业务收入		C40 利润	
	2012年	2013年	2012年	2013年	2012年	2013年	2012年	2013年	2012年	2013年
北京	45.95	45.74	2468.53	2593.85	92.19	113.84	262.33	286.54	29.98	35.75
天津	54.2	55.16	2559.03	3032.7	143.78	197.04	75.62	74.42	6.54	5.2
河北	52.55	42.02	335.85	387.44	15.76	32.53	70.2	79.84	9.12	9.81
山西	2.51	1.27	440.91	494.26	94.1	8.06	46.69	44.62	5.18	4.76
内蒙古	16.95	21.25	84.09	82.38	8.2	6.88	3.78	4.62	0.02	0.02
辽宁	118.86	120.48	957.65	916.54	63.6	60.82	246.82	248.38	18.45	17.42
吉林	16.66	13.04	59.81	81.09	7.99	7.35	39.23	37.97	4.4	3.9
黑龙江	16.22	13.74	16.31	22.76	2.16	2.68	18.95	19.65	1.16	0.95
上海	103.74	136.05	5842.41	5549.05	97.96	102.23	320	345.47	29.56	36.11
江苏	810.03	902.12	16141.3	17041.87	688.75	841.16	2551.42	2986.9	204.78	253.03
浙江	271.99	287.91	2178.07	2465.83	188.13	232.98	664.76	652.08	59.08	62.96
安徽	260.51	273.8	775.08	1024.85	72.24	80.8	123.82	153.59	16.63	17.85
福建	111.56	129.91	2739.54	2937.72	136.13	121.54	131.42	160.67	9.59	11.01
江西	123.03	152.14	732.46	918.02	42.35	59.31	79.66	88.3	7.22	8.77
山东	349.48	377.13	3963.98	4455.78	211.57	255.47	542.25	644.51	46.4	53.6
河南	152.78	182.02	1682.01	2344.3	56.73	90.04	220.16	270.57	22.02	27.93
湖北	59.03	88.81	1071.96	1303.76	42.46	48.09	84.66	113.65	8.2	11.12
湖南	56.45	81.47	1011.02	1499.86	79.8	98.34	172.66	217.59	16.97	17.89
广东	566.23	657.85	22305.51	24668.39	865.45	1105.92	602.37	731.8	47.43	53.48
广西	60.32	53.42	473.51	696.05	61.14	69.62	26.96	29.97	2.75	2.35
海南	9.1	3.51	33.25	12.95	5.07	1.08	24.72	5.76	4.24	2.73
重庆	51.05	58.77	1460.36	2149.94	19.36	28.42	126.83	133.77	9.1	10.94
四川	52.39	52.5	2708.9	3742	183.37	241.03	61.43	61.51	6.11	4.83
贵州	3.08	3.36	58.28	48.46	3.33	2.66	8	9.52	1.03	0.9
云南	1.48	4.65	26.65	31.3	2.26	2.58	10.54	15.61	0.66	0.64
西藏	-0.01	-0.09	—	—	—	—	—	—	—	—
陕西	10.37	22.73	271.76	269.66	7.84	12.14	129.52	139.86	7.35	9.04
甘肃	8.73	2.13	30.19	44.17	2.48	3.61	2.59	2.18	0.04	0.04
青海	0.4	0.35	1.17	2.36	0	0	1.12	1.05	0.11	0.1
宁夏	3.17	3.1	3.6	3.8	0	0	7.58	6.6	1.32	0.12
新疆	30.91	36.57	0.49	0.45	0.01	0.03	0.38	0.75	0.1	0.13

注：由于没有专门的战略性新兴产业统计数据，此处是用战略性新兴产业依托行业的数据代替战略性新兴产业的数据进行分析。

资料来源：笔者根据《中国工业统计年鉴》（2013—2014）加工整理。

根据式（6-7）和式（6-8），运用表6-6的数据，分行业计算战略性新兴产业资源较丰富的东中部地区的区位熵 Q_{ij}、产业集聚动态指数 A_{ijt1} 和 A_{ijt2}，得结果如表6-7所示。

表6-7　　　　　战略性新兴产业集聚动态指数

	C26			C27			C30			C32
	Q_{ij}	A_{ijt1}	A_{ijt2}	Q_{ij}	A_{ijt1}	A_{ijt2}	Q_{ij}	A_{ijt1}	A_{ijt2}	Q_{ij}
s_{it}	0.1312			0.1815			0.1814			
北京	0.1489	0.1613	-7.1764	0.9227	0.8801	1.9325	0.3170	0.5045	-1.6729	0.0497
天津	0.5437	0.8394	1.4208	0.7756	0.6627	-0.3569	0.2029	0.2277	-0.0652	0.6190
河北	0.9352	1.1529	0.9488	1.2649	0.6735	0.9770	1.1249	0.5292	0.4382	0.3659
辽宁	1.2928	1.3688	0.1186	1.1645	0.8347	1.4091	2.1993	0.4374	-0.3667	0.8935
上海	1.1177	0.3528	1.5092	0.8780	0.6729	0.7037	0.3525	0.5030	1.2188	0.3168
江苏	6.0123	1.0085	1.3776	4.0604	0.9748	0.8258	2.4590	0.9228	1.0432	2.4211
浙江	2.3142	1.1596	3.0574	1.5128	0.3554	-0.0832	1.1244	0.8472	1.0875	1.5019
福建	0.5210	1.4917	0.2901	0.3178	1.0304	1.3809	1.3579	0.9180	1.3332	0.6247
山东	5.9533	1.0372	1.5689	4.7285	1.0906	0.6834	4.2080	0.7131	0.5059	3.7333
广东	2.1408	1.1266	0.4874	1.7322	1.0141	0.7942	2.2818	1.3800	2.2479	1.9118
海南	0.0391	-0.7584	-0.5144	0.1506	0.6107	-0.5029	0.0687	0.8832	0.0428	0.0017
	C32		C34			C35			C36	
	A_{ijt1}	A_{ijt2}	Q_{ij}	A_{ijt1}	A_{ijt2}	Q_{ij}	A_{ijt1}	A_{ijt2}	Q_{ij}	A_{ijt1}
s_{it}	0.1436			0.1454			0.1359			0.1354
北京	-1.0849	-26.253	0.4005	0.0533	-1.1206	0.6336	1.2651	4.4450	1.4516	2.0464
天津	2.0647	9.7130	0.7191	1.3452	0.7506	1.0281	0.9912	1.9364	1.0373	0.9798
河北	0.2826	12.1530	0.8602	0.9599	0.1008	1.2121	0.7453	0.9821	0.9216	1.4850
辽宁	1.2822	224.246	3.1075	0.6234	1.6360	2.2014	0.4819	1.2408	1.5673	0.4559
上海	-0.0315	29.7381	1.8846	0.3762	1.2206	1.0698	0.1596	1.4982	2.7345	0.7385
江苏	0.5997	-5.3508	5.2372	0.9557	1.2469	4.7979	1.1999	1.3186	3.6222	0.7662
浙江	0.6919	2.3512	2.9122	0.7350	0.5999	1.4360	0.9465	1.1358	1.2857	-1.3680
福建	0.8606	-22.347	0.5863	0.6589	0.8780	0.6101	1.2429	0.9843	0.5046	0.8796
山东	1.0264	5.4546	5.0287	1.3865	1.6098	5.1448	1.7437	2.2745	2.8205	0.8738
广东	1.7338	-0.9124	2.2247	0.8107	1.3213	1.6897	0.9394	0.3980	2.3943	1.2951
海南	-0.9950	0.0000	0.0004	0.8597	-16.975	0.0022	-7.1620	6.1716	0.0404	-0.0496

续表

	C36	C38			C39			C40		
	A_{ijt2}	Q_{ij}	A_{ijt1}	A_{ijt2}	Q_{ij}	A_{ijt1}	A_{ijt2}	Q_{ij}	A_{ijt1}	A_{ijt2}
s_{it}	0.1354	0.1289			0.1191			0.1369		
北京	1.6599	0.3722	0.8302	-0.0388	1.0201	0.4263	1.1867	1.1738	0.6741	1.2610
天津	0.6493	0.4863	1.0252	0.1502	1.1927	1.5543	1.8719	0.3048	-0.1159	-1.3425
河北	1.2082	0.8633	1.3428	-1.6996	0.1524	1.2899	5.3772	0.3271	1.0031	0.4957
辽宁	0.2567	1.1252	0.4280	0.1156	0.3605	-0.3604	-0.2209	1.0174	0.0462	-0.3658
上海	0.8619	1.1274	0.1929	2.6417	2.1824	-0.4214	0.2203	1.4152	0.5814	1.4518
江苏	0.4876	7.1481	1.0169	0.9643	6.7025	0.4685	1.1182	12.235	1.2467	1.5438
浙江	-0.0609	2.8012	0.4314	0.4965	0.9698	1.1094	1.2047	2.6711	-0.1393	0.4303
福建	-0.0947	0.7446	1.2701	1.3951	1.1554	0.6074	-0.5416	0.6582	1.6258	0.9702
山东	1.2672	3.0608	0.9000	0.6711	1.7524	1.0418	1.0485	2.6401	1.3775	1.0167
广东	1.2700	5.4309	0.8822	1.3724	9.7019	0.8895	1.4041	2.9977	1.5695	0.8358
海南	0.3545	0.0328	0.0431	-5.2103	0.0051	-5.1264	-3.9769	0.0236	-5.6025	-2.3334

表 6-7 显示，所有行业 s_{it} 都大于 0，说明这些地区的战略性新兴产业依托行业的规模在扩大，属于扩张性产业。

1. 化学原料及化学制品制造业

化学原料及化学制品制造业，产业集聚动态指数 $A_{ijt1}>0.8$ 的地区是河北、辽宁、江苏、浙江、福建、山东和广东，表明该行业具有向这些地区集聚的趋向；另 4 个地区北京、天津、上海和海南，海南的 $Q_{ij}<0.8$，且 $A_{ijt1}<0$，海南的化学原料及化学制品制造业已经向外部转移；北京和天津的 $Q_{ij}<1$ 且 $A_{ijt1}<0.8$，表明其具有向外转移的趋向；上海的 $Q_{ij}>1$，但 $A_{ijt2}>0.8$，表明上海的化学原料及化学制品制造业不宜进行转移。

2. 医药制造业

医药制造业，产业集聚动态指数 $A_{ijt1}>0.8$ 的地区是北京、辽宁、江苏、福建、山东和广东，表明该行业具有向这些地区集聚的趋势；另 5 个地区的 $A_{ijt1}<0.8$，$Q_{ij}<1$ 且 $A_{ijt1}<0.8$ 的是天津、上海和海南，表明这三个地区的医药制造业具有向外转移的趋向；$Q_{ij}>1$ 且 $A_{ijt1}<0.8$ 的是河北和浙江，但河北的 $A_{ijt2}>0.8$，因此，浙江可进行不同程度的医药制造业转移，但河北不宜进行医药制造业转移。

3. 非金属矿物制品业

非金属矿物制品业，产业集聚动态指数 $A_{ijt1} > 0.8$ 的地区是江苏、浙江、广东、福建和海南，表明该行业具有向这些地区集聚的趋向；另6个地区的 $A_{ijt1} < 0.8$，$Q_{ij} < 1$ 且 $A_{ijt1} < 0.8$ 的是北京、天津和上海，表明这些地区的非金属矿物制品业具有向外转移的趋势；$Q_{ij} > 1$ 的是河北、辽宁和山东，而且三个地区的 $A_{ijt2} < 0.8$，结合 Q_{ij} 值，可认为河北、辽宁和山东能进行程度不同的非金属矿物制品业转移。

4. 有色金属冶炼和压延加工业

有色金属冶炼和压延加工业，产业集聚动态指数 $A_{ijt1} > 1$ 的地区是天津、辽宁、福建、山东和广东，表明该行业有向这些地区集聚的趋向；另6个地区的 $A_{ijt1} < 1$，北京、上海和海南的 $A_{ijt1} < 0$，表明有色金属冶炼和压延加工业的生产已经向外部转移；$Q_{ij} < 1$ 且 $A_{ijt1} < 0.8$ 的是河北，所以河北具有向外转移的趋势；$Q_{ij} > 1$ 且 $A_{ijt2} > 0.8$ 的是浙江，表明浙江不宜进行有色金属冶炼和压延加工业转移；$Q_{ij} > 1$ 且 $A_{ijt2} < 0.8$ 的是江苏，表明江苏可以进行有色金属冶炼和压延加工业转移。

5. 通用设备制造业

通用设备制造业，产业集聚动态指数 $A_{ijt1} > 0.8$ 的地区是天津、河北、江苏、山东、广东和海南，表明该行业有向这些地区集聚的趋势；另5个地区的 $A_{ijt1} < 1$，$Q_{ij} > 1$ 且 $A_{ijt2} > 0.8$ 的是辽宁和上海，表明辽宁和上海不宜进行通用设备制造业转移；$Q_{ij} > 1$ 且 $A_{ijt2} < 0.8$ 的是北京和福建，故可认为北京和福建通用设备制造业具有转移的趋向；$Q_{ij} > 1$ 且 $A_{ijt2} < 0.8$ 的是浙江，所以浙江可进行通用设备制造业转移。

6. 专用设备制造业

专用设备制造业，产业集聚动态指数 $A_{ijt1} > 0.8$ 的地区是北京、天津、江苏、浙江、福建、山东和广东，表明该行业具有向这些地区集聚的趋向；其余4个地区的 $A_{ijt1} < 0.8$，海南的 $A_{ijt1} < 0$，表明海南专用设备制造业的生产已有向外部转移的趋向；$Q_{ij} > 1$，$A_{ijt1} < 0.8$ 的是河北、辽宁和上海，但这三个地区的 $A_{ijt2} > 0.8$，表明这三个地区不宜进行专用设备制造业的转移。

7. 交通运输设备制造业

交通运输设备制造业，产业集聚动态指数 $A_{ijt1} > 0.8$ 的地区是北京、天津、河北、福建、山东和广东，表明该行业有向这些地区集聚的趋向；

另 5 个地区的 $A_{ijt1}<1$，浙江和海南的 $A_{ijt1}<0$，表明浙江和海南的交通运输设备制造业可进行程度不同的转移；$Q_{ij}>1$ 且 $A_{ijt1}<0.8$ 的是辽宁、上海和江苏，但上海的 $A_{ijt2}>0.8$，辽宁和江苏 $A_{ijt2}<0.8$，因此，辽宁和江苏可进行交通运输设备制造业转移，上海则不宜进行转移。

8. 电气机械和器材制造业

电气机械和器材制造业，产业集聚动态指数 $A_{ijt1}>0.8$ 的地区是北京、天津、河北、江苏、福建、山东和广东，表明该行业有向这些地区集聚的趋向；另 4 个地区的 $A_{ijt1}<1$，$Q_{ij}>1$ 且 $A_{ijt1}<0.8$ 的是辽宁、上海和浙江，但上海的 $A_{ijt2}>0.8$，表明辽宁和浙江可进行电气机械和器材制造业转移，但上海不宜进行电气机械和器材制造业转移。

9. 计算机、通信和其他电子设备制造业

计算机、通信和其他电子设备制造业，产业集聚动态指数 $A_{ijt1}>0.8$ 的地区是天津、河北、浙江、山东和广东，表明该行业有向这些地区集聚的趋向；另 6 个地区的 $A_{ijt1}<1$，辽宁、上海和海南的 $A_{ijt1}<0$，表明辽宁、上海和海南的计算机、通信和其他电子设备制造业已进行不同程度的转移；$Q_{ij}>1$ 且 $A_{ijt2}>0.8$ 的是北京和江苏，可认为北京和江苏不宜进行计算机、通信和其他电子设备制造业转移；福建 $Q_{ij}>1$ 且 $A_{ijt2}<0.8$，表明福建可进行计算机、通信和其他电子设备制造业的转移。

10. 仪器仪表制造业

仪器仪表制造业，产业集聚动态指数 $A_{ijt1}>0.8$ 的地区是河北、江苏、福建、山东和广东，表明该行业有向这些地域集聚的趋势；另 6 个地区的 $A_{ijt1}<0.8$，天津、浙江和海南的 $A_{ijt1}<0$，表明这些地区已经进行仪器仪表制造业的转移；北京和上海的 $Q_{ij}>1$ 且 $A_{ijt2}>0.8$，表明北京和上海不宜进行仪器仪表制造业转移；辽宁 $Q_{ij}>1$ 且 $A_{ijt2}<0.8$，表明辽宁已进行仪器仪表制造业转移。

综上所述，可将甄别出的东部、中部、西部地区战略性新兴产业转移行业列示如表 6-8 所示。

表 6-8 显示，现阶段，战略性新兴产业依托行业中有 10 个行业在向广东集聚，有 9 个行业在向山东集聚，但这些集聚的产业不宜进行产业转移；有 8 个行业在向江苏、福建和河北集聚，但这些集聚的行业还不宜进行产业转移；上海不宜进行产业转移的行业有 7 个，北京和天津不宜进行产业转移的行业有 6 个。

表6-8 战略性新兴产业转移行业甄别情况

	向此地集聚的行业	萎缩或已转移的行业	宜转移的行业	不宜转移的行业	具有向外转移趋向的行业
北京	C27、C35、C36、C38	C32		C39、C40	C26、C30、C34
天津	C32、C34、C35、C38、C39	C40		C36	C26、C27、C30
河北	C26、C34、C38、C39、C40		C30	C27、C36、C35	C32
辽宁	C27、C26、C32	C39	C30、C36、C38、C40	C34、C35	
上海		C32、C39		C26、C27、C34、C35、C36、C38、C40	C30
江苏	C26、C27、C30、C34、C35、C38、C40		C32、C36	C39	
浙江	C26、C30、C35、C39	C36、C40	C27、C34、C38	C32	
福建	C26、C27、C30、C32、C35、C38、C40		C39	C36	C34
山东	C26、C27、C32、C34、C35、C38、C39、C40		C30	C36	
广东	C26、C27、C30、C32、C34、C35、C36、C38、C39、C40				
海南	C30、C34	C26、C32、C35、C36、C39、C40			C27、C38

辽宁、浙江和海南是应该转移或已开始进行转移的行业最多的地区。辽宁宜进行转移的行业是非金属矿物制品业、交通运输设备制造业、电气机械和器材制造业、仪器仪表制造业；萎缩或已转移的行业是计算机、通信和其他电子设备制造业。浙江宜转移的行业是医药制造业、通用设备制造业、电气机械和器材制造业；萎缩或已转移的行业是交通运输设备制造业、仪器仪表制造业。海南萎缩或已开始进行转移的行业是化学原料及化

学制品制造业，非金属矿物制品业，专用设备制造业，交通运输设备制造业，计算机、通信和其他电子设备制造业，仪器仪表制造业。

第三节 承接能力的现实性分析

中国战略性新兴产业发展水平的巨大差距，促使产业转移成为可能。中部地区承东启西，与东部地区紧邻，应成为东部战略性新兴产业转移的主要承载区。

一 承接能力的测度方法

（一）理论分析

实现产业有序转移，就需要科学选定承接地区。选定承接地区，就需要测度地域的承接能力。学界已有一些学者探讨过一个地区产业承接能力的测度方法。李世杰（2014）[①]构建了一个由21个量化指标构成的指标体系，采用主成分分析与聚类分析相结合的方法，对河南省18个省辖市产业转移承接能力进行了测度。陈湘满和刘海燕（2013）[②]根据湖南省的实际情况，构建一个由39个指标组成的指标体系，采用因子分析法对湖南省14个市州产业转移的承接能力进行了综合测评，发现湖南承接产业转移能力差异明显，整体承接水平偏低。何雄浪等（2013）[③]对西部民族地区承接产业转移的能力进行了SWOT分析，并对产业转移承接能力进行过综合测度。江朦朦（2012）[④]从产业吸引力因子和产业支撑力因子、产业发展力因子和产业鉴别力因子4个方面选取18个指标，提出了具有一定创新性的产业转移承接力的测评指标体系。

孙世民和展宝卫（2007）[⑤]认为，产业承接能力应体现为能够凝聚吸引转移产业，能准确选择转移产业，稳固接纳转移产业，融合发展转移产业，进而提升产业结构和促进区域经济发展。作为承接地，其不仅应具备

[①] 李世杰：《河南省产业转移承接能力空间差异分析》，《河南科学》2014年第11期。
[②] 陈湘满、刘海燕：《基于因子分析的湖南承接产业转移能力评价》，《湘潭大学学报》（哲学社会科学版）2013年第5期。
[③] 何雄浪、张慧颖、毕佳丽：《西部民族地区承接产业转移能力的分析》，《民族学刊》2013年第6期。
[④] 江朦朦：《产业转移格局中不同地区的产业承接能力分析》，《华中师范大学研究生学报》2012年第9期。
[⑤] 孙世民、展宝卫：《产业转移承接力的形成机理与动力机制》，《改革》2007年第10期。

促进产业发展的能力,还应具备支撑产业发展的动力,产业转移方应根据现有产业发展的情况以及适合该产业发展的条件来确定承接地。借鉴这种观点,我们考虑从吸引能力、资源优势、发展能力和支撑能力来评价一个承接地对产业的承接能力。

第一,吸引能力。产业承接地的吸引能力,是指承接地吸引发达地区将产业转移到该地区的能力,吸引能力发挥着吸引转移产业进入当地的功能,是产业承接力的基础。产业发展的经济效益,是吸引产业转移的最重要因子,最小的投入能得到最大的产出,或者快速的生产率、增长率,都是产业扩大规模、实现高收益的能力。吸引能力的度量指标可以是资金利税率、利润率、盈利率、全要素生产率和全要素生产率增长率等。

第二,资源优势。资源优势包括劳动力资源、土地资源和科技资源,这是使产业能转移到承接地的现实条件。显然,若没有足够的劳动力,即使产业经济效益再好,资源利用率再高,地区的产业发展也难以维系。刘友金(2011)[①]依据调研结果发现,不管是低端制造业还是高新技术产业,劳动力成本低、水电资源丰富、土地价格优惠等都是沿海企业向内地迁移的主要动因。郑雄伟(2011)[②]认为,新兴产业应该具有以下几个特征:创新性、成长性、风险性、地域性、国际性和对科学技术的依存性。这表明新兴产业不仅需要人才,而且还需要使技术转化为现实成果的科技资源。因此,资源优势可选取专科以上人员数、职工平均工资、劳动生产率、人均土地面积、研发人员数、R&D经费内部支出、R&D项目数、技术市场成交额等指标进行度量。

第三,发展能力。发展能力体现为:一个地区能使转移的产业持续发展壮大,并在当地进一步产生集聚效应的可能性。承接后的产业能否健康发展是评价承接地吸纳发展能力的重要标准,该标准包括创新能力、市场规模、市场潜力、经济发展潜力等,可以用专利申请数、专利授权数、社会消费品零售总额、人均GDP等指标来度量。

第四,支撑能力。支撑能力反映承接地对转移产业发展的支撑力量,包括基础设施、运输规模、航运能力、产业结构优化程度、社会融资能力

[①] 刘友金:《基于区位视角中部地区承接沿海产业转移空间布局研究》,《经济地理》2011年第10期。

[②] 郑雄伟:《国际科技与产业转移步伐加快》,《人民日报》2011年9月20日。

等,可用交通基础设施建设完善度、物流规模、航运能力、非农产业比重、金融存款余额等指标来度量。

(二)测度方法设计

根据上文的分析,产业承接能力测度指标体系如表6-9所示。

表6-9　　　　战略性新兴产业承接能力测度指标体系

		测度指标
吸引能力	经济效益	资金利税率、利润率
	资源利用能力	全要素生产率、全要素生产率增长率、劳动生产率
资源优势	劳动力资源	专科以上人员数
	土地资源	人均土地面积
	科技资源	研发人员数、R&D经费内部支出、R&D项目数、技术市场成交额
发展能力	创新能力	专利授权数、技术进步指数
	市场规模	GDP、社会消费品零售总额
	市场潜力	人均GDP
	经济发展潜力	固定资产投资
支撑能力	交通基础设施	单位面积铁路营业里程、单位面积高速公路
	产业结构优化程度	非农产业比重
	社会融资能力	金融存款余额

运用表6-9中的指标体系进行现象测评属于多指标综合测度问题。进行多指标综合测度的方法较多,常用的有主成分分析法、因子分析法、功效系数法、DEA方法和灰色关联度法等。因子分析法要求样本的个数大于变量的个数,而DEA方法只是从效率角度对现象进行评价。基于获取数据的性质,我们选用灰色关联度理论进行产业转移承接能力测评。[①]

设 y_1, y_2, …, y_n 为 n 个测评对象,y_{ij} 为第 i 个对象的第 j 个指标的数值（i=1, …, n, j=1, …, m）,记 $y_0 = (y_{01}, y_{02}, …, y_{0m})$ 为每个指标在所有研究中的最优值为参考对象,将 n 个对象与最优值排成矩阵 A 如下:

---

① 薛新伟、王冬:《灰色投入产出理论及模型方法初探》,《系统工程理论与实践》1997年第1期。

$$A = \begin{pmatrix} y_{01} & y_{02} & \cdots & y_{0m} \\ y_{11} & y_{12} & & y_{1m} \\ y_{21} & y_{22} & & y_{2m} \\ \vdots & & \ddots & \vdots \\ y_{n1} & y_{n2} & \cdots & y_{nm} \end{pmatrix}$$

矩阵 A 中的值与最优值 y_0 进行无量纲化后,得到新矩阵 B:

$$B = \begin{pmatrix} z_{01} & z_{02} & \cdots & z_{0m} \\ z_{11} & z_{12} & & z_{1m} \\ z_{21} & z_{22} & & z_{2m} \\ \vdots & & \ddots & \vdots \\ z_{n1} & z_{n2} & \cdots & z_{nm} \end{pmatrix}$$

计算参考数列与各个比较数列之间的极差。然后计算第 i 个对象的第 j 个指标与 j 指标最优值的关联系数:

$$\xi_{ij} = \frac{\min\limits_{i}\min\limits_{j}|z_{ij} - z_{0j}| + \rho \max\limits_{i}\max\limits_{j}|z_{ij} - z_{0j}|}{|z_{ij} - z_{0j}| + \rho \max\limits_{i}\max\limits_{j}|z_{ij} - z_{0j}|} \qquad (6-10)$$

式中,$\rho \in [0, 1]$,一般取 ρ 为 0.5。

最后,计算测评对象计算与参考序列对应元素的关联系数的均值 r_i:

$$r_i = \frac{1}{m}\sum_{j}^{m}\xi_{ij} \qquad (6-11)$$

二 承接能力的测度结果

(一) 数据收集及处理

根据式 (6-9),收集整理得出 2013 年中部地区产业承接能力相关数据如表 6-10 至表 6-12 所示。

表 6-10 中部地区战略性新兴产业转移承接能力评价数据 (一)

地区	资金利税率	利润率	全要素生产率	全要素生产率指数	劳动生产率(亿元/万人)	专科以上人员数(个)	人均土地面积(平方公里/万人)
山西	0.0135	0.0137	3.6747	1.076	59.70	3013	43.0602
吉林	0.1754	0.0733	8.9184	1.113	178.43	2509	68.1138
黑龙江	0.0578	0.0593	5.1372	1.011	81.57	3708	118.5913
安徽	0.1163	0.0669	6.3995	1.024	120.32	4186	23.1683

续表

地区	资金利税率	利润率	全要素生产率	全要素生产率指数	劳动生产率（亿元/万人）	专科以上人员数（个）	人均土地面积（平方公里/万人）
江西	0.1640	0.0752	7.3016	1.014	137.55	3228	36.9293
河南	0.1279	0.0741	4.8980	1.022	101.54	5757	17.7408
湖北	0.1166	0.0690	5.9064	1.028	111.96	5304	32.0573
湖南	0.1429	0.0636	6.3332	1.028	100.80	4343	31.6564

表6-11　中部地区战略性新兴产业转移承接能力评价数据（二）

地区	研发人员数（人）	R&D经费内部支出（万元）	R&D项目数（项）	技术市场成交额（万元）	专利授权数（件）	技术进步	GDP（亿元）
山西	73896	1549798.9	13655	527681	8565	1.076	12602.24
吉林	74577	1196882.3	26029	347167	6219	1.113	12981.46
黑龙江	89747	1647838.1	24935	1017747	19819	1.011	14382.93
安徽	180632	3520832.6	45183	1308253	48849	1.024	19038.87
江西	70928	1354971.9	22112	430552	9970	1.014	14338.5
河南	215608	3553245.9	32931	402406	29482	1.022	32155.86
湖北	204682	4462042.5	53039	3976158	28760	1.028	24668.49
湖南	151044	3270252.9	42985	772098	24392	1.028	24501.67

表6-12　中部地区战略性新兴产业转移承接能力评价数据（三）

地区	社会消费品零售总额（亿元）	人均GDP（元）	固定资产投资（亿元）	铁路营业里程（公里）	高速公路（公里）	非农产业比重（%）	金融存款余额（亿元）
山西	4988.3	34813	11031.9	3786.4	139434	93.9	26269.02
吉林	5426.43	47191	9979.3	4397.2	94191	88.4	14885.94
黑龙江	6205.7	37509	11453.1	6021.8	160206	82.5	18131.8
安徽	6481.4	31684	18621.9	3513.1	173763	87.7	26938.23
江西	4551.1	31771	12850.3	3084.3	152067	88.6	19582.71
河南	12426.61	34174	26087.5	4890.4	249831	90	37591.7
湖北	10465.94	42613	19307.3	3929.5	226912	87.4	32902.83
湖南	8940.63	36763	17841.4	4026.6	235392	87.3	26876.03

资料来源：《中国统计年鉴（2014）》《中国科技统计年鉴（2014）》和《中国工业统计年鉴（2014）》以及中部各省（市、区）2013国民经济和社会发展统计公报，笔者加工整理。

利用表 6-10、表 6-11 和表 6-12 的数据,计算灰色关联度系数,可得 2013 年中部地区产业转移承接能力的测度结果如表 6-13 所示。

表 6-13　　中部地区战略性新兴产业转移承接能力评价结果

地区	吸引能力		资源优势		发展能力		支撑能力		承接能力	
	得分	排名	得分	排名	得分	排名	得分	排名	得分	排名
山西	0.3984	8	0.4244	6	0.4018	6	0.6100	3	0.4748	7
吉林	0.9892	1	0.3989	8	0.5687	2	0.4432	8	0.6157	3
黑龙江	0.4537	7	0.4062	7	0.3953	7	0.5668	5	0.4734	8
安徽	0.5641	4	0.6608	3	0.5194	4	0.4997	6	0.5907	4
江西	0.6948	2	0.4424	5	0.3609	8	0.4520	7	0.5072	6
河南	0.5696	3	0.7547	2	0.7133	1	0.7965	1	0.7223	1
湖北	0.5594	6	0.9113	1	0.5614	3	0.6154	2	0.6909	2
湖南	0.5651	5	0.5978	4	0.4881	5	0.5869	4	0.5840	5
平均值	0.5993		0.5746		0.5011		0.5713		0.5824	

由表 6-13 的数据可知,2013 年中部地区战略性新兴产业承接能力综合得分最高的是河南,依次是湖北、吉林、安徽、湖南、江西、山西和黑龙江。其中吸引能力的排名是吉林、江西、河南、安徽、湖南、湖北、黑龙江和山西;资源优势的排名是湖北、河南、安徽、湖南、江西、山西、黑龙江和吉林;发展能力的排名是河南、吉林、湖北、安徽、湖南、山西、黑龙江和江西;支撑能力的排名是河南、湖北、山西、湖南、黑龙江、安徽、江西和吉林。

作为后文研究的铺垫,我们将这些受测评地区的矿产资源优势列示如表 6-14 所示。

表 6-14　　　　　　中部地区矿产资源分布　　　　　　单位:万吨

地区	铜矿	铅矿	锌矿	铝土矿	硫铁矿	磷矿	高岭土
山西	158.23	0.46	0.17	15122.81	1058.11	0.81	160.2
吉林	19.67	13.65	19.12		730.7		48.55
黑龙江	110.63	6.37	24.24		48.2		
安徽	168.12	10.91	13.61		14381.25	0.2	166.03

续表

地区	铜矿	铅矿	锌矿	铝土矿	硫铁矿	磷矿	高岭土
江西	597.1	52.64	76.35		14886	0.61	3176.96
河南	11.14	57.8	47.52	14376.78	5991.87	0.02	4.7
湖北	96.58	5.18	20.39	502.87	4722.08	7.7	460.43
湖南	9.63	55.14	75.92	311.43	788.52	0.24	2015.42

资料来源：国家统计局：《中国统计年鉴（2014）》，中国统计出版社2015年版。

表6-14显示，中部地区具有较丰富的矿产资源，且资源优势各异，如安徽的铜矿、硫铁矿，河南的铅矿、锌矿和铝土矿，山西的煤、铝土矿等，各地有条件依据资源禀赋差异承接发展优势产业。

(二) 测度结果分析

根据得分与平均值大小的关系，可将中部地区产业承接能力划分为以下三类，具体阐释如下：

1. 第一类地区

第一类地区包括河南和湖北。该类地区的综合得分领先中部地区平均水平，是产业转移的首选地。河南以0.7223的得分位居中部地区战略性新兴产业承接能力第一，湖北以0.6909的得分位居其后。

从产业转移承接能力的具体指标得分中可以看出，河南分别以产业发展能力0.7133得分和支撑能力0.7965得分位居第一，表明河南在科技创新、市场规模、市场潜力以及经济发展潜力方面有良好的发展潜力。同时，河南也有相对完善的交通基础设施、较高的产业结构优化程度和良好的社会融资能力。河南也具有相对丰富的资源优势、劳动力优势和科技资源优势，特别是河南2013年专科以上人数和研发人员数位居中部地区第一，R&D经费内部支出位居中部地区第二。但河南的吸引能力得分为0.5696，低于中部地区的平均水平，说明河南在经济效益方面和资源利用能力方面还不足。

湖北的资源优势得分为0.9113，位居第一。2013年，湖北的R&D经费内部支出、R&D项目数和技术市场成交额位居中部地区第一，专科以上人数和研发人员数位居中部地区第二，说明湖北具有丰富的劳动力资源和科技资源，是技术密集型企业的首选地。湖北的支撑能力得分为0.6154，位居第二，说明湖北能为企业的后续发展提供动力。湖北的发展能力得分为

0.5614，位居第三，吸引能力得分为 0.5594，位居第六，这是湖北的弱项。

2. 第二类地区

第二类地区包括吉林、安徽和湖南。这类地区的产业承接能力高于中部地区产业承接能力的平均水平，是承接战略性新兴产业的重要地区。吉林吸引能力得分为 0.9892，表明其在经济效益和资源利用能力方面具有较强的优势，具有使战略性新兴产业良好发展的能力，但其资源优势和支撑能力方面得分均居末位，显示其在人才、技术以及后续发展动力方面欠缺。

安徽产业承接能力的综合得分为 0.5907，从测度因子看，其资源优势明显。2013 年，安徽 R&D 项目数和技术市场成交额位居中部地区第二，专科以上人员数、研发人员数、R&D 经费内部支出位居第三。吸引能力和发展能力的得分分别为 0.5641 和 0.5194，位居第四，支撑能力得分为 0.4997，位居第六。总体来看，安徽在各个测度因子得分上比较均势，差异不大。

湖南产业承接能力的综合得分为 0.5840，位居中部地区第五，从二级指标可以看出，湖南的各个指标得分均排在第四位或者第五位，承接转移能力接近平均水平，是战略性新兴产业承接地的重要备选地。

3. 第三类地区

第三类城市包括江西、山西和黑龙江。这类地区产业转移承接能力低于中部地区平均水平。江西产业承接能力的综合得分为 0.5072，位居中部地区第六，测度因子中吸引能力具有明显的优势，吸引能力得分较高，达0.6948，位居第二。2013 年，江西战略性新兴产业的资金利税率、利润率、全要素生产率、全要素生产率指数以及劳动生产率位居中部第二，表明江西具有良好的经济效益优势和资源利用率优势。山西的产业承接能力得分为 0.4748，位居第七，具有较强的支撑能力优势，得分为 0.6100，位居第三，其他 3 个指标排名均靠后。黑龙江产业承接能力的得分最低，是产业承接能力最差的地区。

综上分析可知，中部地区由于在区位、资源、文化、经济和社会发展等方面禀赋存在差异，所以，产业承接能力也存在差异。河南和湖北是中国战略性新兴产业承接能力最强的地区，吉林、安徽、湖南是产业承接重要地区，江西、山西和黑龙江相对于其他五个地区承接能力较弱。这也表明尽管湖南、江西毗邻沿海省份，具有地缘优势，但并不一定都具备承接沿海产业转移综合优势。因此，要通过对产业转移承接能力的研究来探求各地在承接产业转移过程中的优势和短板，为提高中部地区战略性新兴产业转移承接的竞争力提供决策依据，以便优化布局东部沿海地区产业转移。

第四节 转移承接的路径思考

战略性新兴产业的发展过程中，东部沿海地区势必会面临劳动力、土地、厂房和租金等成本上升的压力，加之中国产业结构调整布局的需要，战略性新兴产业的转移承接成为必然。中国战略性新兴产业转移承接的路径有四个：(1) 统筹规划，有序转移；(2) 要利用大型企业引导产业转移；(3) 鼓励民企参与产业转移；(4) 优势互补，形成错层、非均衡发展格局。

一 统筹规划，有序转移

产业集聚是一个适当大的地区范围内，生产某种产品的若干企业以及为这些企业配套的上下游企业，高度密集地聚集在一起的一种经济现象。英国著名经济学家马歇尔很早就注意到产业集聚这一经济现象，并据此提出了"内部经济"和"外部经济"这两个重要概念。由于地区资源开发、基础设施、生产设施以及配套设施的建设，特别是受规模经济内在要求的驱动，必然会引发不同层级规模的生产相同或相似产品的企业连片集中布局。中国战略性新兴产业的这种布局状况正是这种状态的集中表现。哪里的技术、人才、经济发展水平和自然资源优越，哪里就集聚战略性新兴产业，这既体现了韦伯的区位理论，也体现了市场学派的主张，还验证了克里斯塔勒的观点。

然而，随着产业集聚的推进和集聚区经济的快速增长，市场竞争的激烈程度会加剧，产业结构不断优化和升级的要求也会日渐紧迫，当集聚超过合理的规模时，规模效益就会呈现递减趋势，比较劣势的产业会向周围有接受能力的地区转移。因此，战略性新兴产业布局是一个动态的过程，目前的布局只是一种布局中的静止态，很快这种静止态就会被打破，要追踪这种布局的动态变化。

战略性新兴产业的培育和发展是经济全球化、世界产业格局发生重大变化背景下中央政府所做出的重大战略部署，这对地区经济增长和企业发展无疑是一个大好契机，因而备受地方政府和相关企业的重视和关注。但是，地方政府和企业的发展规划自觉不自觉地会受地区利益或企业利益所驱动，在政策和资源竞争中，难免会出现重复建设和过度竞争，进而引发产业转移。现阶段，东部地区可进行转移的行业主要是非金属矿物制品业，有色金属冶炼和压延加工业，交通运输设备制造业，电气机械和器材制造业，计算机、通信和其他电子设备制造业、仪器仪表制造业等。依据就近原则，并考虑承接地能力，江苏和浙江的交通运输设备制造业可向河南、安徽和湖北转移；辽宁交通运输设备制造业可向吉林和黑龙江转移；浙江的电气机械和器材制造业可向河南、安徽和湖北转移；辽宁的电气机械和器材制造业、仪器仪表制造业以及计算机、通信和其他电子设备制造业可向吉林转移；上海的计算机、通信和其他电子设备制造业可向河南、安徽和湖北转移；福建的计算机、通信和其他电子设备制造业可向江西和湖南转移；浙江的仪器仪表制造业、医药制造业、通用设备制造业可向河南、安徽和湖北转移。据此，要统筹规划，通盘考虑，在政府的领导下，按照市场规律，进行战略性新兴产业的有序转移。

二 大型国有企业引导产业转移

战略性新兴产业在快速成长、快速变革的同时也面临着较大的风险，这种风险是伴随着这类产业的不断创新以及可能产生的高收益而存在的。产业的各项投入要素都有可能带来风险，例如，技术更新过程中可能出现的失败风险，产品生产、销售过程中可能出现的新产品质量、销路、定价等风险，这些风险是这类产业从新兴阶段向成熟阶段发展必须应对的不利因素。国有企业是中国市场经济的主要力量，掌握着国民经济命脉，是参与国际竞争、抵御国际经济风险、维护国家经济安全的主要力量。现阶段，中国战略性新兴产业的空间分布很大程度上是由大型国有企业所主导[①]，国有企业特别是大型国有企业资金力量雄厚、技术装备好、科技创新能力强，能够率先实现集约化、集团化和跨国经营。大型国有企业向西部地区布局，不仅给西部地区带来资金、技术，抵御战略性新兴产业发展过程中的风险，还能带动一部分中小企业发展。所以，相对于中小企业，大企业在西部地区比中小企业更具生存能力。

细化到具体产业，节能环保产业方面，陕西在陕南、关中、陕北建立了大气污染防治产业园，重庆是全国三大环保产业基地之一，有4个国家

---

① 李金华：《中国战略性新兴产业空间布局雏形分析》，《中国地质大学学报》2014年第5期。

级环保成套设备研发基地。高端装备制造业方面，成渝地区有航空装备、卫星应用装备、城市轨道制造基地。新能源产业方面，西部地区的内蒙古是中国首个风电装机突破千万千瓦的省份，陆地风能资源储量约占全国的50%，太阳能占有量位居全国第二；甘肃酒泉的风电基地是迄今为止中国和世界上规模最大的风电工程；新疆拥有金风科技和新疆新能源公司等国内新能源龙头企业，主要开发风力发电和太阳能发电。新材料产业方面，陕西有钛产业基地和钛材料高新技术产业化基地；重庆形成了轻合金、镁合金、化工新材料、铝加工以及功能材料五个新材料高新技术产业化基地；四川有生物医用材料与医疗器械、钒钛新材料、镁锂新材料、先进电子产品及配套材料、硅材料开发与副产物利用硅、精密模具与特种材料集成制造、高性能纤维等高新技术产业化基地；云南有稀贵金属新材料和锗材料高新技术产业化基地，贵州的高性能金属及合金材料、新型能源材料、电子功能材料，广西的有色金属材料等均在全国具有优势。

据上述分析，西部地区战略性新兴产业主要布局在四川、重庆、陕西、新疆、内蒙古以及云南和贵州的部分地区。由于西部地区战略性新兴产业发展水平依然低下，所以应采用增长极模式进行布局。应以大型国有企业为主力，选取新疆、内蒙古、四川、重庆、贵州、甘肃和云南为增长点。在新疆，以乌鲁木齐为中心，布局太阳能光伏产业、光伏材料产业、风力发电产业、风力发电装备制造业、有色金属新材产业；以石嘴山为中心布局稀有金属材料及制品产业和稀有金属材料产业；以石河子为中心布局新材料高新技术产业。在内蒙古，以呼和浩特为中心布局风电产业，以鄂尔多斯为中心布局新材料高新技术产业，以包头为中心布局稀土产业。在甘肃，以酒泉为中心布局风电产业，以白银为中心布局新材料高新技术产业和有色金属新材料及制品产业。在四川，以成都为中心布局新能源装备高新技术产业、生物医用材料与医疗器械产业、高性能纤维产业，以攀枝花为中心布局钒钛新材料产业，以遂宁为中心布局镁锂新材料产业，从绵阳为中心布局新材料产业。在贵州，以贵阳和遵义为中心布局新材料产业。在重庆布局轻合金特色产业、镁合金高新技术产业、化工新材料产业、铝加工高新技术产业、功能材料高新技术产业。在云南，以昆明和临沧为中心分别布局稀贵金属新材料产业和国家锗材料产业。在陕西，以宝鸡为中心布局钛产业、钛材料产业，以西安为中心布局新材料产业。

三 鼓励民企参与产业转移

要鼓励民营资本的发展，防止国有企业的行政垄断。大型企业国有企业大多都是垄断企业，且这种垄断不是自然垄断，而是行政垄断。大型国有企业的行政垄断，是行政权力形成的垄断，是企业利用政府的政策、法规和公共权力所形成的垄断，体现为行政权力对行业或企业形成的过度干预和保护。这种干预和保护，使这些国有企业在国内基本没有竞争对手。行政垄断使企业形成了维持稳定市场和保守技术的惰性及惯性，削弱了其创新进取的主动性和积极性，挤压了拥有先进或新型技术且对其主导地位构成威胁的民营企业。由于排斥市场竞争，新的竞争者无法进入市场，有些新兴产品价格会居高不下，服务质量难以提高，致使企业经营效率低下。同时，大型国有企业的行业垄断也容易造成庞大的既得利益集团，企业的经营目标往往自觉不自觉地被锁定为本行业、本部门、本集团的利益最大化，而不是国家利益和社会利益的最大化，这种垄断无疑是保护了国有企业的落后，抑制了市场的张力和活力，助长了国家资源的浪费，有悖于市场经济的发展规则。因此，在战略性新兴产业的发展和布局过程中，必须破除藩篱，强调竞争，鼓励民营资本进入战略性新兴产业领域，推动民营企业的发展，形成国有资本和民营资本良性竞争的局面。

2010年5月，国务院曾发布过《国务院关于鼓励和引导民间投资健康发展的若干意见》，其中特别指出要"鼓励和引导民营企业发展战略性新兴产业"。因此，必须借鉴国际新兴产业发展经验，重视创新型中小企业的发展，在鼓励大型国有企业开展战略性新兴产业创新活动、技术革新的同时，为中小企业，特别是有良好前景的民营企业创造宽松的投融资环境。要激励民营企业发挥创新积极性，引导民营企业找准适合自己发展的生长点，以快速的市场反应能力，灵活多变的经营机制，抓住有利时机，参与国家战略性新兴产业发展竞争和空间布局。

要实施战略性新兴产业集群式转移承接。现实中，产业的转移承接有点式承接和集群式承接。点式承接就是承接产业链中某一个单一环节，这样的承接方式会使中部地区的战略性新兴产业处于孤立环节，可能导致中部地区价值链上的某一环节与发达地区整个产业链或集群展开竞争，而这是一种弱势竞争。因此，中西部地区承接战略性新兴产业，应当突破点式承接，采用集群式承接模式。这需要构建产业转移承接平台，通过科学规划和完善配套设施，充分利用自身的劳动力成本优势、自然资源优势、市场优势和政策优势等，吸引产业链上的企业集群转移。同时，要发挥核心企业带动作用，在产业链上的企业集体转移过程中，要创造条件吸引产业链上的核心企业转移，发挥核心企业关联作用与示范作用，带动配套企业、研发机构、服务机构实施集群转移。尤为重要的是，必须加强转移产业与本土企业整合，通过优化产业环境，降低交易成本，使转移过来的企业与机构进行本地化整合，再造区位优势，形成创新空间，带动本地企业群体突破，向产业链高端攀升，实现产业整体升级和跨梯度发展。

四　形成错层、非均衡发展格局

战略性新兴产业的空间格局是动态的、变化着的，要注意适度时期的适度产业转移，保持空间布局的科学性和有效性。

社会化大生产要求生产劳动必须在十分广阔的地域上进行分工协作，各地区要根据自己的特点形成专门化的产业部门，形成规模优势，保证企业的最大生产效率。现代产业的发展历程显示，产业的空间发展过程总是先在某一地区集聚，然后再向其他地区扩展，低级阶段通常表现为集中发展的极核发展形态，高级阶段则表现出缩小地区间经济差距的整面发展形态。一个国家在进行产业布局时应该以产业空间发展的自然规律为基础，到高级阶段时，则应关注地区间经济差距的缩小，生产效率的提高，经济的可持续协调发展。

产业转移是发生在不同经济发展水平的地区之间产业布局的一种重要的经济现象。在市场经济条件下，发达地区的部分企业顺应地区比较优势的变化，通过跨地区直接投资，把部分产业的生产资源转移到其他地区，即一个或多个产业由发达地区向发展中地区移动。产业转移对于地区经济结构调整及地区间经济关系的优化具有重要意义，故而影响着部分企业的战略决策。地区间的产业级差、地区间的生产要素异动、地区间的产业利益差以及产业竞争环境等是发生产业转移的基础条件，而地区经济结构的变迁、生产要素供给结构的变迁、生产要素的比较优势等则是产业转移的动力因素。由于市场的不完善性、社会制度的约束以及交易成本的增加，生产要素的成本不断提高，产业转移成为市场经济条件下的一种必然现象。中国战略性新兴产业现有布局是中国目前地区经济发展格局下的必然选择，是经济规律和市场法则的自然体现。但是，产品的市场需求结构是变化的，地区经济发展状况也会发生变动，固化的经济发展模式会严重阻滞经济的发展，必须在战略性新兴产业的布局过程中考虑未来的市场变化和经济格局变化。

政府对产业布局和产业转移的影响有两种方式：一是以某种激励或补贴形式直接进行布局；二是通过财政、金融、税收等政策引导，要充分发挥政府的这种影响作用。地方政府的法规、政策要有利于地区长远利益。中央政府要做好前期规划，加强基础设施建设，不断改进交通、通信环境，快速形成西北、西南便捷畅达的现代化立体交通运输网络，为战略性新兴产业在西部地区布局提供便利条件。中部地区在承接产业转移过程中，重点支持新一代信息技术的运用，建设新一代信息高速公路。要谋划重点突破领域，实行资源互补和行业领先策略，立足企业核心优势，实施有差异的错位发展；要通过市场细分、市场定位、地区定位等，发展优势产业。要通过差异化竞争，适时进行产业转移，形成中国战略性新兴产业在空间上非均衡的科学布局。

第七章 战略性新兴产业技术效率

产业集聚是普遍存在的经济现象,是经济地理最显著的特征。适度的产业集聚能降低生产成本,扩大市场领域,提高劳动生产率。但是,产业的过度集中,也可能抑制生产率增长。在研究中国战略性新兴产业的发展、布局和转移承接后,有必要研究战略性新兴产业的技术效率。

第一节 地区技术效率测度

反映生产技术效率的重要指标是全要素生产率(Total Factor Productivity,TFP)。全要素生产率是宏观经济学的重要概念,也是分析经济增长源泉、技术进步、技术效率的经典指标。

一 全要素生产率的测度

测度 TFP 的方法有两类:一类是测度 TFP 的增长率,普遍用的是随机前沿法和数据包络法;另一类是全要素生产率水平值的测算。方法主要有 OLS(ordinary least squares)、FE(fixed effect)、OP(Olley Pakes)、LP(Levinsohn Petri)、GMM(Generalized method of moment)和 ACF(Ackerberg,Caves and Frazer)等。其中,OLS 和 FE 方法主要应用于宏观数据 TFP 的测量,OP、LP 和 ACF 则主要应用于微观数据 TFP 的测量。由于本章选用的是宏观数据,故选用 OLS 和 FE 方法测算中国 31 个省(市、区)的全要素生产率。

设定柯布—道格拉斯生产函数(C—D 生产函数)形式为:

$$Y = A_{it} K_{it}^{\alpha} L_{it}^{\beta}$$

对其取自然对数后,得:

$$y_{it} = \beta_k k_{it} + \beta_l l_{it} + u_{it} \tag{7-1}$$

式中,Y_{it}、K_{it} 和 L_{it} 分别表示产出、资本投入和劳动投入;u_{it} 表示误差项；A_{it} 是全要素生产率（TFP）；y_{it}、k_{it} 和 l_{it} 分别表示产出、资本投入和劳动投入的对数，误差项包含了全要素生产率的信息。对式（7-1）进行估计从而获得残差项如下：

$$\hat{u}_{it} = \hat{y}_{it} - \hat{\beta}_k k_{it} - \hat{\beta}_l l_{it} \quad (7-2)$$

写成指数形式，得：

$$TFP_{it} = e^{\hat{y}_{it} - \hat{\beta}_k k_{it} - \hat{\beta}_l l_{it}} \quad (7-3)$$

选取 2009—2013 年中国 31 个省（市、区）的面板数据进行 TFP 的计算。此处，产出选用主营业务收入，投入选用固定资产净值和年末从业人员数，数据见表 3-3。得各省（市、区）的 TFP 如表 7-1 所示。

表 7-1　战略性新兴产业全要素生产率（TFP）值（2009—2013）

地区	2009 年	2010 年	2011 年	2012 年	2013 年
北京	7.6237	8.7878	8.7084	8.1209	9.6340
天津	6.8325	6.6898	7.5809	7.9732	8.0491
河北	4.1485	4.4690	4.9973	4.7797	5.0185
山西	2.1799	2.6296	2.9101	3.4726	3.6747
内蒙古	6.3130	6.0966	7.3014	5.8107	5.6925
辽宁	4.8576	5.1816	5.9534	6.3190	6.2162
吉林	6.4161	7.5108	6.3702	8.6868	8.9184
黑龙江	4.8500	4.7755	5.0324	4.9272	5.1372
上海	5.6995	6.8405	7.1324	7.9876	8.0711
江苏	4.5353	4.5004	5.1775	5.2500	5.3449
浙江	4.0309	4.3910	5.1212	5.1848	5.1736
安徽	5.1744	5.6094	6.8983	6.2470	6.3995
福建	5.5449	6.0435	7.2238	6.7684	6.9742
江西	5.1571	5.3969	6.3614	7.1977	7.3016
山东	5.2202	5.3621	6.3066	6.4174	6.6533
河南	4.6724	4.6278	5.1718	4.9494	4.8980
湖北	3.8587	5.0476	6.0415	6.2531	5.9064
湖南	5.0935	5.4341	7.0660	5.8051	6.3332
广东	4.5556	3.9274	5.1530	4.9989	5.3582

续表

地区	2009年	2010年	2011年	2012年	2013年
广西	4.8238	4.6542	5.4471	5.3680	5.9345
海南	7.1998	7.9081	8.8062	9.8041	6.8259
重庆	5.1625	5.2513	7.0548	6.5601	6.4845
四川	4.5910	4.2230	5.2678	4.9039	4.7125
贵州	3.7944	3.8793	4.4711	4.3324	5.1220
云南	4.5088	4.5267	5.3777	5.6214	5.5719
西藏	4.8004	4.3893	4.6800	7.6902	7.8639
陕西	4.3596	4.5076	4.9407	4.4049	4.6045
甘肃	4.1243	4.4362	4.4826	6.7674	6.8828
青海	4.4013	4.2934	4.5448	4.3347	4.1741
宁夏	4.1870	4.4052	5.2635	4.8990	5.0603
新疆	4.4833	3.8377	4.5963	3.3546	3.0979
全国	4.9419	5.1495	5.8529	5.9739	6.0351
东部地区	5.4771	5.8274	6.5601	6.6913	6.6654
中部地区	4.6752	5.1290	5.7314	5.9424	6.0711
西部地区	4.6291	4.5417	5.2857	5.3373	5.4334

注：由于还没有专门的战略性新兴产业的统计数据，此处用战略性新兴产业依托行业的数据代替战略性新兴产业的数据进行分析。

需要说明的是，为保证数据的可比性，表7－1中的基础数据剔除了通货膨胀因素，即以2009年为基期，用各年工业品出厂价格指数对产出进行了平减；用各年固定资产投资价格指数对固定资产净值进行了平减，由此获得以2009年为基期，2009—2013年的可比的各地区的产出和固定资产净值。

由表7－1可以看出，2009—2013年，战略性新兴产业全要素生产率在提高，从2009年的4.9419提高到2013年的6.0351，提高了22.1%；东部、中部和西部地区分别提高了21.7%、29.9%和17.4%。从地区角度来看，东部地区领先中部和西部地区，生产率最高，中部地区次之，西部地区最低。

二 技术效率与技术进步的测度

（一）方法的选择

测定技术效率和技术进步经典的方法是Malmquist指数。Malmquist指数最早由瑞典经济学家和统计学家 Malmquist 于 1953 年提出，目标在于研究不同时期的消费变化。1982 年，凯维斯（Caves）等据此引入了距离函数，通过测度生产决策单位与生产前沿面的距离来反映全要素生产率变化情况，即 Malmquist 生产率指数（Malmquist Index，简称 M 指数）。所谓生产前沿面是指在当前技术水平下，给定投入不变时产出的最大值，或者给定产出不变时投入的最小值。

设定：x^t 是 t 时期的投入（向量集），y^t 是 t 时期的产出（向量集）；

x^{t+1} 是 t+1 时期的投入和产出（向量集），y^{t+1} 是 t+1 时期的产出（向量集）；

$\overline{y}^t(x^t)$ 是 t 时期生产活动中投入要素 x^t 以生产前沿面 S^t（即 t 时期的技术水平）为参考集的技术前提下的潜在最大产出；

$\overline{y}^{t+1}(x^{t+1})$ 是 t+1 时期生产活动中投入要素 x^{t+1} 以生产前沿面 S^{t+1}（即 t+1 时期的技术水平）为参考集的技术前提下的潜在最大产出；

$\overline{y}^{t+1}(x^t)$ 是 t 时期生产活动中投入要素 x^t 以生产前沿面 S^{t+1}（即 t+1 时期的技术水平）为参考集的技术前提下的潜在最大产出；

$\overline{y}^t(x^{t+1})$ 是 t+1 时期生产活动中投入要素 x^{t+1} 以生产前沿面 S^t（即 t 时期的技术水平）为参考集的技术前提下的潜在最大产出。

于是，由技术效率：

$$e^t = \frac{y^t(x^t)}{\overline{y}^t(x^t)} = D_0^t(x^t, y^t)$$

从而得出 t 时期的实际产出：

$$y^t(x^t) = \overline{y}^t(x^t) \times D_0^t(x^t, y^t)$$

同理，t+1 时期的实际产出为：

$$y^{t+1}(x^{t+1}) = \overline{y}^{t+1}(x^{t+1}) \times D_0^{t+1}(x^{t+1}, y^{t+1})$$

则 t 期到 t+1 时期产出增长率为：

$$\frac{y^{t+1}(x^{t+1})}{y^t(x^t)} = \frac{\overline{y}^{t+1}(x^{t+1}) \times D_0^{t+1}(x^{t+1}, y^{t+1})}{\overline{y}^t(x^t) \times D_0^t(x^t, y^t)}$$

变形为：

$$\frac{y^{t+1}(x^{t+1})}{y^t(x^t)} = \frac{D_0^{t+1}(x^{t+1}, y^{t+1})}{D_0^t(x^t, y^t)} \times \frac{\overline{y}^{t+1}(x^{t+1})}{\overline{y}^t(x^t)}$$

式中，D_0^t 表示 t 时期基于产出视角的距离函数，反映当投入固定和生产技术既定下实际产出与最大可能产出的比值。

可见，如果 $D_0^t(x^t, y^t) = 1$，说明第 n 个生产决策单元产业处于最佳生产前沿面上；如果 $D_0^t(x^t, y^t) < 1$，说明 n 个生产决策单元产业处于最佳生产前沿面上，落后于最佳技术前沿面。

这样，在 t 时期的技术水平条件下，从 t 时期到 t+1 时期的生产率变化就可表示为：

$$M^t = \frac{D^t(x^{t+1}, y^{t+1})}{D^t(x^t, y^t)}$$

式中，x^t、y^t 和 x^{t+1}、y^{t+1} 分别表示 t 时期和 t+1 时期的投入和产出。

同样，在 t+1 时期的技术条件下，从 t 时期到 t+1 时期的生产率变化可表示为：

$$M^{t+1} = \frac{D^{t+1}(x^{t+1}, y^{t+1})}{D^{t+1}(x^t, y^t)}$$

显然，时期的选择可能导致计算结果的差异，为了避免这一缺陷，凯维斯等于 1982 年主张采用 M^t 和 M^{t+1} 的几何平均来计算 Malmquist 指数。也就是将 t 时期技术水平和 t+1 时期技术水平下的两个生产率相对数进行几何平均，于是 Malmquist 指数被定义为：

$$M(x^{t+1}, y^{t+1}; x^t, y^t) = \left[\frac{D_c^t(x^{t+1}, y^{t+1})}{D_c^t(x^t, y^t)} \times \frac{D_c^{t+1}(x^{t+1}, y^{t+1})}{D_c^{t+1}(x^t, y^t)}\right]^{\frac{1}{2}}$$

这一指数测度了在规模报酬固定的前提下（以 c 表示），某个决策单位从 t 时期到 t+1 时期，全要素生产率的变动情况。如果 M>1，说明生产率呈现上升趋势；反之则说明生产率呈下降趋势。

1997 年，Fare 等把 Malmquist 生产率指数进一步分解为技术效率变化指数（technical efficiency change，tec）和技术水平变化指数（technical change，tc）：

$$M(x^{t+1}, y^{t+1}, x^t, y^t) = \left[\frac{D_c^t(x^{t+1}, y^{t+1})}{D_c^t(x^t, y^t)} \times \frac{D_c^{t+1}(x^{t+1}, y^{t+1})}{D_c^{t+1}(x^t, y^t)}\right]^{\frac{1}{2}}$$

上式可变形为：

$$M(x^{t+1}, y^{t+1}, x^t, y^t) = \left\{\frac{[D_c^{t+1}(x^{t+1}, y^{t+1})]^2}{[D_c^t(x^t, y^t)]^2} \times \frac{D_c^t(x^{t+1}, y^{t+1})}{D_c^{t+1}(x^{t+1}, y^{t+1})} \times \frac{D_c^t(x^t, y^t)}{D_c^{t+1}(x^t, y^t)}\right\}^{1/2}$$

即有：

$$M(x^{t+1}, y^{t+1}, x^t, y^t) = \frac{D_c^{t+1}(x^{t+1}, y^{t+1})}{D_c^t(x^t, y^t)} \times$$

$$\left[\frac{D_c^t(x^{t+1}, y^{t+1})}{D_c^{t+1}(x^{t+1}, y^{t+1})} \times \frac{D_c^t(x^t, y^t)}{D_c^{t+1}(x^t, y^t)}\right]^{\frac{1}{2}}$$

$$= tec \times tc$$

$$= 技术效率指数 \times 技术进步指数$$

上式中各元素的含义为：

s$\frac{D_c^{t+1}(x^{t+1}, y^{t+1})}{D_c^t(x^t, y^t)}$表示规模报酬不变（CRS）且要素自由处置条件下的技术效率的相对变化指数；$\left(\frac{D_c^t(x^t, y^t)}{D_c^{t+1}(x^t, y^t)}\right)$表示投入为 x^t 时的技术变化；$\left(\frac{D_c^t(x^{t+1}, y^{t+1})}{D_c^{t+1}(x^{t+1}, y^{t+1})}\right)$表示投入为 x^{t+1} 时的技术变化，两个数的几何平均则表示技术进步的相对变化，即技术进步指数。

这里，tec 和 tc 都是以规模报酬固定的形式来定义的。其中，tec 表示规模报酬不变情况下技术效率的变化指数，它测度从 t 时期到 t+1 时期每个决策单位到生产技术前沿面的距离。

若 tec > 1，表明决策单位的当期生产比上一期更接近生产技术的前沿面，即相对技术效率有所提高；反之，则相对技术效率降低。tc 测度从 t 时期到 t+1 时期，决策单位生产前沿面的外移程度。若 tc > 1，表明本期生产技术前沿面向外移动了，即决策单元群出现了技术进步状况，否则就表明技术维持在了原来水平上（tc = 1）甚至出现了倒退（tc < 1）。

进一步地，1994 年，Fare 等将技术效率变化指数又可以分解为基于规模报酬可变（VRS，用下标 v 表示）的纯技术效率相对变化指数（pure technical efficiency change, ptec）和规模效率相对变化指数（scale efficiency change, sec）。

因为：

$$\frac{D_c^{t+1}(x^{t+1}, y^{t+1})}{D_c^t(x^t, y^t)} = \frac{D_v^{t+1}(x^{t+1}, y^{t+1})}{D_v^t(x^t, y^t)} \times \frac{\dfrac{D_c^{t+1}(x^{t+1}, y^{t+1})}{D_v^{t+1}(x^{t+1}, y^{t+1})}}{\dfrac{D_c^t(x^t, y^t)}{D_v^t(x^t, y^t)}}$$

于是，Malmquist 指数 M 就成为：

$$M = \frac{D_v^{t+1}(x^{t+1}, y^{t+1})}{D_v^t(x^t, y^t)} \times \frac{D_c^{t+1}(x^{t+1}, y^{t+1})/D_v^{t+1}(x^{t+1}, y^{t+1})}{D_c^t(x^t, y^t)/D_v^t(x^t, y^t)} \times$$

$$\left[\frac{D_c^t(x^{t+1}, y^{t+1})}{D_c^{t+1}(x^{t+1}, y^{t+1})} \times \frac{D_c^t(x^t, y^t)}{D_c^{t+1}(x^t, y^t)}\right]^{\frac{1}{2}} = ptec \times sec \times tc \quad (7-4)$$

= 二纯技术效率相对变化指数（ptec）× 规模效率相对变化指数（sec）× 技术进步指数（tc）

其中，ptec 测度了实际投入与必要投入之间的距离，如果 ptec > 1，表明技术效率改善；反之，则表明技术效率恶化了。

sec 测度了实际经营规模与最适度生产规模之间的距离，如果 sec > 1，表明决策单位在向长期的最适度生产规模状况逼近；反之，则表明决策单位距离规模报酬的目标越来越远。

由于 Malmquist 指数不需要对所选定的生产函数的具体形式进行假设，故而避免了由于函数设定错误或缺陷而产生的估计偏差问题。同时，它可以将测算的 TFP 进行分项分解，探寻效率改进和技术进步的主要构成因素。因而它是理想的测定战略性新兴产业的技术效率的方法。估算全要素生产率有助于对经济增长源泉进行分析，即分析各种因素，特别是投入要素增长、技术进步和能力实现等对经济增长的贡献，判别一个国家、地区抑或产业经济是投入型增长还是效率型增长，进而确定经济增长的可持续性。

可见，全要素生产率是用来衡量生产效率的指标，它有三个来源：一是效率改善；二是技术进步；三是规模效应。在计算上它是除去劳动、资本、土地等要素投入之后的"余值"，衡量效率改善、技术进步的程度。

（二）技术效率指数与技术进步指数

仍然用表 3-3 的数据，使用 Malmquist 指数公式，可计算得出中国战略性新兴产业的技术效率指数和技术进步指数如表 7-2 和表 7-3 所示。

表 7-2　　　　　　　战略性新兴产业技术效率指数

地区	2009 年	2010 年	2011 年	2012 年	2013 年
北京	1	1	1	0.913	1.095
天津	0.994	0.914	1.082	0.998	0.991
河北	0.99	0.926	1.121	0.913	1.016
山西	1.075	1.087	1.082	1.11	1.022
内蒙古	0.973	0.912	1.146	0.858	1
辽宁	1.009	1.02	1.064	0.999	0.955
吉林	1.016	1.067	0.865	1.156	1

续表

地区	2009 年	2010 年	2011 年	2012 年	2013 年
黑龙江	0.946	0.838	1.035	0.891	1.038
上海	1.001	1.009	1	1	0.994
江苏	1.023	1.014	1.134	0.961	0.991
浙江	1.006	1.022	1.073	0.97	0.963
安徽	1.007	0.961	1.221	0.857	1.021
福建	1.012	1.052	1.083	0.936	0.985
江西	1.043	0.909	1.182	1.107	0.994
山东	1.004	0.924	1.155	0.954	0.998
河南	0.969	0.89	1.129	0.914	0.959
湖北	1.053	1.131	1.22	0.943	0.947
湖南	1.014	0.956	1.208	0.824	1.11
广东	1	0.778	1.286	1	1
广西	1.006	0.843	1.18	0.935	1.099
海南	0.909	1.055	0.931	1.066	0.652
重庆	1	0.863	1.364	0.893	0.95
四川	0.955	0.819	1.224	0.91	0.913
贵州	1.054	0.959	1.088	1.013	1.169
云南	0.981	0.942	1.081	0.992	0.917
西藏	0.997	0.819	0.868	1.449	0.96
陕西	0.955	0.889	1.128	0.811	1.02
甘肃	1.121	1.043	1.01	1.621	0.924
青海	0.965	0.917	0.984	1.128	0.852
宁夏	0.971	0.993	1.032	0.937	0.926
新疆	0.935	0.825	1.111	0.825	1.01
全国	0.999	0.943	1.094	0.985	0.979
东部地区	0.9953	0.9740	1.0845	0.9736	0.9673
中部地区	1.0154	0.9799	1.1178	0.9753	1.0114
西部地区	1.0830	0.9840	1.2015	1.1247	1.0673

注：由于还没有专门的战略性新兴产业的统计数据，此处用战略性新兴产业依托行业的数据代替战略性新兴产业的数据进行分析。

表 7-3　　　　　　　　　战略性新兴产业技术进步指数

地区	2009 年	2010 年	2011 年	2012 年	2013 年
北京	1.078	1.15	1.013	1.086	1.067
天津	1.098	1.133	1.081	1.089	1.088
河北	1.084	1.165	1.021	1.087	1.067
山西	1.077	1.127	1.031	1.077	1.076
内蒙古	1.121	1.142	1.235	0.966	1.161
辽宁	1.096	1.132	1.084	1.088	1.081
吉林	1.092	1.141	1.065	1.052	1.113
黑龙江	1.051	1.147	0.983	1.069	1.011
上海	1.064	1.139	1.031	1.069	1.02
江苏	1.032	1.078	0.983	1.055	1.014
浙江	1.044	1.103	1.02	1.021	1.033
安徽	1.068	1.167	1.012	1.078	1.024
福建	1.039	1.056	1.062	0.991	1.051
江西	1.066	1.17	1.017	1.072	1.014
山东	1.091	1.143	1.069	1.088	1.067
河南	1.055	1.145	1.004	1.053	1.022
湖北	1.074	1.15	1.039	1.082	1.028
湖南	1.045	1.11	0.997	1.048	1.028
广东	1.037	1.047	1.079	0.945	1.082
广西	1.058	1.167	0.994	1.063	1.014
海南	1.136	1.142	1.193	1.051	1.161
重庆	1.041	1.142	0.97	1.043	1.017
四川	1.064	1.14	1.02	1.056	1.044
贵州	1.11	1.147	1.072	1.078	1.145
云南	1.124	1.142	1.133	1.092	1.129
西藏	1.112	1.142	1.138	1.099	1.069
陕西	1.058	1.152	0.97	1.062	1.055
甘肃	1.117	1.134	1.128	1.049	1.161
青海	1.131	1.142	1.279	0.966	1.161
宁夏	1.131	1.142	1.209	1.021	1.161
新疆	1.127	1.142	1.259	0.966	1.161

续表

地区	2009年	2010年	2011年	2012年	2013年
全国	1.081	1.134	1.067	1.05	1.074
东部地区	1.0726	1.1171	1.0578	1.0518	1.0665
中部地区	1.1995	1.2485	1.2188	1.1328	1.2071
西部地区	1.0660	1.1446	1.0185	1.0664	1.0395

注：由于还没有战略性新兴产业专门的统计数据，此处用战略性新兴产业依托行业的数据代替战略性新兴产业的数据进行分析。

由表7-2和表7-3可知，中国战略性新兴产业技术效率2010—2011年是上升的，其余年份都在下降，东部技术效率指数最低，中部次之，西部最高，与全国技术效率指数相比，只有西部地区超过全国技术效率指数。

中国战略性新兴产业技术进步指数2011年开始降低，2013年开始上升，西部技术进步指数最低，东部次之，中部最高，与全国技术效率指数相比，只有中部地区超过全国技术进步指数。

第二节 行业技术效率测度

战略性新兴产业的培育和发展，关键在于技术，特别是核心技术的研发。因此，中央政府和一些地方政府通过组织重大工程及专项，全力推进战略性新兴产业的技术进步，这使得战略性新兴产业的技术效率都发生了不同程度的变化。

一 节能环保产业技术效率

按照前文的分析，全要素生产率是总产量与全部要素投入量之比，衡量生产活动在一定时间内的效率，是产出增长率超出要素（资本、劳动力）投入增长率的部分，其增长率常常被视为科技进步的指标，来源包括技术进步、组织创新、专业化和生产创新等。从经济增长角度来看，生产率与资本、劳动等要素投入都贡献于经济的增长。从效率角度考察，生产率等同于一定时间内国民经济中产出与各种资源要素总投入的比值。从本质上讲，它反映的是一个国家（地区）为了摆脱贫困、落后，在一定时期里表现出来的能力和努力程度，是技术进步对经济发展作用的综合反映。因此，仍然应用Malmquist指数分行业计算战略性新兴产业的技术效率。

选取 778 家战略性新兴产业上市公司的营业收入为产出指标（Y）；选取其固定资产净额（X_1）和企业员工总数（X_2）为投入指标；财务数据来源于 Wind 数据库和上市公司年报，剔除 2009—2013 年间数据不完整的 44 家公司，最终用于测算的上市公司为 734 家，列示如表 7-4 所示。

表 7-4　　　　　　节能环保产业上市公司相关数据

公司	营业收入（万元）					固定资产净值（万元）	
	2013 年	2012 年	2011 年	2010 年	2009 年	2013 年	2012 年
方兴科技	98263	97092	107368	61132	58912	43049	33788
古井贡酒	458058	419706	330798	187916	134143	126648	78374
ST 国通	42150	30017	25304	35246	17143	21806	23340
精诚铜业	384636	320522	322277	293766	215655	51050	56047
皖能电力	1256777	764495	515037	378429	332578	1464455	1138226
盛运股份	117007	84874	66516	42419	31409	92251	87729
安徽水利	681223	649019	531293	383348	204340	84883	68438
铜陵有色	7399971	7725877	7074064	5130378	3075518	996448.5	1005741
皖维高新	357306	287915	313777	239435	167196	355391	371177
海螺型材	405265	419644	407304	396265	404563	174630	170260
鑫科材料	437872	392101	501395	366859	275696	52694	38872
北新建材	749008	668516	596912	436908	327503	563208	496324
碧水源	313327	177155	102601	50047	31356	27872	21526
动力源	79327	77264	69478	77131	60573	23214	12383
国电清新	76502	38327	44805	32073	33120	120127	106102
航大长峰	98105	87899	111196	53010	35393	5229	5712
合康变频	66185	70257	59151	38740	29566	31671	10377
华电国际	6662467	5948997	5449081	4544878	3666182	11046312	10688126
嘉寓股份	139039	110979	99710	73626	64874	31348	23924
桑德环境	268383	211214	160844	97201	68446	45303	45610

公司	固定资产净值（万元）			企业员工总数（万人）				
	2011 年	2010 年	2009 年	2013 年	2012 年	2011 年	2010 年	2009 年
方兴科技	29039	31726	41342	2451	2188	1947	846	857
古井贡酒	36278	34007	35725	5988	5440	5203	4621	3578

续表

公司	固定资产净值（万元）			企业员工总数（万人）				
	2011年	2010年	2009年	2013年	2012年	2011年	2010年	2009年
ST国通	26275	30241	32340	494	320	294	313	298
精诚铜业	54596	13866	15004	2541	2560	2485	2241	2274
皖能电力	794619	492290	505926	3772	3463	3754	3784	3925
盛运股份	43543	30851	17122	2261	2098	1859	1324	910
安徽水利	69625	73138	38811	4451	3791	2962	2416	2227
铜陵有色	987156	1019915	925394	15966	15966	15844	15498	15781
皖维高新	256466	164768	141516	5019	5084	3118	3080	3048
海螺型材	162499	163472	135101	4560	1141	1387	1378	1241
鑫科材料	42745	33462	34613	1856	2017	1795	1830	2001
北新建材	365384	327955	276816	11355	11742	4028	3647	3360
碧水源	19991	16913	3486	1625	1185	1185	830	390
动力源	11885	7509	7671	3124	2918	3219	1448	1336
国电清新	79677	83917	88475	394	305	313	235	183
航天长峰	6541	7033	7761	1086	1081	1061	736	858
合康变频	10023	8170	1283	1261	1124	1095	614	335
华电国际	8925191	7455772	6376346	24304	23878	22533	21283	18058
嘉寓股份	16000	13948	9182	2119	1639	1718	1397	950
桑德环境	46439	37558	4002	2022	1450	1265	1249	1196

资料来源：中金在线（http://hy.stock.cnfol.com）。

  表7-4是节能环保产业计算全要素生产率的部分基础面板数据，此处列示出来旨在说明后文运算结果的真实性。由于全部7个产业5年3个指标的数据共计11010个，无法完整列示，只能略去。

  运用Malmquist指数的公式，可以计算得出节能环保产业技术效率指数如表7-5所示。

表7-5 节能环保产业技术效率指数

年	effc	tc	ptec	sec	M (TFP)
2	0.973	1.103	0.917	1.061	1.073
3	0.719	1.437	0.808	0.891	1.033
4	0.967	0.992	0.854	1.132	0.958
5	1.077	0.927	1.109	0.971	0.998
均值	0.924	1.099	0.915	1.009	1.015

节能环保产业包括节能技术和装备、高效节能产品、节能服务产业、先进环保技术和装备、环保产品与环保服务等行业,选取的企业包括安徽方兴科技股份有限公司、安徽国通高新管业股份有限公司、北京北新集团建材股份有限公司、北京国电清新环保技术股份有限公司、北京航天长峰股份有限公司、北京合康亿盛变频科技股份有限公司、北京万邦达环保技术股份有限公司、福建福日电子股份有限公司、福建龙净环保股份有限公司、福建三安光电股份有限公司、福建厦门三维丝环保股份有限公司、福建元力活性炭股份有限公司等186家,计算结果显示,中国节能环保产业2009—2013年,全要素生产率指数为101.5%,规模效率指数为100.9%,其技术进步指数为109.9%,即该产业出现了技术前沿面外移,而纯技术效率指数则小于100%,即技术效率增长率不高。

二 新一代信息技术产业技术效率

新一代信息技术产业主要包括宽带建设、信息网络基础设施、下一代移动通信、下一代互联网核心设备、智能终端的研发产业,含三网融合、物联网、云计算、集成电路、新型显示、高端软件、高端服务器等,选取的企业有安徽四创电子股份有限公司、北京北斗星通导航技术股份有限公司、北京大唐电信科技股份有限公司、北京中国东方红卫星股份有限公司、福建榕基软件股份有限公司、广东超华科技股份有限公司、广东深圳市大富科技股份有限公司、贵州中国振华(集团)科技股份有限公司、湖北烽火通信科技股份有限公司、江苏亨通光电股份有限公司、辽宁奥维通信股份有限公司、辽宁东软集团股份有限公司、山东青岛软控股份有限公司、上海贝岭股份有限公司、上海东方明珠(集团)股份有限公司、四川成都国腾电子技术股份有限公司、四川鹏博士电信传媒集团股份有限公司、天津普林电路股份有限公司、浙江大华技术股份有限公司等109家。运用

Malmquist 指数公式，计算得出 2009—2013 年新一代信息技术产业技术效率指数如表 7-6 所示。

表 7-6　　　　　　　　新一代信息技术产业技术效率指数

年	effc	tc	ptec	sec	M (TFP)
2	1.066	1.009	1.034	1.031	1.076
3	0.997	0.967	0.872	1.144	0.964
4	0.906	1.007	0.897	1.011	0.912
5	0.782	1.322	0.833	0.939	1.034
均值	0.932	1.067	0.906	1.028	0.994

资料来源：http://hy.stock.cnfol.com。

表 7-6 显示，2009—2013 年，新一代信息技术产业全要素生产率指数为 99.4%，技术进步指数为 106.7%，该产业出现了技术前沿面外移，即产业的技术进步。这一产业的规模效率指数为 102.8%，但纯技术效率指数较低，为 90.6%。

三　生物医药产业技术效率

生物医药产业包括生物技术产业和医药产业。生物技术产业主要是指以现代生命科学理论为基础，利用生物体及其细胞、亚细胞和分子的组成部分，结合工程学、信息学等手段开展研究及制造产品，或改造动物、植物、微生物等，并使其具有所期望的品质、特性，进而为社会提供商品和服务的综合性技术，涉及医药、农业、海洋、环境、能源、化工等多个领域，包括基因工程、细胞工程、发酵工程、酶工程、生物芯片技术、基因测序技术、组织工程技术、生物信息技术等。医药产业是指现代药品、医疗器械、医疗技术的生产研发等。

此处，生物医药产业选取的企业是浙江通策医疗投资股份有限公司、北京中油金鸿能源投资股份有限公司、上海兰生股份有限公司、广东嘉应制药股份有限公司、深圳翰宇药业股份有限公司、吉林金浦钛业股份有限公司、海南康芝药业股份有限公司、广西桂林莱茵生物科技股份有限公司、上海交大昂立股份有限公司、广州阳普医疗科技股份有限公司、深圳市海普瑞药业股份有限公司、重庆智飞生物制品股份有限公司、天津红日药业股份有限公司、重庆福安药业（集团）股份有限公司、广东华润三九医药股份有限公司、上海现代制药股份有限公司、浙江英特集团股份有限公司等 149 家。运用 Malmquist 指数的公式，计算得到 2009—2013 年生物医药产业技术效率指数如表 7-7 所示。

表 7-7　　　　　　　　生物医药产业技术效率指数

年	effc	tc	ptec	sec	M (TFP)
2	1.050	0.966	0.945	1.111	1.013
3	1.216	0.931	1.205	1.009	1.132
4	0.925	1.059	0.918	1.008	0.979
5	0.987	1.009	0.955	1.034	0.996
均值	1.039	0.990	0.999	1.040	1.029

资料来源：http://hy.stock.cnfol.com。

表 7-7 显示，2009—2013 年，生物医药产业的全要素生产率指数为 102.9%，技术进步指数为 99%，即没有出现技术前沿面外移；其规模效率指数为 104%，即产业的规模效益较好，但纯技术效率指数却较低，为 99.9%。

四　高端装备制造产业技术效率

高端装备制造产业主要包括航空装备业、卫星制造与应用业、轨道交通设备制造业、海洋工程装备制造业、智能制造装备业等领域。高端装备制造选取的企业主要是安徽全柴动力股份有限公司、安徽四创电子股份有限公司、北方导航控制技术股份有限公司、北京北斗星通导航技术股份有限公司、北京航天科技控股集团股份有限公司、北京航天时代电子技术股份有限公司、北京中国北车股份有限公司、北京中航重机股份有限公司、北京中信国安信息产业股份有限公司、福建闽东电力股份有限公司、广东广州中海达卫星导航技术股份有限公司、广东中信海洋直升机股份有限公司、贵州贵航汽车零部件股份有限公司、哈尔滨东安汽车动力股份有限公司、河北博深工具股份有限公司、河南洛阳轴研科技股份有限公司、哈尔滨哈飞航空工业股份有限公司、湖北华工科技产业股份有限公司、湖南中联重科股份有限公司、吉林启明信息技术股份有限公司、山东济南柴油机股份有限公司、江苏航天晨光股份有限公司、江苏南通科技投资集团股份有限公司、江苏亚星锚链股份有限公司等 142 家。运用 Malmquist 指数计算公式，得到 2009—2013 年高端装备制造产业技术效率指数如表 7-8 所示。

表 7-8　　　　　　　　高端装备制造产业技术效率指数

年	effc	tc	ptec	sec	M（TFP）
2	0.950	1.124	0.979	0.971	1.068
3	0.846	1.170	0.894	0.946	0.990
4	0.803	1.112	0.963	0.834	0.893
5	0.959	1.015	0.927	1.035	0.974
均值	0.887	1.104	0.940	0.944	0.979

资料来源：http://hy.stock.cnfol.com。

表 7-8 显示，2009—2013 年，高端装备制造产业全要素生产率指数为 0.979，其技术进步指数为 1.104，即该产业出现了技术前沿面外移或技术进步情况。值得注意的是，高端装备制造产业的纯技术效率指数和规模效率指数均低于 100%，显示规模效率和纯技术效率较低。

五　新能源产业技术效率

新能源是指新开发利用或正在积极研究、有待推广的能源，如太阳能、地热能、风能、海洋能、生物质能和核聚变能等，从事新能源开发、利用的机构和企业为新能源产业。新能源产业选取的企业主要是：安徽安泰科技股份有限公司、安徽东旭光电科技股份有限公司、北京当升材料科技股份有限公司、北京有研新材料股份有限公司、北京中航三鑫股份有限公司、福建闽东电力股份有限公司、甘肃方大炭素新材料科技股份有限公司、广东宝丽华新能源股份有限公司、广东惠州亿纬锂能股份有限公司、广东深圳市德赛电池科技股份有限公司、湖南湘潭电化科技股份有限公司、河北风帆股份有限公司、河北威远生物化工股份有限公司、河南多氟多化工股份有限公司、湖北三峡新型建材股份有限公司、湖北武汉东湖高新集团股份有限公司、湖南金瑞新材料科技股份有限公司、吉林长春燃气股份有限公司、江苏宏发科技股份有限公司、江苏九鼎新材料股份有限公司、江苏双良节能系统股份有限公司、江苏徐州燃控科技股份有限公司等 187 家。运用 Malmquist 指数计算公式，得到 2009—2013 年新能源产业技术效率指数如表 7-9 所示。

表 7-9　　　　　　　　新能源产业技术效率指数

年	effc	tc	ptec	sec	M (TFP)
2	0.809	1.430	0.987	0.819	1.157
3	0.470	2.291	0.922	0.510	1.077
4	3.400	0.262	1.020	3.335	0.891
5	1.068	0.968	0.891	1.199	1.034
均值	1.084	0.995	0.954	1.137	1.035

资料来源：http://hy.stock.cnfol.com。

由表 7-9 可知，2009—2013 年，新能源产业的全要素生产率为 103.5%，技术进步指数为 0.995，没有出现技术前沿面外移，即没有出现技术进步。虽然该产业的纯技术效率为 0.954，但规模效率则达 113.7%，表明新能源产业的规模效率较好，已经实现了生产的规模效益。

六　新材料产业技术效率

新材料主要包括新建筑材料、新化工材料、生物医用材料、新金属材料、新能源材料、纳米及粉体材料、新型复合材料、高性能陶瓷材料、电子信息材料、新型碳材料、新型稀土材料、新型材料制造技术与设备等行业。新材料产业选取的企业主要是安徽精诚铜业股份有限公司、北京北矿磁材科技股份有限公司、北京中材科技股份有限公司、福建三安光电股份有限公司、深圳达实智能股份有限公司、深圳德赛电池科技股份有限公司、广东中炬高新技术实业（集团）股份有限公司、河北风帆股份有限公司、河南多氟多化工股份有限公司、河南神马实业股份有限公司、河南豫光金铅股份有限公司、湖北三峡新型建材股份有限公司、湖南辰州矿业股份有限公司、湖南科力远新能源股份有限公司等 147 家。运用 Malmquist 指数计算公式，得到 2009—2013 年新材料产业技术效率指数如表 7-10 所示。

表 7-10　　　　　　　　新材料产业技术效率指数

年	effc	tc	ptec	sec	M (TFP)
2	0.518	1.000	0.877	0.590	0.518
3	1.041	1.063	1.394	0.746	1.106
4	0.863	1.090	0.748	1.154	0.941
5	1.108	0.923	1.001	1.106	1.023
均值	0.847	1.000	0.978	0.866	0.847

资料来源：http://hy.stock.cnfol.com。

表 7-10 显示，2009—2013 年，新材料产业的全要素生产率指数为 84.7%，其技术进步指数没有发生变化，纯技术效率指数和规模效率指数也都低于 100%，表明其技术效率和规模效率不理想。

七 新能源汽车产业技术效率

新能源汽车，是指除汽油、柴油发动机之外所有其他能源汽车，包括燃料电池汽车、混合动力汽车、氢能源动力汽车和太阳能汽车等。

新能源汽车产业选取的企业是安徽安凯汽车股份有限公司、北京北汽福田汽车股份有限公司、北京当升材料科技股份有限公司、北京五矿发展股份有限公司、北京中国南车股份有限公司、北京中国有色金属建设股份有限公司、福建厦门金龙汽车集团股份有限公司、甘肃兰州长城电工股份有限公司、广东广晟有色金属股份有限公司、深圳德赛电池科技股份有限公司、贵州贵航汽车零部件股份有限公司、贵州中国振华（集团）科技股份有限公司、河北风帆股份有限公司、河南森源电气股份有限公司、河南许继电气股份有限公司、河南郑州宇通客车股份有限公司、湖南科力远新能源股份有限公司、吉林吉恩镍业股份有限公司、吉林一汽轿车股份有限公司、江苏国电南京自动化股份有限公司、江苏国电南瑞科技股份有限公司等 56 家。运用 Malmquist 指数计算公式，得到新能源汽车产业 2009—2013 年技术效率指数如表 7-11 所示。

表 7-11　　　　　　　新能源汽车产业技术效率指数

年	effc	tc	ptec	sec	M (TFP)
2	1.177	0.984	1.109	1.061	1.158
3	1.426	0.730	1.432	0.996	1.041
4	0.701	1.280	0.691	1.014	0.897
5	0.905	1.078	0.934	0.969	0.975
均值	1.016	0.998	1.006	1.009	1.013

资料来源：http://hy.stock.cnfol.com。

由表 7-11 可知，2009—2013 年，新能源汽车产业全要素生产率为 101.3%，其技术进步指数为 99.8%，即该产业没有出现技术前沿面外移或没有出现技术进步，但其规模效率和纯技术效率出现了增长。

第三节 技术效率效应分析

在测度了战略性新兴产业技术效率后，可进一步分析技术效率的效应，技术效率与战略性新兴产业布局的联系。

一 变量的设计与数据处理

（一）变量的设计

分析战略性新兴产业技术效应，主要是分析战略性新兴产业技术效率所产生的影响，特别是对战略性新兴产业布局的影响。这里，被解释变量是全要素生产率、技术效率和技术进步指数三个变量；解释变量是区位熵、研发投入、人力资本和经济开放度。对各解释变量分述如下：

区位熵，lq（location quotient），是度量产业地区集中程度和区域产业竞争优势的指标，其计算公式为：

$$lq_{ij} = \frac{q_{ij}}{q_j} \bigg/ \frac{q_i}{q} \tag{7-5}$$

式中，q_{ij} 表示 j 地区 i 产业的相关指标（如产值、从业人员数等），q_j 表示 j 地区所有产业相关指标（如产值、从业人员数等），q_i 表示在全国 i 产业的相关指标（如产值、从业人员数等）；q 表示全国所有产业的相关指标（如产值、从业人员数等）。当 $lq_{ij} > 1$ 时，表示该地区该产业在全国具有比较优势，一定程度上显示出该产业较强的集聚能力；当 $lq_{ij} = 1$ 时，表示该地区该产业在全国处于均势，该产业的集聚能力并不明显；当 $lq_{ij} < 1$ 时，表示该地区该产业在全国具有比较劣势，集聚能力弱。

研发投入，是促进战略性新兴产业全要素生产率提高的重要因素。按照内生经济增长理论，长期经济增长的真正动因是技术进步，全要素生产率增长的一个重要源泉也是技术进步。一般情况下，大量的研发投入会提升战略性新兴产业的技术水平，而且新技术的应用又会提升全要素生产率，从而提高战略性新兴产业的生产效率。关于这一问题的研究，许小鱼（2011）[①]、石

[①] 许小鱼：《长三角全要素生产率的测算及影响因素分析》，博士学位论文，南京大学，2011年。

风光（2010）[①]、丁建勋（2009）[②]等已提供了可以借鉴的成果。

人力资本，通常用平均受教育年限表示。事实上，人力资本是一个比平均受教育年限更为宽泛的概念，它既包含简单的劳动力数量，也包含劳动力所受到的教育和培训，同时还包含劳动力的年龄结构等。人力资本显著地影响全要素生产率和技术效率，池仁勇和杨潇（2011）[③]、王晓琛（2010）[④]的研究成果已有了此类结论。

经济开放度，是一个制度因素，开放不仅能带来资金，引进先进技术、人才、良好的管理经验，还能提高技术进步水平、管理水平和组织效率。开放的环境也加剧了行业和企业之间的竞争，激励各个企业引进和研发更加先进的技术。所以，经济开放度也是影响全要素生产率、技术效率以及技术进步的重要因子。此处，用进出口总额占GDP比重来表示经济开放度。

结合战略性新兴产业的特点，我们选取研发投入（rd）、人力资本（peo）和经济开放度（open）作为影响全要素生产率的控制变量，关于变量的说明见表7-12。

表7-12　　　　　　　　设计的变量及其说明

	变量符号	变量的说明
被解释变量	y	全要素生产率、技术效率、技术进步指数
区位熵	lq	参见区位熵的定义
研发投入	rd	R&D投入强度
人力资本	peo	平均受教育年限
经济开放度	open	各省进出口总额占GDP比重

（二）数据的采集与处理

根据确定的变量，可以采集相关变量，其中：R&D投入，取自2010—

[①] 石风光：《基于全要素生产率视角的中国省际经济差距研究》，博士学位论文，南京航空航天大学，2010年。

[②] 丁建勋：《产业结构与全要素生产率对能源利用效率影响的实证研究》，《当代经济》2009年第15期。

[③] 池仁勇、杨潇：《我国区域技术进步贡献率的测算及其影响因素研究——基于指数平滑和向量自回归模型的实证分析》，《科技进步与对策》2011年第11期。

[④] 王晓琛：《从全要素生产率看地区经济增长——以西北五省为例》，博士学位论文，兰州商学院，2010年。

2014年《中国科技统计年鉴》；平均受教育年限计算所需的数据、进出口总额数据以及GDP取自2010—2014年《中国统计年鉴》；区位熵lq的计算数据取自2010—2014年《中国工业统计年鉴》。

使用区位熵公式计算2009—2013年中国31个省（市、区）的区位熵，并将结果和其他三个解释变量的数据以表列示，见表7-13。

表7-13　　　　　　　　区位熵与解释变量数据

地区	2009年				2010年		
	区位熵lq	研发投入rd	人力资本peo	经济开放度open	区位熵lq	研发投入rd	人力资本peo
北京	1.0661	5.5018	11.1726	1766.91	1.0487	5.8229	11.0092
天津	0.9564	2.3726	10.0515	848.61	0.9096	2.4886	9.7317
河北	0.5462	0.7824	8.4249	171.90	0.5621	0.7622	8.1681
山西	0.3869	1.0988	8.8764	116.45	0.3905	0.9769	8.6560
内蒙古	0.5929	0.5346	8.4946	69.55	0.5841	0.5459	8.5030
辽宁	0.9505	1.5275	9.2373	413.70	0.9651	1.5575	9.0529
吉林	1.2309	1.1178	8.9028	161.32	1.2452	0.8745	8.8361
黑龙江	0.4995	1.2713	8.7457	189.00	0.4779	1.1867	8.7516
上海	1.2981	2.8138	10.6469	1845.71	1.2899	2.8061	10.1218
江苏	1.2274	2.0372	8.5461	983.07	1.2466	2.0711	8.5984
浙江	0.9442	1.7348	8.4043	816.56	0.9597	1.7828	8.1507
安徽	1.0160	1.3510	7.6213	155.80	1.0437	1.3247	7.4625
福建	0.7927	1.1064	8.3464	650.92	0.8026	1.1596	8.2007
江西	1.1184	0.9914	8.5229	166.93	1.1401	0.9221	7.7761
山东	0.9909	1.5329	8.3128	410.23	0.9892	1.7156	8.1720
河南	0.8646	0.8971	8.3874	69.18	0.8796	0.9144	7.8770
湖北	0.9975	1.6468	8.4887	133.10	1.0264	1.6541	8.4554
湖南	1.0287	1.1754	8.4653	77.72	1.0526	1.1632	8.2302
广东	1.2178	1.6538	8.8717	1547.76	1.1904	1.7576	8.6024
广西	0.9826	0.6083	8.0957	183.71	0.9976	0.6570	7.6698
海南	0.5836	0.3494	8.4369	295.10	0.6561	0.3401	8.1237
重庆	1.4232	1.2168	7.9341	118.11	1.3707	1.2651	7.9642
四川	0.9481	1.5155	7.6940	170.79	0.9246	1.5377	7.6353
贵州	0.6848	0.6751	7.0815	58.89	0.6725	0.6511	6.7640
云南	0.7974	0.6034	6.9053	130.44	0.7742	0.6114	7.0061
西藏	0.7779	0.3259	4.5478	91.10	0.7525	0.2877	4.7566

续表

地区	2009 年				2010 年		
	区位熵 lq	研发投入 rd	人力资本 peo	经济开放度 open	区位熵 lq	研发投入 rd	人力资本 peo
陕西	0.8248	2.3196	8.5845	102.88	0.8312	2.1485	8.5989
甘肃	0.6851	1.0999	7.2911	114.11	0.7121	1.0177	7.4851
青海	0.8843	0.7023	7.4479	54.27	0.8115	0.7363	7.0294
宁夏	0.7614	0.7716	8.2166	88.85	0.7465	0.6812	7.7769
新疆	0.3581	0.5098	8.6580	326.11	0.3546	0.4902	8.1446

地区	2010 年	2011 年				2012 年	
	经济开放度 open	区位熵 lq	研发投入 rd	人力资本 peo	经济开放度 open	区位熵 lq	研发投入 rd
北京	2137.81	1.0520	5.7633	10.9212	2396.98	1.0909	5.9476
天津	890.03	0.8868	2.6333	9.3997	914.24	0.9325	2.7958
河北	206.24	0.5524	0.8213	7.1043	218.64	0.5414	0.9248
山西	136.69	0.3647	1.0091	7.8016	131.19	0.3642	1.0926
内蒙古	74.79	0.5750	0.5931	7.7035	83.08	0.5496	0.6388
辽宁	437.29	0.9255	1.6369	8.1521	432.07	0.9356	1.5732
吉林	194.35	1.1929	0.8434	7.4475	208.74	1.2220	0.9197
黑龙江	246.08	0.4608	1.0235	7.6749	306.17	0.4569	1.0660
上海	2149.31	1.3053	3.1138	9.6599	2279.41	1.3926	3.3667
江苏	1124.43	1.2718	2.1696	7.7355	1098.71	1.2688	2.3824
浙江	914.55	0.9809	1.8506	7.0976	957.27	0.9753	2.0845
安徽	196.40	1.0823	1.4028	6.4993	204.63	1.0189	1.6372
福建	738.16	0.8021	1.2615	6.9177	817.32	0.7764	1.3754
江西	228.74	1.1724	0.8267	6.9244	268.90	1.2552	0.8777
山东	482.91	0.9813	1.8614	7.1435	520.01	0.9652	2.0401
河南	77.22	0.9305	0.9821	7.1360	121.13	0.9627	1.0500
湖北	162.40	1.0288	1.6453	7.5960	171.08	0.9675	1.7282
湖南	91.39	1.0912	1.1857	7.1068	96.31	1.0964	1.2985
广东	1705.81	1.1918	1.9648	7.9270	1716.71	1.2079	2.1661
广西	185.36	0.9538	0.6913	6.6408	199.27	0.8815	0.7453
海南	418.92	0.6566	0.4111	7.5096	505.66	0.7496	0.4805
重庆	156.80	1.4484	1.2821	6.7643	291.74	1.4179	1.4005
四川	190.24	0.9510	1.3987	6.0855	226.97	0.9452	1.4697

续表

地区	2010年	2011年				2012年		
	经济开放度 open	区位熵 lq	研发投入 rd	人力资本 peo	经济开放度 open	区位熵 lq	研发投入 rd	
贵州	68.38	0.7033	0.6368	5.1882	85.72	0.6564	0.6090	
云南	185.91	0.8105	0.6306	5.1065	180.24	0.7633	0.6669	
西藏	164.76	0.6316	0.1903	2.8815	224.22	0.6835	0.2545	
陕西	119.54	0.8015	1.9929	7.4858	117.06	0.7296	1.9870	
甘肃	179.65	0.6469	0.9666	6.1437	173.86	0.9000	1.0704	
青海	58.42	1.0475	0.7528	5.4955	55.30	0.9834	0.6929	
宁夏	116.00	0.7239	0.7287	6.5504	108.73	0.6364	0.7787	
新疆	315.04	0.3630	0.4993	7.3816	345.23	0.3911	0.5294	

地区	2012年		2013年			
	人力资本 peo	经济开放度 open	区位熵 lq	研发投入 rd	人力资本 peo	经济开放度 open
北京	11.8363	2282.56	1.1036	6.0771	12.0284	2199.92
天津	10.5117	896.82	0.9239	2.9790	10.5386	894.23
河北	8.7099	190.27	0.5703	0.9959	8.9017	194.02
山西	9.3815	124.19	0.3697	1.2298	9.3566	125.30
内蒙古	9.2304	70.90	0.5481	0.6962	9.0102	71.26
辽宁	9.8980	418.93	0.9356	1.6469	10.1049	422.78
吉林	9.2547	205.73	1.2108	0.9220	9.4033	198.99
黑龙江	9.2096	274.55	0.4365	1.1457	9.4806	270.31
上海	10.6543	2163.28	1.3917	3.5959	10.5615	2042.71
江苏	9.2614	1013.65	1.2385	2.5142	9.4223	931.01
浙江	9.2112	901.19	0.9591	2.1754	9.3675	893.80
安徽	8.5163	228.24	1.0125	1.8493	8.5245	239.08
福建	8.5639	791.49	0.7597	1.4433	8.6471	778.14
江西	8.8665	258.04	1.2313	0.9450	9.2385	256.28
山东	8.7795	490.96	0.9731	2.1502	8.9248	487.40
河南	8.6631	174.80	0.9899	1.1051	8.7833	186.46
湖北	9.2016	143.65	0.9968	1.8091	9.3448	147.48
湖南	8.7214	99.07	1.1032	1.3347	8.9576	102.75
广东	9.3478	1724.30	1.1864	2.3220	9.2265	1755.97
广西	8.4239	226.19	0.8877	0.7489	8.5933	228.32

续表

地区	2012 年		2013 年			
	人力资本 peo	经济开放度 open	区位熵 lq	研发投入 rd	人力资本 peo	经济开放度 open
海南	9.1472	501.55	0.6707	0.4715	9.1877	476.26
重庆	8.6356	466.31	1.4218	1.3944	8.6760	542.73
四川	8.4783	247.74	0.9673	1.5231	8.4475	245.90
贵州	7.6309	96.78	0.6817	0.5893	8.0427	103.54
云南	7.8496	203.83	0.7322	0.6816	7.8422	215.88
西藏	5.0712	488.44	0.7680	0.2852	4.3674	410.99
陕西	9.1352	102.39	0.7569	2.1361	9.2830	125.45
甘肃	8.2790	157.53	0.8977	1.0676	8.3465	163.31
青海	7.6094	61.13	0.9677	0.6500	7.9641	66.76
宁夏	8.3667	94.68	0.6165	0.8150	8.7074	125.44
新疆	9.0499	335.36	0.4769	0.5438	8.9875	329.67

注：变量的单位依次是"%""%""年""个""万美元/亿元"。

资料来源：《中国科技统计年鉴》(2010—2014)、《中国统计年鉴》(2010—2014) 和《中国工业统计年鉴》(2010—2014)。

依据表 7-13 的数据，可以构造模型，计算相关指标进行技术效率效应分析。

二 分析模型的构建

可分别建立三个模型来分析战略性新兴产业技术效率效应。

参考蔡昉、都阳（2000）的研究成果，使用中国内地 31 个省（市、区）2009—2013 年的数据，中国战略性新兴产业技术效率效应的回归分析模型可设定如下：

$$\ln y_{it} = \beta_0 + \beta_1 \ln lq_{it} + \beta_2 \ln rd_{it} + \beta_3 \ln peo_{it} + \beta_4 \ln open_{it} + f_i + v_t + \varepsilon_{it} \quad (7-6)$$

由于全要素生产率的提高有可能受邻近省（市、区）溢出效应的影响，也有可能受解释变量溢出效应的影响，所以，我们还构建了空间杜宾模型（SDM），模型设定形式如下：

$$\ln y_{it} = \beta_0 + \rho \sum_{j \neq i}^{n} w_{ijt} \ln y_{jt} + \beta_1 \ln lq_{it} + \theta_1 \sum_{j \neq i}^{n} w_{ijt} \ln lq_{jt} + \sum_{k=2}^{4} \beta_k \ln x_{kit} + \sum_{k=2}^{4} \sum_{j \neq i}^{n} \theta_k w_{ijt} \ln x_{kjt} + f_i + v_t + \varepsilon_{it}$$

式中，i、j 表示省份，n 为横截面样本个数，t 为样本年度，$n=31$，$t=5$。

被解释变量 y_{it} 为全要素生产率、技术进步指数和技术效率。

空间滞后系数 ρ，反映了相邻省（市、区）战略性新兴产业全要素生产率、技术进步指数和技术效率对本省（市、区）产业全要素生产率、技术进步和技术效率的影响。该系数大于 0 表明相邻省（市、区）战略性新兴产业全要素生产率、技术进步和技术效率对本省（市、区）同类指标影响为正；反之影响为负。

$x_{kit}(k=2,3,4)$ 分别表示 rd_{it}、peo_{it} 和 $open_{it}$，空间估计系数 θ_k 反映相邻省（市、区）解释变量外溢对本省（市、区）战略性新兴产业全要素生产率、技术进步指数和技术效率的影响，其显著程度可以用于判断战略性新兴产业全要素生产率影响因素中解释变量的外溢能否真正起作用。

w 为一个 $nt \times nt$ 的空间权重矩阵，是最常见的一阶关系二元邻接矩阵。w 中的非对角元素全部为 0，对角线上的每个元素 w_t（31×31）是某一年的空间权重矩阵，w_{ijt} 是 $n \times n$ 维最常见的一阶关系二元邻接矩阵 w_t 的元素，其定义了省（市、区）之间的空间联系，若两个省（市、区）在地理上相邻，则 $w_{ij}=1$，否则 $w_{ij}=0$。这里认定海南与广东相邻。

三 测度结果分析

（一）全要素生产率效应

用表 7-2 和表 7-3 的数据作为被解释变量 y，将表 7-13 的数据作为解释变量代入模型（7-4），即得面板数据的估计结果如表 7-14 所示。

表 7-14　　　　　　全要素生产率效应面板数据估计结果

变量	模型（1）	模型（2）	模型（3）	模型（4）
lq	4.9015***	4.1746***	4.1695***	3.9903***
	(3.26)	(2.95)	(2.94)	(3.07)
rd		1.8934***	1.8527***	1.3504***
		(4.32)	(4.29)	(3.01)
peo			0.0354	0.0022
			(0.41)	(0.03)
open				37.6979***
				(4.96)

续表

变量	模型（1）	模型（2）	模型（3）	模型（4）
R^2	0.3078	0.3216	0.3305	0.3478
H_0：随机效应	2.86*	15.42***	17.35***	38.16***
	(0.0907)	(0.0004)	(0.0006)	(0.0000)

注：***、**和*分别表示通过1%、5%和10%的显著性水平检验，除H_0括号内为P值外，其余括号内为t值。

表7-14给出了战略性新兴产业布局对全要素生产率的影响，最后一行给出了固定效应回归模型的检验值，可以看出：所有回归模型都拒绝了没有固定效应的假设。模型（1）只包括区位熵这个变量，显然，产业布局对TFP的影响为正，并且在1%的显著性水平下通过了检验。

模型（2）在模型（1）的基础之上加入了研发投入这个变量，可以看出：研发投入对TFP的影响为正，并通过了1%显著性水平的检验。当研发投入这个变量被引入之后，区位熵依然在1%的显著性水平下通过检验且系数为正，表明战略性新兴产业布局对全要素生产率仍有着显著的正向促进作用，尽管影响系数有所降低。

模型（3）在模型（2）的基础上进一步引入人力资本变量，此时区位熵依然在1%的显著性水平下通过检验且系数为正，表明战略性新兴产业布局对全要素生产率仍有着显著的正向促进作用。研发投入也通过了1%水平的显著性检验，"人力资本"虽然对TFP有正影响，但是并未通过10%的显著性检验。

最后，将四个变量全部纳入模型中得到模型（4），可以看出：区位熵、研发投入和经济开放度的系数为正且通过了1%水平下的显著性检验，表明战略性新兴产业空间布局、研发投入和开放度对全要素生产率具有正向影响。但人力资本依然未通过10%的显著性水平检验，表明人力资本对战略性新兴产业技术效率的影响不十分显著。

综合表7-14的结果，可以发现区位熵在所有4个回归模型中的系数都为正且都通过1%显著性水平的检验，表明战略性新兴产业空间布局对TFP具有显著的促进作用，即战略性新兴产业空间布局促进了全要素生产率的提高。

由于人力资本等解释变量可能存在溢出效应，所以，如果只用面板数据模型有可能会遗漏变量从而带来估计偏误。因此，我们进一步使用空间杜宾模型检验战略性新兴产业布局与生产率之间的关系，空间滞后模型、空间误差与空间杜宾模型回归结果见表7-15。

表7-15　　　　全要素生产率效应空间面板数据估计结果

变量	空间 SAR 模型	空间 SEM 模型	混合 SDM 模型	固定效应 SDM 模型	随机效应 SDM 模型
lq	0.3771*** (6.53)	0.3639*** (6.4)	0.4020*** (7.00)	0.2402* (1.68)	0.2834*** (2.97)
peo	0.3107*** (2.58)	0.2936** (2.47)	0.2135* (1.69)	0.2583 (1.17)	0.1996 (1.03)
open	0.0717*** (2.96)	0.0752*** (3.14)	0.0573** (2.06)	0.1982*** (4.78)	0.1042*** (2.87)
rd	-0.1273*** (-2.81)	-0.1241*** (-2.66)	-0.1215*** (-2.6)	0.0802 (0.71)	-0.1503** (-2.21)
w×lq			-0.0809*** (-3.4)	-0.5408 (-1.64)	-0.6415*** (-3.37)
w×peo			-0.0268 (-1.03)	-0.5801*** (-2.46)	-0.2579 (-1.21)
w×open			0.0038 (0.39)	0.2581*** (3.43)	0.0996* (1.69)
w×rd			0.0492*** (2.63)	0.8243*** (4.83)	0.3564*** (2.94)
ρ/λ	-0.0118* (-1.8)	-0.0115 (-1.48)	0.0135** (1.86)	-0.1646 (-1.42)	0.2120** (2.40)
LR（SAR/SEM/SDM）	3.2495* (0.0714)	2.1778 (0.1400)	4.0217* (0.0628)		
LR（wX=0）			19.5803*** (0.0006)		
LogLikelihood	28.9721	28.4573	38.1832	155.3653	84.6829
H_0：随机效应	31.72		(0.0000)		

注：***、**和*分别表示通过1%、5%和10%的显著性水平检验，除H_0括号内为P值外，其余括号内为t值。

表 7-15 显示，空间 SAR 模型和 SDM 模型的 LR 检验值都通过了 10% 的显著性水平检验，SEM 模型的 LR 检验值未通过 10% 的显著性水平检验，说明选择 SAR 模型和 SDM 模型比非空间面板数据模型更适合。

在原假设为自变量滞后系数为零的情况下，LR 检验值通过了 1% 的显著性水平检验，说明相对于空间滞后模型，应该选择空间杜宾模型。Hausman 检验值为 31.72，通过 1% 显著性水平检验，故选择固定效应空间杜宾模型。通过比较一系列的检验结果，最终选择固定效应空间杜宾模型来测度区位熵与全要素生产率的关系。

在上述五个模型中，区位熵除在固定效应空间杜宾模型中通过了 10% 的显著性水平检验外，在其他模型中也都通过了 1% 的显著性水平检验，这说明中国战略性新兴产业空间布局对全要素生产率产生了正影响。

为了检验模型的稳定性，我们在引入区位熵变量后逐渐引入其他解释变量以及解释变量的滞后变量，结果见表 7-16。

表 7-16　　　　　　　　　空间杜宾模型稳健性检验

变量	模型（1）	模型（2）	模型（3）	模型（4）
lq	0.2190* (1.79)	0.1983 (1.27)	0.1908** (2.24)	0.2402* (1.68)
peo	-0.0393 (-0.43)	0.2621 (1.09)	0.2089 (0.88)	0.2583 (1.17)
open	0.2596*** (6.12)	0.2596*** (6.16)	0.2213*** (5.00)	0.1982*** (4.78)
rd	0.2936*** (2.62)	0.2955*** (2.65)	0.3067*** (2.78)	0.0802 (0.71)
w×lq	-0.5660 (-1.61)	-0.4645 (-1.3)	-0.5495 (-1.55)	-0.5408 (-1.64)
w×peo		-0.3376 (-1.36)	-0.2925 (-1.19)	-0.5801*** (-2.46)
w×open			0.1951** (2.49)	0.2581*** (3.43)
w×rd				0.8243*** (4.83)

续表

变量	模型（1）	模型（2）	模型（3）	模型（4）
ρ/λ	0.2805*** (3.24)	0.1788* (1.94)	0.0135** (1.86)	−0.1646 (−1.42)
H_0：随机效应	24.61*** (0.0001)	29.00*** (0.0000)	34.46* (0.0000)	31.72*** (0.0000)

注：***、**和*分别表示通过1%、5%和10%的显著性水平检验，除H_0括号内为P值外，其余括号内为t值。

表7-16给出了战略性新兴产业布局对全要素生产率的影响，最后一行给出了固定效应回归模型的检验值，可以看到所有的回归模型都拒绝了没有固定效应的假设。

模型（1）只包括区位熵这个滞后变量，显然产业布局对TFP的影响为正，并且在10%的显著性水平下通过了检验。模型（2）在模型（1）的基础之上加入了人力资本滞后这个变量，可以看到人力资本溢出对TFP的影响为负，并未通过10%显著性水平的检验，"区位熵"虽然对战略性新兴产业有正影响，但是未通过10%的显著性影响。当进一步引入经济开放度这一滞后变量后，区位熵依然在5%的显著性水平下通过检验且系数为正，模型（4）中"区位熵"通过了10%的显著性水平检验。综合模型（1）、模型（2）、模型（3）和模型（4）可知，在空间杜宾模型下，战略性新兴产业空间布局对全要素生产率依然具有正向影响，与非空间面板数据模型检验结果一致。

（二）技术效率效应

进一步考察产业布局对技术效率的效应，即产业布局对技术效率的影响。战略性新兴产业影响技术效率表现在三个方面：一是产业集聚促进了企业之间相互学习并使得好的管理经验易于传播，进而提高管理水平和组织效率；二是产业集聚细化了分工，吸引了众多高素质的人才，从而使管理水平和技术效率提高；三是产业集聚加速了要素的流动，使要素配置更加合理，企业闲置资源得以减少，技术效率得以进一步提升。此处，将通过面板数据模型和空间杜宾面板数据模型实证检验战略性新兴产业布局对技术效率的影响。

被解释变量y为表7-2中的技术效率指数，将表7-13中5个变量的数据代入式（7-6），即得技术效率效应面板数据的估计结果，见表7-17。

表7-17　　　　　　　　技术效率效应面板数据估计结果

变量	模型（1）	模型（2）	模型（3）	模型（4）
lq	0.4312**	0.4786**	0.4723**	0.4562***
	(2.27)	(2.49)	(2.53)	(2.48)
rd		-0.1596	-0.0097	-0.0231
		(-1.39)	(-0.08)	(-0.19)
peo			-0.3158***	-0.3235***
			(-2.89)	(-3.01)
open				0.0996**
				(2.15)
R^2	0.3078	0.0552	0.1163	0.1490
H_0：随机效应	4.49**	6.49**	8.68**	14.19***
	(0.0340)	(0.0391)	(0.0338)	(0.0067)

注：***、**和*分别表示通过1%、5%和10%的显著性水平检验，除H_0括号内为P值外，其余括号内为t值。

表7-17给出了战略性新兴产业布局对技术效率的影响，最后一行给出了固定效应回归模型的检验值，可以看到所有的回归模型都拒绝了没有固定效应的假设。模型（1）只包括区位熵这个变量，显然，区位熵对技术效率的影响为正，并且在5%的显著性水平下通过了检验，表明中国战略性新兴产业布局对技术效率具有正向促进作用。

模型（2）在模型（1）的基础之上加入研发投入这一变量，可以看出区位熵对技术效率的影响为正，并且在1%的显著性水平下通过了检验；研发投入对技术效率的影响为负，但通过10%的显著性水平检验。

模型（3）在模型（2）的基础之上进一步引入人力资本变量。当引入人力资本变量后，区位熵依然在5%的显著性水平下通过检验且系数为正，同时人力资本也通过1%的显著性水平检验，但是，研发投入依然未通过10%的显著性检验。

最后，将4个变量全纳入模型中时发现，区位熵和经济开放度系数为正且通过5%的显著性水平检验，表明战略性新兴产业空间布局和经济开放度对全要素生产率具有正向影响。人力资本系数为负且通过1%的显著性水平检验,研发投入依然未通过10%的显著性水平检验。

综合表7-17的实证结果,可以发现区位熵在所有4个回归模型中的系数都为正且都通过了5%的显著性水平检验,即战略性新兴产业的空间布局促进了技术效率指数的提高。下面进一步给出空间滞后模型、空间误差模型与空间杜宾模型回归结果,见表7-18。

表7-18　　　　　　　技术效率效应空间模型回归结果

变量	SAR模型	SEM模型	混合SDM模型	固定效应SDM模型	随机效应SDM模型
lq	0.0548 (1.5)	0.0475 (1.29)	0.0886** (2.42)	0.4145** (2.36)	0.0135 (0.39)
peo	-0.1883* (-1.93)	-0.1493* (-1.74)	-0.0434 (-0.41)	0.4926** (2.32)	-0.1769** (-2.41)
open	0.0048* (0.32)	0.0237 (1.15)	0.0557*** (2.56)	0.0935* (1.9)	0.0101 (0.6)
rd	-0.0099 (-0.33)	-0.0289 (-0.92)	-0.0649* (-1.91)	-0.0932 (-0.72)	0.0281 (1.02)
w×lq			-0.0242 (-1.52)	-0.0406 (-0.43)	-0.0011 (-0.08)
w×peo			-0.0111 (-0.8)	-0.2078*** (-4.41)	-0.0148 (-1.33)
w×open			-0.0112 (-1.57)	0.0010 (0.07)	-0.0078 (-1.34)
w×rd			-0.0034 (-0.22)	0.0514 (1.14)	0.0146 (1.32)
ρ/λ	0.006 (0.807)	0.0255 (1.37)	0.0135* (1.86)		
LR Test (SAR/SEM/SDM)	0.0596 (0.8071)	1.8639 (0.1722)	0.0208 (0.375)		

续表

变量	SAR 模型	SEM 模型	混合 SDM 模型	固定效应 SDM 模型	随机效应 SDM 模型
LRTest（wX=0）			16.2991*** (0.003)		
Log Likelihood	58.2308	59.3026	65.8826	146.2837	116.8517
H_0：随机效应	45.8432	(0.0064)			

注：***、**和*分别表示通过1%、5%和10%的显著性水平检验，除 H_0 括号内为 P 值外，其余括号内为 t 值。

表 7-18 显示，SAR 模型、SEM 模型和 SDM 模型的 LR 检验值都未通过 10%的显著性水平检验；当原假设为自变量滞后系数为零时，空间 SDM 模型 LR 检验值通过了 1%的显著性水平的检验，说明相对于空间滞后模型应该选择空间杜宾模型；由于随机效应空间杜宾模型系数几乎都不显著，而且各个滞后解释变量也不显著，故选择固定效应空间杜宾模型。通过一系列的检验，我们最终选择固定效应空间杜宾模型来检验区位熵与技术效率的关系。

在上述五个模型中，区位熵指标在混合空间杜宾模型和固定效应空间杜宾模型中通过了 5%的显著性水平检验，但其他模型中都未通过 10%的显著性水平检验。为了检验模型的稳定性，在引入区位熵变量后逐渐引入其他解释变量和解释变量的滞后变量，结果见表 7-19。

表 7-19　　　　　　　空间杜宾模型稳健性检验

变量	模型（1）	模型（2）	模型（3）	模型（4）
lq	0.4616*** (2.83)	0.3899* (1.92)	0.3911* (1.93)	0.4145** (2.36)
peo	-0.3210** (-2.09)	0.4709** (2.2)	0.4731** (2.25)	0.4926** (2.32)
open	0.1013* (1.97)	0.1048* (1.89)	0.0989 (-0.26)	0.0935* (1.9)
rd	-0.0251*** (1.9)	-0.0223 (-0.21)	-0.0274 (-0.28)	-0.0932 (-0.72)

续表

变量	模型（1）	模型（2）	模型（3）	模型（4）
w×lq	-0.0518 (-0.57)	-0.0209 (-0.22)	-0.0268 (-0.28)	-0.0406 (-0.43)
w×peo		-0.1900 (-4.19)	-0.1904*** (-4.23)	-0.2078*** (-4.41)
w×open			0.0038 (0.38)	0.0010 (0.07)
w×rd				0.0514 (1.14)
Log Likelihood	134.2202	145.3689	145.4162	146.2837

注：＊＊＊、＊＊和＊分别表示通过1%、5%和10%的显著性水平检验，括号内为t值。

表7-19给出了战略性新兴产业布局对全要素生产率的影响。模型（1）只包括"区位熵"这个滞后变量，发现产业布局对技术效率的影响为正，并且在1%的显著性水平下通过了检验。模型（2）在模型（1）的基础之上加入了人力资本滞后这个变量，可以看出滞后人力资本溢出对技术效率的影响为负，通过了1%的显著性水平检验，而且此时，区位熵对战略性新兴产业有正影响，并通过10%的显著性影响。当进一步引入经济开放度滞后这一变量后，区位熵依然在10%的显著性水平下通过检验且系数为正，模型（4）中区位熵通过了5%的显著性水平检验，综合模型（1）、模型（2）、模型（3）、模型（4），表明在杜宾模型下，战略性新兴产业空间布局对技术效率依然有正向影响，与非空间面板数据模型检验结果一致。

（三）技术进步效应

接下来考察技术进步效应。产业集聚影响技术进步表现在两个方面：一是空间集聚加快了新技术的扩散和传播，增加了创新的可能性；二是空间集聚加剧了行业和企业之间存在的激烈竞争，激励各个企业引进和使用更加先进的技术。仍用区位熵表示产业布局集中程度，将表7-3中的技术进步指数和表7-13中的5个变量数据代入式（7-6），即得面板数据的估计结果如表7-20所示。

表 7-20　　　　　　　技术进步效应面板数据估计结果

变量	模型（1）	模型（2）	模型（3）	模型（4）
lq	-0.0430***	-0.0195	-0.0193	-0.0184
	(-2.74)	(-1.17)	(-1.11)	(-1.04)
rd		-0.0254***	-0.0257**	-0.0231*
		(-2.87)	(-2.17)	(-1.77)
peo			0.0012	0.0011
			(0.04)	(0.03)
open				-0.0031
				(-0.50)
R^2	0.0604	0.1142	0.1143	0.1156
H_0：随机效应	0.10	1.85	2.71	4.83
	(0.0340)	(0.3965)	(0.4390)	(0.3054)

注：***、**和*分别表示通过1%、5%和10%的显著性水平检验，除 H_0 括号内为 P 值外，其余括号内为 t 值。

表7-20给出了战略性新兴产业布局对技术进步指数的影响，最后一行给出了固定效应回归模型的检验值，可以看出所有的回归模型都没有拒绝固定效应的假设。模型（1）只包括区位熵这个变量，发现战略性新兴产业的布局对技术进步的影响为负，并且在1%的显著性水平下通过了检验。模型（2）在模型（1）的基础之上加入研发投入这个变量，可以看出研发投入对技术进步指数的影响为负，而且通过1%显著性水平的检验，"区位熵"依然为负但并未通过10%的显著性水平检验。

模型（3）在模型（2）的基础之上进一步引入了人力资本变量，当引入人力资本变量后，区位熵依然未通过10%的显著性水平检验且系数为负，同时人力资本也未通过10%的显著性水平检验，但是研发投入依然通过了5%的显著性检验。最后将4个变量全部纳入模型中时得到模型（4），从中可以发现，只有研发投入的系数通过了10%的显著性水平检验，区位熵、人力资本和经济开放度依然未通过10%的显著性水平检验。

综合表7-20的实证结果发现，区位熵在所有4个回归模型中的系数都为负，但只在第一个模型中通过了1%显著性水平的检验，所以可以认为，战略性新兴产业布局对其技术进步指数影响不明显。

第四节 技术效率提升路径

产业的发展,核心技术是关键,谁拥有了核心技术,谁就拥有了话语权,谁就掌控了产业发展的制高点。前文关于战略性新兴产业技术效率的测度和分解结果显示,中国战略性新兴产业在技术进步方面还存在不足,值得高度重视,需要在政策上鼓励,行动上加大力度。

一 增强创新能力,实现核心技术突破[①]

(一) 技术研发行动的启示

前文的研究显示,中国战略性新兴产业整体的科技创新能力还不是很强,技术效率偏低,一些重点领域核心技术还比较缺乏。如新一代信息技术产业中的集成电路芯片、笔记本电脑操作系统、智能终端操作系统等,都还受到国外技术的主导,技术上的差距明显。因此,无论是中央政府还是地方政府,在培育和发展战略性新兴产业的具体规划里,都强调技术的研发和自主创新,强调产业创新发展能力的大幅提升,强调要突破一批核心技术,为战略性新兴产业发展奠定坚实基础。

核心技术是为用户提供好处的技术,往往对产品的核心部件有直接的帮助,主要体现在全新产品的出现、性能的提升、成本的下降等方面。企业核心技术是关键部件的设计和制造技术,其开发投入大、周期长、代价高、不可复制,有独特的市场价值,能够解决重大市场问题。核心技术也是一个企业能够长期获得竞争优势的能力,是企业所特有的、能够经得起时间考验的、具有拓展性且竞争对手难以模仿的技术。谁拥有了核心技术,谁就拥有了核心竞争力。例如,美国英特尔公司在 2010—2011 年投资 70 亿美元升级其美国工厂生产技术,实现 32 纳米制造工艺,随之又与 24 家风险投资公司组成一个美国投资联盟,开发电脑和信息技术,旨在维持科技创新优势,抢占新兴产业技术竞争制高点。

较之美国的技术垄断合作,中国战略性新兴产业的技术合作联盟还明显落后,特别是顶级企业的技术合作还很欠缺。但是,中国政府和企业在技术合作和技术研发方面已在行动。2013 年,国家发改委组织实施了移动

[①] 李金华:《德国"工业 4.0"背景下中国制造强国的六大行动路径》,《南京社会科学》2016 年第 1 期。

互联网及第四代移动通信（TD－LTE）产业化专项，以移动智能终端为着力点，提高移动智能终端核心技术开发及产业化能力，培育出一批能够整合产业链上下游资源、具备一定规模的移动互联网骨干企业。同时，还组织开展了2014—2016年国家物联网重大应用示范工程区域试点工作，在工业、农业、节能环保、商贸流通、交通能源、公共安全、社会事业、城市管理、安全生产等领域，组织实施了一批示范效果突出、产业带动性强、区域特色明显、推广潜力大的物联网重大应用示范工程区域试点项目，推动物联网产业有序健康发展。这一工程将扶持一批物联网骨干企业，提高中国物联网技术应用水平，引导企业实现创新驱动发展，带动物联网关键技术突破和产业化，推动中国物联网产业健康快速发展。

从地方来看，天津滨海新区以空客A320项目为龙头，建设天津空港经济区航空产业基地，包括总装线、发动机维修、机载设备、航空复合材料、航空培训、运载火箭、航空会展、金融等在内的50余个项目纷纷落户空港经济区，力图打造世界级航空航天产业基地。而福建则追踪世界生物医药产业发展前沿，以医药骨干企业和名优产品为龙头，以科技创新为动力，加强医药原料生产、药物新剂型及新型医疗器械的研发设计、生产制造，延伸生物医药产业链，建设海峡西岸现代生物医药基地。这表明，在战略性新兴产业的技术研发、技术创新、技术效率提高方面，中央政府和地方政府都在行动。

（二）提高技术效率行动路径

总结既有经验，有必要从航空装备、卫星及应用、轨道交通装备、海洋工程装备、智能装备制造几个行业入手，引导顶级制造企业进行技术性垄断合作。例如，可促成中国航空工业集团与中国商用飞机有限责任公司在航空装备制造方面组成垄断性技术合作联盟，促成中国北车集团和中国南车集团在轨道交通装备方面组成垄断性技术合作联盟等。国家发改委或国务院国有资产监督管理委员会可统筹顶级战略性新兴产业企业的技术力量，集中进行行业的共性技术攻关。国家可设立"国家战略性新兴产业技术奖励制度"，按行业组织实施"共享技术平台工程"，突出企业与研发机构的主体地位，帮助企业构建起支撑产品设计创新的研发平台。

现阶段，中国战略性新兴产业发展的重要桎梏就是核心技术的缺乏。一些新兴产业的生产技术均存在较大的外部依赖性，这使得中国企业被迫锁定在价值链的低端，转型升级困难重重。因此，在全球战略性新兴产业技术链形成的过程中，政府应统筹顶级制造企业的技术力量，集中进行行业的共性技术攻关，突破技术"瓶颈"，在推进原始创新的同时，利用国内外已有的先进成果进行引进、消化、吸收再创新和集成创新。要从国家战略的高度支持领军企业参与国家科技制造计划，指导具有自主知识产权和知名品牌的领军企业进行垄断性技术合作，引导企业将有利于本地域发展的技术法规和技术标准纳入国家和国际标准，掌握技术和经济竞争的主动权。

要加快促成骨干企业或行业协会组成产业技术联盟，充分利用产业技术联盟的合作形式进行行业共性技术攻关和技术革新。要突出联盟特色，重点体现如何通过体制机制创新形成新的组织模式，使联盟成员真正联合起来，并能进行实质性的长期稳定的合作。应探索产学研高效合作的方法，研究技术联盟的运作机制，追踪国家战略目标需求，使技术联盟所在领域的核心竞争力得到显著增强，并以此带动基础材料、基础工艺、基础零部件水平的提高和我国先进制造业整体素质的提升。

要鼓励和引导产业技术创新战略联盟之间进行合作研究，开展跨领域、跨行业重大技术创新问题的研究；要依靠技术联盟，开展群众性的技术革命、技术革新以及合理化建议活动。要协调联盟与其他主体间的关系，架起技术联盟、企业、政府、行业协会以及其他联盟之间便捷沟通的桥梁，形成创新活力迸发的社会生态环境，全面提高中国战略性新兴产业的技术效率。

二　实施品牌战略，培育领军企业

（一）国际经验的启示

核心技术的研发，技术制高点的占领，领军企业是关键。应启动实施国家战略性新兴产业领军企业培育工程，抓紧开展国家战略性新兴产业领军企业的遴选认定工作，加快培育国家层级的战略性新兴产业领军企业，推动战略性新兴产业向高尖方向发展。

领军企业，是一个行业中生产率、技术水平、生产效益、社会影响力等方面均具有领先地位的企业，这些企业把控着关键产品的核心技术，决定着行业技术规则，控制着重要产品的定价权。现代产业发展的实践深刻地表明，全球一些重要产业都是由少数跨国公司或寡头垄断企业所把控，一个国家如果没有在全球同业中具有重要影响的顶级企业，就不可能有行业发展的领先地位。现今，国际上已出现一批战略性、前沿性行业的领军企业或品牌，如电信及电子行业的有：日本的索尼（SONY）、美国的AT&T、芬兰的诺基亚（NOKIA）、瑞典的爱立信（ERISSION）；计算机行业的有：美国的微软（MICROSOFT）、IBM、英特尔、惠普；汽车行业的有：美国的通用电气、福特，德国的奔驰，日本的丰田、TOKYO；生物制药行业的有：德国的先灵（SCHERING）、赛百诺（Sibiono）、拜耳（Bayer）、美国的绿阳（Allele）、宝洁（P&G）、惠氏（Wyeth）、安泰（Aetna）、强生（Johnson），英国的阿斯利康（AstraZeneca），瑞士的罗氏（Roche）、诺华（Novartis）等。研究这些国际顶级领军企业或品牌，其成功经验至少可以总结为两点：

一是勇于突破，敢于否定先前成功经验，以技术和管理创新为突破口，打造企业核心竞争力。如宝洁公司在北京的技术研发中心，就拥有来自全球16个国家的500多名科研精英，其每年投入的研发费用逾百亿元。宝洁的市场调研部门也独创了许多特有的调研方法，并斥巨资专门研究海飞丝、品客、玉兰油等产品，使宝洁获得极大的成功，保证了其品牌始终引领时代潮流。日本丰田汽车公司发明了著名的丰田生产方式和"看板"管理模式，创造了准时生产、自律化、自动化等生产概念，大大促进了生产线的合理化，减少了成本，保证了产品的质量，提高了生产效率，以欧美竞争者50%的成本和时间，生产出名满全球的高质量、低能耗的名车。

二是发展知识联盟和战略联盟，打造核心团队，培育领军人物。知识联盟，是以开发新技术、控制新的国际标准、维持市场实力为目标的联盟。企业的知识联盟具有重要的战略意义，是企业核心能力提升的重要途径。当若干个企业的新技术、国际新标准控制、市场实力维持能力等方面实力相当时，结成知识联盟，共同开发新技术，则可使企业间的知识双向流动，形成共赢。如通用汽车公司曾实施了具有战略联盟意义的"土星计划"，它通过与飞机制造企业、电子数据系统公司、农业机械工人联合会的合作，共同开发核心技术，实现了一场汽车工业革命，大大增强了通用公司的市场竞争力。

实现企业战略规划，需要领军人物，需要集体智慧。领军人物和团队要有合作能力，有明确的目标，具有较高的智商和情商，良好的心理素质和应对困难的多种方法，能很好地把握企业的未来，能真正地化挑战为机遇，使企业摆脱困境。如IBM的托马斯·沃森、通用电气的韦尔奇、索尼的盛田昭夫和井深大、英特尔的罗伯特·诺伊斯（Robert Noyce）和戈登，穆尔（Gordon Moore）、惠普公司的比尔·休利特和戴维·帕尔德、三星电子的李健熙，戴尔公司的迈克尔·戴尔等都是享誉全球的"巨无霸"企业领军人物，这些人物都成就了企业，创造了企业奇迹。

（二）培育领军企业行动路径

要启动实施"战略性新兴产业领军企业培育国家工程"，抓紧遴选和培育国家层级的战略性新兴产业领军企业。要在中央政府主导下，制定战略性新兴产业领军企业入选标准，抓紧开展国家层级的战略性新兴产业领军企业的遴选评鉴工作，建立战略性新兴产业领军企业国家团队。建议由国家发改委或工业和信息化部牵头，通过行业协会，制定"国家战略性新兴产业领军企业入选标准"。按照标准遴选节能环保、新一代信息技术、生物、高端装备制造、新能源、新材料以及新能源汽车这七大战略性新兴产业的国家领军企业。

从业务规模、经济效益、带动能力和竞争力4个方面，我们设计了主营业务收入、主营业务利润率、资产负债率、存货周转率、就业贡献率和总资产增长率6个指标，运用统计学中的功效系数法进行指标整合，从733家战略性新兴产业上市公司，遴选具备战略性新兴产业领军企业潜质的企业60家，其中：节能环保产业9家：新希望、兴蓉投资、创业环保、格林美、首创股份、葛洲坝、华电国际、深圳能源和巨化股份；新一代信息技术产业7家：欧菲光、鹏博士、京东方A、华天科技、长城开发、广电网络和东软集团；生物产业8家：普洛药业、上海医药、华润三九、白云山、天士力、海正药业、太极集团和新华制药；高端装备制造11家：中航机电、大连重工、中航电子、宝钢股份、中国重工、中国铝业、中国中车、鞍钢股份、中联重科、中航动控和潍柴动力；新能源11家：安源股份、威远生化、陕天然气、京能电力、攀钢钒钛、桂东电力、粤电力A、长江电力、金山股份、吉电股份和大唐发电；新材料10家：亿晶光电、云天化、中金岭南、中金黄金、紫金矿业、亨通光电、中国中冶、中色股份、神马股份和辰州矿业；新能源汽车4家：长城汽车、宇通客车、福田汽车和一汽轿车。我们认为，除了大型和特大型国有企业，遴选出的上述企业已基本具备国家战略性新兴产业领军企业的潜质，可作为国家遴选战略性新兴产业领军企业的参考。

要借鉴国际经验，打造领军企业联盟，形成领军企业合力，组织战略性新兴产业技术专项，通过技术专项实施，促进领军企业技术研发，抢占国际技术高地，引导领军企业的空间布局。研究发现，在战略性新兴产业中，各企业单打独斗的现象比较普遍，无法形成合力，效率低，国际竞争力弱。因而，作为国家战略性新兴产业领军企业，要在战略性新兴产业中实施若干有针对性的技术专项，引导和协调领军企业开展核心技术研发攻关，瞄准国际前沿目标，联合开展行业关键技术或核心技术的攻关。

可以在国家层级分行业设立核心技术招标项目、发明专利技术项目，鼓励和支持领军企业联合申报，通过强强联合，顶级合作，联合进行技术攻关。可以设立"战略性新兴产业领军企业技术专项基金"，以领军企业或重要科研院校为依托，建立战略性新兴产业核心技术研发基地。领军企业必须强调自主创新，突破国际技术垄断，避免大规模技术引进和简单技术产品的模仿，通过技术攻关，形成我国战略性新兴产业自己的核心技术、发明、专利和标准，占领国际技术链的高端。

同时，要制定领军企业的领军人才入选标准，打造领军企业领军人才国家队，确立领军人才考核目标，建立领军人才进退常态机制。一个企业的发展，领军人物有着至关重要的作用。培育战略性新兴产业领军企业，必须做好领军人才的选拔和考核。要从企业战略高度出发，从学识、经验、专业、行为、业绩等多方面制定领军企业中国家层级领军人才的入选标准。要依据企业发展战略设定领军人才的专业领域，强调人才的行业认可度、行业声望。要将经过市场考验，实践证明懂经营、会管理、善决策，有战略眼光、敏锐洞察力和准确判断力，且善于调动、凝聚群体智慧和力量的杰出人才纳入战略性新兴产业领军人才队伍。应建立国家层级的"战略性新兴产业领军人才库"，保证进入该库的人才应当具有统驭大型和特大型战略性新兴产业领军企业的能力。

应建立国家层级领军人才的终生学习机制，适时举办领军人才的学习、交流和培训，给领军人才不断注入新的发展元素，不断提高其多谋善断的能力，促使领军人才始终能有全球视野，能及时、准确地了解本领域、本行业或产业的发展现状，把握其发展趋势，并能结合本企业的具体情况，谋划企业的发展方向和发展战略。应建立领军人才的考核机制，按行业设定明确具体的考核目标，按期进行目标责任考核。对于完成任务目标出色、成绩优秀的领军人才实行奖励，任期可不设时间限制。应对领军人才进行动态管理，领军人才的选拔和淘汰要常态化。现代社会经济的发展日新月异，不同的时期对领军人才的要求不同，因而必须保证国家层级的领军人才始终充满斗志，充满活力。领军人才库应是开放、动态的人才库，具备条件的人才当及时吸纳，不能适应行业、市场发展需要的人才则需要及时退出。

三　确定企业创新主体地位，增强国际竞争力

（一）技术革命的启示

科学技术的不断进步和革命，促使先进生产力不断替代落后的生产力，推动着人类社会不断向前发展。迄今为止，人类社会发生了三次由科学技术引领的工业革命，每一次工业革命，都极大地解放了生产力，使人类福利水平得到飞跃，人类社会发生翻天覆地的变化。

源起于英国，发生在18世纪60年代至19世纪40年代的第一次工业革命，以蒸汽机的发明和广泛应用为标志，它以机器取代了人力，以大规模的工厂化劳动取代了个体工场的手工劳动，史无前例地解放了人类的生产力，颠覆了传统的生产方式，也改变了社会的生产关系。凭借这次工业革命，英国成为世界上最强大的国家，一些开始工业化的国家在世界范围内抢占原材料市场，倾销其工业品，走上资本主义强国的道路。

19世纪70年代至20世纪初，以电流磁效应、电磁感应以及直流发电机的发明为先导，欧洲爆发了第二次工业革命。伴随着科学技术一系列的重大突破，电灯、电车、电钻、电焊机等电气产品如雨后春笋般问世，汽车、适用于火车和船舶等重型运输工具的柴油机、内燃机车、远洋轮船、飞机以及新兴通信手段和化学工业等也迅速发展起来，在很大程度上解决了人们的出行和通信不便问题，人类由"蒸汽时代"进入"电气时代"，这次工业革命几乎在西方几个发达国家同时进行，其规模更大，范围更广，发展更迅速，极大提升了人类福祉。

20世纪50年代中期至今，人类社会发生了第三次工业革命，这次革命的重要标志是电子计算机的面世、生物工程的发明、空间技术的应用等，涉及新材料、新能源、信息技术、生物技术、海洋技术等诸多领域。与前两次工业革命不同，这次革命的许多重大成果并没有直接作用于人们的日常生活，而是将人类社会带向以往不可企及的更高境界，不仅极大地推动了人类社会、经济、政治、文化领域的变革，也深刻地改变了人类的生活方式和思维方式，使人类社会由人受物支配的必然王国向人支配物的自由王国逐步转变。

三次工业革命在源起的时间、地域、标志性事件上均有差别，但有一

个特征则是共同的,即都是通过生产工具、生产方式的颠覆性变革实现人类劳动的解放,进而从根本上改变人类社会的方方面面,推动人类社会的巨大变革,使人类社会向更高层次迈进。而生产工具、生产方式的变革,本质上也就是生产技术、制造产品的拓荒性、革命性进步。三次工业革命本质上是三次技术革命。它昭示:谁在科学技术上占领了先机,谁就跻身了世界强国之列。制造技术的突破、制造领域的革命,是通向世界强国的必由之路,是三次工业革命给当代中国经济社会发展最重要、最根本的启示。

(二)提高国际竞争力路径

要确定企业的技术创新主体地位,强强联合,优势互补,提高企业的核心竞争力。

生产技术是一个产业发展的灵魂,一个产业或企业只有技术实现了关键性突破,才能保证产业和企业的领先发展。中国战略性新兴产业发展的优势关键在于核心技术和关键技术的领先,而核心技术、关键技术往往被少数垄断企业所掌控。因此,要使战略性新兴产业在国际上占领先机,就需要建立起战略性新兴产业顶级企业间的技术合作联盟,增强其技术竞争实力。

从技术入手,搭建共享技术平台,实现核心技术领域的突破。共享技术平台,是一种能够帮助新产品、新项目快速设计、快速开发、快速实施、快速收益,且风险和综合成本大大降低的手段和途径。当共享技术平台搭建完成后,所涉及的新产品和新项目均可以通过共享平台实现技术资源共享,无须进行技术研究的再投入,故而可有效地降低成本,提高投资回报率。因此,有必要从航空装备、轨道交通装备、新能源、新材料等几个行业入手,引导顶级制造企业进行垄断性技术合作。可以促成中国航空工业集团与中国商用飞机有限责任公司在大飞机制造领域组成垄断性技术合作联盟,促成中国航天科技集团与航天科工集团在卫星及应用技术方面组成垄断性技术合作联盟,促成中国北车集团和中国南车集团在轨道交通装备方面组成垄断性技术合作联盟,促成中国船舶工业集团、中国船舶重工集团在海洋工程装备制造技术方面组成垄断性技术合作联盟。更进一步地,可以促成上海汽车集团股份有限公司与北汽福田汽车股份有限公司、重庆长安汽车股份有限公司的技术合作;促成成都硅宝科技股份有限公司、江苏宏达新材料股份有限公司、浙江巨化股份有限公司、海三爱富新材料股份有限公司间的技术合作;促成中兴通讯与烽火通信等,永鼎股份与中天科技、新海宜、通鼎光电等,中兴通讯与特发信息、中国卫星、大唐电信、长江通信、奥维通信、星网锐捷等，中兴通讯与同洲电子、数码视讯、电广传媒、中视传媒等，TFT-LCD 与京东方、TCL 集团、宇顺电子等的技术合作。

国家发改委和国资委可统筹国家顶级战略性新兴产业企业的技术力量，集中进行行业的共性技术攻关，帮助企业突破技术"瓶颈"，在推进原始创新的同时，利用国内外已有的先进成果进行引进消化吸收再创新和集成创新。要突出战略性新兴产业企业与研发机构的创新主体地位，支持战略性新兴行业领军企业参与国家装备制造科技计划和重点工程项目，引导顶级企业培育和创立具有国际影响力的自主品牌，帮助企业构建起支撑产品设计创新的研发平台，最终实现战略性新兴产业技术水平的全面提升。

加快对战略性新兴产业的兼并、重组，提高生产的规模效益，增强国际竞争实力。企业兼并，是两个或两个以上的企业根据契约关系进行产权合并，以实现生产要素的最优化组合的经营行为。企业兼并可以以现金方式购买或者以承担被兼并企业的全部债权债务等形式来获得被兼并企业的产权，也可通过政府行政干预将经营不善、亏损严重的企业，纳入本系统内或本行政地域内具有经营优势的企业。企业重组，是对企业本身的生产资源各要素进行分析、整合以及内部优化组合的活动。企业重组的形式通常有业务重组、资产重组、债务重组、股权重组等形式。无论是兼并还是重组，目的都是要促进生产资源的优化分配，加强企业的经营管理，提高企业的经济效益。

可以通过国家重点建设工程形式，选准有发展潜力的企业进行装备制造企业和新材料企业的兼并或重组，加快产品的更新换代，提升企业的竞争力。如促成有实力的顶级企业进行重大技术装备自主化工作；支持装备制造骨干企业进行联合重组，发展具有工程总承包、系统集成、国际贸易和融资能力的大型企业集团；不断完善装备制造产品的国家标准体系。

同时，可以鼓励装备制造企业收购或兼并与自身业务相关的原料供应企业，形成一体化集团公司，确保骨干企业生产原料和产品价格的合理；促成装备制造企业或新材料企业通过相同技术平台的扩张，集中资源优势，强化核心业务，形成专业化公司，以利于其有效控制市场，提高市场占有率和对全球市场的影响力；可通过混合型扩张或集群发展，剥离附属企业和配套单位，发展主要产品，攻关核心技术，形成专业化生产或综合型大企业，达到生产能力和技术水平的深层次提高，保证这些超大型企业在国际化、全球化的竞争和战略利益的追求中占领制高点。

第八章 战略性新兴产业创新能力

熊彼特主义者认为，创新主要是指技术上的创新。新熊彼特主义者认为，创新是影响一个国家或地区产业整体竞争力的直接因素，技术创新的优势可以使企业向专业化方向发展，进而占有更多的市场份额，获得更高的利润。发展战略性新兴产业，本质是产业的升级和高端化，强大的创新能力是实现产业升级和高端化的关键。因而，有必要关注和研究中国战略性新兴产业的创新能力。

第一节 创新能力的理论阐释

创新是一种重要的经济现象和社会现象，它既由技术因素决定，也由非技术因素决定。创新是一个动态的过程，随着时间的推移，受相关因素的影响。

一 创新的内涵与形式

（一）创新的内涵

熊彼特在《经济发展理论》中提出了"先有发明，后有创新"的观点，并建立了创新理论。熊彼特理论认为，创新是以重组生产条件和生产要素，变革技术体系为手段，以获得潜在超额利润为目的。创新可以包括生成新产品、新生产方法、开发新市场、形成垄断或打破垄断、控制新供应来源，创新对产业具有"创造性破坏"的作用，而这种创造性破坏是推动产业持续发展的不竭动力。

20世纪初，经济增长主要依赖于资本积累，科技对经济的拉动作用并没有凸显，由于缺乏对创新的严格定义，熊彼特创新理论并未得到广泛关注与重视。直到20世纪中期第三次科技革命的爆发，熊彼特创新理论才走入学者们的视野。彼时，经济学界开始着手从不同角度、范围、内容等方面进一步深入地研究该理论。

1951 年，索洛提出，技术创新的成立条件是新思想根源和后续阶段的实现发展，其"两步论"被认为是技术创新理论研究上的里程碑。1962 年，伊诺思从行为集合的角度和行为过程出发，认为"技术创新是发明的选择、资本投入保证、组织建立、制订计划、招用工人和开辟市场等行为综合的结果"。克里斯托夫·弗里曼（Christophe Freeman）认为，技术创新是新产品、新过程、新系统和新服务的首次商业性转化。[①] 美国国家科学基金会认为[②]，技术创新是将新的、模仿的、经过改进的产品、过程或服务引入市场。

虽然学者们对技术创新的界定不尽相同，但存在一个共同点，即强调技术创新是将发明和生产过程相结合，是技术与现实应用的结合，是一个有新元素参与的系统化过程，并具有商业化特征；创新是以其创造性的构思进行技术经济活动的过程，包括新技术、新工艺、新产品、新服务和新的生产方式等。在产业发展中，最主要的创新是技术创新。

（二）技术创新的形式

产业活动中的技术创新有技术引进与自主创新两种形式。技术引进，是指从国外引入先进的生产工艺技术、现代经营管理技术、产品制造技术以及优秀人才等。一般而言，任何一个国家都无法在所有技术领域保持领先优势，而技术又可以通过在国家之间共享、转让、流通，所以，可以通过引进吸收国外的先进技术来迅速提升本国的技术水平，并降低 R&D 的投入，它是发展中国家加速本国科技发展的主要途径。[③] 技术引进的一般流程是，先通过技术抉择引进先进技术，然后在先进技术的基础上学习模仿，并进行二次创新，从而提高自身的科学技术水平。

自主创新，是指本国通过自身的独立研究开发，突破技术难关，获得了拥有自主知识产权的技术，并形成自主研发的能力。自主创新可以拥有不易被模仿的核心技术，它能突破技术的内在性、市场的领先性和知识资本的集成性，使系统的技术发展具有很强的自组织力和市场应变力，彻底

---

① 弗里曼：《工业创新经济学》，北京大学出版社 1982 年版。
② 闫琦、王群、郑丹：《技术创新对市场营销创新的贡献》，《商场现代化》2006 年第 5 期。
③ 万君康：《技术经济学》，华中理工大学出版社 1996 年版。

摆脱技术的依赖性和依附性。① 自主创新的一般过程是收集技术发展的前沿信息,通过自主创新实现技术突破,拥有自主知识产权的核心技术,从而增强自身的适应力和核心竞争力,提升企业效益。

技术引进和自主创新联系紧密。作为实现技术进步和经济发展不可或缺的重要途径,技术引进和自主创新在正常情况下都不会单独出现。由于每个国家的科技背景与经济基础相异,因而在不同时期、不同产业会侧重选择技术引进或者自主创新。不论是技术引进还是自主创新,都需要加强对科技资源的投入与优化配置,实施对外开放的国策,建立完善的技术创新体系与运行机制等。此外,技术引进和自主创新又相互补充,通过引进先进技术进而学习模仿,消化吸收,可以锻炼提升自身队伍的科研水平;而自身科研队伍技术水平的提高,又有利于提升自身的学习能力,扩大眼界,更迅速地发现并吸纳外界的先进技术经验,推动自主创新。

技术处于领先地位的国家可以通过自主创新来实现技术进步,而技术相对落后的国家则可以通过引进先进国家的技术经验,以技术模仿和引进来降低创新的成本与风险,从而获得更多收益。所以,对于发展中国家,技术引进战略和自主创新战略都是重要的技术创新策略。

二 技术创新与战略性新兴产业

科学技术的进步始终推动着产业的成长与更替。战略性新兴产业是新兴技术与新兴产业的深度融合,中国转变经济发展方式,摆脱产业核心技术受制于人的局面,必须依靠技术引领和创新驱动。可以这样说,战略性新兴产业的灵魂就在于关键技术或核心技术,没有技术创新就没有战略性新兴产业。

技术创新与战略性新兴产业发展是相互联系、相互促进的。国内一些学者曾对技术创新与战略性新兴产业发展的关系进行过研究。一些学者认为,知识创新、技术创新、科技革命是战略性新兴产业发展的内在动力,中国战略性新兴产业发展的支持因素是资源、技术、市场和政策,而制约因素则主要是自主技术创新能力弱和关键技术缺乏。新兴技术具有创造一个新的行业或改变某个现有行业的潜力,新兴技术创新和扩散所形成的新技术轨迹,决定了战略性新兴产业的发展方向和发展潜力。与传统产业相

---

① 万君康:《论技术引进与自主创新的关联与差异》,《武汉汽车工业大学学报》2000年第8期。

比，战略性新兴产业是以新技术的开发与应用为基础和支撑的产业，必须要有先进的技术为支撑，否则不可能有战略性新兴产业的持续发展。

长期以来，中国凭借优质的原材料、廉价的劳动力等相对优势，成功地在世界分工体系中占有一席之地，被贴上了"世界工厂"的标签。2010年，中国超越了美国，成为全球制造业第一大国，中国制造业产出占世界制造业产出的比重高达19.8%。制造优势的外向化发展，为中国融入全球价值链发挥了重要作用，同时也为中国带来了增产不增收的现实困境，而微薄的利润空间还进一步挤压了企业技术升级的可能性。随着劳动力成本的不断攀升、人口红利的逐渐消失、自然环境的加剧恶化，低成本、低利润、高污染、高消耗的"双低双高"制造模式已难以维系，依赖于相对优势的"被动分工"越来越不适应中国经济的长远发展。因此，中国需要选择集约化、精细化、产业化的发展模式，重新调整中国在世界产业分工体系中的地位，摆脱对发达国家的技术依赖，实现技术的突破创新，打造出中国的战略性新兴产业竞争优势。

第二节 创新能力的影响因素

产业的创新能力受众多因素的影响，如研发投入、企业规模、创新型人才、制度环境等。研究战略性新兴产业的创新能力，需要考察分析影响创新能力的因素。

一 影响因素的理论分析

影响战略性新兴产业创新能力的因素多且复杂，有可量化的因素，也有不可量化的因素。波特的钻石模型理论认为，产业发展是资本、人力资源、政府政策与市场竞争综合作用的结果。所以，学者通常将产业创新能力的动因归纳为研发资金、人力投入，企业规模，企业类型，技术溢出效应等。

研发经费投入，是研发投入的重要组成部分，具有长期性、连贯性的特点。产业研发资金的来源包括政府资金、金融机构贷款和企业的自由资金等。研发投入是企业实现技术创新、形成技术创新能力的基础保障，其对产业的创新作用体现在研发链条的各个环节，只有持续不断的资金支持，产业才可能开展创新活动并实现创新成果的转化。研发人员，是技术创新的实践者与创造者，技术创新过程也就是研发人员不断研发新成果并将其市场化过程，研发人员的配置和质量在很大程度上决定着一个产业的技术创新水平与效率。技术消化吸收，是企业借助于自身的科技存量，对引进的技术进行掌握、应用，实现二次创新的过程，若企业能将引进的技术及时消化并实现再创新，则企业的技术创新能力在短期内会有快速的提升，因此，技术消化吸收能力是反映企业自身技术存量的重要标准。

制度环境，是影响技术创新的核心因素之一。产业的技术创新过程受制度环境的约束，一个产业中，企业的制度环境可以通过企业的所有制结构和企业融资来源两方面体现。企业的所有制结构不同，激励机制与治理结构就会存在差异。

企业规模也影响产业的创新能力，对此学术界存在一定的争议。熊彼特认为，大规模企业有足够的资源和更大的动力去实施创新活动，因此，企业获取创新预期收益的能力也随之增强，约翰·肯尼思·加尔布雷思（John Kenneth Galbraith）称大企业是"完美"的创新主体。而曼斯菲尔德（Mansfield）的观点刚好相反，他认为，企业规模过大反而不利于提升创新效率，具有相对灵活机制的小型企业更有助于技术创新。

技术溢出的概念最早由麦克道格尔（MacDougal）提出，他将技术溢出效应视为外商直接投资的福利效益，一些学者认为，技术溢出效应也是影响产业创新能力的因素。企业通过技术引进、购买国内技术的方式，直接获取创新成果，是最快速地提升自身技术创新能力的方式。外资企业也可以产生技术溢出效应，其表现形式是投放研发人员、设立研发部门、竞争国内市场份额、激励国内技术创新等。

二　影响因素的定量分析

在从理论上分析了影响产业创新能力的影响因素后，可进一步进行影响因素的定量分析。

（一）变量设定

设定被解释变量为：新产品销售收入（NPSR），这是创新活动中各要素相互作用的结果，可以反映出一个产业技术创新的商业化成果。

设定解释变量为：内部创新因素、所有制结构、企业规模、技术溢出效应。

内部创新因素以 R&D 经费内部支出（RDF）、R&D 活动人员折合全时当量（RDHR）、技术消化吸收经费支出（TDA）来表示；所有制结构以产业中国有企业主营业务收入占全行业主营业务收入的比重即国有企业主营业务收入占比来表示（SORP）；企业规模，以产业中大型企业从业人员年平均数占全行业的比重即大型企业从业人员占比来表示（LMP）；技术溢出效应，以购买国内技术经费支出（BDTO）、技术引进经费支出（ETI）和"三资"企业 R&D 经费内部支出（FTE）三个指标来表示。

基于前文的理论分析和变量设定，下面建立面板数据模型来分析各因素对中国战略性新兴产业技术创新能力的影响程度。先在忽略技术溢出效应的前提下，检验研发投入、所有制结构和企业规模三个因素对技术创新的影响作用（模型1），然后在控制其他变量的前提下，单独研究三种不同类型的技术溢出对技术创新能力的影响作用（模型2），选择的理论模型如下：

模型1：

$$\ln(NPSR_{it}) = \alpha_1 + \beta_1\ln(RDF_{it}) + \beta_2\ln(RDHR_{it}) + \beta_3\ln(SORP_{it}) + \beta_4\ln(ES_{it}) + \mu_{it}$$

模型2：

$$\ln(NPSR_{it}) = \alpha_1 + \beta_1\ln(RDHR_{it}) + \beta_2\ln(TDA_{it}) + \beta_3\ln(ETI_{it}) + \beta_4\ln(FTE_{it}) + \mu_{it}$$

其中，i 表示第 i 个战略性新兴产业子产业，t 为年份，α 表示不同子产业的截距项，β 为不同影响因素的弹性系数，μ_{it} 为随机误差项。

（二）数据的采集与处理

由于战略性新兴产业统计数据的不完整或缺失，本章仍然按照前文的做法，选取战略性新兴产业5个依托行业规模以上企业的数据进行分析。这5个依托行业分别是电子及通信设备制造业、电子计算机及办公设备制造业、医药制造业、医疗设备及仪器仪表制造业、航空航天器制造业等。数据取自 2001—2013 年《中国统计年鉴》、2001—2013 年《中国工业统计年鉴》、2001—2013 年《中国科技统计年鉴》和 2001—2013 年《中国高技术产业统计年鉴》。为剔除价格因素的影响，对新产品销售收入等指标以 2001 年为基期做平减处理。所有变量的统计描述如表 8-1 所示。

（三）分析模型的构建

1. 不考虑技术溢出效应的情况下

在不考虑技术溢出效应的情况下，使用 Eviews 6.0 软件对模型1进行参数估计。考虑到横截面包含总体的所有单位，而截面与个体的差异主要体现在截距项的差别，故选择构建变截距模型。

表 8-1　　　　　　　　　　　变量的统计描述

	单位	样本容量	均值	标准差
新产品销售收入（NPSR）	万元	60	21393631.62	28379687.77
R&D 经费内部支出（RDF）	万元	60	50759.80	59311.57
R&D 活动人员折合全时当量（RDHR）	人	60	1224865.78	1666443.96
技术消化吸收经费支出（TDA）	万元	60	0.31	0.31
国有企业主营业务收入占比（SORP）	%	60	0.41	0.23
大型企业从业人员占比（ES）	%	60	170389.07	256438.91
技术引进经费支出（ETI）	万元	60	24706.93	34444.90
购买国内技术经费支出（BDTO）	万元	60	24316.28	25948.65
"三资"企业 R&D 经费内部支出（FTE）	万元	60	488628.26	707616.50

注：由于数据的不完整性或缺失，此处选取战略性新兴产业 5 个依托行业规模以上企业的数据进行分析。

通过 Hausman 检验，检验结果 P 值为 0，说明拒绝原假设，即建立随机效应模型假设不成立，应建立固定效应模型。研发投入变量有两个，分别是 R&D 经费内部支出与 R&D 活动人员折合全时当量，考虑到两个变量放在同一个模型中可能存在多重共线性，故将两个指标分别代入模型 1，则形成模型 A 和模型 B，借以单独考察其对技术创新能力的影响，两个模型的回归结果见表 8-2。

表 8-2 中的被解释变量为 ln（NPSR）。

从模型 1 拟合效果看，模型 A 的 R^2 值与调整的 R^2 值分别为 0.979、0.977，模型 B 的 R^2 值与调整的 R^2 值分别为 0.948、0.941，说明模型拟合的效果较好，模型 A 与模型 B 的 F 统计量值均在 1% 的水平下显著，说明两个模型中自变量对因变量的总体影响均显著。

模型 A 中 R&D 活动人员折合全时当量（RDHR）的弹性系数为 0.786，且在 1% 的水平下显著，说明当 R&D 经费内部支出每增加 1%，技术创新产出就会增长 0.786%；同理，模型 B 中 R&D 活动人员折合全时当量（RDHR）的回归系数为 0.987，且在 1% 的水平下显著，说明当 R&D 活动人员折合全时当量每增加 1%，技术创新产出就会增长 0.987%。结果表明，R&D 经费支出与 R&D 人员投入与中国战略性新兴产业的技术创新显著相关。同时可以看出，R&D 经费支出的回归系数小于 R&D 活动人员折合全时当量的系数,说明经费投入的效率低于人员投入的效率,R&D 人员的创新意愿和创新能力更能影响产业的创新效率。

表 8-2　　　　　战略性新兴产业技术创新影响因素回归结果

	模型 A	模型 B
RDF	0.786072 *** (12.64388)	
RDHR		0.987075 *** (5.624599)
SORP	-0.264060 ** (-2.197792)	-0.341560 (-1.454948)
ES	-0.036449 (-0.391838)	-0.299705 * (-1.709600)
R^2	0.979495	0.948057
调整的 R^2	0.976735	0.941064
F 统计量	354.8522	135.5841

注:***、**和*分别表示1%、5%和10%的显著性水平,括号内数值为对应的 t 值。

模型 A 和模型 B 中,国有企业主营业务收入占比(SORP)系数分别为 -0.264、-0.342,均为负值,模型 B 中的系数并不显著,而模型 A 中的系数在5%的水平下显著,说明国有企业主营业务收入比重与技术创新产出呈负相关。

模型 A 和模型 B 中,大型企业从业人数占比(ES)系数分别为 -0.036、-0.299,均为负值,模型 A 中的系数并不显著,而模型 B 中的系数在10%的水平下显著,说明大型企业从业人数比重与技术创新产出也呈负相关。这在一定程度上反映中小企业由于规模相对较小,专业化程度高,组织结构相对简单,机制灵活等,更有利于顺应市场的变化和需求迅速地做出创新决策,可能更具备创新效率。

2. 考虑技术溢出效应情况下

战略性新兴产业创新的技术溢出效应包括技术引进、购买国内技术和外商直接投资三种形式。以下分别考察技术引进、购买国内技术和外商直接投资的技术溢出对战略性新兴产业技术创新的影响。

在模型 2 中，仍以新产品销售收入作为被解释变量，R&D 活动人员折合全时当量和技术消化吸收经费支出作为控制变量，将技术引进支出、购买国内技术经费支出、"三资"企业 R&D 经费内部支出分别代入模型 2 进行实证分析，得到模型 A、模型 B 和模型 C，模型估计结果见表 8-3。

表 8-3　三种技术溢出效应对战略性新兴产业技术创新的影响差异

	模型 A	模型 B	模型 C
RDHR	0.989785 *** (12.45554)	0.114615 *** (8.169366)	0.807257 *** (9.473786)
TDA	0.170460 *** (3.511109)	0.047411 ** (2.639389)	0.082464 * (1.957885)
ETI	−0.139159 ** (−2.302693)		
BDTO		0.074896 (0.990244)	
FTE			0.179478 *** (4.372308)
R^2	0.951682	0.947741	0.961068
调整的 R^2	0.945178	0.940706	0.955827
F 统计量	146.3157	134.7201	183.3809

注：***、** 和 * 分别表示 1%、5% 和 10% 的显著性水平，括号内数值为对应的 t 值。

表 8-3 中的被解释变量为 ln（NPSR）。

模型 A 考察技术引进溢出效应（ETI）对战略性新兴产业技术创新产出的影响，其回归系数为 −0.139，且在 5% 的水平下显著，说明技术引进溢出效应对中国战略性新兴产业的技术创新具有一定的负向作用。战略性新兴产业是在全球金融危机的背景下应运而生的，各国为了应对经济危机，争先选择了发展新兴产业，且选择的产业内容较相似，因此，国际新兴产业之间存在着激烈的竞争。随着科学技术的不断发展，中国战略性新兴产业在一些领域已经取得重大进步，并在个别领域处于领先地位，但将技术创新的成果通过专利授权、转让等方式进行转移并不能为技术引进的企业带来明显作用。

模型 B 考察购买国内技术溢出效应（BDTO）对战略性新兴产业技术创新产出的影响，其回归系数为 0.075，且未通过显著性检验，说明购买国内技术溢出效应对中国战略性新兴产业的技术创新具有微弱的正向作用。这一结果的现实解析是，战略性新兴产业发展初期，企业之间还未形成成熟的协作关系，加上战略性新兴产业与传统产业的融合度较低，因此，技术创新的扩散效应相对弱小。

模型 C 考察外商直接投资溢出效应（FTE）对战略性新兴产业技术创新产出的影响。实证结果表明，外商直接投资是中国战略性新兴产业技术创新的重要影响因素，其回归系数为 0.179，且在 1% 的水平下显著。通过对比三种类型的技术溢出效应模型，可以发现，外商直接投资溢出效应对中国战略性新兴产业技术创新的贡献最大。

从设定的两个控制变量来看，模型 A、模型 B 和模型 C 中研发人员投入（RDHR）和技术消化吸收能力（TDA）均与技术创新产出显著正相关，进一步证明了研发人员投入和技术消化吸收能力对战略性新兴产业技术创新的积极作用。

第三节 创新能力测度

分析了战略性新兴产业创新能力的影响因素以后，即可测度中国战略性新兴产业的创新能力。

一 评价方法的设计

（一）评价方法的基本思想

采用灰色关联分析法对战略性新兴产业创新能力进行评价。灰色关联分析法的基本思想是：分析研究对象与影响因素之间的关联度，以各因素的样本数据为依据，计算灰色关联系数，用以描述因素间关系的强弱、大小和次序，若样本数据反映出的两因素变化的态势，如方向、大小和速度等基本一致，则它们之间的关联度较大；反之则关联度较小。此方法的优点在于，在很大程度上减少了由于信息不对称带来的损失，并且对数据要求较低，对样本分布的规律性和样本量的多少没有严格要求，在一定程度上弥补了数理统计分析法的缺陷。

用灰色关联分析法对战略性新兴产业的创新能力进行测度，基本思路是先设计创新评价指标体系，而后利用每项指标值与最优指标值之间关联度的大小对被测评产业进行比较、排序。具体步骤如下①：

第一步，确定最优政策集（F^*）。选出 n 个政策实施的最优值构成最优政策集，以此作为灰色关联分析法的参考序列，将 m 个区域政策实施效果的原始数据作为比较数列，并设：

$$F^* = (x_1^*, x_2^*, \cdots, x_n^*) \tag{8-1}$$

式中，$x_j^*(j=1, 2, \cdots, n)$ 为第 j 个指标的最优值。

构造矩阵 A：

$$A = \begin{bmatrix} x_1^* & x_2^* & \cdots & x_n^* \\ x_1^1 & x_2^1 & \cdots & x_n^1 \\ \vdots & \vdots & \vdots & \vdots \\ x_1^m & x_2^m & \cdots & x_n^m \end{bmatrix}$$

式中，x_j^i 为第 i 个产业第 j 个指标的原始数据。

第二步，对数据进行无量纲化处理。设第 j 个指标值的变化区间为 $[x_{j1}, x_{j2}]$，x_{j1} 为第 j 个评价指标的最小值，x_{j2} 为最大值，则无量纲化公式为：

$$b_k^i = \frac{x_j^i - x_{j1}}{x_{j2} - x_{j1}} \quad (i=1, 2, \cdots, m; j=1, 2, \cdots, n)$$

从而得到无量纲化矩阵 B：

$$B = \begin{bmatrix} b_1^* & b_2^* & \cdots & b_n^* \\ b_1^1 & b_2^1 & \cdots & b_n^1 \\ \vdots & \vdots & \vdots & \vdots \\ b_1^m & b_2^m & \cdots & b_n^m \end{bmatrix}$$

第三步，计算参考数列与各个比较数列之间的极差，并求得关联系数。第 i 个产业的第 j 个指标与第 j 个指标最优值的关联系数为 $\xi_i(j)$。

$$\xi_i(j) = \frac{\min_i \min_j |b_j^* - b_j^i| + \rho \max_i \max_j |b_j^* - b_j^i|}{|b_j^* - b_j^i| + \rho \max_i \max_j |b_j^* - b_j^i|} \tag{8-2}$$

式中，$\rho \in [0, 1]$，一般取 $\rho = 0.5$。

---

① 薛新伟、王冬：《灰色投入产出理论及模型方法初探》，《系统工程理论与实践》1997 年第 1 期。

将计算结果组成关联系数矩阵 E：

$$E = \begin{bmatrix} \xi_1(1) & \xi_1(2) & \cdots & \xi_1(n) \\ \xi_2(1) & \xi_2(2) & \cdots & \xi_2(n) \\ \vdots & \vdots & \vdots & \vdots \\ \xi_m(1) & \xi_m(2) & \cdots & \xi_m(n) \end{bmatrix}$$

第四步，为每个指标分配权重，求关联系数并排序。n 个政策的权重分配向量为：

$$W = [w_1, w_2, \cdots, w_n]^T$$

其中，$\sum_{j=1}^{n} w_j = 1$。

根据关联系数与分配的权重，计算创新能力关联度系数 r_i：

$$r_i = \sum_{k=1}^{n} w(k) \times \xi_i(k) \tag{8-3}$$

将所求得的关联度系数从大到小依次排列，可以直接反映战略性新兴产业的创新能力优劣，若 r_i 越大，说明第 i 个产业的创新能力越强。

（二）评价体系构建

先构建测度指标体系，可从创新投入、创新环境、创新技术产出和创新经济成效 4 个维度来设计战略性新兴产业的创新能力评价指标体系。创新投入包括人力、科研经费、设备等投入情况，用每万人研发人员全时当量比重、试验发展支出占研发内部经费支出比重、技术获取与改造经费占主营业务收入比重和仪器设备支出占资产性支出比重 4 个指标反映；创新环境反映驱动创新能力发展所必备基础条件的支撑情况，用有研发机构的企业所占比重、博士硕士人数占研发机构人员比重、对境内研究机构和高校支出占研发外部经费支出比重 3 个指标反映；创新技术产出体现了创新的中间产出结果，用发明专利授权数占专利申请数比重和每百家企业新产品开发项目数两个指标反映；创新经济成效即创新对经济社会发展产生的影响，用新产品销售收入占主营业务收入比重和新产品出口销售收入占新产品销售收入比重来反映。据此，战略性新兴产业创新能力测度体系如表 8-4 所示。

此处采用国家统计局中国创新指数编制方法中对指标权重的确定方法，即"逐级等权法"对各指标进行权重的分配。将创新体系分为 4 个维度，各维度的权重均为 1/4，在某一维度内的指标所对应的权重为 1/n（n 为该维度的指标个数），因此，指标最终权数为 1/4n。

表8-4　　　　战略性新兴产业创新能力测度指标体系

	指标名称	计量单位	权重
创新投入	每万人研发人员全时当量（X01）	人年/万人	1/16
	试验发展支出占研发内部经费支出比重（X02）	%	1/16
	技术获取与改造经费占主营业务收入比重（X03）	%	1/16
	仪器设备支出占资产性支出比重（X04）	%	1/16
创新环境	有研发机构的企业所占比重（X05）	%	1/12
	博士硕士人数占研发机构人员比重（X06）	%	1/12
	对境内研究机构和高校支出占研发外部经费支出比重（X07）	%	1/12
创新技术产出	发明专利授权数占专利申请数比重（X08）	%	1/8
	每百家企业新产品开发项目数（X09）	项/百家	1/8
创新经济成效	新产品销售收入占主营业务收入比重（X10）	%	1/8
	新产品出口销售收入占新产品销售收入比重（X11）	%	1/8

二　创新能力测度结果

仍然使用战略性新兴产业依托行业数据进行创新性能力的测度。需要说明的是，本书尽可能利用更多有用的信息量，所以，战略性新兴产业依托行业选取的数量可能因数据的可得性不同而不同。获取整理的战略性新兴产业依托行业创新能力测度相关数据如表8-5所示。

表8-5　　　　战略性新兴产业创新能力评价指标数据

行业	X01	X02	X03	X04	X05
医药制造业	466.37	98.11	0.68	96.35	37.56
非金属矿物制品业	90.25	98.63	0.38	97.08	9.74
黑色金属冶炼及压延加工业	229.27	97.25	1.37	95.30	12.00
有色金属冶炼及压延加工业	227.31	97.67	0.70	94.45	17.16
通用设备制造业	296.83	98.54	0.75	96.09	23.46
专用设备制造业	402.53	98.66	1.02	95.02	26.37
交通运输设备制造业	375.22	96.70	0.78	95.94	22.21
电气机械及器材制造业	318.68	99.00	0.66	96.68	25.65
通信设备、计算机及其他电子设备制造业	400.50	98.15	0.22	97.99	24.77
电力、热力的生产和供应业	79.60	92.88	0.43	96.50	3.99

续表

行业	X06	X07	X08	X09	X10	X11
医药制造业	18.08	88.26	62.45	480.03	19.25	10.46
非金属矿物制品业	8.97	73.65	32.27	55.35	5.62	14.40
黑色金属冶炼及压延加工工业	10.64	60.20	36.41	243.87	11.17	8.75
有色金属冶炼及压延加工工业	8.85	80.84	37.99	133.99	10.48	10.36
通用设备制造业	8.33	45.80	25.93	285.03	19.36	13.26
专用设备制造业	12.16	74.44	31.31	353.51	21.07	10.99
交通运输设备制造业	10.05	52.80	24.29	377.52	32.97	10.13
电气机械及器材制造业	8.64	42.42	30.22	306.99	25.26	20.67
通信设备、计算机及其他电子设备制造业	22.19	24.98	58.72	449.61	27.98	53.15
电力、热力的生产和供应业	19.41	70.73	33.17	47.42	0.34	3.22

资料来源：《中国科技统计年鉴》（2010—2013）和《中国工业统计年鉴》（2010—2013），中国统计出版社 2014 年版。

由于废弃资源和废旧材料回收加工业相关指标数据缺失，故在此不对该行业进行测算。其余所有行业指标数据采用 2010—2012 年三年的平均值。

根据前文设计的方法，通过计算可得到 10 个战略性新兴产业的创新能力关联度系数，也可称之为创新能力指数，结果如表 8-6 所示。

表 8-6　战略性新兴产业创新能力关联度系数

行业	创新能力指数
医药制造业	0.7546
非金属矿物制品业	0.4445
黑色金属冶炼及压延加工工业	0.4747
有色金属冶炼及压延加工工业	0.4561
通用设备制造业	0.4814
专用设备制造业	0.5523
交通运输设备制造业	0.5483
电气机械及器材制造业	0.5278
通信设备、计算机及其他电子设备制造业	0.7721
电力、热力的生产和供应业	0.4561

注：由于还没有专门的战略性新兴产业的统计数据，此处用战略性新兴产业依托行业的数据代替战略性新兴产业的数据进行分析。

由表 8-6 的测评结果可知，2010—2012 年，中国战略性新兴产业的创新能力整体上并不高，创新能力相对高一些的行业是通信设备、计算机及其他电子设备制造业和医药制造业，其创新能力指数分别为 0.7721 和 0.7546；专用设备制造业、交通运输设备制造业和电气机械及器材制造业的创新能力居中；非金属矿物制品业、有色金属冶炼及压延加工工业、电力热力的生产和供应业的创新能力排在后位。

三 创新能力的分解与对比分析

创新能力是战略性新兴产业发展的重要源泉，体现为研发投入和研发成果。据此展开创新能力的分解分析和国际对比分析。

（一）研发投入分析

按照经济学、管理学原理，创新能力元素包括研发活动、专利情况和新产品开发等方面的情况。其中，研发投入包括研发人员、研发经费、研发项目数等指标；专利量包括专利申请数和有效发明专利数等指标；新产品开发及生产包括新产品开发项目数、新产品开发经费支出和新产品销售收入等指标。

《中国统计年鉴》对研究与试验发展（R&D）指标做出过解释：在科学技术领域，为增加知识总量，以及运用这些知识去创造新的应用性的创造性的活动，包括基础研究、应用研究和试验发展三类活动，其中试验发展包括为生产新的产品等建立的新工艺、系统和服务等。因此研发活动包括新产品开发及生产情况。故此，此处选择研发人员、研发经费和专利申请数三个指标来描述中国战略性新兴产业的技术创新能力，其中研发人员和研发经费代表研发投入，专利申请数代表研发产出。

按照如上解释，收集整理得出的战略性新兴产业依托行业的资料如表 8-7 所示。

表 8-7 为 2009—2013 年规模以上不同行业企业对研发经费的投入情况，2009—2013 年《中国统计年鉴》中，未对废弃资源和废旧材料回收加工业、废弃资源综合利用业做出研发投入统计，故表 8-7 中未列示该行业的数据。显然，整体上看，依托行业研发经费投入呈逐年上升趋势。

从相对数来看，各行业研发经费投入占工业总投入的比重数据可列示如表 8-8 所示。显然，各行业研发投入占工业总投入的比重也都呈逐年上升的趋势。

表 8-7　　　　　　　战略性新兴产业研发经费投入情况　　　　　　单位：万元

行业	2009 年	2010 年	2011 年	2012 年	2013 年
医药制造业	996221	1226262	2112462	2833055	3476553
非金属矿物制品业	589794	813327	1397206	1635706	2150329
黑色金属冶炼及压延加工业	3054462	4021200	5126475	6278473	6330374
有色金属冶炼及压延加工业	973899	1188581	1901947	2711533	3011081
通用设备制造业	2099680	2373243	4066679	4746047	5478932
专用设备制造业	1978241	2348941	3656608	4249367	5123164
交通运输设备制造业	4599870	5821997	7852546	9133643	10523169
电气机械及器材制造业	3296018	4250969	6240088	7041558	8153895
通信设备、计算机及其他电子设备制造业	5496059	6862561	9410520	10646938	12525008
电力、热力的生产和供应业	293924	319459	428121	467875	584488
工业行业总计	32115691.6	40153965.2	59938055	72006450	83184004.8

注：由于还没有专门的战略性新兴产业的统计数据，此处用战略性新兴产业依托行业的数据代替战略性新兴产业的数据进行分析。

表 8-8　　　　　　　战略性新兴产业依托行业研发经费投入比重　　　　　　单位：%

行业	2009 年	2010 年	2011 年	2012 年	2013 年
医药制造业	3.10	3.05	3.52	3.93	4.18
非金属矿物制品业	1.84	2.03	2.33	2.27	2.59
黑色金属冶炼及压延加工业	9.51	10.01	8.55	8.72	7.61
有色金属冶炼及压延加工业	3.03	2.96	3.17	3.77	3.62
通用设备制造业	6.54	5.91	6.78	6.59	6.59
专用设备制造业	6.16	5.85	6.10	5.90	6.16
交通运输设备制造业	14.32	14.50	13.10	12.68	12.65
电气机械及器材制造业	10.26	10.59	10.41	9.78	9.80
通信设备、计算机及其他电子设备制造业	17.11	17.09	15.70	14.79	15.06
电力、热力的生产和供应业	0.92	0.80	0.71	0.65	0.70
合计	72.79	72.79	70.39	69.08	68.95

注：由于还没有专门的战略性新兴产业的统计数据，此处用战略性新兴产业依托行业的数据代替战略性新兴产业的数据进行分析。

经费投入强度，是指行业经费投入与主营业务收入之比。反映战略性新兴产业研发投入强度的数据如表8-9所示，可见，这一指标也呈逐年上升趋势。

表8-9　　　　　　战略性新兴产业研发经费投入强度　　　　　　单位:%

行业	2009年	2010年	2011年	2012年	2013年
医药制造业	0.0110	0.0107	0.0146	0.0163	0.0169
非金属矿物制品业	0.0024	0.0026	0.0036	0.0037	0.0042
黑色金属冶炼及压延加工业	0.0070	0.0074	0.0078	0.0088	0.0083
有色金属冶炼及压延加工业	0.0046	0.0041	0.0052	0.0066	0.0065
通用设备制造业	0.0079	0.0069	0.0101	0.0125	0.0128
专用设备制造业	0.0120	0.0110	0.0140	0.0148	0.0160
交通运输设备制造业	0.0112	0.0106	0.0124	0.0136	0.0157
电气机械及器材制造业	0.0102	0.0101	0.0124	0.0129	0.0134
通信设备、计算机及其他电子设备制造业	0.0124	0.0124	0.0148	0.0151	0.0162
电力、热力的生产和供应业	0.0009	0.0008	0.0009	0.0009	0.0011

注：由于还没有专门的战略性新兴产业的统计数据，此处用战略性新兴产业依托行业的数据代替战略性新兴产业的数据进行分析。

从研发经费投入来看，2009—2013年，中国规模以上工业企业研发支出持续增长，平均增长率高达39.75%；战略性新兴产业依托行业的研发投入逐年上升，2009年这10个行业的研发投入总和占全部规模以上工业企业的72.79%，此后呈现逐年下降趋势，2013年这10个行业的研发投入总和占68.95%，体现了战略性新兴产业的技术主导特征。在10个行业中，研发最多的3个行业分别是通信设备、计算机及其他电子设备制造业，交通运输设备制造业与电气机械及器材制造业，研发最少的行业是电力、热力的生产和供应业。从研发强度来看，2009年排在前3位的行业分别是通信设备、计算机及其他电子设备制造业，专用设备制造业和交通运输设备制造业，随着经费投入力度的加大，2013年，医药制造业成为研发经费投入强度最大的行业，紧随其后的是通信设备、计算机及其他电子设备制造业，专用设备制造业等。

研发人员全时当量，是指全时人员数加非全时人员按工作量折算为全时人员数的总和。反映战略性新兴产业依托行业研发人员全时当量的数据如表 8-10 所示，这一指标呈增长态势。

表 8-10　　　　　战略性新兴产业研发人员全时当量　　　　　单位：人

行业	2009 年	2010 年	2011 年	2012 年	2013 年
医药制造业	58116.8	55233.68	93467	106685	123199.9
非金属矿物制品业	31949.5	30460.02	53107	59216	73646.2
黑色金属冶炼及压延加工业	68711.2	68281.99	81788	100753	107190
有色金属冶炼及压延加工业	31695.9	30745.4	44746	55169	57559.8
通用设备制造业	95484.7	98089.73	154694	173046	191916.3
专用设备制造业	85920.2	86737.52	146529	156516	178461.3
交通运输设备制造业	165474.6	176921.06	220087	260631	301550.8
电气机械及器材制造业	121786.2	137964.99	205275	225983	255835
通信设备、计算机及其他电子设备制造业	241402.1	278582.81	318018	380497	390976.5
电力、热力的生产和供应业	15648.8	16707.48	21344	25339	26873.1

研发人员是产业技术创新的核心人力资本，研发人员投入的数量和质量决定了技术创新能否取得成功。通过表 8-10 可以看出，医药制造业、非金属矿物制品业、黑色金属冶炼及压延加工业和有色金属冶炼及压延加工业的研发人员投入在 2010 年有所减少，之后投入逐年加大。各类设备制造业和器材制造业研发人员的投入力度最大。

（二）研发成果分析

专利是技术创新活动的直接成果，借助中国知网（CNKI）的中国专利全文数据库检索平台，依次搜集并统计了 2009—2013 年五年间中国节能环保、新一代信息技术、生物、高端装备制造、新材料、新能源和新能源汽车七大战略性新兴产业代表性技术的国内专利（根据公开日）个数的变化趋势，如图 8-1 所示。

由图 8-1 可知，五年间战略性新兴产业技术创新成果产出逐年增长，呈现指数型增长态势，这也表明七大战略性新兴产业的技术创新已经从初期的科学技术研发进入到了科学技术商业化阶段。

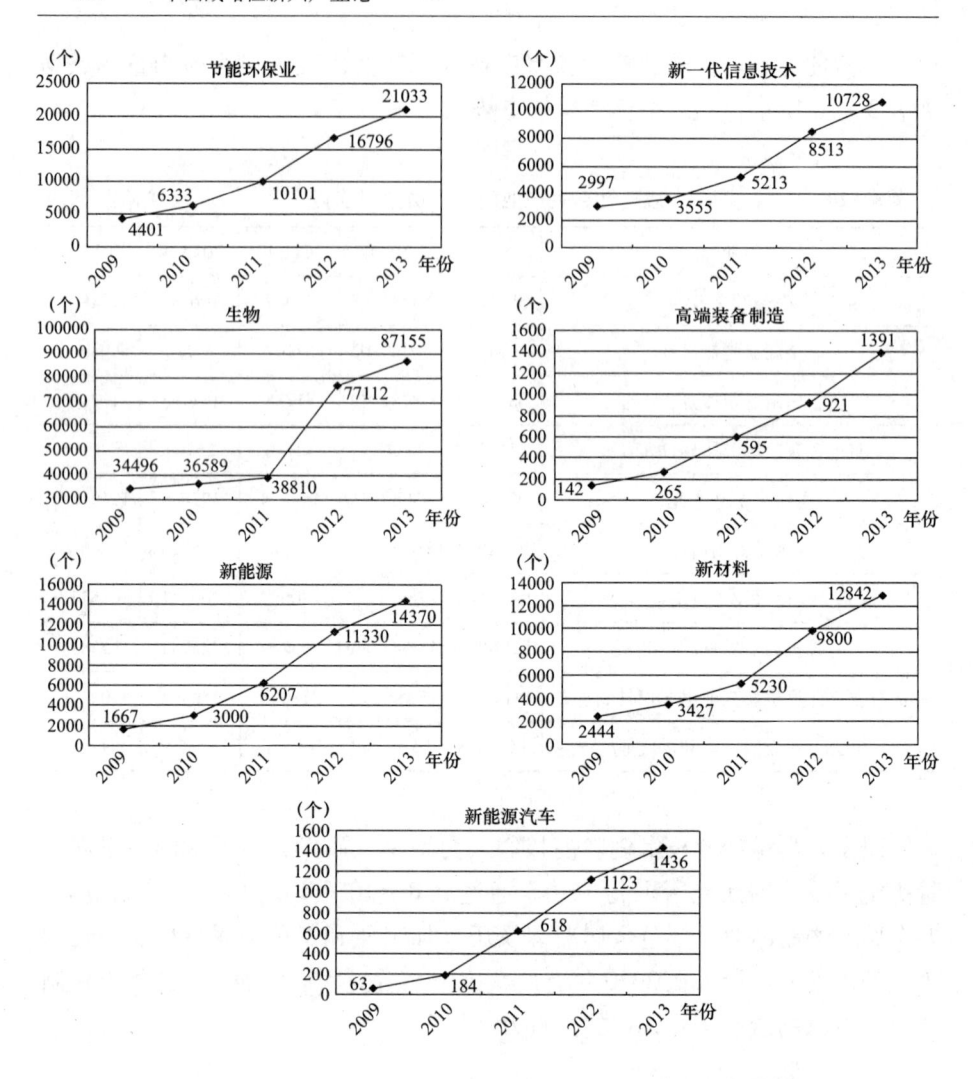

图 8-1 2009—2013 年中国战略性新兴产业国内专利公开量

(三) 对比分析

现阶段，中国技术创新成果产出快速增长，取得了一定程度上的突破和发展，但是，中国技术创新水平与发达国家相比仍有一定的差距，世界知识产权组织新近发布的 2004—2013 年世界部分技术领先国家 PCT 专利申请量全球占比情况，可显示出中国与先进国家专利情况的差距，如图 8-2 至图 8-5 所示。

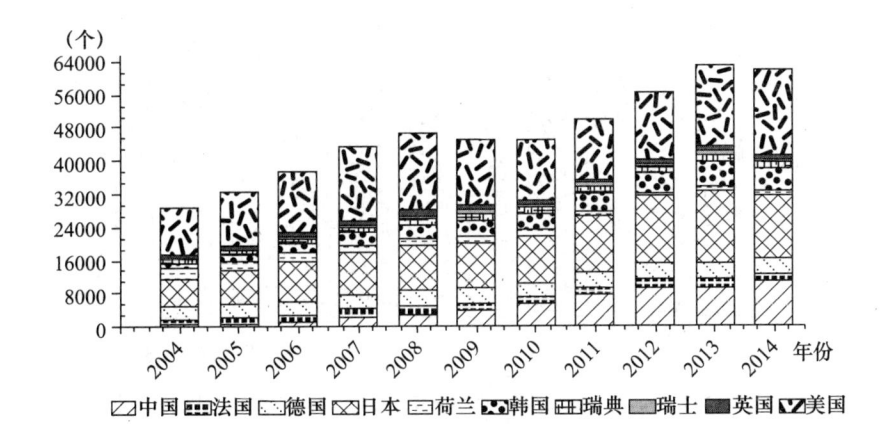

图 8-2 中国与领先国家电气工程领域 PCT 专利申请量对比

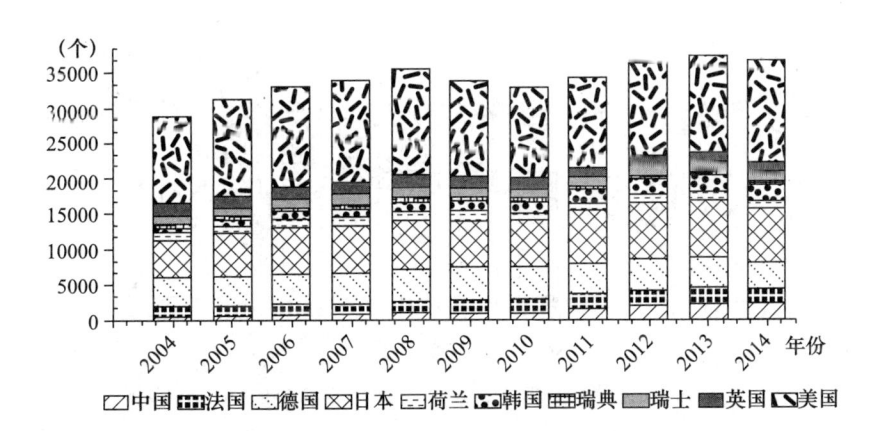

图 8-3 中国与领先国家仪器领域 PCT 专利申请量对比

按照世界知识产权组织的分类，技术可分为电气工程、仪器、化工和机械工程四大领域，其中，电气工程可细分为电动机械、仪器、能源、视听技术、电子通信、数字通信、基础通信处理、计算机技术、IT 管理方法等；仪器可细分为光学、测量、生物材料分析、控制、医疗技术等；化工可细分为精细有机化学、生物技术、制药、高分子化学、高分子材料、食品化学、基础材料化学、材料、冶金、表面技术、涂料、微结构和纳米技术、化工、环保技术等；机械工程可细分为处理、机床、发动机、泵、涡轮机、纺织和造纸机械、热工艺和设备、机械元件、运输等。这些细分领域都属于中国战略性新兴产业的范畴，可基本反映中国战略性新兴产业与领

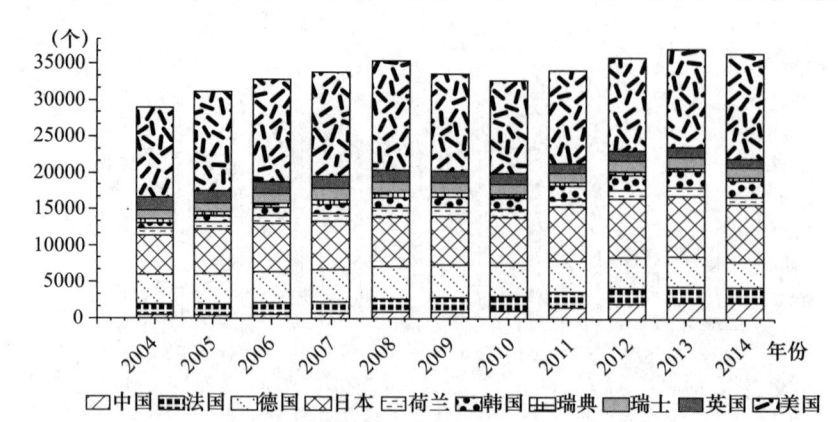

图 8-4 中国与领先国家化工领域 PCT 专利申请量对比

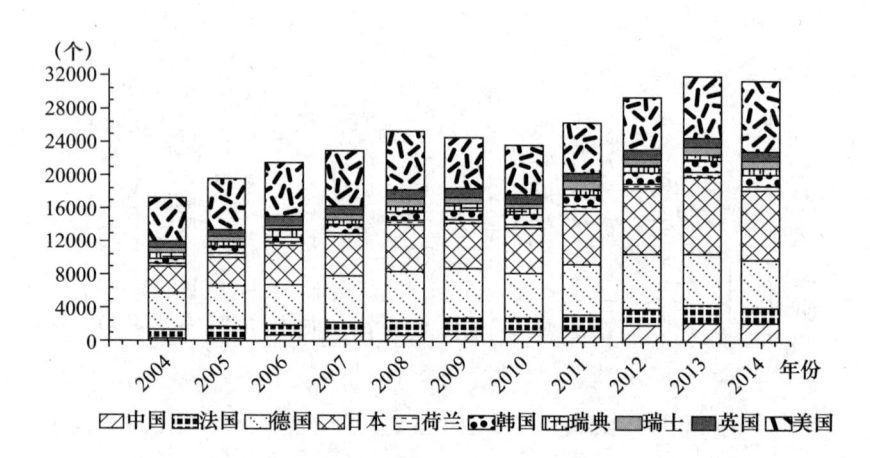

图 8-5 中国与领先国家机械工程领域 PCT 专利申请量对比

先国家技术领域 PCT 专利申请量的实力比较。①

图 8-2 至图 8-5 显示，从 2004 年起，除电气工程领域外，中国其他三个领域的专利申请量一直排在末位。自 2010 年中国提出大力发展战略性新兴产业后，四大领域的技术创新成果有了爆发式的增长，尤其是电气工

---

① PCT 是《专利合作条约》（Patent Cooperation Treaty，PCT）的英文缩写，是一个关于专利的国际条约。根据 PCT 的规定，专利申请人可通过 PCT 途径递交国际专利申请，向多个国家申请专利。PCT 专利申请分为国际阶段和国家阶段，其中，国际阶段有国际受理、国际检索、国际公布、初步审查等环节。经过国际检索、国际公开以及国际初步审查这一阶段之后，专利申请人办理可进入国家阶段的手续。

程领域,成果数量突出,排名由 2004 年的第 9 名一跃上升为仅次于美国、日本的第 3 名。而仪器、化工、机械工程领域的成果排名都由起初的末位均上升为第 4 名,中国技术创新成就由此可见一斑。

值得注意的是,中国战略性新兴产业技术创新与部分世界技术领先国家还存在一定的差距。表 8-11 列示了 2004—2014 年中国与世界部分技术领先国家 PCT 专利申请量全球占比情况。

表 8-11　中国与领先国家 PCT 专利申请量全球占比情况比较　　单位:%

年份	美国	日本	德国	韩国	法国	中国
2004	35.39	16.53	12.41	2.90	4.23	1.39
2005	34.28	18.19	11.69	3.43	4.20	1.83
2006	34.28	18.06	11.18	3.97	4.19	2.63
2007	33.80	17.35	11.15	4.42	4.11	3.41
2008	31.65	17.62	11.55	4.84	4.34	3.75
2009	29.37	19.19	10.81	5.17	4.64	5.08
2010	27.43	19.61	10.69	5.84	4.40	7.49
2011	26.97	21.31	10.33	5.68	4.06	8.99
2012	26.54	22.29	9.60	6.04	4.00	9.54
2013	27.97	21.33	8.73	6.03	3.85	10.48
2014	28.57	19.85	8.42	6.14	3.86	11.95

由表 8-11 数据绘制的变化趋势图如图 8-6 所示。

表 8-11 和图 8-6 显示,2014 年,美国、日本、德国、韩国、法国与中国 6 个国家的 PCT 专利申请量占世界份额高达 78.79%。近十年间,美国的专利申请量占比由 35.39% 下降到 28.57%,日本专利申请量占比由 16.53% 上升至 19.85%,德国专利申请量占比由 12.41% 下降至 8.42%,中国、韩国则由最初的 1.39%、2.90% 分别提升至 11.95%、6.14%,法国专利申请量占比则从最初的 4.23% 降至 3.86%。对应图 8-6 不难发现,PCT 专利申请量呈上升趋势的是日本、韩国和中国,其中,中国的上升速度最快,日本次之,而美国、德国则呈现下降趋势,法国的专利占比相对稳定。2009 年之前的 20 多年间,中国 PCT 专利申请量全球占比一直在 6 个国家中居末位,自 2010 年战略性新兴产业提出后,中国先后超越了法国、韩

国和德国,增长速度可观,但从专利申请量的绝对值看,中国的专利申请量占比还远落后于世界技术创新大国美国和日本。

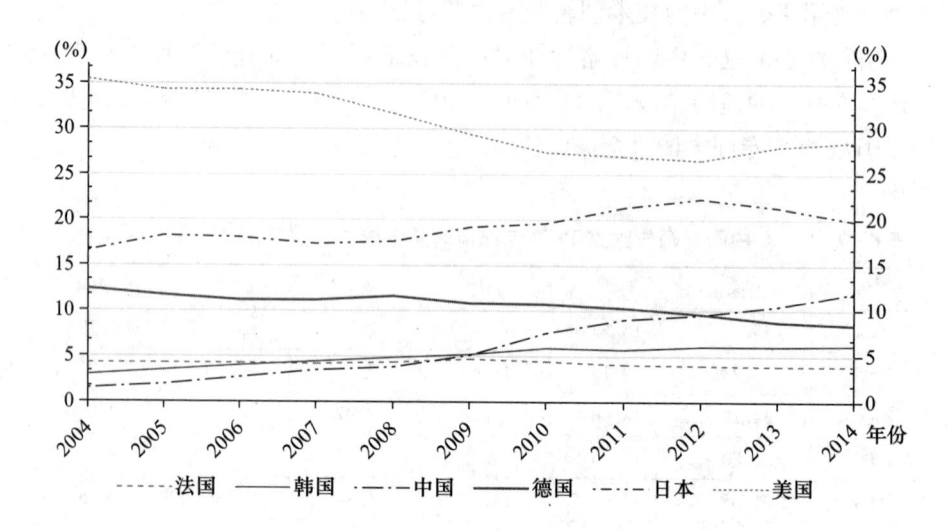

图8-6 领先国家PCT专利申请量全球占比情况对比

第四节 创新能力提升路径

现阶段,中国战略性新兴产业自主创新能力还不是很强,缺乏关键技术;缺乏战略性系统开发平台的支撑;技术创新超前部署还不足;现有的科技成果转化和形成产业的速度还不快;创新能力提升仍存在着诸多制约因素,未来必须加快提升创新能力。

一 保护知识产权,助推技术创新

(一)知识产权的意义

近年来,知识产权在国际市场竞争中的重要作用更加明显,主要发达国家纷纷加快了对知识产权战略的布局。经过发达国家的强化,知识产权已成为战略性新兴产业竞争优势的重要元素。如美国2000年的高新技术产业知识产权的价值已经超过有形资产,在资产总值中所占比例高达60%,美国政府于2009年和2011年两次发布国家创新战略,将研发投入提高到GDP 3%的水平,并且将知识产权政策作为其中的重点,力图以知识产权优势继续保持领先地位。①

战略性新兴产业知识产权的保护决定着国家在未来战略性新兴产业链条中的位置。一般的高技术产业作为已经成熟的产业，未来发展路线明确，发达国家的知识产权布局已经完成，中国只需引进学习发达国家的成熟技术，而不需要进行太多开创性研究。而对于战略性新兴产业，产业还未完全成熟，未来发展路线尚不明确，发达国家的知识产权布局也还未完成，中国的战略性新兴产业还有广阔的发展空间，需要认清形势，抓住机会，提早进行知识产权的布局。

七大战略性新兴产业技术创新的特点不同，对于知识产权的政策需求就不同，所以，战略性新兴产业发展需要"软性知识产权政策"（Soft IP）。2007年欧洲专利局发布的报告指出，包括强制许可制度在内的一些灵活机制可能在战略性新兴产业中与环境相关的一些领域发挥作用。在以后的知识产权制度中，这些"软性知识产权政策"将发挥越来越重要的作用。②因此，战略性新兴产业的知识产权政策制定需要针对不同技术领域的特点，区别对待。

专利联盟政策有助于整合战略性新兴产业中的研发资源。中国目前的战略性新兴产业中包含许多中小型企业，这些中小企业具有创新动力足、反应迅速、发展灵活等优势，但是，也存在布局分散、恶性竞争问题，这尤其不利于在国际上与同类产品竞争。此外，中国一些地区战略性新兴产业在发展还存在一哄而上、重复建设问题。因此，需要整合中小企业的资源，推进专利联盟政策，构建符合中国产业特点的专利联盟。

知识产权政策可以为战略性新兴产业发展提供动力来源。知识产权可以在一段时间和地区内保护企业通过研发而获得的创新技术，从而成为鼓励企业进行技术创新的重要手段。然而，战略性新兴产业通常是由国家投入，技术研发和创新都由国家主导，这使企业缺乏创新精神和创新动力。因此，需要制定合理的知识产权保护政策，让市场发挥作用，鼓励企业参与到创新活动中，以推动产业的长远发展。

---

① 杜占元：《依靠科技创新推动战略性新兴产业发展》，http：//www.gov.cn/gzdt/2009-11/23/content-1470901.htm，2009-11-23。

② 资料来源：*Scenarios for the Future*，欧洲专利局（European Patent Office，EPO）官网：http：//www.epo.org/news-issues/issues/scenarios/download.html，last retrieved on July 4，2011。

（二）知识产权保护的国际现实

现在，加强知识产权保护已是世界各国提升综合实力的发力点，一些发达国家甚至将知识产权保护提升到了国家战略高度，加紧在全球对知识产权进行布局。例如，美国自 2003 年以来就开始在对华贸易中注意控制高科技产品的份额。图 8-7 和图 8-8 反映了美国对华高科技产品进出口情况的变化。

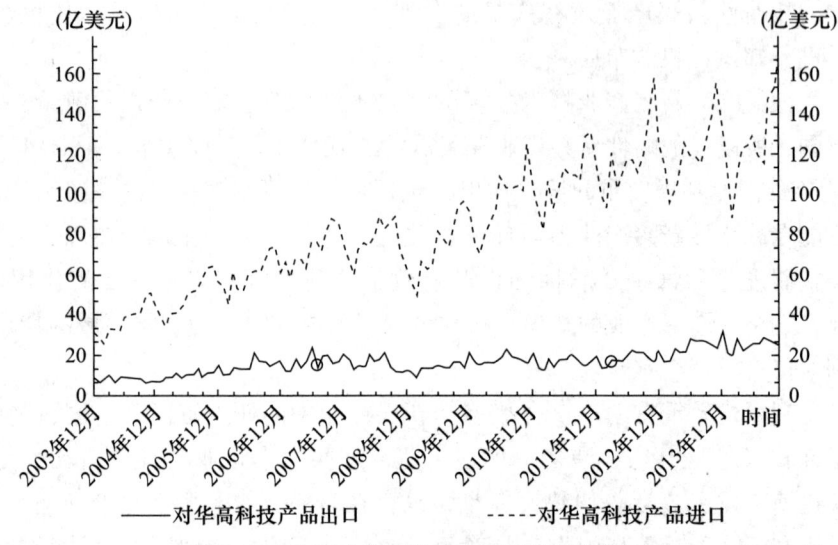

图 8-7 美国对华高科技产品贸易额变化趋势

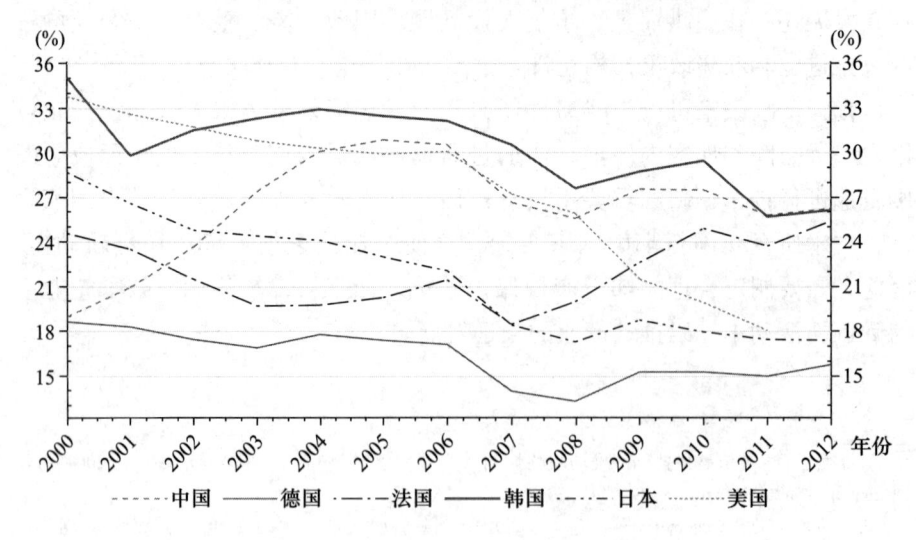

图 8-8 主要国家高科技产品出口额比重

图 8-7 和图 8-8 显示，十年间美国对中国高科技产品进口在波动中呈现上升趋势，由最初的每月 31.54 亿美元提高到 171.39 亿美元，但 2007 年以后，美国对中国的高科技产品出口量开始下降，原因是美国加强对中国高科技产品出口限制的新规定于 2007 年 6 月 19 日正式生效，这一新规定的目标是保护己方在高科技领域的领先地位。

2010 年第二轮中美战略与经济对话期间，美国承诺要放松对华高新技术出口的限制，但随后做出规定：部分符合特定条件的物项可不经许可出口到 44 个国家和地区，然而名单中却没有中国。2012 年，美国将 46 项技术出口到中国，此后美国对中国的高科技产品出口额再次呈现增长趋势，但是，美国对中国出口的是 46 项相对低端的产品。从整体发展来看，十年间，美国对中国的高技术产品出口额始终徘徊在每月 20 亿美元左右，并未出现太大波动，发展趋势相对稳定。现阶段，美国对中国的高技术产品出口排在韩国、中国台湾、日本、欧盟、马来西亚之后，说明了美国对中国技术出口的防备。

技术领先国家对本国技术创新一直是采取封锁的态度，图 8-8 能清楚地揭示了这一点：韩国、美国、日本、德国的高技术产品出口额占制成品出口额的比重一直呈现下降趋势，美国、日本的下降程度最为明显，法国在 2007 年前表现为比重下降，2007 年后高技术产品出口比重则逐年上升，而中国在 2006 年之前高技术产品出口比重逐年增长，2006 年后则趋于稳定。至 2012 年，中国成为六个国家中高科技产品出口额占制成品出口额比重最大的国家，比重高达 26.27%。这说明，技术领先国家越来越重视利用知识产权构筑技术壁垒。现实中，美国、欧洲、日本、韩国等技术领先国家都在高新技术领域对中国采取了越来越严厉的技术封锁措施，以阻止中国获取新技术。在航空、医药、电子等战略性新兴产业领域，中国几乎没有从其他发达国家获得核心技术和设备的可能性，而中国在技术保护层面的重视度却不高，2012 年中国高科技产品出口额比重在六个国家中居于首位。

(三) 知识产权保护的路径

知识产权保护是战略性新兴产业技术创新的基石，技术创新的进步与深化反过来推动了知识产权制度的发展。中国应提高知识产权保护意识，有效地运用知识产权助推中国战略性新兴产业的可持续发展。

第一，要构筑国家层面的知识产权助推战略。近年来，由于中国知识产权建设不完善，跨国企业对于中国的知识产权领域展开了进攻。虽然中国已经出台了一些知识产权管理规定，但整个体系的建设还未完成，各个领域的知识产权政策细节还需要制定或完善。因此，要把知识产权助推战略提升到国家层面，建立并完善战略性新兴产业知识产权创新体系，促进知识产权制度化；政府、企业、研究机构等要多方合作，全方位实施国家层面的知识产权助推战略。

第二，要建立产业层面的知识产权助推创新体系。中国在重要产业和核心领域的自主知识产权数量少，创新能力尚无法满足发展需要，一大批拥有自主知识产权的成果仍停留在实验室阶段，企业知识产权运用能力较弱。[①] 因此，战略性新兴产业的发展必须结合中国国情，突出自主创新，针对有基础的产业，重点突破核心技术，抢占产业发展的技术制高点。要立足产业层面的知识产权助推体系，以企业为主体，以市场为导向，通过政府推动，促成企业创新，有针对性地进行研发投入和成果转化。

第三，要提升企业层面对知识产权的掌握程度和运用能力。中国战略性新兴产业最重要的主体是企业，企业对知识产权的掌握程度和运用能力是战略性新兴产业发展的基础。企业对于自身创新研发的投入和专利布局需要结合自身技术基础与国际专利布局现状。因此，要采取多种手段来促使企业对知识产权的重视和保护，要提高企业运用专利权的能力，使专利权转化为商品和财富；使企业加强对科技开发人员的有效激励和约束，对可能会产生专利的技术方向进行重点发展，保证专利和研发方向与战略性新兴产业的发展紧密结合，推动鼓励专利申请。同时，还需要在已有的专利资源基础上进行二次开发，再创新，生成更好更优的专利技术，并能在竞争中加以充分利用。

二　完善企业创新激励机制

（一）企业创新存在的问题

从前文的分析可知，国有企业的主营业务收入份额与企业技术创新并不呈正向相关，这值得深思。2010年以来，战略性新兴产业获得了前所未有的机遇，得到了大力发展，但作为创新主体的企业，其创新能力却未得到有效释放，受到诸多因素制约。现在，中国企业自主创新能力不强，核

---

① 赵策：《培育战略性新兴产业　考验知识产权运用效率》，《中国高新技术产业导报》2010年4月26日。

心技术研究仍以学习为主。例如，中国传感器行业中，传感器进口占80%，传感器芯片进口占90%；芯片产业每年的进口额超过石油；高端装备领域中80%的集成电路芯片制造装备、40%的大型石化装备、70%的汽车制造关键设备及先进集约化农业装备仍依靠进口；新能源汽车领域，虽然研发起步较早，但中国掌握的关键技术与核心技术在国际上并不具备优势。

由于科研体制的改革，大多科研技术的开发已经由研究院所转移到了企业，但企业单打独斗，削弱了行业共性技术的研发。虽然近年来建设的国家级技术工程研究中心和实验室在一定程度上缓解了共性技术研究缺乏的局面，但是，这些基地的研究工作只局限于特定学科领域或创新链中的某个环节，规模较小、资源分散，无法满足战略性新兴产业跨地域、跨边界、跨行业的需求。此外，虽然行业类科技研发已经转移到了企业，但是，研究所需的资源条件仍旧集中在科研所和高校，服务于企业技术创新的公共研发平台建设尚未健全和完善。

在企业中，大多数领域的共性技术在世界上仍处于落后境地，无法超前部署战略性高新技术领域的研发，这也导致企业在新兴产业领域技术积累不足。长期以来，中国企业研发投入强度不高，多数企业的技术创新活动聚焦在一些低端技术的研发上。已经取得的科技成果受到诸多因素的制约，无法快速实现产业化。在专利转让方面，缺乏优惠政策，管理存在漏洞，减缓了科技成果产业化。

特别是现有技术标准无法适应中国战略性新兴产业发展的需要，有些产业缺失技术标准和主导权，如国际上的中药标准由英国牛津大学主导；中国新一代信息技术、新能源汽车等多个产业技术标准都采用国外的技术标准。这一方面由于购买或者获得授权使用国外的技术会使国内企业技术创新被替代，另一方面国外的技术标准普遍高于国内现有企业的创新能力，这会造成一些中国产品无法进入国际市场，而且缺乏标准的规划会导致技术创新与标准脱节，从而制约企业的创新和发展。

(二) 完善创新激励机制的路径

第一，减少政府干预，规范政府绩效考核标准。规范政绩考核标准，对于加强国有企业技术创新能力有着重要意义。要建立有助于国有企业技术创新的评价体制，将国有企业的技术创新能力纳入各级政府的政绩考核体系，促使政府不仅关注国有企业的短期产出，还关注企业的技术新成果和创新行为。

第二，减少国有企业政策性负担。应结合本地国有企业的政策性负担情况，适度减少对国有企业的干预，让国有企业根据自身需求决定雇员规模，减少不必要的冗员负担，提高国有企业的创新积极性。政府部门的多头管理是影响技术创新的不利因素，在多目标下，企业难免会将短期成果放在首位，而忽视长远利益。因此，要明晰各级政府的管理权限，简化审批流程，提高国有企业决策的时效性与执行力；应充分扩大国有企业决策权限，扩大企业创新空间。

第三，加强股权激励。股权激励不仅是企业激励经营者的重要手段，也是调动技术人员创新积极性的重要方式。著名的苹果、谷歌等企业都将股权激励作为激励管理层的主要手段。给予管理者股权激励，管理者就不单单是企业的代理人，也是企业的所有者，这会促使管理者更加关注企业的技术创新。有研究表明，国有企业的研发经费支出与高管的持股比例呈正相关，适当地提高管理者的持股比例更能激发管理者的创新欲，保持管理者的创新热情。

第四，促进国有企业代理关系市场化。中国国有企业的大部分管理者都是由政府直接任命，而不是由市场经济的契约关系决定的，这可能使代理者在管理企业的过程中更多地关注自身利益的最大化，从而忽视投入大、回报时间长的技术创新活动。因此，要改善国有企业现有的代理关系，改变既成的企业管理者的选任方式，以市场化契约来选拔更专业的经理人，优胜劣汰，建立短期、中期、长期的管理者考核体系，推动企业，特别是国有企业的不断创新。

三 以金融创新推动技术创新

（一）金融创新的意义

据国家统计局、科学技术部、财政部联合发布的《2013年全国科技经费投入公报》，2013年，中国投入R&D经费11846.6亿元，比上年增加1548.2亿元，增长15%。值得一提的是，在近20年的时间里，美国R&D的投入比重一直在2.50%以上，而中国的R&D投入比例直到2000年才突破1%，在2001年经历短期回落后再次突破1%，此后投入比例呈现逐年上升趋势。2010年提出发展战略性新兴产业后，研发经费投入较上年提升了23%，之后中国每年的研发经费投入比例以平均1%左右的速度增长，2013年中国R&D投入占GDP比重达到了2.08%。但2013年的《国家创新指数报告》指出①：中国最近 20 年的科研经费累计投入量不及美国最近两年的总投入，也少于日本最近 4 年的累积量，这说明中国创新基础仍比较薄弱，要提升创新能力，仍需持续加大研发经费的投入。

战略性新兴产业的高投入、高风险、收益不确定以及回报周期长的特性，决定了其资金需求的特殊性。在战略性新兴产业研发投入中，政府财政补贴是最直接的办法，也是最具优势的办法。财政投入不仅投入总额大、投入领域集中且明确具体，同时还具有直接性、专款专用的特征，有利于快速提高技术创新水平。但是，战略性新兴产业技术创新需要强大的资金基础，单靠政府财政补贴并不能满足战略性新兴产业技术创新的资金需求，政府补贴也无法完全覆盖战略性新兴产业的各领域，更无法做到均衡、有效地投入到各子行业中去，因此，需要推动金融创新以拓宽战略性新兴产业的融资渠道。

金融创新的核心在于金融结构及功能是否满足企业的创新需求和经济发展需求，当金融结构与功能符合企业的创新与经济发展需求时，金融体系就能够充分实现社会资源的合理配置。事实上，战略性新兴产业的发展与金融创新密不可分，两者相互影响、相互促进。一方面，积极有效的金融创新能够为战略性新兴产业筹措到发展资金，使其更好地将资金配置到各个环节，带动科技创新；另一方面，战略性新兴产业的技术创新又为金融机构的发展提供了新的发展空间和机遇。因此，增强战略性新兴产业的技术创新能力，必须重视金融创新。

（二）金融创新的路径

1. 简化直接融资

直接融资是战略性新兴产业筹措资金最直接、成本最低的方式。美国新兴产业的主要融资形式就是直接融资，这得益于美国证券市场的合理结构和诸多投资银行、信用评级机构等中介机构。中国发展战略性新兴产业需要巨大的资金支持，应该进一步加强主板（包括中小板）、创业板和"新三板"等多层次市场的建立及完善，引导战略性新兴产业直接上市融资。

战略性新兴企业中许多企业具有规模小、风险大、成长性强的特征，比较适合创业板上市。因此，应借鉴西方发达国家创业板的成功经验，加

---

① 《国家创新指数报告》（2013 年发布），《人民日报》2014 年 3 月 31 日。

快中国创业板市场改革的步伐，适当降低创业发行制度和上市标准，降低企业财务盈利指标，更加注重考察拟上市企业的成长性、研发能力和创新能力。

可进一步加强以"新三板"为基础的场外交易市场建设。中国主板和创业板市场这些年已取得长足发展，但能在上述市场上市的企业毕竟是少数。"新三板"作为中国多层次资本市场建设的组成部分，可大大缓解众多创新性中小企业的上市要求。同时，还应大力发展债券市场，使更多的中小企业能够通过债券发行进行融资。优序融资理论认为，公司债券是企业外源融资的首选，发行企业债券不仅可以降低企业融资成本，还可以减少税负。因此，要大力发展企业债券市场，借以扶持具有发展潜力和成长性强的中小企业。要进一步修订和完善企业债券发行及交易的法律法规，适当降低债券发行条件，进一步简化和减少债券发行核准行政审批程序。在交易所市场和银行间债券交易市场的基础上，构建为中小企业债券开发场外市场、多层次的债券市场体系。要加快企业债券产品创新，积极设计开发适合战略新兴企业的债券品种，完善企业债券市场配套措施，如抵押资产类别、评级标准、担保机构等，为中小企业在债券市场融资创造良好的环境。

2. 完善间接融资

要推动银行信贷业务和产品创新。现阶段，中国企业资金来源主要还是依赖于银行这一间接途径。在信贷业务方面，商业银行信贷部门可根据战略性新兴产业中不同的行业和不同的发展阶段，选择实施差别化信贷策略。对于技术和市场已成熟、发展前景比较明朗的企业给予大力支持；对于战略性新兴产业处于初期阶段的企业，可针对其固定资产比较少、人力资本比较高的特点，采取知识产权和专利等无形资产抵押担保，还可以采取企业家个人连带无限责任等担保方式。要通过创新性金融工具设计和股权投资方式，支持战略性新兴企业发展。商业银行可专门成立战略性新兴产业专项基金，直接以股权方式投资战略性新兴产业。允许商业银行与私募股权基金、风险投资等创业投资机构合作，为企业融资进行推介。

银行一方面要积极增强对战略性新兴企业的融资支持，另一方面要加强信贷风险管理。要积极引进和培养熟悉战略性新兴产业风险管理的专业人才，深入研究国家战略性新兴产业有关行业政策和市场动向，对目标企业进行风险分类管理和动态管理，以提高对整个产业风险的预测水平。在新兴企业发展的初期阶段,商业银行可以联合多家金融机构采用银团贷款方式,综合不同金融机构对企业的了解,掌握贷款企业的动态,从而分散和降低市场风险。要建立和完善贷款企业风险监控和预警机制,对新兴产业的资金流向、贷款使用进行持续跟踪,及时调查了解企业的经营与现金流情况。

3. 构建高效的创业基金运营体系

2016年2月,国务院发布《关于实施〈中华人民共和国促进科技成果转化法〉若干规定》,旨在打通科技与经济结合的通道,促进大众创业、万众创新。作为这一政策的落实和深化,应建立更加广泛的先进制造技术合作联盟,促进已有技术联盟开展实质性研发合作,在多制造领域开展国际前沿水平的技术攻关。政府要鼓励和引导产业技术创新联盟之间进行实质性合作研发,开展跨领域、跨行业重大技术创新问题的研究;要协调联盟与其他主体间的关系,架起技术联盟、企业、政府、行业协会以及其他联盟之间便捷沟通的桥梁,形成制造领域创新创业活力迸发的社会生态环境。

2015年1月,中国政府决定设立"国家新兴产业创业投资引导基金",筹集400亿元重点扶持处于起步阶段的创新型企业。2015年12月,国家科技成果转化引导基金决定设立北京国科瑞华战略性新兴产业投资基金、北京君联成业股权投资合伙企业和天创成果转化创业投资基金3个子基金。可以以这些基金的设立为契机,在省、市、县,在计算机、信息、生物、先进制造、能源等不同行业设立不同层级、不同领域的创业基金。

地方政府应设立不同形式的创业基金,扶持地方企业,特别是小微企业和个体创业者的创业创新活动。可引导和鼓励行业协会、科研院所、企业,按研究专长或行业,结合中国战略性新兴产业和"中国制造2025"的重点领域设立研发基金或创新创业基金,支持这些领域的创新研发。

还应该鼓励拥有巨额财富的个体企业主设立基金,通过所得税减免、遗产税减免等方式,吸引更多的个人财富进入创新创业资金池,以此扩大资金规模,支持国家和地方重点发展前景看好、有竞争力的行业和领域,以此聚集更多的社会资金,以增强国家的整体创新实力。

四 建立先进教育体系、培养一流人才①

（一）国际经验借鉴

在建立先进教育体系、培养一流人才方面，一些发达国家的先进经验值得借鉴。

1. 美国和英国

2006年，美国开始实施"大学先修激励计划"，培养和招聘高素质的教师，5年内培养7万名新教师，并且使7万名学生通过该计划的学分测验。同年实施"支教联合会计划"，支持学校与公共或者私营机构形成伙伴关系，鼓励科学、数学和工程专业人才作为辅导教师去特定高中讲授数学、科学和技术课程，发挥公共教育体系之外的高素质人才的潜力，在2015年之前，拥有3万名辅导教师。2006年1月，推出"美国竞争力计划"，成立了"国家数学专家小组"，以便对数学教学计划进行评估，设计高效的数学教学法则。实施"小学生数学计划"，激励教师革新教学方法，提高教学效果，保证学生打下坚实的数学基础。实施"初中生数学计划"，强化系统的教学方法，提高初中生的代数水平，对数学较差的学生实施补救措施。鼓励学生主修科学、技术、工程和数学（STEM）领域的课程，招收并保持STEM专业的本科生和研究生规模。2015年10月，美国提出改革移民政策，解禁高技术人才的引进，通过详细的指导和规则使世界上最优秀、最有才华的科学家、工程师、企业家受雇于美国，为美国工作。

2014年，英国政府修订中学课程教学大纲，要求学校必须在IT课程中向学生传授电脑编程、消除计算机病毒的相关基本知识和操作技能，以培养学生的创造力和动手能力。同时，充分利用发达的图书馆体系，在有条件的图书馆配备3D打印机等设备，建立创客空间，把图书馆知识传播的功能和创客的创新实践有机结合起来。英国还每年举办国际教育设备展（BETT），为教育领域的供求双方提供相互交流的机会，为教学领域的革新发展搭建高效的交流平台，以推动创新技术在教育领域的应用，促进创业精神在英国社会的传播和发展。

2. 俄罗斯和巴西

2013年，俄罗斯政府提出，到2020年要新增2500万个现代创新型就业岗位，满足建设新型工业化国家的需要。为实现这一目的，在教育领域，

---

① 李金华：《世界制造强国行动框架对中国的借鉴》，《人文杂志》2016年第5期。

俄罗斯政府将服务重点集中在引导学生进行职业规划，为大学生提供就业咨询和培训。莫斯科国立大学的就业指导服务处定期向学生通报招聘信息，提供实习和进修机会消息。此外，服务处每学年春、秋两季举办两次"职业日"活动，邀请20家以上企业对学生进行宣讲和开展交流。在学年中，服务处还通过组织企业负责人讲座和业务模拟操作等方式帮助学生了解就业情况。此外，俄罗斯政府和高校还一直致力于改进专业设置，使高等教育和职业教育更加符合劳动市场要求，努力实现人才供需平衡。

2011年，为培养科技工程精英，巴西罗塞夫总统启动了"科学无国界"留学生派遣计划。该计划确定年投资20亿美元，在2012—2015年派遣10万名最优秀的学生和研究人员出国深造，其中，绝大部分是赴美欧知名高校学习科技工程，这一计划由科技创新部负责实施。2012年11月，巴西科技创新部启动了"创业巴西计划"，提出不仅要资助初创企业，更要推动巴西成为一个以创业为基础的经济体。到2014年6月，"创业巴西计划"已资助150家小企业，资助总额累计达到1800万美元。除了直接投资和为企业提供基础设施，"创业巴西计划"还引入了"一对一导师制"，进一步强化人才的教育和培养。

3. 以色列

2013年，以色列总理正式启动了培养"青少年网络精英"的新国家法案，旨在为以色列创建一个"数字铁穹"，保护其重要基础设施免受黑客入侵和病毒骚扰。2015年，以色列为振兴其钻石业，由政府主导实施了"新一代钻石工匠大师"培训计划，有针对性地培养高精尖人才，最直接、最高效地为以色列创新创业输送人才。

2015年11月，以色列经济部、首席科学家办公室以及移民局三方签署合作协议，决定放宽长期签证政策，鼓励外国投资者与外国企业家进入以色列从事创新创业活动。外国人如果带着创新技术的提议和想法进入以色列进行研发与创新活动，可获得最多24个月的签证。如果外国人愿意在以色列继续创办新企业，则其签证有效期会继续延展，且"创新签证"会自动生成为"专家签证"。以色列希望通过该项措施吸引更多的技术专家在以色列还未掌握关键技术的领域从事研究工作。以色列首席科学家办公室还公布了政府支持的12个领域，承诺提供补贴性质的工作场所、成型的技术基础设施、专业的服务，以吸引全球科学家和企业家来以色列从事创新创业活动。

以色列十分注重加强高校之外的人才再教育。2014 年,以政府新推出方案,为年龄较大的员工提供免费培训,教授最新的科技课程,以便其有能力填补高科技职位的空缺。以色列还成立了高校科研成果商业化中心并进行资金资助,促进鼓励每个大学成立自己的孵化器,培养高校学生的创业创新能力。以色列政府在高校产学研项目上每年投入6000 万美元,促成高校机构在商界积极活动,将实验室研发出的技术成果、知识专利出售,进行商业化运作。以色列的各项政策彼此联系,从而构成了相对完整的政府创业扶持系统,使以色列成为"创业国度",使以色列高科技创业公司活跃于全球各地。

4. 欧盟

2013 年 1 月 9 日,欧盟委员会发布《2020 创业行动计划》,强调在学校中提倡创业精神,注重教育和培训作用,希望以此造就新一代创业者,振兴欧洲经济。为营造有利于创业的社会环境,行动计划在 6 个方面采取了特别措施:便利创业融资;便利企业转让;帮助诚信的破产企业二次创业;实行企业启动扶持;资助中小企业实行数字信息技术;简化政府管理企业的程序。这一计划还要求所有成员国在 2015 年将创业教育引入大、中、小学和成人培训,青少年在学校毕业时至少有一次创业实践经历,或者经营微型公司,或者为公司和社会项目进行企业策划。2010 年,《欧洲 2020 战略》中还提出,构建横向与纵向交织的组织实施系统,国家、区域与地方政府之间形成纵向伙伴关系,并建立"蓝卡"制度,吸引亚、非、拉高层次技术人才,对技术移民给予更多优惠条件。

作为欧盟成员国中社会经济发展水平较高的代表性国家,北欧的丹麦、瑞典和挪威三国也都在国家层面制定了创业教育的国家发展战略。丹麦政府于 2009 年颁布了"创业教育与培训战略",内容是:加大创业教育的资金支持;制定创业教育投资年度预算和其他配套的创业资助项目,推动创业教育的全面展开;注重制度性力量在推动创业教育长期有序发展中的作用;拓宽创业教育的内容,如创业法律体系、创业规制措施、创业项目运行、创业教育绩效评估、创业教育支持等。

挪威和瑞典的创业教育发展战略提出:要建立从初等教育到高等教育的整体性创业教育制度,形成终身创业教育体系;增强创业教育在教育系统各个层面的渗透力和影响力,提升创业教育融入传统教育的质量和覆盖范围。

5. 日本、比利时和德国

2010年，日本出台了《未来10年经济增长战略》，2011年还成立了科技创新战略本部以代替综合科学技术会议，从而最大限度地发挥"创新司令塔"的指挥作用，促进科技创新创业的一体化进程。为了抢夺亚洲乃至全球的创新人才，日本提出了"亚洲人才资金构想"，设立了"外国人特别研究员计划"，吸引以中韩为主的亚洲留学生。

比利时于2011年年底正式通过了"2011—2014创业教育行动计划"，目标是促进学生的创业意识，提升学生的创业能力，为年轻人未来的创新和创业提供必要的政策及资金支持。这一计划明确要求每年拨出专款用于创业教育类师资的培训，培养教师对创业教育的认同感，激发专业教师在课程中融入创业理念、进行创业教育改革的热情。值得注意的是，该战略规划制定的整个过程充分体现了行政机构跨部门的合作，如总理事务部、经济与农业部、教育部、就业部等，目的是保证政策的制定能够充分考虑到影响创业教育的不同因素，减少政策实施过程中来自其他行政部门的阻力。

德国的"双元制"职业教育，是十分成功的职业教育制度，得到全球公认，居世界领先地位。"双元制"教育模式学制为2—3.5年，企业和职业学校共同执行完成，学生在企业和学校交替接受教育，学校负责理论知识传授，企业负责实际操作培训，受教育对象主要是中学毕业生，培养目标为技术管理人才，建设高素质的产业工人队伍。双元制模式的课程设计以职业需求为核心。由于课堂在企业，学生能较早地接触新技术、新工艺、新设备、新材料，学业结束后，学生能很快适应工作环境。

德国于2006年还先后启动了"精英大学行动""2020高校计划"和"EXIST区域创业计划"，2007年还发起"尖端产业集群竞赛"等活动，这些活动旨在吸引更多外国学生到德国留学，借以改善人才结构，改善大学科研机构创办企业的环境。德国计划：至2020年，吸引外国留学生35万人，比目前增加10万人；确立40家博士站、30家专题研究中心、10所大学，以培养后备科学家，促进尖端科技研发；科学体系跻身世界前三，高校和科研机构成为国际科研中心。

（二）人才培养的路径

1. 建设先进的职业教育体系

发达国家的每一个战略，都把人才放在第一重要的位置，高度重视各类人才的培养。要重启中国高等教育和职业教育改革，面向未来全球科技和产业发展培养一流的科技人才及产业工人。可以组织实施"21世纪国家职业教育升级工程"，改善高校结构，增大应用型院校的比例；进行高校人才培养目标调整，引导一批地方院校、本科院校进行人才培养目标、培养模式的改制或转向，探索校企合作、产学研结合的开放式办学模式。

面向全球、面向21世纪建立国际先进的职工继续教育制度，引导一部分本科院校面向市场、面向未来创办应用型技术大学，根据国家产业发展重点和地方经济发展实际，开设地方、行业和企业需要的专业，特别是紧缺专业，以服务地方经济发展和产业转型升级。编写面向21世纪产业技术发展的高水平的职业教育系列教材，创新教学内容、方法和手段，总结可推广的经验和模式；开发网络课程，开发面向当地企业和社区的职业培训项目，强化职业教育基础设施建设，建立适应现代先进产业发展的职业教育体系。

2. 建设先进的创新创业生态环境

可以启动实施"创新文化建设工程"。在全社会倡导尊崇技术、尊崇工匠、尊崇科学、尊崇劳动者的价值理念；在普通教育和职业教育中引导学生及劳动者树立劳动光荣、敬业光荣、产业工人光荣的从业观；通过改革就业择业体制机制，使劳动者从心灵上摒弃拜官、拜权、拜钱的现实主义人生观和价值观。在全体劳动者中建立起高尚的道德情操、强烈的危机意识和不竭的创新精神。

要尊重劳动者的首创精神，培养劳动者的创新意识，营造科学家和劳动者自由探索的创新生态，为大众创业提供环境支撑。鼓励创新，宽容失败，建立起全民族的创新自信，激发起全民族的创造活力。要通过潜移默化的教育教化，使先进健康的创新文化成为全体民众的信仰。让劳动者对一切技术标准、生产规范、劳动制度、管理模式赋予神圣性、崇高性，产生强烈、严格的自律和敬畏，进而转化成自觉自愿的创新行动。

可吸取德国制造业文化的精髓，将德国产业工人奉行的标准、精确、完美、程序的从业操守，追求"零缺陷"和"完美至臻"的职业精神，纳入学校教育、职业教育，特别是职工继续教育体系，切实践行；在全国范围内开展培养"优秀工程师""优秀技工""优秀操作能手"的专项工程，并形成可持续的长效机制。在全社会树立起崇尚技术、崇尚工匠，恪守标准，遵守规则的职业理念，造就一支品德高尚、技术过硬、充满危机意识、富有创新精神的国际一流的产业工人队伍，真正营造出大众创业、万众创新的社会环境。

第九章 战略性新兴产业竞争实力

产业竞争实力，是特定产业在生产效率、满足市场需求、持续获利等方面所体现的竞争能力。竞争实力是一个比较的概念，比较的内容就是产业竞争优势，而产业竞争优势最终体现在产品、企业及产业的市场实现能力上。战略性新兴产业是一个产业群，培育和发展战略性新兴产业，重要的是构成产业链，提高战略性新兴产业的带动能力和竞争实力。

第一节 产业链的竞争实力

产业链是用于描述一个具有某种内在联系的企业群结构的经济学概念，包含着生产企业上下游关系和相互价值的交换、上游环节向下游环节输送产品或服务、下游环节向上游环节反馈信息等内容，产业链体现了产业部门之间一定的技术联系。

一 产业链的理论阐释

（一）产业链的特征

产业链由多种要素组成，主要包括作为节点的企业和作为对象的产品。按照系统论的观点，产业链一般具有整体性、复杂性、层次性和动态性[①]四个特征。

整体性，是企业作为分散在产业链中的节点，企业之间的投入和产出相互关联，较之个体之间的简单连接更为复杂，成为一个整体。例如，平等互利、优势互补等原则，作为节点的企业能够比作为个体时表现出增值效应和协同效应等新特性。位于产业链中的企业，由于耦合性增强，其经

---

① 刘贵富、赵英才：《产业链：内涵、特性及其表现形式》，《财经理论与实践》2006年第3期。

营状况与整条产业链密切关联,产业链的增值效应依赖于企业间的合作程度。

复杂性,是产业链作为一个系统十分复杂。现代科学技术的飞速发展,必然导致各种学科和技术的研究应用不断发生交叉融合,如物理学科和人文学科、计算机技术和生物医疗技术等,由多种科学技术参与其中而形成的产业链,其系统复杂性也会持续增强,这种复杂性的增强,又将导致由多种子产业链组成的复杂的产业链系统中的非线性关系日趋增强。

层次性,是指产业链可以通过整体与局部之间的共性来划分成多个层次。例如,从作用范围划分,产业链可以分为全球产业链、全国产业链和区域产业链;从作用层次划分,又可以分为宏观产业链、中观产业链和微观产业链。在划分出不同层次后,可进而研究各层次企业和系统之间的差异性,例如经济利益、发展思路等。

动态性,是指产业链受到诸多因素的影响,有内部因素和外部因素。内部因素包括作为产业链节点的企业自身的规模、生产经营范围的变化,企业的进入和退出等;外部因素主要包括社会、经济、政策、政治等大环境的变化,所有这些因素的影响都使产业链处于不断变化的状态之中。

(二)产业链的演化机制[①]

产业链的演化机制主要有自我强化机制、创新机制和外生动力诱导机制。产业链要实现整体最优化,必然会对其中的不利因素和参与主体进行修正或排除。对于其中的劣势企业会进行淘汰和替换,进而提升整个产业链。宏观上看,参与在产业链中的企业会根据自身产业链的特点来不断变换,以选择利于自身发展的经济区位。产业链同其他系统一样,都是在不断调整自身的状况来适应市场和环境的变化,从而保持自身的稳定性。然而,不同于单个企业,产业链作为整体在进行调整前会对其中的相关企业做出预警,这是由产业链中的企业之间的同盟关系和主体契约等特点所决定的。

产业链在形成初期,会由于参与企业较少,导致创新能力不足,但是,由于产业链所具有的学习效应、示范效应和创新效应,以及产业链的不断拓展延伸,越来越多的企业参与进来并受到相关效应的影响,产业链的整体创新能力会得到不断增强提升,重要的表现就是技术创新和制度创新。

---

① 刘贵富:《产业链的基本内涵研究》,《工业技术经济》2007年第8期。

产业链中的企业分工明确、合作紧密，各个企业间在重点发展自身核心业务的同时，也在分享新的研究成果，共同研究技术问题。产业链中的企业技术也会溢出至竞争对手当中，从而提升整个行业的技术水平。同时，产业链也会引发制度创新。制度经济学的研究已经证明了制度因素对于经济发展的重大作用，制度创新对于技术成果的产业转化和市场化有着重大的推动作用，产业链的持续发展会得益于制度创新。

产业链的外生诱导机制有两个导向[①]：市场导向和政策导向。在市场经济条件下，位于产业链中的企业在面对外部市场环境的不断变化时，需要及时调整自身的经济行为。对于市场变化，产业链在纵向和横向方面都要进行相应的调整，这是市场导向。政策的诱导，也可以对产业链产生巨大影响。对于国家大力扶持的战略性新兴产业，各地区可以根据自身条件制定适合本地产业链发展的政策，各地区之间的产业链也可以形成对接，产生新的巨大的产业链网络，这是政策导向。

可见，产业链可以通过技术创新建立技术性壁垒，而随着时间的推移，技术扩散又将技术壁垒打破和消失。在这一过程中，会不断有新的竞争性企业通过整合进入产业链，新加入者也有机会为产业链带来新的技术创新机会，从而再次建立产业链的新的技术和规模壁垒。所以，产业链的演化过程就是技术创新、技术分散、业务分工和产业整合的过程。

（三）产业链整合[②]

产业链整合有纵向整合与横向整合两种方式。产业链纵向整合的重点在于对产业链的战略性资源进行控制和整合，从而保持产业链的核心竞争力。而纵向整合的方式又分为纵向合并和纵向约束。前者是指将产业链的上下游企业进行合并，节约交易成本，并且合并后的新企业作为一个整体会在市场上获得谈判优势；后者是指产业链中的企业对上下游企业进行纵向约束，通过技术、产量、资本等控制手段获得最大化的产业链垄断利润。

产业链横向整合，是针对产业链上的关键环节，通过扩大规模，增强宽度，提升关键环节的竞争力，从而提高整个产业链的竞争力。产业链横向整合的内容主要有整合企业能力、建立横向企业联盟和进行横向合并等。

除纵向整合和横向整合两种基本方式外，产业链之间的竞争也不断为

---

① 严北战：《集群式产业链形成与演化内在机理研究》，《经济学家》2011年第1期。
② 芮明杰、刘明宇：《产业链整合理论述评》，《产业经济研究》2006年第3期。

产业链的整合带来新的形式。实践中，很多情况下产业链整合是既有横向整合，也有纵向整合，还有混合整合、模块化整合等新模式。

二 七大产业链竞争实力

（一）节能环保产业链

节能环保产业，是节约能源资源、发展循环经济、保护生态环境提供物质基础和技术保障的产业。作为产业链，节能环保产业上游环节是技术研发、产品和设备的制造，中游环节是产品的销售和项目、工程的实施，下游环节则是对节能环保产品以及服务的消费等。在整个产业链中，上游的技术研发与产品制造和下游的消费是附加值最高的环节。

节能环保产业有市场初步发展、基础设施发展、监管加强、提高资源生产率和市场工具加强五个阶段。目前只有美国、日本和西欧国家进入了最后阶段，而中国仍处于节能环保产业基础设施发展阶段。近年来，中国节能环保产业处于产业链上游的企业数量较多，位于产业链下游的企业数量较少，整个产业链呈倒"金字塔"结构。2012年，中国从事节能环保服务领域的企业有4000余家，而年产值过亿元的企业仅107家，而在美国、日本、西欧等发达国家，节能环保服务业占整个节能环保产业的50%以上。

中国节能环保产业的企业规模普遍偏小，产业发展主要依赖科技进步。在节能环保产品的生产与技术开发等领域，中国仍以常规技术为主。如节能领域的LED产业，在经历了买器件、买芯片、买外延片之路后，虽然已经实现了自主生产外延片和芯片，但是，核心芯片尤其是大功率LED芯片仍依赖于进口。此外，热平衡、持久高效的荧光粉等核心专利的缺乏，也抑制着该产业的发展。在环保领域，多数技术创新成果并未实现产业化，节能环保设备的性能、效率及技术水平不高，产业链结构不合理，技术开发能力不足，产业链竞争实力总体不强。

（二）新一代信息技术产业链

中国新一代信息技术产业，由下一代通信网络、物联网、新型平板显示、高性能集成电路和以云计算为代表的高端软件五大领域组成，总体上说，可分为信息设备生产制造和信息服务两个层面。现在，新一代信息技术产业已进入"全产业链"竞争模式，单项技术或产品的优势已经不能成为企业的核心竞争力，产业链整合能力才是在竞争中取胜的关键。现阶段，中国新一代信息技术产业链协同发展的格局仍未完全形成，产业结构不尽合理，缺乏核心技术，企业整体竞争力不强。

中国的新一代信息技术产业，仍在以信息设备的垂直生产制造为主。美国、欧洲、日本等发达国家企业拥有标准和核心技术等主导产业，部分关键技术由韩国、中国台湾等国家和地区的企业掌握，这些企业在产品的设计与制造上也具备一定的优势，而中国和东南亚的一些国家多以加工、组装为主，均被锁定在产业链的下游，缺乏核心技术和标准，在产业中缺失话语权。由于缺乏具有自主品牌和自主知识产权的产品，中国以贴牌制造，低价出口的制造业在一些国家设置的关税壁垒前，受到了很大的限制。

中国的信息服务业在国际中还不具备强有力的竞争优势。2011年，世界软件产业规模为1.2万亿美元，其中，美国软件产业规模高达3938亿美元，欧盟为2863亿美元，中国为2309亿美元，居世界第三位；全球嵌入式软件市场规模达1383亿美元，其中，欧美国家在工业控制、医疗器械、运输和建筑器械、通信终端设备等高端精密设备的嵌入式软件研发领域占主导地位，而包括中国在内的一些亚洲国家，仍以视频、计算机周边设备以及个人消费电子设备领域的嵌入式软件生产为主，处于产业链的低端。

中国电子元器件领域缺失核心技术，且创新能力薄弱，关键材料和高端元器件依赖进口，难以满足中国信息设备制造生产的需要。中国信息产品市场每年对芯片的需求巨大，而中国自给芯片比例很低，尤其是在高端通用芯片领域的技术争夺中没有话语权。新型平板显示和高性能集成电路等是信息设备生产制造中的主要技术领域，2011年日本成为光电子器件领域和新型平板显示领域中申请专利数量最多的国家，美国则是高性能集成电路领域申请专利数量最多的国家。有机发光二极管OLED（Organic Light-Emitting Diode）是全球主要发展的平板显示技术，而OLED的核心技术已被欧美垄断，其中，Kodak等三家公司掌握了大部分专利，并通过技术授权方式获取高额利润。在全球OLED产业化发展进展最快的是韩国和日本，而中国OLED显示技术明显落后，目前OLED只是在小尺寸上实现了批量生产，而大尺寸OLED生产还未成熟，且相应的配套市场较小。

在物联网领域，物联网感知的核心技术为RFID技术①，中国目前的发展重点集中在RFID技术与物联网应用两个方面。虽然，中国的RFID企业已有百余家，但是关键技术却普遍落后。由于低频、高频技术门槛较低，中国RFID技术在该领域相对成熟。但是，中国的微波技术和超高频技术却

---

① . RFID（Radio Frequency Identification）即射频识别，也叫电子标签。

起步较晚，缺乏自主知识产权，与发达国家水平差距较大。特别是操作系统等核心软件产品、企业应用的中间件等诸多标准都被外国企业所控制。

美国计算机硬件业在全球地位举足轻重，有IBM、戴尔、惠普（HP）、思科（Cisco）等国际知名品牌，芯片、显示器、存储、设备制造等技术均位于世界领先地位。同时，苹果、谷歌、微软、脸谱、亚马逊等平台型企业，不论是在操作系统工程、数据库等基础软件层面，还是网络互联、企业级应用等新时代软件层面，几乎垄断了全球的软件市场。而中国在硬件业具有为数不多的品牌，如联想、华为等，这些品牌虽在国内占有不小的市场份额，但在国际市场中尚不具备竞争力。

（三）生物医药产业链

生物医药产业链的上游主要是药物的发现与研发，中游为医药制造环节，下游主要指药物的销售以及相关检测设备、医疗器械等配套产品和健康服务业等。生物医药新产品研发是生物医药生产的技术基础，生物医药产品生产为生物医药诊疗服务、医药产品的流通与交易提供了物质保证，生物医药产品流通与交易是连接医药产品生产和医药产品消费者的桥梁。

在整个生物医药产业价值链中，生物医药的研发与销售、服务是实现价值增值的关键环节。生物医药是典型的资本密集型与技术密集型结合的产业，目前国内外无一例外地将生物医药技术的研发作为推动产业发展的着力点，只有欧美和少数发达国家将生物医药的销售与服务作为发展的重点环节。

中国生物医药产业的优势体现在医药原料生产上，由于中国原料药品种全、质量高、价格低、规模大，并且拥有全世界最丰富的中药材资源，在国际医药材供应中拥有举足轻重的话语权。短期来看，中国向国际提供原料生产的地位暂不可替代，在产业链上与欧美等发达国家高低互补。然而，中国的医药研发技术却相对落后，如中国是分子肝素、硫酸软骨素等药品的原料药生产大国，但生产技术并不先进。到目前为止，中国从事医药行业的企业众多，市场中充斥着为数不少的规模小、质量差、管理混乱的企业，缺乏一批规模较大、孵化时间较长、研发能力强、技术成熟度较高的龙头企业。由于研发不到位，中国生物医药生产企业仍以仿制药、技术含量相对较低的原料药生产为主，由于缺乏有效的市场秩序，恶性竞争使得整个行业的利润被压低，加之国际上对医药生产条件和质量标准日趋严厉，中国医药出现了产能过剩的现象。此外，中国对医疗服务领域的重视度不够,缺乏必要的产业政策支持。

(四) 高端装备制造业产业链

高端装备制造业包含两方面的内容,一方面是传统产业转型升级,另一方面则是战略性新兴产业发展所需要的高技术高附加值装备制造。高端装备制造业有5个重点领域,即航空装备、卫星及应用、轨道交通装备、海洋工程装备、智能制造装备等。整体来看,高端装备制造业的产业链主要流程可以概括为产品的研发设计、生产制造、销售及服务,其中,产品的生产制造包含原材料采购、零部件加工、制造以及委托加工制造和配套件的制造等环节。中国高端装备制造业与世界先进水平相比,仍存在较大的差距,主要体现在产业链高端缺位,即在产品的研发设计环节落后,且核心技术尚未攻破,关键零部件等依赖于国外进口。

以航空装备产业链为例。航空装备产业链的上游是研发设计与原材料采购,其中研发设计是核心环节,是附加值最高也是技术含量最高的工程,囊括了结构设计、系统集成等多方面的内容,需要优质的设备、高技术人才和大量资金的投入。迄今为止,世界上只有美国、俄罗斯、德国等少数发达国家具有完备的研发设计能力。在生产制造环节,发动机的制造处于价值链的上游,机体制造与机载装备制造处于价值链的中下游,标准件的制造则位于价值链的下游。但发动机制造、机体制造、领航设备、通信设备等关键机载部件制造技术均由发达国家掌握,其中,发动机技术基本被美国的通用公司、惠普公司和英国的罗尔斯·罗伊斯公司垄断。尽管近年来中国不断在发动机技术上进行攻关,但仍然一直处于价值链低端的标准件和服务设施等一般部件制造,中国凭借成本优势成为价值链低端的制造主力,在整个价值链中始终处于依附的弱势地位。可见,中国航空设备制造业在产业链的上下游缺位,在中游的价值链高端环节仍处于劣势。现在,研发环节与航空设备关键部位的制造包含了最顶尖的技术,发达国家不断加强技术封锁并加强集中生产,中国航天设备制造业面临的最大障碍就是对核心技术的攻破。

同样,中国的轨道交通、海洋设备、工程机械、机床等,都在产业链的中低端具有一定优势,而高端产品还依赖于进口。随着近年来战略性新兴产业的发展,大量的要素投入到了中低端领域,不但没有促进高端领域的研发生产,反而造成了低端产品的产能过剩。

（五）新能源产业链

新能源包括多种，其中核能是重要的新能源。核能工业由于科技含量高、系统复杂、研发周期长、投资巨大，是低碳技术领域最尖端和最具垄断性的高科技产业。核燃料属于战略资源，且分布不均。尽管近年来中国在铀矿勘探中取得了很大的进展，但中国的铀产量并不能满足核能持续发展的需求，未来仍需要依赖国外进口。另外，中国从事核电原材料企业数量较少，大多生产的是非核级设备，产品的质量和国际先进水平相比，仍有很大的差距。核能的中游产业主要是核反应堆制造、核电设备制造，但核反应等尖端技术是由美国、法国、俄罗斯等国掌握，中国主要通过引进、消化、吸收再创新来发展核能，加之核电企业缺乏顶尖专业技术人员，核能发展困难重重。

太阳能光伏产业方面，中国存在产业链发展不平衡、核心技术落后、产品附加值低等问题。对于太阳能光伏产业链，硅料生产是关键环节，是价值增值最大的环节，该环节设备要求严格、资金投入大、技术门槛高，具有高垄断性。硅料的生产分为多晶硅和工业硅生产，其中高纯度的多晶硅是利润的增长点，工业硅的生产是产业链中高污染、高能耗的环节，多在发展中国家进行，而多晶硅的生产先进技术集中在美国、日本、德国等国家。虽然中国多晶硅行业突破了海外技术封锁，多晶硅生产采用了与国际一流公司相同的工艺技术，但是，对核心技术的掌握还是远远不够，原材料产能严重不足，规模效益不明显。另外，中国的光伏企业和研发单位主要集中在产业链中游，即太阳能电池组件制造，这个环节技术含量相对较低，建设周期短、投资门槛低，属于劳动密集型行业。中国的太阳能电池制造业虽已跻身世界首位，成为继日本、德国之后的世界第三大光伏产业国。然而，由于产品价格较高以及国内市场空间较小，中国的光伏产品主要用于出口，过度依赖出口导致光伏产业对外部市场环境十分敏感，产业链脆弱。当面对美国、韩国、欧盟低价倾销的冲击时，中国多晶硅行业全面亏损，2013年，中国43家多晶硅工厂停产37家，停工率达85%以上。

另一个新能源产业是风电，这一产业中国的产业技术研发水平、机构数量、就业人数都与国际先进水平有较大差距，亟待完善与提高。中国的生物质能源产业链也不完善，主要依靠国家财政政策扶持，行业的生产企业规模较小，国内还没进入产业阶段。特别是中国的新能源领域的咨询服务业还处于起步阶段，竞争实力整体偏低。

（六）新材料产业链

新材料产业是战略性新兴产业发展的基础和先导，主要是服务于战略性新兴产业。根据《2014—2018年中国新材料产业园区发展模式与投资战略规划分析报告》[①] 分析，中国经过持续的科技攻关，约有10%的领域国际领先，而60%—70%仍处于追赶状态。中国新材料产业总体发展水平与发达国家存在较大差距，尚未实现由资源密集型向技术密集型跨越。核心技术缺失，一方面，使中国新材料企业必须要支付高昂的专利费用，利润被专利所在国企业占有；另一方面，自主研发新材料又要面对资本投入大、投资周期长、回报率不确定等问题。另外，新材料行业部分子行业核心技术门槛高，前期投入大，造成国内新材料企业集中在中低端产品领域，重复投资、产能过剩问题突出。这无疑会加剧未来一段时期新材料领域的竞争，导致部分企业被淘汰。现在，中国关键材料保障能力不足，自主创新能力不强问题依然突出，产学研用方面与发达国家相比还存在较大差距。可以确定的是，新材料产业在未来高速发展的同时，将面临一个重组整合过程，这也将增加新材料产业的不确定性，影响产业竞争实力的提升。

（七）新能源汽车产业链

新能源汽车产业链延伸自传统汽车产业链，已形成了一条全新的产业链。目前，电池和电机等方面是新能源汽车发展的最大掣肘，是整个新能源汽车产业链的核心，占据了整个产业价值链的高端部分。

电池系统，是新能源汽车的心脏，汽车的使用性能、行驶里程等方面直接依赖于电池系统的优劣，新能源汽车最大的技术"瓶颈"也正是在电池系统上。目前，新能源汽车使用的电池主要包括锂电池、铅酸电池和镍氢电池等，其中锂电池以循环寿命长、比能量高、使用温度范围宽、自放电率低等优势成为绝大多数新能源汽车的选择。锂电池产业链由锂矿资源、锂电池原材料（包含电解液、隔膜、正极材料与负极材料）、电芯制造与封装等构成，其中锂电池原材料占据了锂电池价值链的主要部分，其任何一个环节的技术突破都将给整个新能源汽车行业带来极大的发展。

电解液是在电池中正负极间起传导作用的关键材料。目前，全球锂电

---

① 《2014—2018年中国新材料产业园区发展模式与投资战略规划分析报告》，中国行业研究网：http://www.chinairn.com/report/20140328/135215206.html。

池电解液产业发展平稳，日本、韩国的龙头企业占据了全球70%的市场份额，中国的电解液龙头企业国泰荣华占据了全球15%的市场份额，中国电解液的生产不仅可以满足中国锂电池生产的需求，还实现了对外出口。隔膜是保证锂电池安全稳定工作的核心材料，也是锂电池材料中最高的一种高附加值材料。现在锂电池材料的技术和市场完全由美国、日本和韩国三个国家主导，而中国的隔膜产业主要集中在低端市场，且产品同质化现象严重。此外，中国锂电池隔膜的需求基本完全依赖于日本和美国的供应。随着近年来国内锂电池正极材料企业的迅速发展，中国已成为全球锂电正极材料供给量最大的国家。从当下的国际竞争格局来看，锂电池正极材料的市场份额主要由韩国、日本和中国占据，在正极材料的整体技术水平与质量控制能力上，中国企业与韩国、日本的企业还是存在不小差距，要实现超越还有巨大的困难。对于由韩国和日本垄断的高端锂电池市场，因为技术壁垒较高，中国企业进入的难度依然很大。从技术来看，中国在电解液和负极材料的环节已经具备国际竞争力，中国企业的生产量已经达到全球的50%以上，且龙头企业也进入了国际供应体系。在技术壁垒上，隔膜技术壁垒最高，正极材料次之，中国在隔膜与正极材料的技术上要想超越国际企业，还需要在研发上努力。

中国新能源汽车产业链的终端市场发展缓慢，由于电动汽车售价远高于传统汽车，加之政府补贴力度不够，充电桩的大规模建设投入不足，中国电动汽车产业的发展优势也并不明显。

三 提升产业链竞争实力路径

从中国战略性新兴产业链整体来看，企业缺乏创新体系，产业基础薄弱，企业融资困难，竞争实力不强，需要加快提升产业链竞争力。

(一) 整合产业链，培育产业集群

1. 整合产业链

纵向构建和整合产业链，就是对产业链进行补链，重点发展产业链的缺失环节，并全面发展上中下游各个环节，使产业链上下游实现资源对接，从而形成一条完整的产业链。产业链的横向构建和整合是针对产业链的每一个环节，包括调整其现有的资源、规范市场竞争、优化市场结构、建立横向企业联盟、整合企业能力等。

中国战略性新兴产业链的构建与整合形式取决于产业链的发展阶段。现在，七大产业链在发展阶段上存在较大差异，例如，高端装备制造业中的航空装备业的整条产业链基本都处于萌芽期,只有中游的标准件制造进入产业的成熟期;新能源产业中的光伏产业链,其上游和中游的部分产业分别处于产业幼稚期和产业成长期;新能源汽车产业链中游的电池制造处于成长期,下游的整车生产却进入了成熟期等。因此,要根据不同产业链的发展差异来构建、整合产业链。

从战略性新兴产业七大领域产业链的现实看,过度竞争与竞争不足是并存的。整合产业链,就是要优化市场结构,通过兼并重组或者联合企业,创造一批实力较强的大型企业,从而降低由恶性竞争所造成的损耗和低效。要强化产业链上所有个体企业的能力,建立有效的管理制度,实施企业培训制度,制定竞争战略体系,建立企业间的横向生产联盟、销售联盟和技术联盟,通过共享原料采购,共用零部件和生产设备,共用销售关系网络,共同承担新技术研发成本,从而促使联盟聚集形成规模经济,限制产能过剩,交流知识产权,降低运营开发风险,提升生产经营效率,进而提升整个产业链的竞争力。

2. 培育产业集群

成熟的产业集群,一般包括由上下游企业群组成的纵向企业群和由市场上生产竞争品、互补品和其他副产品的企业组成的横向企业群。横向企业群和纵向企业群互相联系、互相影响,从而形成了错综的产业价值链网络。

产业集群具有规模经济效应。企业通过产业集群可大大降低生产要素成本,包括原材料成本、劳动成本以及创新成本,在产品的生产和销售过程中,可通过产品差异化战略来获得市场竞争优势。在产业集群的发展过程中,外部资源和市场也会被其所吸引,外来资本和技术投入可以形成区域动态竞争优势,并在诸多方面对区域经济增长产生促进作用,而且资本投资的积聚也会为区域经济发展带来乘数效应。因此,要培育战略性新兴产业集群,构建产业集群成员间的自我强化机制。在战略性新兴产业链中,上下游企业之间存在着供销关系,上游企业为了使下游企业选择自身的产品,会在产品质量、技术水平等方面展开竞争。而良性竞争可以提升整个产业链的技术水平,降低生产成本。要发挥战略性新兴产业集群所具有的区位集中优势,促使产业信息高速流动,创造产业集群内企业间信息公开的环境,在集群企业之间形成优胜劣汰机制,让企业保持活力和发展动力。

(二) 变革生产模式，搭建企业信息平台①

1. 变革生产模式

德国工业"工业4.0"设计了未来制造业的生产模式，即将资源、信息、物品和人进行互联，从而造就物联网和服务网，而后将信息物理系统技术一体化应用于制造业和物流行业。在这种模式下，制造企业将建立一个全球网络，信息物理系统CPS将集合全部企业的生产设施、机械设备和存储系统等信息，企业能够相互独立地交换信息、触发动作和联动控制。这是一个与现时生产模式完全不相同的全新生产模式，是革命性、颠覆性的生产模式，与第一、第二、第三次工业革命一样，具有划时代的意义。这代表着未来制造业生产模式的方向，也应该是中国未来制造业可供选择的生产模式。

回顾三次工业革命的成就，每一次工业革命，都在生产模式上有着革命性的突破。中国要发展战略性新兴产业，提升产业链的竞争力，生产模式必须适应世界发展潮流。因此，现阶段，应大力推进先进的网络基础设施建设，加强与战略性伙伴国家在网络基础设施建设的协调，提高互联互通能力，加快规划和设计适合国际潮流，具有国际竞争力的先进制造生产模式。

2. 搭建企业信息平台

要引导战略性新兴产业企业组成企业联盟，搭建企业信息平台，推进新产品和制造技术的集成与开发，对接全球制造市场。按照"工业4.0"设计，未来制造业的生产是物联网和服务网结合下的团队协作生产。因此，要引导和鼓励企业组建制造业联盟，协作研发新产品，开发新技术；要高度重视企业联盟建设，以企业联盟生命周期为主线，对联盟的功能体系进行整体和远景规划。可以在领军企业和骨干企业间建立生产技术联盟，也需要在中小企业间建立生产技术联盟，实行集小成大、集小成强。

要通过企业联盟信息平台，整合集成企业的基础信息、产品信息、核心设备产能力信息、生产流程信息、原材料信息、技术参数信息、一般财务信息、人力资源信息以及其他动态信息等，这些信息要通过企业联盟局

---

① 李金华：《德国"工业4.0"背景下中国制造强国的六大行动路径》，《南京社会科学》2016年第1期。

域网络，实现成员间的流通和共享；要通过企业信息平台实现协同设计、协同生产、协同运输，破解不同地域联盟成员在产品设计、制造过程中合作的难题；要通过企业信息平台，形成工作流，整合企业系统和资源，有效地利用制造资源、设备资源和人力资源等。

要根据全球战略性新兴产业市场的变化，不断扩大企业联盟的信息平台的容量和功能，在总体框架下，构建不同功能的子系统，有效地实现企业的决策支持、工作流管理、订单管理、合同管理、招投标管理、知识管理、培训管理、客户关系管理、利益分配管理等。平台要能迅速组织生产资源，集合人、财、物，及时设计开发出质量优、成本低的新产品。同时，平台要能有效地管理生产流或工作流，达到生产过程的高效和优化；能有效地实现企业领导者、管理者、经纪人、客户、项目监理和生产工作的沟通联络，为系统内工作人员创造宽松、和谐的工作环境；能为决策者提供可靠有用的数据，便于其科学高效决策；能进行各类活动、知识、数字的记录、归类和挖掘，为员工提供公共资料、文档等各种知识服务等。总之，保证企业生产准确及时，适应千变万化的全球制造市场。

还要建设与战略性新兴产业发展相配套的基础设施体系，其中重要的是信息基础设施和生产服务的现代服务业。信息基础设施包括网络、硬件设备、基础软件，为制造服务的互联网、云计算、大数据库、国家工业基础数据、企业试验检测数据和计量数据等；为生产部门服务的供水、供电、道路、交通设施、仓储设备、邮电通信设施、排污、绿化等环境保护和灾害防治设施；为企业员工生活服务的服务业、金融保险机构、住宅和公用事业、公共交通、运输和通信机构、教育和保健机构、文化和体育设施、社会福利设施等。这些基础设施是企业信息化的前提，没有这些基础设施，就不可能有企业的信息化，也就没有企业的竞争力。

第二节　大中型企业竞争实力

一个行业内，一般会有经济规模较大，技术水平、生产效率、市场竞争力和发展潜力具有优势的企业，它们能够通过自身的辐射能力、示范作用、信息扩散作用等在所处行业中起到引领作用。大中型企业的竞争实力，是产业竞争实力的重要体现。

一 大中型企业规模实力

（一）大中型企业竞争力水平

企业的竞争实力，可通过企业总量反映。根据《中国工业统计年鉴2013》的数据，2012年中国废弃资源综合利用业大中型企业101家，当年工业销售总收入933.09亿元；电气机械及器材制造业4226家，工业销售总收入34828.95亿元；通用设备制造业3104家，工业销售总收入19775.77亿元；专用设备制造业2275家，工业销售总收入15602.48亿元；交通运输设备制造业大中型企业3738家，当年工业销售总收入52621.37亿元；通信设备、计算机及其他电子设备制造业4662家，工业销售总收入61916.22亿元；医药制造业1463家，当年工业销售总收入10601.86亿元。统计显示，战略性新兴产业依托行业的企业占中国大中型工业销售收入的24.76%。数据表明，这些大中型企业是中国战略性新兴产业增长的骨干力量。下文的数据可进一步反映战略性新兴产业细分行业企业的发展实力。

2012年，中国共有规模以上电子信息产业企业数16587家，其中大型企业1306家，实现主营业务收入109413亿元，比2011年总量增加15655亿元，同比增长16.7%，其中软件业主营业务收入为24794亿元，同比增长31.5%，制造业主营业务收入84619亿元，同比增长13.0%。截至2012年年底，中国电子信息产业从业人员总数达1419万人。

2012年，中国生物产业的企业工业总产值24306亿元，其中生物能源领域产值占3.3%，生物农业占10.5%，生物制造占11.1%，生物医药占75.1%。中国生物技术领域企业工业产值达7504.82亿元，同比增长14.0%，企业产品品种7122个，比上年增长552个，同年的企业出口额63.51亿美元。

据科技部统计[①]，2012年新能源及高效节能技术领域的企业工业销售收入7631.93亿元，企业产品品种3629个，比上年增加655个。2012年年底，中国风能原动设备制造企业43家，太阳能发电企业有32家。截至2014年11月，风能原动设备制造企业数量增至56家，主营业务收入151.61亿元，太阳能发电企业数量增至154家，主营业务收入达106.38亿元。新材料领域的企业销售收入12778.69亿元，同比增长23.40%，产品

---

① 数据来源于中华人民共和国科学技术部网站，http://www.most.gov.cn/。

种达 7799 个。

据统计①,"十一五"期间,中国新能源汽车产量 20729 辆,其中上海汽车集团股份有限公司生产 746 辆;北京汽车新能源汽车有限公司生产 40 辆、销售 19888 辆;山东中文沂星电动汽车有限公司销售新能源汽车 154 辆;天津清源电动车有限责任公司、海马轿车有限公司、江西博能上饶客车有限公司分别销售 137 辆、22 辆、2 辆;昆明云内动力股份有限公司销售发动机 182566 台;北京通大华泉科技有限公司销售驱动电机、开关磁阻电机等 17 万元。2011 年,中国新能源汽车产量 8368 辆,销售 8159 辆。2012 年,产量 12552 辆,销售 12791 辆。

近年来,中国涌现出一批品牌知名度高、产品特色鲜明、成长潜力和行业影响力大的骨干企业,有力地支撑了产业的发展,并提升了行业的竞争力。在节能环保产业领域,神雾集团拥有全球首创的八项核心技术,该技术可将大气雾霾污染物的排放降低 70%—90%,并可节能 20%—30%,这在节能减排环保领域具备很强的竞争实力;远大空调已成为全球规模最大、技术水平最高的吸收式空调制造企业,其产品销往 30 多个国家,在中国、美国、德国、西班牙、法国等国市场占有率为同行业之首;北京碧水源公司在污水资源化技术方面处于国际领先地位,河北先河环保企业是产品品种最全、规模最大的在线环境监测仪器专业生产企业。晶龙实业、尚德电力、华能股份等 19 家新能源企业被评为世界 100 强。2014 年,中国制造业企业协会公布了细分领域的优秀企业名单,其中广州医药、修正药业、扬子江药业等入围医药行业 20 强,中国船舶、大连船舶、沪东中华等入围船舶行业 20 强;上汽集团、一汽集团、宝钢集团等企业则入围装备制造 100 强。

(二)大中型企业竞争力特点

根据战略性新兴产业上市公司的统计数据,可以观测大型或骨干企业竞争力的特点。

第一,民营企业是战略性新兴产业发展的主体。数据显示,民营企业在战略性新兴产业上市公司中占 63.24%,而中央和地方国有企业只占 27.48%,排在第二位(见图 9-1)。

---

① 数据来源于中国战略性新兴产业网,http://www.chinasei.com.cn/index.html。

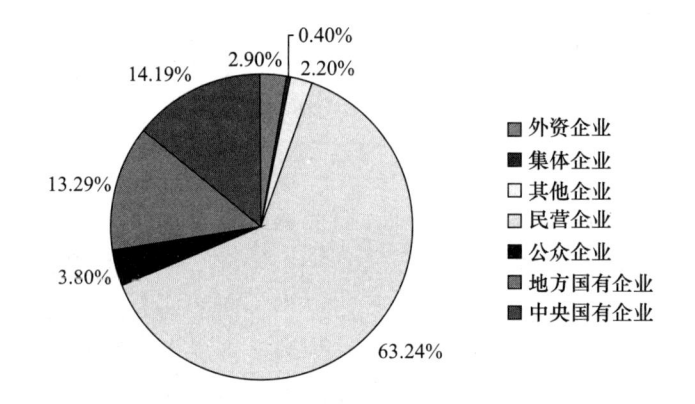

图 9-1 战略性新兴产业企业类型

第二，战略性新兴产业上市公司规模偏小，但盈利能力较强。中国战略性新兴产业的发展尚处于起步阶段，发展过程中充满着不确定性，因此，企业大都通过控制投入规模来规避产业发展的不确定性。有数据表明，中国战略性新兴产业的上市公司普遍规模较小，其主营收入总额还不及上市公司总体的10%，然而，由于战略性新兴产业上市公司的高成长性，其估计市值却较高，战略性新兴产业上市公司的总市值占上市公司总体市值的23.63%。2013年前三季度，战略性新兴产业上市公司利润率为8.38%，高于上市公司总体6.13%的水平（扣除金融业）。

第三，节能环保、生物、新能源产业的战略性新兴产业上市公司数量最多。节能环保、生物和新能源产业三个产业的上市公司占战略性新兴产业全部上市公司总数的53.67%。近几年，在政策支持和消费需求强劲的带动下，节能环保、新一代信息技术以及生物产业支撑了战略性新兴产业的总体发展，三大产业的上市公司2013年前三季度主营业务收入增速分别达到17.86%、12.23%和15.35%，均高于同期上市公司总体10.2%的增速。节能环保和生物是目前战略性新兴产业中利润率最高的产业，2013年前三季度，两者利润率均在13%以上。相比之下，新能源、高端装备制造以及新材料产业表现较差。2011年以来，受多重负面因素影响，新能源、高端装备制造以及新材料产业经营状况表现不佳，拖累了战略性新兴产业总体经营水平。

二　企业竞争实力的培育

（一）骨干企业的遴选

一个行业的骨干企业，特别是龙头骨干企业，掌握着核心技术并控制着定价权,它决定着行业的发展方向,在行业发展中起着举足轻重的作用。提升企业的竞争力,首先需要提升骨干企业的竞争力,也就需要发现和培育骨干企业。

1. 遴选方法设计

培育战略性新兴产业骨干企业,需要遴选具有发展潜质的企业,可以从生产规模、经济效益和竞争能力三个方面构建遴选指标体系。

生产规模是企业良好发展的前提。亚当·斯密认为,企业存在的理由是获取规模经济利益;马歇尔也认为,规模经济决定企业的成长。新古典经济学派认为,企业成长的动力和源泉便是对规模经济以及范围经济的追求。具备良好的资金实力是企业开拓市场的保证,企业规模大,才可能在激烈的市场竞争中保持优势。所以,选取主营业务收入和员工人数两个指标反映企业的生产规模。

经济效益是企业一切经济活动的根本出发点,提高经济效益,有利于增强企业的市场竞争力。对于骨干企业而言,经济效益的提高能带动上游供应商以及下游客户分销商等整个供应链的发展,进而推动整个经济的发展。国家有关部委对国家级龙头企业的标准规定,经济效益好的企业,资产负债率要小于60%,产品转化增值能力强,银行信用等级在 A 级以上(含 A 级),有抵御市场风险的能力。故此处选择主营业务利润率、资产负债率和存货周转率三个指标来反映企业的经济效益。

竞争能力选取无形资产占比、总资产增长率和主营业务收入增长率三个指标来反映。骨干企业应该在行业领域中具有强劲的竞争优势。竞争优势关系到企业未来的走向,一个企业的竞争优势通常通过其生产规模、经济效益和竞争能力来体现。具体指标体系如表 9 – 1 所示。

表 9 – 1　　　　　战略性新兴产业骨干企业遴选指标体系

	指标
生产规模	主营业务收入 X_{11} (元)
	员工人数 X_{12} (人)
经济效益	主营业务利润率 X_{21} (%)
	资产负债率 X_{22} (%)
	存货周转率 X_{23} (%)
竞争能力	无形资产占比 X_{31} (%)
	总资产增长率 X_{32} (%)
	主营业务收入增长率 X_{33} (%)

使用功效系数法进行领军企业的遴选。功效系数法是根据多目标规划原理，选取具有代表性的指标，为每一项被评价指标确定一个满意值和不允许值，以满意值为上限，代表评价指标可以达到的最优水平，同时以不允许值为下限，代表评价指标不能接受的水平。根据计算出的被评指标实现满意值的程度来确定其得分，再经过简单平均或加权平均求出各指标的总功效系数值，通过总功效系数值的大小测定被评价对象的优劣。功效系数的计算公式为：

$$y_i = \frac{x_i - x_i^s}{x_i^h - x_i^s} \times 40 + 60$$

其中，y_i 表示指标 i 的功效系数，x_i 表示指标的实际值，x_i^h 与 x_i^s 分别表示指标的满意值与不允许值。

被测评对象的总功效系数值计算公式为：

$$Y = \sum y_i p_i$$

其中，Y 表示被评对象的总功效系数，p_i 表示指标的权数。

2. 骨干企业遴选结果

依据表 9-1 的指标，运用功效系数法，对 Wind 数据库中的 1047 家战略性新兴产业上市公司①2011—2013 年三年的平均数据进行测算②，计算得出备选企业的功效系数值，遴选出各产业中排名前 20% 的企业作为骨干企业，共 184 家。其中，节能环保产业领军企业 29 家，新一代信息技术产业领军企业 36 家，生物产业领军企业 44 家，高端装备制造产业领军企业 29 家，新能源产业领军企业 20 家，新材料产业领军企业 14 家，新能源汽车产业领军企业 12 家。具体结果及功效系数值如下：

（1）节能环保产业骨干企业。由功效系数得出的 29 家节能环保产业的骨干企业是：海螺水泥（77.67）、洪城水业（74.88）、桑德环境（74.82）、兴蓉投资（74.79）、京能电力（72.84）、瀚蓝环境（72.59）、格林美（72.46）、华能国际（72.15）、中原环保（71.90）、创业环保（71.21）、艾比森（71.11）、马钢股份（70.65）、首创股份（70.61）、国中水务（70.58）、盛运股份（70.04）、长方照明（69.83）、太钢不锈

---

① 国家统计局规定，规模以上工业法人单位是指年主营业务收入 2000 万元及以上的工业法人单位，此处剔除掉了非规模以上企业和指标数据缺失的企业。
② 所用数据均来自各上市公司 2011—2013 年年报，由于数据庞大，此处省略。

(69.80)、北新建材（69.61）、德豪润达（69.27）、祁连山（69.27）、利亚德（69.19）、龙马环卫（68.94）、天壕节能（68.88）、桂东电力（68.87）、雪浪环境（68.71）、科达洁能（68.71）、东山精密（68.69）、阳光照明（68.38）和宁夏建材（68.33）。

（2）新一代信息技术产业骨干企业。由功效系数得出的36家新一代信息技术产业的骨干企业是：中国联通（79.50）、东旭光电（71.81）、用友网络（69.13）、歌尔声学（67.56）、中科云网（67.53）、华谊兄弟（67.48）、国脉科技（67.43）、鹏博士（67.32）、邦讯技术（67.20）、电广传媒（67.13）、湖北广电（66.97）、中国软件（66.94）、海信电器（66.83）、共达电声（66.80）、中文传媒（66.79）、华星创业（66.74）、广电网络（66.67）、京东方A（66.66）、证通电子（66.63）、华映科技（66.63）、浪潮信息（66.62）、飞利信（66.56）、新大陆（66.53）、烽火通信（66.41）、金发科技（66.36）、三元达（66.34）、永泰能源（66.25）、方兴科技（66.21）、通鼎互联（66.13）、杰赛科技（66.10）、浪潮软件（66.06）、三维通信（66.00）、宝信软件（65.98）、兆驰股份（65.95）、太极股份（65.94）和南天信息（65.92）。

（3）生物产业骨干企业。由功效系数得出的44家生物产业的骨干企业是：上海医药（78.85）、哈药股份（70.93）、复星医药（70.82）、紫光古汉（70.07）、康恩贝（69.85）、长春高新（69.71）、健康元（69.56）、康缘药业（69.47）、中恒集团（69.20）、康美药业（69.09）、丽珠集团（69.02）、人福医药（68.82）、海大集团（68.74）、莎普爱思（68.61）、天士力（68.52）、亚宝药业（68.48）、天坛生物（68.43）、海正药业（68.33）、华邦颖泰（68.28）、紫鑫药业（68.23）、壹桥海参（68.15）、楚天科技（68.07）、三精制药（68.05）、新奥股份（67.97）、丰原药业（67.93）、中新药业（67.90）、现代制药（67.87）、莱美药业（67.74）、香雪制药（67.73）、海南海药（67.60）、华神集团（67.59）、獐子岛（67.53）、新华制药（67.53）、恩华药业（67.37）、昆药集团（67.34）、隆平高科（67.33）、仙琚制药（67.19）、安琪酵母（67.10）、九洲药业（67.07）、新华医疗（67.04）、鲁抗医药（66.99）、华润三九（66.97）、博腾股份（66.88）和蓝帆医疗（66.81）。

（4）高端装备制造业骨干企业。由功效系数得出的29家高端装备制造业的骨干企业是：中航机电（73.30）、中航电子（70.72）、中国中铁

(70.30)、蓝英装备（69.39）、博林特（69.16）、轴研科技（69.07）、天地科技（68.42）、中联重科（68.23）、巨轮股份（68.21）、林州重机（68.09）、国睿科技（67.98）、潍柴动力（67.94）、海油工程（67.83）、中国铁建（67.76）、徐工机械（67.51）、航天电子（67.15）、中海油服（67.03）、金智科技（67.00）、新筑股份（66.77）、中航动力（66.74）、成发科技（66.71）、中国船舶（66.69）、利源精制（66.67）、江钻股份（66.65）、天通股份（66.56）、中国卫星（66.43）、潍柴重机（66.40）、银江股份（66.37）和中航飞机（66.33）。

（5）新能源产业骨干企业。由功效系数得出的20家新能源产业的骨干企业是：上海电气（74.01）、正泰电器（71.61）、中国西电（71.41）、汇通能源（70.40）、方大炭素（70.39）、天成控股（70.06）、海南椰岛（69.30）、纽威股份（69.29）、珈伟股份（69.20）、大连电瓷（69.08）、中粮生化（69.00）、平高电气（68.78）、风帆股份（68.73）、佳电股份（68.61）、海陆重工（68.52）、长城电工（68.43）、甘肃电投（68.38）、科陆电子（68.25）、盾安环境（68.17）和川投能源（68.17）。

（6）新材料产业骨干企业。由功效系数得出的14家新材料产业的骨干企业是：云天化（76.50）、深科技（75.10）、濮耐股份（70.28）、安泰科技（69.59）、神马股份（69.45）、贵研铂业（69.18）、德威新材（68.95）、永太科技（68.67）、佛塑科技（68.65）、云海金属（68.63）、亨通光电（68.40）、三爱富（68.36）、红宝丽（68.31）和东方钽业（68.21）。

（7）新能源汽车产业骨干企业。由功效系数得出的12家新能源汽车产业的骨干企业是：上汽集团（76.10）、均胜电子（71.70）、北方稀土（69.12）、易事特（69.08）、宇通客车（68.90）、福田汽车（68.61）、一汽轿车（67.27）、沧州明珠（67.25）、东源电器（67.22）、拓邦股份（67.22）、动力源（67.07）和厦门钨业（67.02）。

（二）骨干企业竞争力提升路径

发展战略性新兴产业的理念、行动已在一些地区和行业得以体现和实施，但战略性新兴产业骨干企业的培植在实践中却明显滞后，值得高度重视。培植骨干企业，也就是要提高骨干企业的竞争实力。

1. 确立骨干企业的地位

培植战略性新兴产业骨干企业是中国参与世界产业竞争的必然选择。

骨干企业是一个行业中在经济规模、生产效率、技术含量、发展势头、社会影响力等方面均具有领先地位的企业，在全球产业一体化发展的大潮下，骨干企业更体现出特殊的战略意义。现代产业发展的事实深刻表明，没有在全球同业中具有重要影响的企业，就不可能有行业发展的领先地位。要使中国战略性新兴产业在全球竞争中立于不败之地，就必须加快培植骨干企业。战略性新兴产业发展应该整体推进、重点突破。现在，一些掌握关键技术、拥有自主品牌、具备开展高层次分工合作的国际化企业，作为行业发展的依托，已在某些重点领域率先发展。如已经在国际上占有一席之地的联想、华为、中兴等企业，近些年都是逆势增长，成为带动地区增长的重要力量。随着其国际分工地位的强化，具有自主知识产权的技术、产品和服务的国际市场份额大幅度提高，这些企业有望在某些领域成为全球重要的研发和制造基地，成为市场活力大、产业链完善、辐射带动强、具有国际竞争力的战略性新兴产业骨干企业，应该明确这些企业的骨干地位，强化其领军意识，并重点关注和培植。

2. 以技术为突破口

要以技术为突破口，培植战略性新兴产业骨干企业的核心竞争力。可通过兼并、收购、重组等手段，推动企业向集团化、大型化方向发展，促成企业迅速形成巨大的生产能力，快速占领市场，实现规模经济。科学技术是第一生产力，是一个企业的立业之本。社会生产力的发展，很大程度上取决于技术创新，同时技术创新的成果也需要通过企业的生产经营活动来实现其价值。因此，要从技术入手，培植骨干企业的核心竞争力。可考虑设立"国家战略性新兴产业技术奖励制度"，按行业组织实施"国家战略性新兴产业重点工程"，支持骨干企业参与国家科技制造计划和重点工程项目。从国家战略的高度，及时指导具有自主知识产权和知名品牌的骨干企业进行垄断性技术合作、跨国生产和跨国经营，提升其产品的国际化发展水平，抢占先机，抢占技术链竞争的制高点。

3. 培养领军人才

提升骨干企业的竞争力，关键要培养骨干企业的领军人才。经济学大师约瑟夫·熊彼特（Joseph Alois Schumpeter）很早就指出，企业家是创新者，能够改革和革新生产方式；马克·卡森（Mark Casson）认为，企业家是擅长于对稀缺资源的协调利用做出明智决断的人，是一个市场的制造者；在马歇尔（Alfred Marshall）眼里，企业家属于敢于冒险和承担风险的有高度技能的职业阶层，企业家总是以自己的创造力、洞察力和统率力，发现和消除市场的不均衡，创造出更多的交易机会和效用，给企业的生产过程指明方向。现代企业成长的大量事实证明：企业的经营管理、技术开发、市场开拓等，归根结底，依靠人才，依靠领军人才的管理水平、驾驭能力、道德涵养等。一位优秀的企业领军人才，应该具有深邃的战略眼光、卓越的胆识魄力、超凡的统领能力，能高瞻远瞩，精准了解本行业的发展现状，准确把握其发展趋势，科学确定企业的发展方向与发展战略。领军人物能带出一流的决策团队，并能当然地成为团队的核心和灵魂。因此，企业中的杰出人才是形成企业核心竞争力的基础元素，而企业领军人才更是提升企业核心竞争力的第一因素。在复杂的世界市场环境和激烈的技术竞争背景下，一个有远见、有思路、有胸怀的领军人物，才能真正引领企业立于不败之地，取得成功，才能保证企业可持续发展。没有杰出的领军人物，就不可能有骨干企业。培植战略性新兴产业的骨干企业，必须首先发掘和培育战略性新兴产业的领军人才。

4. 强化政府引导

要引导骨干企业确定科学的发展战略，明确其市场定位和发展方向，指导、督促骨干企业从国际竞争大背景出发，围绕主业的做大做强、产业链的延伸、竞争力的提升、战略性人力资源的开发等方面加强战略研究和战略管理，对骨干企业的中长期总体发展规划，经政府有关部门组织论证核准后，可进入重点培育行列，享受相关优惠政策，并在项目实施过程中主动做好服务工作。

要鼓励支持中小型企业与国内外大型企业集团兼并重组，特别是与骨干中央企业和国际知名企业兼并重组，发展具有国际竞争力的集团企业。要引导具有产业优势、基础好、市场前景好的民营企业实行强强联合、组建集团，实现优势互补。要以市场为导向，以企业为主体，按照市场经济运行规律，实行市场"无形的手"和政府"有形的手"的有机互动。要注重发挥企业的主体作用，激发骨干企业发展的内在动力，营造企业争先创优的良好发展氛围。

要促进要素集聚，完善产业链条，搭建骨干企业发展的特色载体。要以大项目、大企业为支撑，以高端化、规模化、集聚化和特色化为目标，实现战略性新兴产业在资源与空间上的有效集中，为骨干企业搭建发展的平台，并给予其相关配套政策支持，使之真正成为战略性新兴产业发展的主导力量和产业结构调整的重要支撑。要以项目带动战略，以项目支撑企业，以投入壮大实力，拉长产业链、提升价值链。要加强骨干企业间的合作，建立一批技术含量高、产业规模大和带动支撑作用强的重大项目。要对投资主体大、对中国战略性新兴产业能起到带动性作用的大企业、大项目给予充分的政策倾斜。同时，把引进人才带进项目与引进项目带进人才有机结合起来，做到"双引"同步。

战略性新兴产业骨干企业的培育与形成受综合国力、经济发展水平、市场体制等诸多因素的影响，需要政府作为国家工程，运用财政、金融、税收、人才等多种政策杠杆，动员社会各方面的力量，立体运作，唯有如此，方能取得成效。

第三节 品牌的竞争实力

培植战略性新兴产业的骨干企业是中国产业打造世界品牌的基础和先决条件。产业的竞争实力，其中一个重要的方面就体现在国际著名品牌上。

一 品牌的意义

品牌是一个被消费者高度认可的产品代表符号，包括企业和产品的属性、价值、个性、利益、特质等，由品牌名称、品牌标识和商标构成，是生产者对消费者产品特征、质量、信誉等的保证和承诺。品牌是一种无形资本，它提高劳动生产率，推动经济增长，一方面为生产者创造更高的价值，另一方面促进稀缺资源向最能满足社会需要的产品和企业转移，从而提高全社会资源的配置效率。在高度发达的市场经济环境下，品牌已被赋予更丰富、更广泛的内涵，如思想情感、文化理念、道德诚信等。品牌是信誉，是文化，是市场份额，是企业实力的展现，是企业地位的象征。没有世界著名的企业，就不可能有世界著名的品牌。

品牌的作用首先体现在商品标识上，代表着产品质量和企业形象。著名品牌对消费者购买商品有着显著的导向作用，在这个层面上，品牌有利于产品参与市场竞争，提高其市场占有率。无论是国内市场还是国际市场，产品竞争，也就是品牌竞争。品牌竞争，是一种全方位的竞争，包括产品技术、服务、文化的竞争。因此，一个企业要在行业内立于不败之地，必须打造出行业内的顶级品牌。一个国家的行业要在国际市场独占鳌头，就必须打造出行业的国际顶级品牌。中国要重点发展战略性新兴产业，就需要着眼于未来，打造出世界著名品牌，占领世界市场。目前，一些著名企业和品牌风靡全球，独领风骚，成为行业的旗帜。如电信及电子行业的索尼（日本）、美国电话电报公司（美国）、诺基亚（芬兰）、爱立信（瑞典）；计算机行业的微软（美国）、IBM（美国）、英特尔（美国）、惠普（美国）；汽车行业中的通用电气（美国）、福特（美国）、奔驰（德国）、东芝（日本）；生物制药行业的先灵（德国）、赛百诺（德国）、拜耳（德国）、绿阳（美国）、宝洁（美国）、惠氏（美国）、强生（美国）、礼来（美国）、阿斯利康（英国）、罗氏（瑞士）、诺华（瑞士）等。发展中国家的战略性新兴产业，就需要培育出此类的国际顶级品牌，这也是中国战略性新兴产业走向世界的重要标志。

二 品牌竞争力测度

（一）中国著名品牌总量

运用世界品牌实验室（World Brand Lab.）的数据进行中国战略性新兴产业品牌竞争力的测度和分析。世界品牌实验室是世界五大品牌价值评估机构之一，2004 年首次公布了《世界品牌100强》榜单。自2005年起，世界品牌实验室扩大了统计范围，每年公布《世界品牌500强》榜单，全面涵盖了品牌资产构成中财务、消费者要素。世界品牌实验室定期公布的《中国500最具价值品牌》排行榜，给出了品牌价值、主营业务行业类别、品牌影响力级别、发源地、是否上市等指标，是目前关于我国本土品牌最为详尽的资料。此外，Interbrand[①]每年公布的《全球品牌价值百强》排行榜，内容包括入选品牌所属行业、品牌价值等指标，它弥补了《世界品牌500强》中无品牌价值的不足。此处，用这两个机构的权威数据进行战略性新兴产业品牌竞争力的测度分析。

根据世界品牌实验室 2011—2015 年《中国500最具价值品牌》排行榜数据，中国战略性新兴产业著名品牌如表9-2所示。

从《中国500最具价值品牌》目录表中可以看出，上榜品牌主要集中在东部沿海省份，其中资本、技术密集型产业品牌分布的这种特征更为明显，如通信电子行业上榜品牌就主要集中在北京、广东两地。

---

① Interbrand 是中国最大的全球品牌咨询公司，成立于1974年，是全球最大的综合性品牌咨询公司之一，主营业务是为全球大型品牌客户提供全方位的品牌咨询服务。Interbrand 拥有覆盖全球的资源网络，迄今已在28个国家设有42个办事处。

表 9-2　　2015 年战略性新兴产业最具价值品牌目录

	品牌名称（地区）
建材	忠旺（辽）；惠达（冀）、耀华（冀）；中国中材（京）、金隅（京）、北新建材（京）、中国建材（京）、瑞宝壁纸（京）、柔然（京）、圣象（沪）；诺贝尔（浙）、世友（浙）、王力（浙）、科翔壁纸（浙）；九牧（闽）、三棵树（闽）、恒达（闽）、燕巢亚太（闽）；马可波罗（粤）、冠珠陶瓷（粤）、大自然（粤）、新中源（粤）、博德（粤）、嘉宝莉（粤）、鹰牌陶瓷（粤）、巴德士（粤）、唯美 L&D（粤）、金意陶（粤）、特地（粤）、新润成（粤）、萨米特（粤）、裕成陶瓷（粤）、惠万家（粤）、尚豪美家（粤）、柏戈斯（粤）；海螺（皖）、华新水泥（鄂）；吉人（赣）；白塔牌（川）；雷士照明（渝）
轻工	金鱼（京）、瑞恩（京）；世纪缘（鲁）、金太阳（鲁）、鲁滨（鲁）；好孩子（苏）；亚一（沪）、自然堂（沪）、六神（沪）、老凤祥（沪）、老庙（沪）；雕牌（浙）、红蜻蜓（浙）、双鹿（浙）；铙山（闽）、心相印（闽）、华昌珠宝（闽）、飞毛（闽）、琪尔特（闽）；潮宏基（粤）、周大生（粤）、东方金钰（粤）、立白（粤）、罗西尼（粤）、蓝月亮（粤）、穗宝（粤）、依波（粤）、珠江（粤）、飞亚达（粤）、天王（粤）、宝时捷（粤）、金象珠宝（粤）、实丰（粤）、左右家私（粤）；美克美家（新）；掌上明珠（川）
汽车	中华（辽）；中兴（冀）、长城（冀）；北汽（京）、福田汽车（京）、中通（鲁）、中国重汽（鲁）、海格（苏）、悦达（苏）、亚星客车（苏）、金城（苏）；上汽（沪）；吉利（浙）、钱江（浙）；金龙客车（闽）、金旅客车（闽）、东南（闽）；豪爵（粤）、比亚迪（粤）；五菱（桂）；哈飞（黑）；中国一汽（吉）、解放（吉）、红旗（吉）；宇通（豫）、大阳（豫）、奇瑞（皖）、江淮（皖）；东风（鄂）；长丰（湘）；江铃（赣）；陕汽（陕）；嘉陵（渝）、长安（渝）、力帆（渝）、宗申（渝）、隆鑫（渝）
医药	东北制药（辽）；华北制药（冀）、石药（冀）；金耀（津）；东阿阿胶（鲁）；护佑（苏）、中脉（苏）、天脉（苏）；民生（浙）；海王（粤）、太太（粤）、白云山（粤）、大印象（粤）；金嗓子（桂）、三金（桂）、源安堂（桂）、肤阴洁（桂）；养生堂（琼）、椰岛鹿龟酒（琼）；哈药（黑）；敖东（吉）、感康（吉）；马应龙（鄂）、健民（鄂）；九芝堂（湘）、江中（赣）、仁和（赣）；地奥（川）、太极（渝）；克刻（黔）；云南白药（滇）
机械	ZWZ（辽）；中航工业（京）、中船重工（京）；山推（鲁）、山东临工（鲁）、雷沃（鲁）、潍柴动力（鲁）、双星轮胎（鲁）；徐工（苏）、永鼎（苏）、亨通光电（苏）、远东（苏）、常柴（苏）、太湖（苏）；上海电气（沪）；德力西（浙）、虎牌（浙）、正泰（浙）、人民电器（浙）、万向（浙）；玉柴（桂）、柳工（桂）；中国一拖（豫）、许继（豫）；中联重科（湘）、三一（湘）、湘电（湘）；特变电工（新）；东方电气（川）

续表

	品牌名称（地区）
通信电子	联想（京）、小米（京）、爱国者（京）、神州数码（京）、方正（京）、用友（京）、瑞星（京）；浪潮（鲁）；华为（粤）、TCL（粤）、中兴（粤）、步步高（粤）、神舟（粤）、魅族（粤）、侨兴（粤）、金山（粤）
家电	海尔（鲁）、海信（鲁）、九阳（鲁）；春兰（沪）；帅康（浙）、奥克斯（浙）、奥普（浙）；格力（粤）、创维（粤）、康佳（粤）、美的（粤）、志高（粤）、万和（粤）、FSL（粤）、华帝（粤）；新飞（豫）；长虹（川）

注：此处是用战略性新兴产业依托行业数据代替战略性新兴产业数据进行分析。

资料来源：世界品牌实验室 2015 年《中国 500 最具价值品牌》排行榜，http://www.worldbrandlab.com。

由于没有专门的战略性新兴产业品牌数据，此处依托行业著名品牌数据替代，用以分析战略性新兴产业品牌的增长和变动情况（见表 9 - 3）。

表 9 - 3　　　　　　中国制造业知名品牌总量及变动情况

年份	品牌数量					品牌价值				
	总体（个）	总体增长率（%）	制造业（个）	制造业增长率（%）	制造业占比（%）	总体（亿元）	增长率（%）	制造业（亿元）	增长率（%）	制造业占比（%）
2011	488	—	338	—	69.26	53757.51	—	30352.57	—	56.46
2012	487	-0.20	337	-0.30	69.20	64384.02	19.77	36891.44	21.54	57.30
2013	492	1.03	342	1.48	69.51	80102.59	24.41	44629.21	20.97	55.72
2014	493	0.20	334	-2.34	67.75	91490.75	14.22	53118.31	19.02	58.06
2015	492	-0.20	330	-1.20	67.07	106503.01	16.41	61356.38	15.51	57.61
年均增长率（%）	—	0.21	—	-0.59	—	—	18.70	—	19.26	—

资料来源：世界品牌实验室 2011—2015 年《中国 500 最具价值品牌》排行榜，http://www.worldbrandlab.com。

由表 9 - 3 绘制的中国著名品牌和制造业著名品牌的总量及价值变化情况如图 9 - 2 和图 9 - 3 所示。

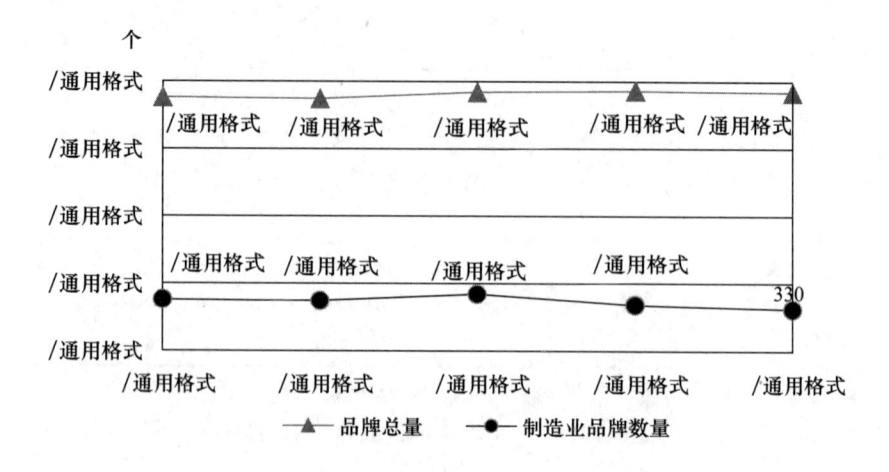

图 9-2 品牌总量及制造业品牌数量变动

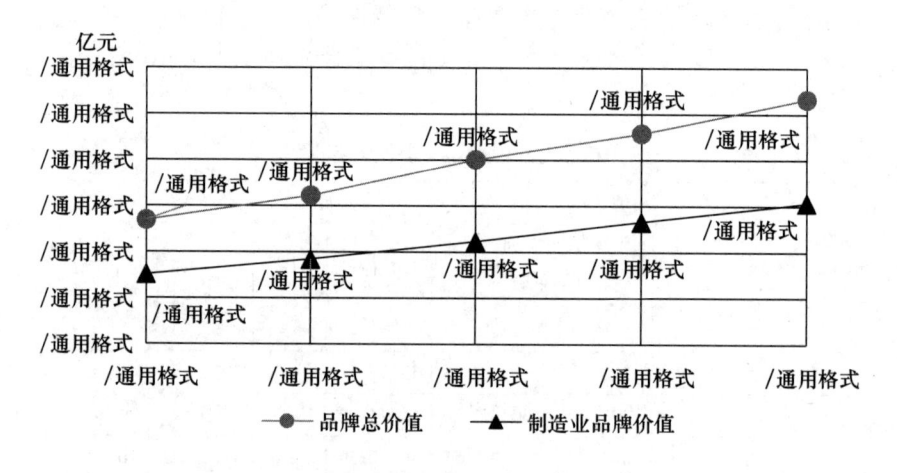

图 9-3 品牌总价值及制造业品牌价值变动

由表 9-3 和图 9-2、图 9-3 可知:

在品牌数量上,近五年来,上榜的中国品牌 500 强中,中国大陆品牌平均保持在 490 个左右,年均增长率为 0.21%。其中,制造业品牌数量受互联网品牌上榜数量增多的影响 2013 年起呈现下降趋势,年均增长率为 -0.59%,低于品牌总量的增速。制造业品牌数量占品牌总数量的比重保持在 70% 左右,但比重呈现下降趋势,由 2011 年的 69.26% 降至 2015 年的 67.07%。

在品牌价值上,近五年来,上榜的内地品牌总价值呈逐年递增态势,年均增长率为18.7%，在品牌总量基本持平的前提下显示出较好的增值能力。其中，制造业品牌价值也呈逐年增长趋势，年均增长率达19.26%，高于品牌总价值的增速，在制造业品牌数量有所减少的情况下，显示出制造业知名品牌较好的品牌资产积累能力。制造业品牌价值占上榜品牌总价值的比重呈轻微波动态势，平均保持在57%左右。

虽然中国知名品牌总量、价值上呈递增态势，但中国品牌500强中上榜品牌影响力主要体现在国内，有国际影响力的品牌较少。以2015年《中国品牌500强》为例，具有区域影响力的品牌14个，占2.80%；在全国范围有影响力的品牌为443个，占88.60%；具有世界性影响力的品牌个数为43个，占8.60%，其中，制造业品牌具有世界性影响力的最多，为18个，占世界性中国品牌总数的41.86%。品牌价值除持续提高外，另一特征表现为第一集团品牌价值有大幅提高，至2015年1000亿元以上品牌共有25个，排名第一的工商银行品牌价值达2615.76亿元，制造业排名第一的华为品牌价值达1825.96亿元。

（二）品牌实力国际比较

1. 品牌总量比较

根据世界品牌实验室的解释，《世界品牌500强》主要测度品牌的市场占有率、品牌忠诚度和全球领导力，而后确定品牌的影响力。

2014年12月15日，世界品牌实验室在美国纽约独家发布了2014年度（第11届）《世界品牌500强》排行榜，揭示了世界各行业世界顶级品牌和著名品牌及排序情况。据统计，有27个国家的品牌入选2014年的《世界品牌500强》，其中，美国占据500强中的227席，居首位；作为世界制造强国的日本、德国分别以39个和23个品牌位居前列。在技术密集资本密集的计算机、软件与办公设备，通信与电子，工业设备与航空制造，汽车与零件，数码家电，日用化工，生物医药等制造领域，美国的Apple、EG、IBM居世界500强前10位，成为顶级或超级品牌，包括这些顶级品牌在内，美国共有13个高技术制造品牌居500强前100位，共计53个高技术制造品牌入选世界品牌500强。日本有20个高技术制造品牌跻身世界500强，其中4个品牌居前100位。德国有11个高技术制造品牌跻身世界500强，其中4个品牌居前100位，1个品牌居前10位。中国高技术制造领域仅3个品牌跻身世界500强，其中仅1个品牌居前100位，没有一个品牌居前10位。

关于品牌的国际实力比较，世界知识产权组织（World Intellectual Property Organization，WIPO）也提供了权威发布，这是一个关于知识产权服务、政策、合作与信息的全球论坛，是自筹资金的联合国机构，有188个成员国。通过其全球品牌数据库进行品牌相关检索，可获得受国际保护的商标、原产地名称、国徽、国旗及其他国家徽记，还有政府间组织的名称、缩写和徽记等信息。根据《商标注册用商品和服务国际分类》及联合国产业分类标准，将类别号为31（农业、园艺、林业产品）、35（广告、实业管理、办公事务）、36（保险、金融、货币、不动产事务）、37（房屋建筑、修理安装）、38（电信）、39（运输、商品包装贮藏、旅行安排）、40（材料处理）、41（教育培训、娱乐文体活动）、42（科技服务、工业分析、法律服务、计算机设计开发）、43（提供食物服务、临时住宿）、44（医疗兽医服务、农业园艺林业服务）、45（他人提供的满足个人需要的私人和社会服务）的类别排除后，对制造业商标类别进行品牌数据检索。结果显示①，截至2016年2月，制造业注册在案品牌总量为16868502个，其中，中国22100个，占0.13%；美国4905238个，占29.08%；日本1536584个，占9.11%；德国1550711个，占9.19%，由此可见中国著名品牌的实力不强。

进一步地，根据世界品牌实验室发布的2005—2015年《世界品牌500强》排行榜数据，选取中国、美国、日本和德国4个国家的制造业上榜品牌，从品牌数量方面整理得到表9-4。

表9-4所列品牌均属于战略性新兴产业范畴的著名品牌，因而可以说明世界著名品牌上中国与世界强国的比较实力。

2004年，首个中国内地知名品牌"海尔"入选世界品牌实验室《世界品牌100强》排行榜，也是第一个中国制造业上榜品牌。在随后世界品牌实验室逐年编制的《世界品牌500强》排行榜中，入选的中国知名品牌不断增加，由2005年的4个增加到2015年的31个，保持了良好的增长趋势。2013年开始超过了德国的上榜品牌总量，但与工业实力雄厚、实体经济发达的国家美国、日本上榜品牌总量相比，仍有很大差距。

---

① 数据来自世界知识产权组织官网。官方网址：http://www.wipo.int/。

表9-4　2015年美国、日本、德国、中国战略性新兴产业对应行业著名品牌目录

	行业	品牌
美国	计算机设备	苹果（Apple）、惠普（HP）、IBM、施乐（Xerox）
	工农业设备	通用电气（GE）、艾默生（Emerson）、卡特彼勒（Caterpil）、迪尔（Deere）
	汽车与零件	福特（Ford）、特斯拉（Tesla）、哈雷戴维森（Harley-Davidson）、雪佛兰（Chevrolet）、德尔福（Delphi）、江森自控（Johnson Controls）、通用汽车（GM）
	软件	微软（Microsoft）、奥多比（Adobe）、欧特克（Autodesk）、SAS、艺电（EA）、Dropbox、WhatsAPP、甲骨文（Oracle）
	通信电子	思科（Cisco）、英特尔（Intel）、霍尼韦尔（Honeywell）
	制药	强生（Johnson）、辉瑞（Pfizer）、默克（Merck）、百时美施贵（Bristol-Myers Squibb）、雅培（Abbott）
日本	计算机设备	佳能（Canon）、富士通（Fujitsu）、爱普生（Epson）、理光（Ricoh）
	汽车/零件	丰田（Toyota）、本田（Honda）、日产（Nissan）、雷克萨斯（Lexus）、马自达（MAZDA）、三菱（Mitsubishi）、铃木（SUZIKI）、英菲尼迪（Infiniti）、五十铃（Isuzu）、富士重工（Fuji）
	通信电子	住友电工（SUMITOMO）
	综合电子电气	日立（Hitachi）、东芝（Toshiba）
	家电	索尼（SONY）、松下（Panasonic）、日立、夏普（Sharp）、尼康（Nikon）
德国	汽车与零件	奔驰（Mercedes-Benz）、宝马（BMW）、大众（Volkswagen）、奥迪（Audi）、保时捷（Porsche）、博世（Bosch）
	软件	思爱普
	综合电子电气	西门子（Siemens）
	制药	拜耳（Bayer）
中国	计算机设备	联想（Lenovo）
	通信电子	华为（Huawei）
	家电	海尔（Haier）、长虹（Changhong）

资料来源：世界品牌实验室，2015年《世界品牌500强》排行榜，http://www.worldbrandlab.com。

支撑品牌的关键因素是核心技术和经营模式，世界顶级品牌的缺失意味着核心技术和先进经营管理模式的缺失。没有核心技术，就不可能有世界一流的产品质量；没有先进科学的经营管理模式，就不可能有一流的信誉和服务。世界顶级品牌包含更多的是产品的质量、用户的信任，从更深层次讲，是一国制造文化、制造理念的展示和体现。一个制造强国，也一定是一个世界顶级制造品牌拥有量大国。

在制造业上榜品牌数量方面，中国由 2005 年的 3 个增加到 2015 年的 6 个，与美国（85 个）、德国（13 个）、日本（28 个）相比还存在较大差距。而且，虽然中国上榜品牌数量增幅较大，但其中制造业品牌数量增幅却较小，在总量中的比重从 75% 下降至 19.35%，同时日本制造业上榜品牌占总量比重有所增长，日本和德国这一比重均超 50%，这也反映中国制造业品牌建设缓慢、世界性品牌匮乏的现实。

2. 品牌价值比较

据 2015 年《中国 500 最具价值品牌》提供的数据①，2015 年，中国最具价值的前 8 位制造品牌的价值是：华为 1825.96 亿元，海尔 1475.59 亿元，中国一汽 1362.79 亿元，联想 1287.31 亿元，上汽 1148.18 亿元，长虹 1135.18 亿元，北汽 1126.69 亿元。而发达国家，尤其是世界制造强国所拥有的全球著名品牌的价值，显示其超强的实力。相关资料如表 9-5 所示。

由于世界品牌实验室《世界品牌 500 强》榜单中不含企业品牌价值数据，表 9-5 是将 Interbrand《全球品牌价值百强》中品牌价值数据作为参考。在 2015 年度世界品牌实验室《中国 500 最具价值品牌》排行榜中，前 10 位最具价值制造业品牌的平均价值为 1249.58 亿元，按年末汇率折算约为 193.81 亿美元。而同期 Interbrand 公布的 2015 年《全球品牌价值百强》排行榜显示，美国前 10 位最具价值的制造业品牌价值均值为 562.41 亿美元，德国前 8 位最具价值制造业品牌平均价值为 173.73 亿美元，日本前 6 大最具价值制造业品牌平均价值为 177.54 亿美元。这表明，中国制造知名品牌价值与品牌强国美国仍有明显差距，前 10 位品牌价值总和仍低于美国最具价值的两大制造业品牌苹果（Apple）与可口可乐（Coco Cola）的总价值。

---

① 2015 年《中国 500 最具价值品牌》，http://www.worldbrandlab.com。

表 9 – 5　　　美国、德国、日本《全球品牌价值百强》
　　　　　　上榜制造业最具价值品牌名录　　　　单位：亿美元

美国		德国		日本	
品牌	价值	品牌	价值	品牌	价值
Apple（苹果）	1702.76	BMW（宝马）	372.12	Toyota（丰田）	490.48
Coca Cola（可口可乐）	784.23	Mercedes – Benz（奔驰）	367.11	Honda（本田）	229.75
Microsoft（微软）	676.7	SAP（思爱普）	187.68	Canon（佳能）	112.78
IBM（国际商业机器）	651	Volkswagen（大众）	125.45	Nissan（尼桑）	90.82
GE（通用电气）	422.67	Audi（奥迪）	103.28	Sony（索尼）	77.02
Intel（英特尔）	354.15	Siemens（西门子）	85.53	Panasonic（松下）	64.36
Cisco（思科）	298.54	Porsche（保时捷）	80.55		
Oracle（甲骨文）	272.83	Adidas（阿迪达斯）	68.11		
Nike（耐克）	230.7				
HP（惠普）	230.56				
品牌价值均值	562.41		173.73		177.54

资料来源：Interbrand 2015 年《全球品牌价值百强》，http://interbrand.com。

值得注意的是，品牌价值名列前茅的企业大多有被人熟知的创始人和领导者，这些人对企业使命的定位、品牌的传播、企业价值观的形成有至关重要的作用，如苹果的史蒂夫·乔布斯、微软的比尔·盖茨、惠普的戴维·帕卡德与威廉·休利特、索尼的井深大与盛田邵夫、松下的松下幸之助、西门子的维纳尔·冯·西门子等。世界品牌实验室主席、诺贝尔经济学奖得主罗伯特·蒙代尔（Robert Mundell）分析说[①]，"现代经济的一个重要特征就是品牌主导，我们对于世界经济强国的了解和认识大都是从品牌开始的。通过波音、通用，我们认识了强大的美国；通过奔驰、西门子，我们认识了制造强国德国。这些国家对世界经济和市场的渗透、占有和垄断，也是通过这些品牌开始的"。这从一个侧面再一次说明了品牌的价值和品牌的重大意义。

三　品牌竞争力分析

前文的数据显示，中国现阶段全球顶级品牌缺少，品牌竞争实力弱。

---

① 《2015 世界品牌 500 强出炉：谷歌重登榜首》，中国新闻网：http://www.ithome.com/html/it/195109.htm，2015 – 12 – 17。

(一) 缺乏国际顶级品牌，品牌质量不高

中国是无可争议的制造业大国，却也是无可争议的品牌弱国。根据世界品牌实验室发布的 2014 年《中国 500 最具价值品牌》排行榜，排在前 10 位的分别是中国工商银行、中国移动、中国电信、中国农业银行、中国建设银行、平安保险、中国银行、中国石化、华为和中国石油，其中，中国工商银行以 2562.19 亿元人民币的品牌价值荣登年度最具价值品牌榜首，而位居世界品牌价值第一的苹果的品牌价值为 1242 亿美元，是工商银行的 3 倍。2014 年《福布斯》全球最具价值品牌榜评选出的 100 个最具价值的品牌横跨 20 个行业和 15 个国家，其中，美国品牌企业在名单中超过一半，德国排第二，达到 9 个，法国 7 个，日本 5 个，排在前三位的品牌为美国的苹果、微软和谷歌，高科技品牌最为普遍有 16 个，前 5 位中高科技企业就有 4 个，而中国没有一个品牌入围全球 100 强。

在收入水平提高和消费多元化的现代社会，供给侧优化，适应市场需要十分重要。产品品质直接影响着消费者的品牌认识、品牌忠诚度，影响品牌价值的积淀，消费者在对某一品牌没有认知基础时，多会通过价格作为外在线索感知产品品质，在客观功能相同的情况下，低价产品更易形成负面品牌联想，积累负面品牌资产。现阶段，与国外制造业国际知名品牌相比，中国战略性新兴产业制造企业产品品牌还处于较低水平。中国品牌依托出口贸易长期处于"价廉"的定位上，大量制造企业对这种定位的竞争策略认识仍是降价竞争而不是提升产品质量。在 2015 年《世界品牌 500 强》排行榜中，中国制造业上榜品牌的平均品牌忠诚度评分为 4，处于中上等水平，其中，联想与华为品牌忠诚度得分最高，为 5 分，而上榜的日本、德国、美国制造业品牌忠诚度平均得分分别为 4.37 分、4.25 分和 4.12 分。这反映少数领先的中国制造业知名品牌有质量基础引领中国制造业再定位于"质优、物美"，提高制造企业国际化地位，扭转"中国制造"负面形象现状。

(二) 缺少核心价值，竞争力弱

国际上成功的品牌，大都有自己的定位与核心价值，都有一套科学的品牌管理体系，都有全球化意识。任何一个著名品牌，都有科学的品牌定位，品牌定位就是建立或塑造一个在消费者心中无可替代的位置，当品牌成功定位后，消费者便会在需要解决某一特定消费问题时，首先考虑该品牌的产品。当然，品牌定位的稳定性是相对的，随着时间的推移与市场的变化，品牌定位的稳定性会发生转移。同时，顶级品牌必须具有全球化意识、个性化意识，要建立全球化思维观念，对所在行业和市场领域的全球市场战略布局进行定位，并且要有产品的质量和个性，从而体现出竞争力。

中国企业的品牌，除极少数知名企业外，大多不存在对品牌价值的定位，广告随意，品牌的核心价值不清晰，气质趋于雷同。中国企业在海外仍然惯用"降价策略"，这种决策虽然可为企业带来效益，但这些效益只是短期的，且更有可能损害企业的品牌形象，从而使产品处于廉价地位，而品牌也随之失去号召力。

中国品牌在国内市场的竞争力弱。现在，中国国内市场中来自国外品牌的商品几乎充斥着市场的每一个角落。以工程机械行业为例，2009年1月至2012年6月，中国每月平均销售国产品牌挖掘机4413.29台，而国外品牌挖掘机月平均销售量为7938.86台。① 根据中国汽车工业信息网公布的中国乘用车与轿车月均销量数据，2009—2014年中国自主品牌的乘用车月均销量为528208辆，而国外品牌月均销量为745180辆；中国自主品牌的轿车月均销量为250962.5辆，而国外品牌月均销量为688914.5辆，其变动如图9-4和图9-5所示。

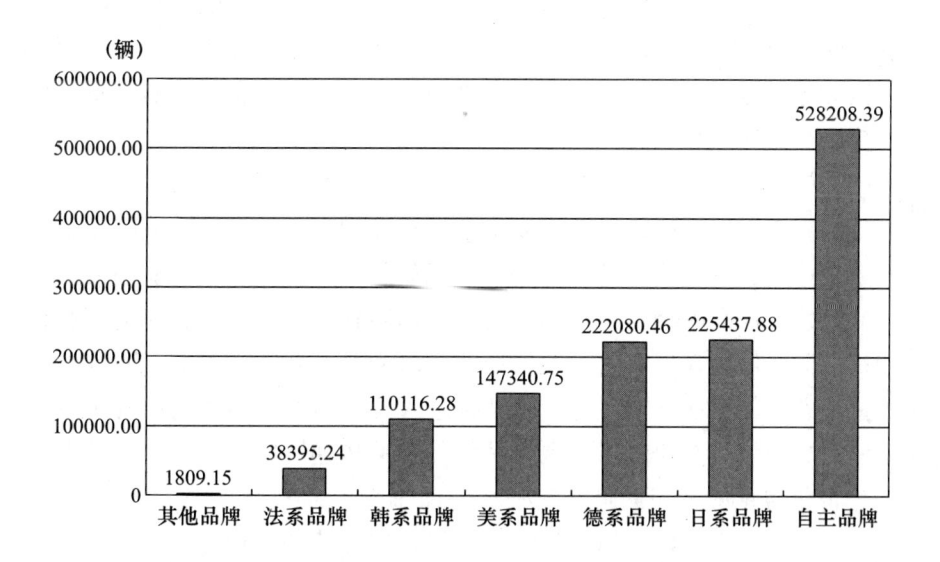

图9-4 2009—2014年中国乘用车月均销量品牌统计

① Wind数据库，http：//www.wind.com.cn。

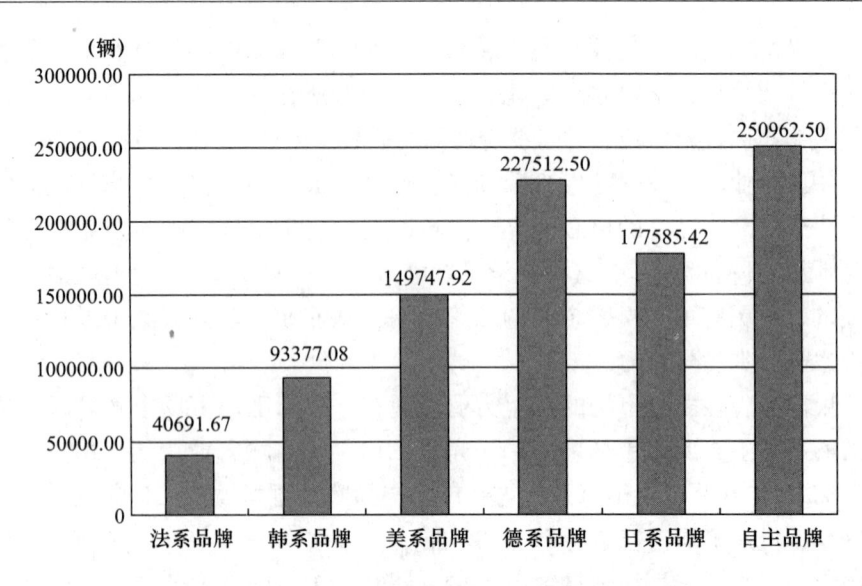

图 9-5　2009—2014 年中国轿车月均销量品牌统计

（单位：辆）
- 法系品牌：40691.67
- 韩系品牌：93377.08
- 美系品牌：149747.92
- 德系品牌：227512.50
- 日系品牌：177585.42
- 自主品牌：250962.50

图 9-4 和图 9-5 从一个侧面说明了中国汽车品牌与国外汽车品牌在竞争实力上的差距。此外，受传统观念和落后的经营方式的影响，中国企业在品牌竞争意识方面普遍不强，一些企业错失了占领市场的最佳时机，还有一些企业甚至被挤出了市场。而国外企业，大多以品牌为主导，用产品与服务迅速占领市场。在全球化竞争的时代里，中国企业虽然具备了生产优势，却缺乏品牌优势。

（三）缺乏品牌战略意识与保护意识

目前，中国企业还缺乏品牌战略意识和保护意识。在品牌战略意识方面，小企业追逐短期利益最大化而不重视品牌发展，大企业依靠国内行业中垄断地位支撑品牌经营，长期缺乏品牌国际化意识。不少企业的品牌核心价值取向还停留在如何适应国内消费者对产品一般功能的满足阶段，较少关注消费者的潜在需求，这样的品牌进入国际市场后很难与国外市场消费者的需求接轨。企业内部也缺乏品牌信息的传递，影响了企业和消费者之间、企业与雇员之间的信息沟通，进而影响产品和服务的市场竞争力。有些企业，自创立开始直到产品进入市场，在经营和管理上都缺乏对品牌国际化的整体规划，致使许多品牌处于先天不足的状态。在品牌保护意识方面，中国企业缺乏相应的产权意识和机制，针对品牌侵权的应对措施缺乏力度和有效性。所以，品牌遭到侵权后只能进行事后处理。由于不熟悉国际市场相关的惯例和规制，其结果只能是失去对品牌的专有权，产品被迫退出和失去市场。

此外，中国品牌流失和假冒侵权现象严重。由于中国企业品牌保护意识淡薄，外国公司抢注国内企业商标事件屡屡发生，如"青岛啤酒"在美国被抢注，"竹叶青"在韩国被抢注，"杜康酒"在日本被抢注，"阿诗玛"在菲律宾被抢注①等。而商标一旦被抢注，不仅会导致企业无形资产损失，而且会使企业进军国际市场受到阻碍。由于假冒品牌商品盛行，外国不再认可中国品牌，国人也对国货失去了信心，中国产品在被吊销了进入世界市场通行证的同时，企业也失去了长期以来树立的品牌形象。

四 提升品牌竞争力路径②

培育和发展战略性新兴产业，就需要着眼于未来，实施品牌战略，培植新兴产业的国际顶级品牌。

（一）培植顶级品牌的依托企业

中国的传统优势产业是机电产品、家电、纺织服装、轻工及部分服务业等，这些产业拥有较好的技术和市场基础，易于实施"品牌战略"。因此，在战略性新兴产业发展的起步阶段，就要立足将来，从节能环保产品、新一代信息技术、新材料、新能源、高端装备制造等行业入手，选准有潜力的企业，全力培植出此类行业的国际著名品牌。国家发改委和相关行业协会应在已确定的战略性新兴产业中遴选出具有国际竞争力潜质的企业，有针对性地重点培植若干世界顶级品牌的依托企业。

顶级企业创造出顶级品牌，没有国际顶级的企业也就不可能有国际顶级的品牌。目前，中国还少有国际顶级企业。因此，在培育和发展战略性新兴行业的过程中，最为关键的是遴选和培育实力雄厚、具有国际竞争力潜质的企业。根据对现有国内企业实力的比对分析，中国战略性新兴产业中具备国际竞争潜质的企业有：

新能源汽车：东风汽车集团、上海汽车集团、广州汽车集团、比亚迪汽车股份公司等；

先进计算机：联想集团、方正集团等；

---

① 《中国出口品牌发展战略研究》，商务部理论研究：http://localwww.mofcom.gov.cn/article/s/200410/20041000293879.shtml。

② 李金华：《中国战略性新兴产业六大行动路径》，《学术论坛》2014年第5期。

生物制药：上海医药集团、中国医药集团、广州医药集团、哈药集团、南京医药、华北制药集团、江苏扬子江药业、太极集团等；

高端装备制造：中国一拖集团（洛阳、大马力农机）、时风集团（潍坊、大马力农机）、西安飞机工业集团（航空）、上海飞机工业集团（航空）、沈阳机床集团（精密数控机床）、大连机床集团（精密数控机床）、沈阳机车车辆厂（高速铁路）、株洲电力机车厂（高速铁路）、唐山机车车辆厂（高速铁路）、武昌车辆厂等（高速铁路）；

新能源、新材料：无锡尚德电力控股公司（太阳能电池）、华锐风电科技集团（酒泉、风电整机）、新疆金风科技股份有限公司（风电整机）、英利绿色能源控股有限公司（保定、光伏）、江西赛维LDK太阳能高科技有限公司（新余、太阳能电池硅片）、保利协鑫能源公司（上海、多晶硅）、胜利动力机械集团有限公司（可再生能源燃气发电机组）、中通客车控股股份有限公司（山东聊城、新能源客车）、中国广东核电集团有限公司（风电、并网光伏电站）、新奥集团（生物质能、光伏）、江苏苏华达新材料有限公司（宿迁、浮法玻璃及在线镀膜玻璃）等。

上述企业可考虑作为国际顶级品牌依托企业的备选。

（二）扶持依托企业掌握核心技术

掌握了一个行业关键产品的核心技术，就意味着掌控了一个行业的发展先机、一个行业在国际市场上的定价权。品牌竞争，本质上是技术竞争。政府可对战略性新兴产业采取扩张性技术研发引进政策，促成依托企业迅速掌握行业内重要产品的核心技术或关键技术。

政府可设立"战略性新兴行业核心技术研发专项基金"，对于需要急于攻克的关键技术，可成立专门的研发机构，汇集国际国内一流科研力量，进行技术攻关。要通过政策宽松、资金充裕、合作形式灵活的技术攻关政策，引进技术造诣高深，在某一专业或领域是开拓人、奠基人的国际著名科学家，或对某项技术发展有过重大贡献、在业内得到普遍认可、其成果处于本行业或本领域前沿的国际著名专家，或主持过国际大型制造科研或工程项目，拥有重大制造技术发明、专利等自主知识或专有技术的知名专家加盟战略性行业关键技术的研发。

同时，要开展多种形式的专利技术贸易，如购买技术资料和图纸、购买专利技术使用权，有组织、有步骤地指导依托企业做好引进技术的准备工作，帮助企业充分利用现有制造技术基础条件，集中现有技术、资金、设施和力量，重点消化和研究引进的新技术，不断提高对引进技术的消化吸收能力，增强自身的创新能力。

（三）推进质量标准和品牌认证标准建设

应推进产品质量向国际标准看齐，促使战略性新兴企业转变长期以来低质低价竞争的模式，提高品牌竞争力。在高端制造业领域，如桥梁、高铁，中国企业要保持持续竞争优势，要参与国际质量技术标准的制定，掌握话语权，在更多制造业领域创造被国际承认、采纳的"中国标准"。2010年9月，德国联合包括中国在内的13个国家发布了国际标准ISO10668——《品牌评估——品牌货币价值评估要求》，提出了从财务角度评估品牌价值的概念与方法。2013年，中国联合美国向ISO提出了成立品牌评价标准化技术委员会的提案并获认可，ISO批准成立了国际标准化组织品牌价值评价技术委员会ISO/TC289，并将秘书处设在中国，应借助委员会建设的契机，完善和推进有利于中国品牌评价的国际标准。

要进一步完善知识产权保护制度，从制度上保障企业将创造的技术优势能转化为产品优势，迚而转化为持续的品牌优势。要加大打击知识产权侵犯行为的力度，为企业介绍国际知名品牌维护经验，提供保护知识产权的辅导、培训。要建立中国自主品牌国际竞争争端处理应急机制，帮助企业快速有效地解决突发事件，预防损失品牌专有权。中国企业要确立品牌国际化建设目标，制定清晰的品牌经营战略规划。在品牌发展的不同时期，要制定实施不同的品牌规划，从品牌定位、推广到品牌延伸、创新，注重品牌多方利益体的需求，尤其是消费者的品牌认识。要树立强大的品牌保护意识，避免侵权与被侵权行为的发生，面临产权受侵犯问题能掌握主动权和话语权。

（四）立体打造国际顶级品牌

国家发改委、商务部、行业协会可联合启动实施"国家战略性新兴产业品牌战略工程"，全面进行国际顶级品牌的设计、宣传和保护，立体打造中国战略性新兴产业的国际顶级品牌。

品牌战略就是选择、培育、宣传和保护某一品牌，使之逐步享有盛誉，并充分发挥品牌效应来促进品牌和企业本身发展壮大的过程，就是要刻意培植品牌诞生，用心维护品牌声誉，有效利用品牌价值。品牌战略是一种战略行为，也是一个行动过程。品牌战略是一个企业行为，但中国战略性新兴产业的品牌战略要上升为一种由若干企业具体实施、政府宏观领导和把控的政府行为。

　　政府要依据战略性新兴产业发展的需要，为依托企业建立国际人才交流平台，引进和培养国际市场营销人才，或引进在世界500强企业、国际著名跨国公司中担任营销策划或经营管理高层职务的人才，进行战略性新兴行业关键产品的品牌策划、品牌包装、品牌宣传和品牌保护。对于已有较高知名度的品牌要立足扩大原有品牌的国际影响力，着力提高品牌在国际市场的占有份额，扩大品牌的经济效应，将其培养成行业内国际顶级品牌；对尚无国际影响的企业则要致力于新品牌的创立，通过关键技术的掌握、产品质量的保证、售后服务水平的提高以及营销网络的建设，逐步形成品牌在国际市场上极高的知名度、极高的信誉度、较大的市场份额和巨大的经济效益，进而成为行业内的国际顶级品牌。

　　无论是过去还是市场经济高度发达的今天，品牌都是一个被消费者高度认可的概念，也是市场经济优胜劣汰的结果。尽管在发掘、培育、开发上表现为企业行为，是企业发展战略的重要内容，但由于市场运行机制本身的不足和缺陷以及企业自身能力的局限，政府在品牌竞争中的作用和影响不可或缺，欧美发达国家的经验已充分证明了这一点。在国家大力发展战略性新兴产业的背景下，监控和整合各类资源，推动实施"品牌战略"，应该成为政府的重要职能之一。

第十章　战略性新兴产业未来路径

2016年3月，中国政府发布《中华人民共和国国民经济和社会发展第十三个五年规划纲要》（以下简称《"十三五"规划纲要》）提出：培育发展战略性产业，支持创新资源密集度高的城市发展成为新兴产业创新发展策源地，推动新兴产业链创新链快速发展，加速形成特色新兴产业集群。《"十三五"规划纲要》还强调：要支持战略性产业发展，提升新兴产业支撑作用，培育发展战略性产业，构建新兴产业发展新格局。2015年5月，中国政府发布过《中国制造2025》，提出通过"三步走"实现制造强国的战略目标：2025年迈入制造强国行列；2035年中国制造业整体达到世界制造强国阵营中等水平；新中国成立一百年时，综合实力进入世界制造强国前列。发展战略性新兴产业与建设制造强国异曲同工。未来战略性新兴产业的发展要与制造强国的建设路径契合。

第一节　宏观一盘棋空间大布局

《"十三五"规划纲要》强调，要加强前瞻布局，在空天海洋、信息网络、生命科学、核技术等领域，培育一批战略性产业，构建新兴产业发展新格局。

一　战略性新兴产业宏观格局①

有序进行战略性新兴产业的转移承接，合理进行战略性新兴产业的空间布局是未来中国战略性新兴产业发展的重点。前文从从业人员、生产基地、工程项目、领军企业等方面研究了战略性新兴产业的空间布局。这里，从产业角度描述现阶段战略性新兴产业在中国几个重要经济区域（长三角、

---

① 李金华：《中国战略性新兴产业空间布局现状与前景》，《学术研究》2015年第5期。

珠三角、环渤海）或经济带的既有分布格局，思考未来战略性新兴产业空间大布局的行动路径。

从产业角度综合看，中国节能环保产业主要集中在东南沿海、华北地区，新一代信息技术主要集中在长三角、珠三角、环渤海以及东北的部分地区，生物产业主要集中在东部沿海、环渤海、华北和西南的部分地区，高端装备制造业主要集中在东中部以及东北、西北的部分地区，新材料产业主要集中在东部沿海、中西部地区，新能源产业主要集中在东部、中部、西部条件适宜的大部分地区，而新能源汽车主要集中于环渤海、华南与华中的部分地区。这一宏观格局如表 10-1 所示。

表 10-1　　　　中国战略性新兴产业宏观分布格局

	主要分布地域	集聚的生产能力与产业资源
节能环保	长三角地区、珠三角地区、环渤海地区、长江流域带	江苏、浙江环保产业规模居全国第一、第二位；广东环保产业年收入总额位居全国第三，广州、深圳、东莞、佛山4个城市环保产业产值占广东省的90%以上；长沙中联环卫是中国最大的环卫环保装备制造企业，重庆是全国三大环保产业基地之一
新一代信息技术	环渤海地区、长三角地区、珠三角地区	北京是全国电子商务应用服务中心，京、津、冀集成电路产量规模占全国的20%；苏、沪、浙集成电路销售额占全国的70%以上，有上海浦东软件园、江苏熊猫软件园等；珠三角集成电路销售额占全国的10%，广州有国家级LED研发基地
生物医药	环渤海地区、长三角地区、珠三角地区	国家级生物产业基地环渤海有9家，占全国的53%；长三角有6家，占全国的35%；江苏2010年生物制造产值超2000亿元，位居全国第一；上海物联网产业产值超千亿元，位居全国第一；广州、深圳集聚全国150多家生物制药企业，生产规模全国领先
高端装备制造	环渤海地区、长三角地区、珠三角地区、中部地区、西部地区	北京拥有大批高端装备制造领军企业，青岛造船、济南智能制造全国领先；上海拥有航空制造示范基地，南京、南通、常州轨道交通、海洋装备制造领先；广州有国内最大的大中型集装箱船和特种船建造基地；成渝地区有航空装备、卫星应用装备、城市轨道制造基地

续表

主要分布地域	集聚的生产能力与产业资源
新能源	环渤海地区、长三角地区、西北地区、西南地区	30%以上的风电装备制造企业在环渤海地区；60%的光伏、20%以上的风电装备制造企业、近40%的生物质发电装机在长三角地区；多晶硅产能的30%、核电核岛核心设备的50%在四川；90%以上的风电和太阳能光伏发电项目在新疆、内蒙古和甘肃
新材料	环渤海地区、长三角地区、珠三角地区、中部地区、西部地区、东北地区	近50%的新材料基础研究和科研开发工作在北京，纳米、半导体照明、石油化工新型工业化示范基地在天津；上海是基础原材料工业基地和新材料研发制造基地，浙江磁性材料产量占全国总量的60%以上；广州有产值超亿元的新材料企业140多家，并有亚洲最大的塑料改性企业金发科技，佛山有国家新材料产业基地
新能源汽车	珠三角、长春、北京、上海、武汉、重庆	长春一汽能生产各种新能源汽车；北汽集团年产新能源汽车15万辆；2014年年底东风汽车年产16万辆；上海新能源汽车市场占有率达20%；重庆长安年产10万辆，广汽2015年产20万辆；2015年深圳年产20万辆，比亚迪占大部分

资料来源：赛迪顾问：《中国战略性新兴产业地图白皮书》系列，2011—2012年，网址：www.ccidconsulting.com。笔者加工整理。

表10-1较清楚地显示了目前中国战略性新兴产业的宏观格局。由于表格表达信息的局限，作为第五章内容的进一步阐发，以下进一步说明战略性新兴产业的宏观格局状况。

（一）节能环保产业

节能环保产业主要集聚在长三角、珠三角、环渤海、长江流域带等地区。统计资料显示，至2012年，国家批准建立了28个"城市矿产"示范基地，这其中就有长三角地区的邳州循环产业园再生铅产业集聚区、上海燕龙基再生资源利用示范区、浙江梧桐大地循环经济产业园等。而且，江苏的南京、无锡、苏州、常州、镇江、盐城以及浙江的杭州、绍兴、温州和台州等城市都是中国环保设备生产的主要集聚区。

环渤海的"城市矿产"示范基地有天津子牙循环经济产业区、大连国际生态工业园、唐山再生资源循环利用科技园、青岛新天地静脉产业园、北京绿盟再生资源产业基地、辽宁东港再生资源产业园等，而且北京是中国北方环保技术开发转化中心,天津市拥有北方最大的再生资源专业化园区。

广东是全国环保大省,珠三角的广州、深圳是珠三角环保产业两大核心区域,其环保技术服务年收入排在全国第二位,资源综合利用和洁净产品年收入排在全国第三位。

在中部的长江流域带,湖南有6个节能环保产业基地,2个循环经济工业园;湖北有国家级武汉青山节能环保产业中心;陕西有关中、陕南、陕北大气污染防治产业园;重庆有4个国家级环保成套设备研发基地。

(二) 新一代信息技术产业

新一代信息技术产业资源主要集聚在环渤海、长三角、珠三角和成渝等地区。据统计,2010年这三大区域集成电路产业销售收入占了全国整体产业规模的近95%;集成电路设计处于前40位的企业,环渤海地区占有17家,长三角占有18家,珠三角占5家;至2010年年底,国内8英寸和12英寸芯片生产线共计23条,其中长三角地区就有13条,占国内整体数量的65%,特别是江苏省,国内封装测试前20大企业中,江苏省的企业就有11家。目前,长三角地区集中了国内55%的集成电路制造企业、80%的封装测试企业和近50%的集成电路设计企业。

2011年,国家将21个城市列为国家电子商务示范城市,这其中包括环渤海地区的北京、天津、青岛;在计算机制造、云计算和物联网服务和核心技术研发方面,北京是全国的中心,2010年北京电子商务交易额突破4000亿元,汇聚了大批国内外信息技术企业,拥有京东商城、卓越、当当等一些国际知名的电子商务企业。另外,天津也是国家重要的电子商务创新试点示范基地。

长三角的上海、南京、苏州、宁波、杭州是国家电子商务示范城,并有阿里巴巴、生意宝等电子商务龙头企业,有国家重要的电子、通信、软件、计算机制造等著名企业。珠三角的广州、汕头是国家电子商务示范城市,深圳是国内最大的电子制造业基地,有海思半导体、中兴微电子等一批优秀的集成电路设计与制造企业,已具备了相对完整的信息技术产业链。

(三) 生物医药产业

生物医药产业主要集聚在长三角、环渤海、珠三角和东北等地区。目前,国家已批准建设国家级生物产业基地21个,其中,环渤海地区有9家,占全国总数的53%;长三角地区有6家,占总数的35%。三个地区医疗器械总产值和销售额占全国总量的80%以上。

长三角的上海是中国医疗器械行业的"领头羊"，国内市场占有率达50%以上，其有浦东张江—周康生物医药研发中心，有奉贤、金山、青浦为重点的生物医药制造基地，生物医药领域的顶级跨国公司如辉瑞、葛兰素史克、阿斯利康、诺华、罗氏等均在张江设立了研发中心或总部机构；江苏医疗器械行业总资产占全国的17%左右，江苏泰州高新区是国家唯一的医药高新区，能为生物医药企业的研发、孵化提供全流程服务。

环渤海的北京拥有中关村生命科学园、北京经济技术开发区和中关村大兴生物医药基地，形成了国家生物产业基地，集聚了全国近35%的智力技术资源。

珠三角的广州是国家十二大生物产业基地之一，有100余家生物医药企业，12所与生物医药相关的高等院校，40余所生物医药研发机构，200余家生物医药研发型企业。深圳的生物医疗设备、生物制药企业规模在全国居于领先地位，特别是创新药物研发、生物医药研发、药品制剂出口领先，深圳拥有中国首个国家基因库，也是规模居全球第4位的国家级基因库；深圳高新区是基因技术核心研发区，光明片区和南澳片区是生物医药制造区；一批跨国生物企业如赛诺菲安万特、西门子、津村药业、奥林巴斯等在深圳建有生产基地。

（四）高端装备制造业

高端装备制造业主要集聚在环渤海、长三角、珠三角、中部、西部等地区。环渤海的北京，是国家高端装备制造业的人才集聚地和科技研发中心，拥有一批高端装备制造业各大领域的领军企业；青岛的造船，济南的智能制造，沈阳的航空装备和智能制造，大连的海洋工程装备、轨道交通在全国居领先地位。这一地区还集中了如中航工业集团、中国航天科技集团、中国重汽集团、济南轨道交通装备公司、大连船舶重工集团和渤海船舶重工集团等龙头企业。

长三角的上海是国家的民用航空、智能制造装备、海洋工程装备制造基地，拥有国家民用航空产业示范基地、长兴岛海洋装备基地等；南京、南通、常州、杭州是国家轨道交通装备制造、海洋工程装备制造、航空装备制造、卫星应用制造、轨道交通装备零部件制造业和数控机床制造的基地，拥有南京轻型飞机有限公司、江苏北斗科技、新誉集团等重点企业。

珠三角的广州、深圳、佛山是高端装备制造核心，广东的装备制造增加值占全省工业增加值的 45%，占全国总量的 20%，位居全国第一；广州是国家汽车、核电、燃气轮机、造船基地；深圳是国家通信设备、民族品牌汽车和混合动力汽车制造基地；佛山是精密制造、自动化机械和设备制造基地，有南风股份、广电运通、中集集团、中海达、汇川技术、华为技术、广州数控等国内著名的重点企业。

东北地区是中国的传统老工业基地，在重型机床、金属冶炼、大型电力设备、飞机制造等领域具有雄厚的基础，拥有沈阳飞机集团、哈尔滨航空工业集团、大连机床集团、沈阳机床集团等龙头企业。沈阳新松机器人自动化公司是中国最大的机器人产业化基地，沈阳机车车辆公司是以修造铁路货车和检修内燃机车为主的亚洲最大的货车生产基地，大连机车车辆厂是国内最大的内燃机车生产企业，中国一重集团（齐齐哈尔）目前是国内最大的核电锻件及核岛主设备供应商，哈尔滨电站设备集团是中国最大的发电设备生产基地。

(五) 新能源产业

新能源产业主要集聚在环渤海、长三角、西南、西北等地区。环渤海的北京是新能源技术研发和应用示范中心，天津和辽宁是国家风电设备产能中心，天津集中了全国 35% 左右的风电设备产能和国家风力发电高新技术产业化基地，山东是国家太阳能光热利用产业基地，河北有保定新能源与能源设备产业基地、宁晋太阳能硅材料产业基地以及邢台国家光伏高新技术产业基地。

长三角的上海是重要的新能源装备制造基地，江苏有国内最大的光伏产业基地和国内唯一的海上风电基地。此外，还有昆山可再生能源特色产业基地、江宁可再生能源特色产业基地、徐州新能源特色产业基地、常州国家可再生能源产业基地、盐城国家海上风电及装备高新技术产业基地；长三角拥有上海电气集团、华锐风电、中复联众、天地风能、明阳风电等国内著名的企业。

西北地区的内蒙古风能资源丰富，太阳能资源占有量居全国第二位，陆地风能资源储量约占全国的 50%，近年来，其风电产业和风电装机容量增长迅速，是中国首个风电装机突破千万千瓦的省份；甘肃酒泉有中国第一个千万千瓦级风电基地，是迄今为止中国和世界上规模最大的风电工程；新疆的新能源产业主要是风力发电和太阳能光伏发电，拥有金风科技和新疆新能源公司等国内新能源龙头企业。西南地区的四川，是国家重要的硅材料和核装备制造基地，拥有新光硅业、东方电气、中国二重等众多国内知名企业。

(六) 新材料产业

新材料产业，主要集中在环渤海、长三角、珠三角、中部、西部、东北等地区。环渤海的北京，是全国新材料产业的人才集聚地和科技研发中心，其石化新材料、高端金属材料、磁性材料、生物医用材料等优势明显，有北京石化新材料科技产业基地、中关村永丰高新技术产业基地，拥有安泰科技、燕山石化、北新建材、蓝星东丽、中科纳新、有研硅股等一大批国内乃至全球具有较强竞争力的领军或骨干企业。天津有国家半导体照明工程高新技术产业化基地、国家纳米技术产业化基地、石油化工新型工业化示范基地，拥有中海油、中石油、大港油田、天津石化、中环电子、三安光电、瑞凯科技等一批龙头骨干企业。辽宁的复合材料、化工材料、纳米材料，山东的化工新材料、高技术陶瓷、特种纤维、高分子材料在全国均具有显著优势，拥有山东东岳、山东海龙、烟台万华、泰山玻纤等一批新材料龙头企业。

长三角的上海是全国重要的基础原材料工业基地和新材料研发制造基地，其新型金属材料和新型有机材料的生产在全国居领先地位；江苏的电子信息材料、新能源材料、高性能纤维复合材料、纳米材料等，浙江的磁性材料、电子用铜合金材料、单晶材料、有机硅材料、电子陶瓷、新型建筑材料和工程塑料等优势显著；长三角有上海石化、高桥石化、南大光电、中复神鹰、江苏九鼎、宁波韵升、海宁天通、宁波广博、富通集团、广博纳米等一批新材料龙头骨干企业。特别是浙江，拥有国家火炬计划新材料特色产业基地9家，是中国乃至全球最主要的磁性材料生产基地。

珠三角的广州新材料产业主要是先进金属材料、有机高分子材料、精细化工材料等，深圳的新材料产业主要是电子信息材料、新能源材料、生物材料、无机非金属材料，佛山的新材料主要是电子信息材料、先进复合材料、新型功能材料、高性能结构材料、新型建筑材料、化工新材料等。珠三角拥有国家火炬计划佛山新材料产业基地、佛山蝉城区建筑卫生陶瓷特色产业基地，拥有世纪晶源、比亚迪、长园新材、通产丽星、深圳惠程、贝特瑞、佛山照明、佛塑股份、国星光电等一批重点骨干企业。

中部地区有安徽马鞍山、铜陵、蚌埠三大新材料产业化基地。湖北的武汉是国内重要的光电子信息材料、金属材料的生产和研发基地，黄石是国内著名的特种金属材料和建筑材料生产基地，襄阳是国内重要的光学材料、无机非金属材料生产研发聚集区，宜昌是国内新型建筑材料和无机非金属材料的重要生产区；河南拥有超硬材料产业化基地和洛阳国家硅材料及光伏高新技术产业化基地；江西九江的有机硅单体产能为亚洲最大。中部地区拥有马钢集团、新兴铸管、铜陵有色、鑫科材料、精诚铜业、精达股份、盛世光学、凯乐新材、株硬集团、博云新材、江铜集团、萍钢、三花集团、中硅高科、洛阳单晶硅、星火有机硅等一大批龙头企业。

西部地区的重庆形成了镁合金、化工新材料和铝加工三个新材料高新技术产业化基地和西彭铝产业新型工业化示范基地；陕西有宝鸡高新区、咸阳泾渭新区、西安经开区、西安阎良航空材料产业基地以及安康新材料基地、商洛现代材料产业基地；四川有钒钛新材料、硅锂新材料、化工新材料、稀土新材料、超硬新材料、生物医学新材料等基地；甘肃以镍为代表的有色金属材料，云南的稀贵金属新材料，贵州的高性能金属及合金材料、新型能源材料、电子功能材料，广西以铟为代表的有色金属材料等均在全国有显著优势。西部地区还拥有重庆镁业、西南铝业、攀钢集团、新光硅业、宝钛集团、西安航空制动公司、金川集团公司、兰州铝业公司、白银有色金属公司、甘肃稀土集团、南方汇通、天磁锰业等重点骨干企业。

东北地区的新材料产业能力主要体现在高端金属结构材料、先进高分子材料和高性能复合材料等领域。东北有以大庆为中心的化工新材料生产基地，以牡丹江为中心的特种陶瓷材料产业基地，以鸡西、鹤岗为中心的石墨材料产业基地，以绥化、黑河、牡丹江、双鸭山为中心的光伏新材料产业基地。此外，还有化工新材料生产基地（吉林）、碳纤维生产基地（吉林辽源）、光电材料生产基地（长春）、镁合金生产基地（临江）、铝型材生产基地（辽源）、硅藻土材料生产基地（白山）等。东北地区的新材料产业骨干企业主要有辽阳石化、华镁集团、长城光电、路明集团、东北轻合金、大庆石化、吉化公司、吉林化纤集团、吉恩镍业、中钢吉炭、吉林铁合金等。

（七）新能源汽车

新能源汽车主要集聚在珠三角、长春、北京、上海、武汉、重庆等地区。北京有新能源汽车产销量全国第一的福田汽车平谷综合产业园和长安汽车北京新能源汽车生产基地，前者是国内最大的新能源汽车零配件产业集聚区。长春正形成一个新能源汽车产业集聚区，发展以纯电动汽车为代表的新能源汽车，有高新电动汽车有限公司等 5 家新能源整车生产企业，新能源汽车产能达到 1.4 万辆，计划到 2020 年，其总产值将达到 500 亿元。

这种格局的形成一方面是由于地域的自然资源环境、经济发展水平、技术、人才等先天条件，另一方面则是由于大型国有企业或领军企业的战略决策和投资取向。哪些地区自然资源禀赋好，人才、技术、资金的优势显著，哪些地区战略性新兴产业的集聚程度就高；哪些地区大型国有企业的投资力度大，投入的生产要素多，哪些地区战略性新兴产业的资源就充分，战略性新兴产业的发展态势就好。

二 全球新兴产业布局的经验启示①

发展战略性新兴产业是中国政府根据中国产业发展水平、产业结构以及全球产业发展大势所作出的重要抉择。进入 21 世纪之后，全球产业发展出现了一种明显的技术时代特征，各国特别是发达国家都不约而同地提出创新战略，加快对新兴技术和产业发展的布局，争夺产业、科技制高点，以图通过发展新技术、培育新产业，创造新的经济增长点。这些计划的战略目标基本是选择发展纳米新材料、生物制药、新再生能源、高质量水处理、传播信息整合产业、IT 融合系统等新兴产业，加强产品核心技术的开发，建设绿色强国，在创造就业的同时达到经济的优质增长。发达国家提出的新兴产业发展计划，基本上与中国的战略性新兴产业相对应。这些计划的行动和实施，也引致了各国产业结构和全球新兴产业布局的变化。根据已有统计资料，现阶段全球新兴产业的分布状况如表 10-2 所示。

表 10-2　　　　　　　　全球新兴产业空间布局状况

	主要分布地域	集聚的全球著名企业和园区
节能环保	德国的莱茵河沿岸；日本的九州、关西；美国的加利福尼亚、宾夕法尼亚、得克萨斯、伊利诺伊、纽约、新泽西、马萨诸塞等州	德国：威乐泵业集团、NORD 集团、环保热力公司；日本：北九州生态园、太阳环保工程公司、三菱重工；美国：纳可环技公司、陶氏公司、海德能公司、威龙科技、燃料技术公司、GE 公司等

---

① 李金华：《中国战略性新兴产业空间布局现状与前景》，《学术研究》2015 年第 5 期。

续表

	主要分布地域	集聚的全球著名企业和园区
新一代信息技术	美国的加利福尼亚、五大湖工业区、美东北部；西欧；日本	美国：英特尔、惠普、苹果、IBM、微软、DEC、Discovery Technology、JPSA、Optoplex、Precision Photonics；德国：PicoQuant Sglux、MUT、Frankfurt Laser；法国：iXFinber、Crisial Laser、SILIOS；英国：Elliot Scientific、Fianium；意大利：Micro Photon Devices、Teleoptix；日本：NEC、索尼；荷兰：飞利浦；韩国：三星
生物医药	美国的旧金山、波士顿、华盛顿、北卡、圣迭戈；英国的伦敦、牛津、剑桥、爱丁堡；日本的东京、北海道、关西；德国的勃兰登堡、柏林	美国：旧金山、波士顿、华盛顿、北卡、圣迭戈五大生物技术产业区，有辉瑞、强生、惠氏、雅培、安进等企业；英国：剑桥生物技术园，有葛兰素史克、阿斯利康等企业；日本：大阪生物技术产业园区、神户地区产业园区、北海道生物技术产业园区，有武田制药、安斯泰来制药等企业；德国：柏林－勃兰登堡生物技术区，有默克、勃林格殷格翰、拜耳、先灵等企业
高端装备制造	美国的五大湖工业区、西雅图、洛杉矶；北欧、欧洲西南、俄罗斯西南；日本的太平洋沿岸带状工业带（京滨、东京、阪神、北九州）；韩国	美国：波音、摩托罗拉、诺斯罗普、洛克希德等企业；德国：西门子、沃尔夫；法国：泰雷兹、阿尔斯通、阿里安等；意大利：瓦伦特等；挪威：阿克－克瓦纳等；俄罗斯：圣彼得堡工业区、莫斯科工业区，有米格、图波列夫、伊留申等企业；日本：川崎重工、三井工程、山崎马扎克；韩国：大宇造船、三星重工、现代重工
新能源	北欧、西欧；美国的旧金山、科罗拉多、北美北大西洋沿岸；日本的太平洋沿岸	德国：CHOREN 公司、SolarWorld 公司、Dewind 公司等；西班牙 Gamesa 风电公司等；瑞典 Shelliftea 热电公司等；法国：AREVA 能源公司等；意大利：Edison 能源公司等；美国：Westinghouse 公司、GE 公司等；丹麦：Vestas 风电公司等；日本：环能股份、夏普、京瓷、松下、三菱等
新材料	西欧；俄罗斯西；美国的五大湖区、北美北大西洋沿岸；日本的太平洋沿岸；韩国	德国：拜耳材料科技、赢创德固赛等；英国：摩根坩锅集团、GNK 宇航公司等；法国：圣戈班集团、空客集团等；美国：美国铝业公司、道－康宁、MEMC 公司、萨比克塑料公司、迈图高新材料集团、杜邦公司、亚什兰集团等；芬兰：奥斯龙集团等；俄罗斯：俄罗斯铝业联合公司、谢韦尔钢铁集团、诺里斯克镍业公司等；日本：TDK 公司、信越化学、住友金属、三井化学；韩国：LG 公司、浦项钢铁公司等

续表

	主要分布地域	集聚的全球著名企业和园区
新能源汽车	美国的加州硅谷、五大湖区；日本的太平洋沿岸；西欧	日本：丰田、日产、三菱；美国：菲斯特、通用、特斯拉等；德国：大众、宝马、雪佛兰沃蓝达等

资料来源：赛迪顾问：《中国战略性新兴产业地图白皮书》系列，2011—2012年，网址：www.ccidconsulting.com。笔者加工整理。由于在表10-1中有列示，故本表未包括中国新兴产业的分布信息。

由表10-2可知，全球新兴产业的分布区主要集中在西欧、北欧地区，以美国为主的北美地区和以中国、日本为主的东亚地区。分析表明，全球新兴产业的分布状况可显著地呈现如下特征：

第一，经济发达程度与新兴产业的分布高度相关，发达国家和地区集聚了丰富的新兴产业资源。新兴产业由于新科研成果或新技术发明应用而产生的新部门和新行业，在现阶段主要是指新材料、新能源、电子信息、生物医药、尖端制造、海洋空间等系列产业部门。新技术可以演化出新产业，新产业技术渗透性强、产品附加值高，具有广泛和潜在的市场需求；新技术也可以改造传统产业，使产业结构优化，劳动生产率和经济效益提高，从而促进经济增长。20世纪70年代以来，新的科学技术，特别是电子信息技术发展日新月异，深刻地影响着人类社会的生产和生活，科技进步、新兴产业发展成为产业国际竞争的大势。这种背景下，世界发达国家都不约而同地全力培育和发展新兴产业，力图引领全球产业发展潮流。反过来，新兴产业的发展又促进国家和地区经济增长，提高国家和地区的国际竞争力，两者相得益彰。西欧、北欧一些国家，美国、日本以及韩国等经济发达国家，经济发展水平高，科技先进。同时，发达国家资本充足，人均资本量大，金融体制、财税体制、市场体制和信用体制成熟完善，特别是其顶尖科研机构和人才充足，这使其在发展新兴产业、促进经济繁荣方面占有绝对优势，因而这些国家集聚了丰富的新兴产业资源，成为这些国家经济发展的重要动力。

第二，全球范围内新兴产业资源空间分布严重不均衡，一个国家或地区内新兴产业资源分布也严重不均衡。人才、技术、资本是产业资源集聚的基础，也是经济发展的根本。产业资源分布不均衡，经济发展水平也就不均衡。反过来，经济发展不均衡，也引致产业资源分布不均衡，二者互相因果。更进一步地，在一个国家或地区内，产业资源的分布也受地区经济发展水平的重要影响，产业资源分布也不均衡。经济发展水平高，新兴产业资源集聚也多；反之则少。

作为现代产业技术革命的重要标志，新兴产业资源分布很不均衡。全球范围内，新兴产业主要集聚在西欧、北欧、美国、日韩、中国等少数地区，而其他大部分地区新兴产业资源并不丰富。而在这些国家和地域内，新兴产业资源分布同样极不均衡，如日本主要集中在太平洋沿岸地区，即东京湾、伊势湾和大阪湾以及濑户内海沿岸地区；而美国则主要集中在西部太平洋沿岸、大西洋沿岸、东北部的五大湖工业区（苏必利尔湖、密歇根湖、休伦湖、伊利湖和安大略湖与密西西比河、俄亥俄河以及阿巴拉契亚形成的狭长地带，含俄亥俄、威斯康星、印第安纳、密歇根、纽约、宾夕法尼亚等州的部分地区）。五大湖工业区被称为美国的制造业带，面积为全国的8%，但却集中了美国50%左右的制造业资源，这是市场规律也是自然规律作用的结果。

第三，全球著名企业和品牌是产业集聚的重要标志，著名企业的投资和发展方向极大地影响着新兴产业资源的空间分布。企业是人才、资金、技术的载体，即生产资源和劳动力资源的载体。现代社会，产业发展，特别是新兴产业的发展，主要受一些巨无霸跨国公司的影响。这些全球著名的顶级企业实力雄厚，通常都从全球战略出发，安排自己的生产经营活动，在世界范围内发展市场，进行合理的生产布局，以谋取最大的利润。由于强大的经济实力、技术实力和人才实力，加之快速的信息传递和资金转移等优势，这些跨国公司或顶级企业均有很强的国际竞争力，并且在某些领域或在某些地区，形成了程度不同的垄断，成为一个行业发展的风向标。

有资料显示，全球新兴产业的集聚基本是由著名企业所引领，世界顶级企业的投资增加了地区资本形成规模，改善了资产结构，带来了管理成本和先进管理经验，降低了生产成本，推动了全球经济一体化进程和资本的国际流动，最终形成了产业资源的集聚。一定程度上可以这样说，新兴产业的集聚就是全球著名企业的生产经营活动的异动。

三　未来宏观布局的路径思考

依据前文的描述，研究全球新兴产业空间分布格局和中国当下战略性新兴产业分布的状况，未来中国战略性新兴产业的宏观布局应该注意如下几方面的问题。

（一）注重效率，兼顾利益

要注重效率、宏观调控，依托资源优势，通过产业转移，加强对中西部地区战略性新兴产业的布局。产业的空间布局过程通常表现为产业集聚过程，产业集聚有利于上下游企业减少原料成本和交易费用，显著地降低生产成本。产业资源的集聚形成了企业集群，则有利于群体内企业之间的协作，生产链分工的细化和生产效率的提高，同时也有利于研发新产品，有利于新工艺、新技术的快速传播。现阶段，中国战略性新兴产业的空间布局基本体现了成本学派和中心地理学派的主张，大量的战略性新兴产业资源集聚在了经济发达、人才、资金、技术充足的环渤海地区、长三角地区、珠三角地区等。中部特别是西部地区，战略性新兴产业集聚的资源显著偏少，分布很不均衡。这是效率优先的典型体现。

中国地域辽阔，地区经济发展很不平衡，差异很大。战略性新兴产业的空间若只考虑眼前效率，则势必加大这种差距。因而必须协调好中央和地方的关系、局部和整体的关系、当前利益和长远利益的关系，科学推进，重点突破。在注重效率的同时，兼顾利益。因此，可通过大型国有企业的投资和东部地区产业资源的有序转移，加快节能环保、新能源、生物医药、高端装备制造等产业资源在西北、西南、东北等地区的集聚，汇集人才，集中资金，打造基地，建设园区，促成战略性新兴产业形成规模。

（二）加快基础设施建设，改造传统产业

要加强中西部地区交通、能源等基础设施建设，以新技术改造中西部地区传统产业，提升产业结构品质，加快形成新的经济增长点。生产基地的形成，一个重要的前提是交通运输、能源供应等基础设施的建设。世界上一些重要的工业带、工业区，如德国鲁尔工业区，日本三湾一海工业区，美国东北部工业区、硅谷工业区和五大湖工业区等的形成和发展经验都充分表明，形成工业区和经济带，必须先发展交通运输，解决原材料等重要生产要素的运输问题。在产业发展史上，美国五大湖工业区首先是依据便捷的水路，继而是陆路、空中运输体系而逐步形成的。发源于瑞士境内的阿尔卑斯山脉、全长1320公里的欧洲第三大河莱茵河，流经瑞士、列支敦士登、奥地利、德国、法国、荷兰6个国家，由于流域内降雨丰沛，水量充足，水位比较稳定，自古以来就是西欧的南北交通大动脉，为航运提供了极为便利的条件。加之后来出现的各种现代化运输方式，使莱茵河流域出现了以鲁尔工业区为代表的在世界上产生重要影响的工业区或商业区。

在传统产业的升级改造方面，世界工业区也提供了经验教训。19世纪五六十年代，借助煤炭开采、钢铁冶炼，美国五大湖工业区开始形成，由于便捷的航运和后来兴盛的陆路、航空交通，五大湖工业区以汽车为主的运输设备制造、机床、农业机械制造、电气设备、钢铁、炼油、化学以及肉类、粮食等农畜产品加工部门迅速发展起来，形成了美国著名的"制造业带"。但是，因为忽视传统制造业的升级换代，到了20世纪30年代，五大湖工业区由盛转衰，城市人口减少，大批人口涌向郊区，一些工厂倒闭，失业人口剧增。直至进入80年代后，五大湖工业区中高新技术产业比例开始上升，以纽约、费城、波士顿为代表的一些城市，金融业、高科技产业以及为制造服务的高端服务业迅速发展，才有效地改善了该地区的产业结构，给五大湖工业区的发展注入了新的活力，催生了其经济的复苏。

借鉴世界重要工业区、经济带形成的经验，建设中国西南、西北、东北以及中部地区战略性新兴产业基地，重要的前提是加快建成该地区的立体交通网络体系，加快已具基地雏形或拟建基地地区道路、供电、通信、供水、排水、供气、供热等基础设施的建设，加快推进这些地区的城镇化进程，为大型国有企业、具有国际竞争力的民营企业的战略性新兴产业的投资创造条件。

战略性新兴产业的培育发展具有两个功能：一个是直接形成新产业，创造新的经济增长点；另一个是改造传统产业，促进产业升级。因此，在建设和完善园区、基地基础设施的同时，要利用战略性新兴产业改造传统产业，优化地区产业结构。在战略性新兴产业资源相对薄弱的西部和中部地区，要特别重视战略性新兴产业对传统产业的改造升级，保持经济的可持续增长。要在中西部地区的传统产业中广泛应用新技术、新材料、新工艺、新设备，全面提高产业的生产水平；要以信息技术推广应用为重点，提高传统产业的信息化水平，实现生产过程的自动化和最优化；要发展数控技术，推广新型制造技术，提高传统产业设备的自动化水平，广泛应用先进制造技术，推进制造领域的优质高效生产，提高制造效率和产品质量；要重点研制技术含量高、附加值高的产品，促进传统产品的升级换代，在中西部地区打造战略性新兴产业的著名品牌。也必须注意，产业升级改造的同时，必须注重节能降耗，保护环境，要推广应用新型工艺、新型装备，如数控机床、先进机器人、先进发电输电设备、大型自动化成套设备、大马力拖拉机、环保型柴油发动机等，充分满足中西部传统产业装备更新换代的需要。

（三）充分考虑政治国防安全

科学合理的产业布局标准是：最大限度地发挥企业的生产效率，最大限度地促进区域经济的可持续协调发展，最大限度地保证国家的政治经济安全。现代产业的发展经验显示，产业资源总是先在某一地域集聚，然后再向其他地域扩展，低级阶段通常表现为集中发展的极核发展形态，高级阶段则表现出缩小地域间经济差距的整面发展形态。一个国家在进行产业布局时应该以产业空间发展的自然规律为基础，到高级阶段时，则应关注地域间经济差距的缩小，中国的战略性新兴产业目前正处于这一发展阶段。

中国战略性新兴产业现有布局是目前区域经济发展格局下的必然选择，是经济规律和市场法则的自然体现。但是，战略性新兴产业的布局事关国家政治、经济、军事安全，关乎国计民生，因而必须通盘考虑、统筹规划；必须着眼于国家政治、经济和军事安全，服从大局，服从长远，服从国家的根本利益和核心利益；要遵从客观规律，实行资源互补和行业领先策略，立足产业核心优势，实施有差异的错位发展策略；要通过市场细分、市场定位、区域定位等方式发展优势产业。总之，要在中央政府的把控下，实行战略性新兴产业的宏观一盘棋的空间大布局。

第二节　建设新兴工业区[①]

《"十三五"规划纲要》提出：实施制造强国战略，发展战略性新兴产业，特别是重点发展新型制造业；推动生产方式向柔性、智能、精细化方向转变，推动制造业由生产型向生产服务型转变；对制造业集聚地区进行改造升级，建设若干先进制造业中心，建成一批具有重要影响力的新型工业化产业示范基地。

一　建设新兴工业区的现实基础

战略性新兴产业也就是先进制造产业，建设战略性新兴工业区，也就是建设先进制造工业区。近年来，中国积极角逐全球产业技术竞争，加速

---

① 李金华：《全球新兴工业区兴起背景下中国先进制造工业区建设的现实思考》，《中国地质大学学报》2016年第4期。

推进新型工业化进程，在国家、省、市、县不同层级开展工业示范园区的建设，引导产业集约化发展，为先进制造工业区的建设打下了良好的基础。特别是2009年7月以来，工业和信息化部在全国推行"国家新型工业化产业示范基地"建设工程，2010年1月公布了第一批61个示范区，2010年12月公布了第二批66个示范区，2012年2月公布了第三批57个示范区，2013年2月公布了第4批46个示范区，2014年7月公布了第5批36个示范区，2015年3月公布了第6批34个示范区，2015年12月公布了第7批34个示范区，共计334个新型工业化产业示范区。其中，装备制造93个，原材料78个，消费品生产55个，电子信息41个，军民结合32个，软件和信息服务17个，其他18个。这些示范基地的地域分布如表10-3所示。

表10-3　　　　国家新型工业化产业示范基地地域分布状况　　　　单位：个

东部		中部		西部	
地区	个数	地区	个数	地区	个数
北京	8	山西	6	四川	16
天津	9	安徽	11	云南	7
河北	14	江西	10	贵州	9
山东	22	河南	11	西藏	1
福建	14	湖北	14	重庆	10
辽宁	17	湖南	15	陕西	13
吉林	8			甘肃	5
黑龙江	10			青海	2
上海	17			新疆	9
江苏	20			宁夏	6
浙江	18			内蒙古	7
海南	2			广西	5
广东	18				
总计	177		67		90

资料来源：工业和信息化部网站：http://www.miit.gov.cn。笔者加工整理。

已公布开始建设的334个国家新型工业化产业示范基地，目标是通过工业园，发展特色鲜明、生产规模和技术水平在全国居领先地位的主导产业，形成自主创新能力强、效率效益高、拥有国际国内著名品牌、在全国走在前列的新型产业集聚区。现在，这些基地的主体功能区定位明确，土地利用符合国家相关产业发展规划；主体园区产业集约程度高，生产规模较大，生产效益较好；多数园区具备国家级企业技术中心或研发机构，核心企业的创新和研发能力强；主导产品质量处于国际、国内同行业前沿水平，拥有全球或国内知名品牌；园区通信设施齐全，信息化水平高；公共服务体系和服务平台完善；生产过程资源消耗较低，环境污染较少，且得到地方政府的大力支持。

更进一步地，为培育中国经济发展新动能，促进国民经济向中高端水平迈进，建设科技强国和制造强国，从2009年起，国家开始建设"国家自主创新示范区"。2009年3月，国务院批准设立中关村国家自主创新示范区，以后又陆续公布了13个国家自主创新示范区。相关情况如表10－4所示。

表10－4　　　　　　　　中国14个国家自主创新示范区简况

	设立时间	地域范围	目标定位
中关村国家自主创新示范区	2009年3月	含海淀、昌平、顺义、大兴—亦庄、房山、通州、东城园、西城、朝阳、丰台、石景山、门头沟、平谷、怀柔、密云、延庆16园	培育国际知名品牌，成为具有全球影响力的科技创新中心
武汉东湖国家自主创新示范区	2009年12月	光电子园、科技园、软件园等，并含生物城、未来科技城、佛祖岭产业园、中华科技园、左岭产业园、光谷中心城等园区	国家新技术创造中心、新产业生成中心，世界一流的高科技园区，享誉世界的"光谷"
上海张江国家自主创新示范区	2011年3月	紫竹高新区、张江核心园以及漕河、闸北、青浦、嘉定、金桥、杨浦、徐汇、长宁、虹口、松江、闵行、普陀、奉贤、金山、崇明、临港、陆家嘴等园	新一代信息技术、高端装备制造、生物医药、能源环保等产业集群；培育国际知名品牌；有较强国际竞争力的跨国企业；世界一流科技园区
深圳国家自主创新示范区	2014年6月	深圳10个行政区和新区	突破互联网、生物、新能源、新材料、新一代信息技术的关键共性技术；以数字化、网络化、智能化为重点，发展基于数字技术的先进制造业

续表

	设立时间	地域范围	目标定位
苏南国家自主创新示范区	2014年10月	8个国家高新区和苏州工业园区组成，含南京、无锡、常州、苏州、镇江5市	拥有国际知名品牌和市场竞争力的创新型企业，具有自主知识产权和高附加值的战略性新兴产业
长株潭国家自主创新示范区	2014年12月	含长沙、株洲和湘潭3个国家高新技术产业开发区	重点发展高端装备、新材料、新一代信息技术、生物和文化创意5个主导产业
天津国家自主创新示范区	2015年2月	"一区二十一园"，天津国家自主创新示范区，并在各区县、滨海新区等功能区分别建设21个分园	发展高端装备制造、新能源与新能源汽车、新一代信息技术、物医药产业，建成有国际竞争力的产业创新中心
成都国家自主创新示范区	2015年6月	以成都高新区为基础建设	发展新一代信息技术、高端装备制造、生物、节能环保产业；发展金融、商务服务、科技服务等生产性服务业
西安国家自主创新示范区	2015年9月	西安高新技术产业开发区为基础建设	发展新一代信息技术、高端装备制造、新能源汽车、生物医药等
杭州国家自主创新示范区	2015年9月	杭州高新区和萧山临江高新区	互联网大众创业集聚区、全球电子商务引领区、信息经济国际竞争先导区，全球有影响力的"互联网+"创业中心
珠三角国家自主创新示范区	2015年11月	广州、珠海、佛山、惠州仲恺、东莞松山湖、中山火炬、江门和肇庆8个国家高新区	建成具有国际竞争力的产业新体系，国际一流的创新创业中心
郑洛新国家自主创新示范区	2016年3月	郑州、洛阳和新乡3个国家高新区	形成高端装备制造、电子信息、新材料、新能源、生物医药等产业集群
山东半岛国家自主创新示范区	2016年3月	济南、青岛、淄博、潍坊、烟台和威海6个高新技术产业开发区	全球具有影响力的海洋科技创新中心，成为经济转型升级样板区、创新创业生态示范区

续表

	设立时间	地域范围	目标定位
沈大国家自主创新示范区	2016年3月	沈阳和大连两个国家高新技术产业开发区	高档数控机床、船舶和海洋工程装备、航空装备、能源装备等先进装备制造业；装备制造转型升级；"辽宁制造业创新中心"；"互联网+"协同制造

资料来源：科学技术部网站（http://www.most.gov.cn），笔者加工整理。

国家自主创新示范区是升级版的国家高新区，目标是：实施创新引领战略，建成世界一流的高科技园区，通过管理体制、运营体制的创新和相关政策的先行先试，汇聚创新元素，培育增长级和新经济增长点，对其他国家高新区和区域经济社会的发展起到引领、辐射、带动作用。事实上，国家自主创新示范区的先进产业已经走在了国内前列。据统计①，2014年，中关村国家自主创新示范区现代服务业总收入占全区总收入的67%，下一代互联网等6大优势产业集群和高端装备等4大潜力产业集群的总收入占全区规模以上企业总收入的70%以上；武汉东湖光纤光缆国际市场占有率达25%，光器件国际市场占有率达12%；上海张江集成电路产业产值占全国的1/3。这些数据从一个侧面反映了国家自主创新示范园区的建设成就。

国家新型工业化产业示范基地和国家自主创新示范区的发展状况，是中国建设先进制造工业区的现实基础，建设具有全球影响力的先进制造工业区应充分考虑这些示范基地和创新示范园区的区位布局。

二 全球新兴工业区建设的经验启示

按照韦伯的工业区位论，当生产资源在一定程度上集中时，生产成本会由此而降低；集聚状态下的成本指数比工业完全分散状态下的成本指数低；任何一个理想的工业区位，都应选择在生产和运输成本最小点上，因而产业集聚是一种优势或是一种廉价的生产。工业区位论和产业集聚理论对工业发展实践产生过一定的影响，全球工业发展史上就曾出现过诸多传统工业区和新兴工业区，创造了一个国家或地区制造业发展和经济发展的

---

① 《建设国家自主创新示范园区，推动经济持续健康发展》，http://www.360doc.com/content/16/0401/21/28639078_547168908.shtml，笔者进行了加工整理。

巨大成就。

传统工业区以美国的五大湖工业区、德国的鲁尔工业区等为代表。美国东北部的五大湖工业区位于美国五大湖、密西西比河、俄亥俄河以及阿巴拉契亚山脉之间，五大湖工业区农业发达，煤、铁矿资源丰富，集聚了美国大部分的钢铁、汽车、化学等工业，是美国重要的工业基地，著名的"制造业带"，也是美国的城市化中心、会展中心和汽车研发中心。德国的鲁尔工业区位于德国西部莱茵河下游支流鲁尔河与利珀河之间，以采煤起家，并借助煤炭的综合利用发展了炼焦、电力、煤化学等工业，继而引致钢铁、化学、电力、机械制造业，特别是重型机械制造的发展。鲁尔工业区创造的财富成为德国发动两次世界大战的物质基础，被称为"德国工业的心脏"。

但是，以五大湖、鲁尔工业区为代表的传统工业区均因为生产结构单一、煤炭能源地位下降，部分行业产能过剩以及发展趋于饱和而一度衰败，后经过产业结构调整才得以走出困境。传统工业区的经验教训，催生了一些有重要影响的新兴工业集聚区。20世纪50年代以后，第三次工业技术革命兴起，一些新兴工业区应运而生。最为典型的是美国的"硅谷"、印度的班加罗尔、英国的苏格兰中部工业区、意大利的普拉托工业区、日本的九州岛工业区、德国南部的慕尼黑工业区等。有别于传统工业区的是，新兴工业区多由科技含量高、产品附加值高、能耗低的新兴产业发展起来，并且以创新能力较强的中小型企业为主体。新兴工业区集聚资源迅速、环境影响小、效率高、成长快，主导或引领了一国经济，对本国经济和全球行业发展产生了重要影响。其主要特征和简况可列示如表10-5所示。

表10-5　　　　　　　　全球主要新兴工业区简况

工业区	地域范围	形成起始时间	集聚的主要产业
美国硅谷	加州北部旧金山以南经圣克拉拉至圣何塞近50公里的狭长地带	20世纪60年代中期	半导体、计算机、通信、软件、生物、航空、专业服务等
日本九州岛工业区	九州岛北部，含北九州、福冈、长崎等市	20世纪50年代中期	微电子、机械制造、钢铁、化学、造船等
印度班加罗尔工业区	印度南部	20世纪90年代初	软件、机械、电子、原子能、航天等

续表

工业区	地域范围	形成起始时间	集聚的主要产业
意大利东北部和中部工业区	含普拉托、塔兰托都、乌迪内、阿雷佐、博洛尼亚等市	20世纪50年代初	纺织、自动化设备、瓷砖、包装材料等
德国慕尼黑工业区	含慕尼黑、斯图加特等市	20世纪80年代中期	激光技术、纳米技术、生物、宇航、飞机制造、微电子等
英国苏格兰中部工业区	从格拉斯哥以西到丹第城间一条长130公里、宽50公里的地带	20世纪70年代中期	大规模集成电路、光学电子、信息系统、人工智能、软件等

资料来源：http://www.doc88.com/p-996294879581.html，笔者加工整理。

全球著名新兴工业区形成和发展的成功经验主要体现在两个方面。

第一，产业以轻型工业为主，技术先进，产品附加值高，对环境影响小，发展速度快，成长迅速。全球著名的新兴工业区，多数是由科技含量高、创新能力强的中小企业集聚而成。这些企业技术先进、能耗低、污染小，主导了全球产业发展大势。如美国加州北部的"硅谷"，最初是设计生产硅芯片，后又吸引了生物、海洋、通信、能源材料等高技术研究机构和企业加盟。加之地理位置优越，科技人才云集，科研力量雄厚，现在已发展成享誉全球的"电子和计算机王国"，成为现代高新科技的代名词。

另一个著名的新兴工业区班加罗尔，地处印度南部，是全球第五大信息科技中心，产业以IT为主，兼有电器、机床、制药、汽车、飞机制造等高技术产业，被称为"亚洲硅谷"。日本西南端的九州岛是日本电子工业的心脏，20世纪70年代开始，由微电子（IC）工业起家，后一些技术知识密集产业，如机械制造、钢铁、化学、造船等产业也纷纷在此落地，迅速连片发展成工业区。目前，九州岛工业区IC产品的世界市场占有率达40%，成为日本工业"粮食""能源"的供应地，也被称为"硅岛"。同样，意大利东北部、中部的新兴工业区产业主要是毛纺、瓷砖、木工机械、包装机械、座椅等轻型工业；英国苏格兰工业区集聚的主要是通信科技、新媒体、电子娱乐、电视电影等产业。集聚现代新兴产业或轻型工业是全球著名新兴工业区的共同特征。

第二，以中型企业和小型企业为主体，形成较为完整的产业链，集约化、规模化生产，经济效益好，生产效率高。从现有产业和企业结构看，新兴工业区集聚的多是中小企业。美国"硅谷"虽有英特尔、惠普、苹果、思科、朗讯等大型企业，但绝大部分还是中小企业，数量达1万余家。① 同样，九州岛工业区有久留米·乌栖、佐世保、熊本、国东、宫崎、国分6个科技新城，拥簇的高科技企业70%以上是中小企业，多达9900余家。班加罗尔集聚的高科技企业也达4500余家；意大利东北部和中部的新兴工业区也不例外，其集聚的多是雇员在250人以下的中小企业，这些企业大多散布于中小城镇或乡村，资本集中程度低。

全球新兴工业区普遍都拥有发达的交通运输体系，完整的产业链，研制、生产、组装、运输、销售一体化运作，加之高科技、高技能的从业人员，产品更新换代周期短，增长速度远超传统工业区，发展前景普遍看好。全球新兴工业区兴起的成功经验显示，要建设世界著名的先进制造工业区，需要良好的自然环境、丰富的产业资源、便利的水陆交通、雄厚的科技力量、广阔的市场基础。

三　未来新兴工业区建设的路径思考

（一）科学确定新兴工业区区位

根据工业区位理论和中国先进制造既有分布格局，特别是国家新型工业示范区和国家创新示范区的分布，可以设计规划4个中国具有全球影响力的新兴工业区，即长江新兴工业带（区）、大深圳新兴工业区、沈（阳）大（连）新兴工业区和西（安）郑（州）新兴工业区。

1. 长江新兴工业带（区）

按照中央政府规划，长江经济带（区）涉及上海、江苏、浙江、安徽、江西、湖北、湖南、重庆、四川、贵州11个省市，是一个有巨大增长潜力的经济区域，也是有望成为具有全球影响力的先进制造工业区的地带，可称其为长江新兴工业带（区）。

之所以确定这一地区，主要原因是它已包含成都、武汉东湖、长株潭、上海张江4个国家自主创新示范区，且沿线一些重要城市的先进制造业已处于国内或世界领先水平。例如，重庆的机器人、计算机、移动通信、高新技术制造、物联网、车联网科技、新能源汽车、制冷设备制造等；成都的重型机械、电子、特种钢材、绿色建材，德阳的油气开采装备，绵阳的数字视听，遂宁的光电子；武汉的光电子、新能源汽车、软件、船舶与海

---

① http：//guba.eastmoney.com/news，603328，324692907.html，笔者加工整理。

洋工程装备；长沙的工程机械，株洲的轨道交通装备，岳阳的化工新材料，醴陵的陶瓷制品，益阳的装备制造，金洲的新材料，衡阳的无缝钢管；赣州的稀土新材料，崇仁的输变电设备；景德镇的直升机、陶瓷制品；吉安的电子信息，樟树的中药产业；合肥的新能源汽车，无为的特种电缆制造；南京的软件、电子信息、智能电网装备，苏州的电子信息，无锡的传感网制造，昆山的光电显示，徐州的工程机械，江宁的电子信息，泰州的医药，江阴的装备制造，张家港的装备制造，盐城的环保装备，武进的新型电子元器件，镇江的航空零部件，南通的船舶与海洋工程装备，吴江的光电子，宜兴的环保装备，常州的轨道交通装备；萧山的装备制造，乐清的电工电器，台州的医药，舟山的船舶与海洋工程装备，新昌的装备制造，乍浦的化工新材料，嘉兴的电子信息；上海的电子信息、软件、新材料、船舶与海洋工程装备、航空、装备制造等。同时，长江经济带（区）水陆空运输发达，交通便利，而且还集聚了全国30%以上的高校，科技人才云集，这成为支撑先进制造业迅速发展的重要力量。

2014年9月，中国政府发布《国务院关于依托黄金水道推动长江经济带发展的指导意见》，提出要推动沿江地域产业结构的优化和升级，培育具有国际竞争力的现代城市群，打造世界级水平的产业集群。2016年3月，国家发改委、科技部、工业和信息化部联合发布《长江经济带创新驱动产业转型升级方案》①，对"十三五"期间长江经济带（区）的创新驱动与产业转型升级进行了部署，提出经过10—15年的努力，在长江经济带（区）建成创新驱动型产业体系，使其创新能力进入世界前列。这也是长江沿线可能成为先进制造工业带（区）的重要保障。

2. 大深圳新兴工业区

这里定义大深圳新兴工业区，是指以深圳为核心，由其周边的广州、东莞、中山、惠州、江门、肇庆等城市群组成的地区。这一地区是珠三角的核心地区。2016年3月，国务院发布了《国务院关于深化泛珠三角区域合作的指导意见》②，提出立足泛珠三角区域，连接南亚、东南亚和沟通太平洋、印度洋的区位优势，顺应"互联网＋"发展趋势，发挥国家超级计

---

① 中国经济网：http：//www.ce.cn/xwzx/gnsz/gdxw/201603/09/t20160309_9381860.shtml，笔者加工整理。

② 中国中央人民政府网站：http：//www.gov.cn/zhengce/content/2016－03/15/content_5053647.htm。

算广州中心、贵阳国家大数据中心的作用，推进制造业数字化、网络化和智能化；改造提升现有制造业集聚区，推进新型工业化产业示范基地建设，将泛珠三角区域打造成为"中国制造 2025"转型升级示范区和世界先进制造业基地。这就直接确定了以深圳为核心的珠三角新兴工业区的地位。

大深圳地区一直是中国重要的新兴工业区，这一地区重要城市的制造业稳居国内前列，有些已达到国际前沿水平。深圳的电子通信、计算机、生物医药、新材料，广州的生物医药、软件，中山的生物医药，佛山的光电显示，惠州的移动智能终端；珠海的航空、医药、海洋工程装备等都享誉中外。① 特别地，深圳是全球最大的移动终端制造基地，每年手机出货量居全球第一位；深圳也是全球重要的通信设备、电子元器件和软件研发、生产、出口基地，产业的配套率达 99% 以上。据统计②，深圳程控交换机设备、光网络设备、移动通信设备、DSL 设备等产品产量和性能均位居全国前列，生产业规模也处于全球领先地位；深圳拥有 1000 家从事通信产品生产研发的企业，其中，华为是全球最先进的通信设备生产商、电信设备供应商，自主创新能力极强，国内外专利申请量屡登榜首，为全球通信企业专利产出大户。这一地区的东莞，是全球最大的 IT 产业加工制造基地，电脑配套设备产量位居世界第一，配套率近 100%；在全球 IT 产业巨大的产业链中，东莞共集聚 IT 制造企业 3300 多家，以诺基亚、三星、日立等为代表的全球 500 强 IT 企业也有机构在此落户安家。有数据显示，东莞生产的电脑资讯产品有 10 种产品的全球市场占有率超过 10%，其中，电脑磁头、电脑机箱及半成品的市场占有率达 40%，敷铜板、电脑驱动市场占有率达 30%，高级电流电容器、行输出变压器的市场占有率达 25%，电脑扫描仪、微型马达市场占有率达 20%，电脑主板及键盘的市场占有率达 15%以上，是全球主要电脑制造商的零部件采购基地之一。

深圳、东莞等地区的主导产业深度契合了当前全球产业发展的主流，产业结构、生产规模以及交通、通信、科技人才等状况，使其具备了成为新兴工业区的潜力。

3. 沈（阳）大（连）新兴工业区

沈（阳）大（连）新兴工业区以沈阳、大连两市为核心，由其周边的

---

① 战略前沿技术网站：http://www.aiweibang.com/yuedu/105281124.html，笔者加工整理。
② 在《世界品牌 500 强》中，华为 2014 年排名第 213 位，2015 年则跃升至第 114 位。

营口、盘锦、抚顺等城市构成，含沈大国家自主创新示范区。这一工业区属于环渤海地区，是中国的重工业和化学工业基地，有较强的资源和市场比较优势。

沈（阳）大（连）新兴工业区集聚了一些国内领先的制造产业，如沈阳的装备制造、汽车制造，大连的电子信息、软件、临海装备制造、智能装备制造、轴承装备制造，营口的有色金属，鞍山的钢材精深加工，盘锦的石油装备制造，抚顺的装备制造等。按照沈大国家创新示范区的规划，沈阳将依托新松机器人打造全国最大的机器人研发和制造基地，大连也将重点培育一批具有国际影响力的新材料企业，成为国家重要的新材料科技产业基地。

沈（阳）大（连）新兴工业区通信发达，交通便利，环渤海地区拥有40多个港口，形成了中国最为密集的港口群。沈（阳）大（连）新兴工业区地处东北，有中国的老工业基础，也有新兴工业产业，从战略意义考量，应成为中国的新兴工业区。

4. 西（安）郑（州）新兴工业区

这里定义的西（安）郑（州）新兴工业区，是指西安以东至郑州周边若干连片城市群的大片区域，含西安、郑洛新两个国家自主创新示范区。这一地区已集聚了丰富的先进制造业资源，如西安的电子信息、软件、汽车、铁路、航空航天器、计算机通信、电气机械器材、专用设备制造等，汉中的航空，榆林的新型能源、化工；郑州的装备制造、新材料、航空、铝精深加工、非金属制品，新乡的动力电池、电动车、生物与新医药、制冷设备、起重和振动等特色装备制造等。

特别地，西安有西安飞机工业集团和陕西飞机工业集团两大整机生产企业，能生产军用、民用整机和飞机零部件等航空系列产品；这一地区有航空独立科研院所5个，航空大专院校7所，拥有大中型军用、民用飞机设计、试验、研发中心，航空生产综合实力居全国之首。紧邻郑州的洛阳有中国一拖集团和洛阳轴承集团两个重要的农机企业。中国一拖集团是中国特大型机械制造企业，主导产品为履带和轮式全系列拖拉机、收获机械、农机具等，现有技术、品牌、规模等方面有较强优势，是国内顶级、国际知名的农业装备制造企业。洛阳轴承集团可生产九大类型、各种精度等级的6000多个轴承品种，年生产能力达7000万套，产品广泛应用于轿车、载重车、铁路、船舶、矿山、冶金、石化、电力、农机、轻纺和航天、航空等重要领域，是国内著名的综合性轴承制造企业。西安地处中国西部，郑州位于中原腹地，从统筹规划、协调东西部地区发展的角度，建设西（安）郑（州）新兴工业区战略意义重大。

（二）建成立体交通体系和物流运输网络

要依据新兴工业区区位，先行建设新兴工业区的交通、通信等基础设施，形成便捷畅达的立体交通体系和物流运输网络。任何一个工业区的形成，无不是交通先行。应大力发展现代物流和现代交通运输业，实现产业资源、生产要素和商品在新兴工业区内、区际以及面向全球的高效流动与交换；要通过物流的信息化、网络化、自动化、电子化、智能化，实现新兴工业区物流系统的全线接驳；要设计最佳的运输路径和运输方式，以最低的费用和最小的风险，保证货物在供需方之间及时迅捷地送达；要通过全新的管理模式和先进的信息技术，提高物流运输的效率；要立体构思、以点带面，建成现代高效的新兴工业区物流网络系统，以支撑新兴制造业集聚区的可持续发展。

加快发展新兴工业区内和区际现代物流业，实行新兴工业区流通领域的革命，要通过铁路、公路、水上、装卸搬运来连接工业区内、区际的仓储、批发、零售活动，建成先进的物流管理系统；要建设工业区物流中心，引进先进的物流管理技术，降低物流成本，保证原材料、产成品从起点至终点高效有序地流动，促使工业区的运输、仓储、装卸、加工、整理、配送的有机结合和高效运作；要形成完整的产业和物流供应链，为工业区生产者和用户提供多功能、一体化的综合性服务。要建成工业区"物联网"，促进物联网的深度广泛应用；要建立分享经济机制，搭建企业间的资源开放共享平台，促进工业区企业生产方式的革新；要建立工业区制造企业产业联盟，不断提升工业区的发展质量和智能化水平。

要建成发达的银行信贷体系和现代制造服务体系。要通过发达的银行信贷体系，促进金融、科技、产业的融合性发展，发挥好银行投融资、资产转换、清算支付、信息提供、资源配置、风险管理等功能，推进工业区产业资源的合理集聚和产业链的重整。同时，应积极支持和扶助经营状况良好、主业突出、技术创新和投资能力较强、发展战略前沿、规模增长潜力大的中小民营企业投资新兴工业区的建设，鼓励支持创新型中小企业因地制宜地发展先进制造业和为制造服务的现代服务业。要利用现代管理思想，融合互联网、通信、计算机等现代先进的信息技术手段，发展工程承包、设备租赁、设备改造、检修检测、配件备件供应、供应链管理、服务平台、产品回收、设计研发、管理咨询、商标专利、财务管理、法律咨询、租赁担保、电子商务、会展培训等为制造业服务的现代服务业，使新兴工业区制造与服务一体化发展，充分发挥新兴工业区的辐射带动效应。

推行工业区特别人才政策，引导科技人才向新兴工业区聚集和流动，支撑工业区的可持续发展。要推行新兴工业区特殊的人才战略，实施高精尖人才工程，要通过工资、医疗待遇、职称评定、养老保障等各类激励政策，促成一流科学家、管理人才、高技能工人向新兴工业区集聚。要实施开放、灵活的人才引进政策，完善外国人永久居留制度，广泛吸引全球各类优秀人才，特别是世界 500 强顶尖人才在工业区工作和创业，促进人才培养链与产业链、创新链的有机衔接。要建立工业区特殊的人才流动机制，保障人才在不同企业、不同性质单位、不同工业区间的自由有序流动；要促使新兴工业区的人才管理体制与市场经济体制对接，保证人才的引进和使用适应全球人才竞争环境，把人才的发掘、培养、引进、流动完全纳入法制化轨道，发挥市场在高层次人才资源配置中的基础性作用。

（三）组织新兴工业区产业资源转移和承接

要科学规划，合理布局，有效组织产业资源转移和承接，提升新兴工业区的产业效率和经济技术溢出效应。产业转移是当今全球经济发展的大趋势，集聚生产要素，优化生产结构，协调经济发展，建构分工合理的产业体系，有效的途径之一是进行产业转移。建设具有国际影响力的新兴工业区，必须有效组织产业资源的转移和承接。

要在中央政府的统筹下，做好不同新兴工业区的规划、定位，按照工业区的定位进行工业区的产业布局；要引导非工业区的生产要素、人力资本等有序地向特定工业区集中，增强工业区对产业资源的集聚能力，促进工业区的规模化发展，形成规模效应。新兴工业区是产业资源承接的重要载体，必须加强区内包括防灾减灾等的各类现代化基础设施建设，增强工业区对生产要素的承载能力；要科学规划、通过转移产业和承接活动，形成不同工业区各具特色的产业集群，促进新兴工业区际的专业化分工和社会化大协作。

要放宽市场准入条件，鼓励工业区吸纳民营、混合所有制经济，引导有潜质的民营企业参与高技术研发和国际竞争，扩大民间投资的领域和范围，促进生产要素优化配置。要按照主体功能区的要求，不断调整新兴工业区的产业布局，提高其引领、辐射、带动能力，提升其经济和技术溢出效应。

要依托自然资源和地域产业优势，发展现代高新技术和环保节能的轻型制造业。中国西北有以机电装备、石化装备制造为主的制造业，有以有色金属新材料、电池及电池材料、太阳能热利用、生物质材料、微电子等为主导的制造基地；西南地区有以硅材料、核电装备为主的制造业；长江中上游地区有汽车、电子、生物医药为主的制造业。要依据区位理论，综合考量产业半径、终端市场、运输条件以及原材料等成本要素，以政策为导向，引导生产资源向优势区域聚集，促成制造基地演变成新兴工业区。要梯次推进，错落布局，逐步建成分布合理的新兴工业集群。

建设新兴工业区，要依托科研院校，以高科技中小型企业为主体，注重吸纳符合国家产业技术政策、有较高创新水平、较强市场竞争力、有较好经济效益和社会效益的创新型企业。这些企业资本集中程度低，产品更新换代周期短，转型和应对市场变化的能力强，便于在独立经营、密切协作的基础上实现规模经济。同时，要注重依托高等学校、科研院所，促进新技术的研发，促进科技成果的转化，增加企业的创新能力，保持新兴工业区的竞争优势。

第三节 契合制造强国建设路径

《"十三五"规划纲要》提出：深入实施《中国制造2025》，以提高制造业创新能力和基础能力为重点，推进信息技术与制造技术深度融合，促进制造业朝高端、智能、绿色、服务方向发展，培育制造业竞争新优势。战略性新兴产业发展与建设制造强国目标一致，方向一致，二者相辅相成。未来战略性新兴产业的发展要契合制造强国的建设路径。

一　与制造强国的比较[1]

（一）生产效率比较

中国工程院院长周济认为，制造强国应具备四个主要特征[2]：一是制造产业规模大，具有成熟健全的现代产业体系，在全球制造业中占有相当的

---

[1] 李金华：《中国制造业与世界制造强国的比较及启示》，《东南学术》2016年第2期。
[2] 周济：《工程院院长预测：2025年中国将成制造强国》，《科技日报》2014年11月2日。

比重；二是优化的产业结构，表现为产业结构优化、基础产业和装备制造业水平高、战略性新兴产业比重高、拥有众多实力雄厚的跨国企业及一大批充满生机活力的中小型创新企业；三是良好的产品质量和效益，生产技术先进、产品质量优良、劳动生产率高、占据价值链高端环节；四是自主创新能力强、科技引领能力逐步增长，能实现绿色可持续发展和良好的信息化水平。这一表述基本勾勒了现代制造强国的主要特征。

制造强国的重要标志之一是制造业规模在国内生产总值中占较大比重，结构优化，生产效率高。例如，制造业是德国的支柱产业，其生产规模、结构、生产效率一直位居世界前列。有数据显示，在20世纪90年代，联邦德国40%的就业岗位集中于制造业，包括深加工在内，德国制造业增加值占国民经济全行业的26%左右，无论是传统制造还是节能、环保、绿色制造等新兴制造行业，德国都在全球处于领先地位。中国自改革开放以来，制造业得以快速发展。2010年，中国制造业产值占全球近20%，全球22类500余种主要工业品产量中，中国有220多种工业品产量位居世界第一。但相比美国、德国、日本等制造强国，中国的制造业实力还有差距，相关比较数据如表10-6所示。

表10-6　　　　　　　　中国与制造强国制造业状况对比

	德国	美国	日本	中国
2014年制造业增加值（亿美元）	639.52	1780.56	1004.92	1699.02
2014年人均制造业增加值（美元）	7737	5520	7913	1219
2014年制造业增加值在GDP中占比（%）	20	12	21	33
2014年工业竞争力排名（位）	1	3	2	5
2005—2014年人均制造业增加值实际增长率（%）	1.15	2.57	1.13	7.89
2012年出口额中制造业占比（%）	92	84	95	99
2011年制造业劳动力成本（美元/小时）	46.4	35.4	35.4	2.8
2011年工业用电平均成本（美分/千瓦时）	15.7	6.9	17.9	7.4
2010年制造业劳动生产率（万美元/人）	31.03	—	42.49	10.56

注：表中数据以2005年不变价计算；工业竞争力指数为全球142个国家排序。

资料来源：联合国工业发展组织（United Nations Industry Development Organization，UNIDO）网站：http://www.unido.org. Industrial Statistics Database。笔者加工整理。

由表 10-6 可以看出，2014 年中国制造业增加值（Manufacturing Value Added，MVA）为 1699.02 亿美元，居第 2 位，但人均制造业增加值却只有 1219 美元，仅为德国的 15.8%、日本的 15.4%；2005—2014 年，中国人均制造业增加值实际增长率达 7.89%，超过世界制造强国，但制造业劳动生产率却始终低于制造强国；2010 年，中国制造业劳动生产率（人均制造业总产值）为 10.56 万美元/人，为德国的 34%、日本的 24.9%。

根据联合国工业发展组织（UNIDO）2014 年提供的统计数据[①]，制造强国德国的主要制造行业是机械设备制造、交通工具与汽车制造、药品和化学产品制造，其增加值分别占全部制造业增加值总额的 19%、16% 和 11%；美国的主要制造行业是药品和化学产品制造、食品与饮料制造、机械设备制造，其增加值分别占全部制造业增加值的 16%、13% 和 9%；日本的主要制造行业是交通工具与汽车制造、食品与饮料制造、机械设备制造，其增加值分别占全部制造业增加值的 16%、12% 和 12%；中国的主要制造业是基本金属制造、食品与饮料制造、机械设备制造，其增加值分别占全部制造业增加值的 14%、11% 和 9%。由此可以看出，中国在技术含量高的机械设备、高端装备制造方面份额较低，制造业结构需要优化，这也是中国成为制造强国必须要突破的重要"瓶颈"。

（二）创新能力比较

美国、德国、日本等制造强国的发展历史和现实深刻表明，没有关键领域的核心技术，就不可能有行业的定价权和话语权。美国、德国、日本等制造强国之所以"强"，最为根本的原因之一就是对行业关键技术或核心技术的把控。

学者柴忠东、刘厚俊（2015）研究提供的数据显示[②]：在美国，制造业是技术创新的主体，其经济增长的 60% 以上来自技术创新的贡献，占美国经济 11% 的制造业，却集中了全国 63% 的工程师和科学家，70% 的工业研发活动由制造业完成。美国具备面向国家实验室和大学的健全的研究经费体系，大学开展的 20% 左右的研究经费都由国家科学基金提供，2012 年，国家科学基金提供的经费总额已达 70 亿美元；美国拥有世界上最高的

---

① 联合国工业发展组织，http://www.unido.org. Industrial Statistics Database，笔者加工整理。
② 柴忠东、刘厚俊：《剖析美国回归制造业的新动向》，《福建论坛》（人文社会科学版）2015 年第 7 期。

劳动生产率，2011年，制造业每名员工的劳动生产率为68156美元；2011年、2012年，美国先后推出了"先进制造业伙伴"计划和"制造业创新机构"网络新计划，计划分别投资5亿多美元、22亿美元用于新技术和先进制造业的技术研发，以提高美国制造业竞争力。

在德国，制造业的科研和成果转化历来都是政府高度重视与关注的项目，政府一直积极倡导和鼓励制造企业、个人的科学研究和科研协作，并承担1/3的制造业科研经费。在"工业4.0"中，德国政府确定制造业的目标是绿色制造、信息技术和高端制造。有数据表明，2013年欧盟企业研发投资排序中，11家德国公司居前25位，大众汽车公司年度研发费高达58亿欧元，排名居首位。在制造业创新与研发能力方面，中国与制造强国的对比状况如表10-7所示。

表10-7　　　　　　　中国与制造强国创新与研发能力对比

	德国	美国	日本	中国
2012年每万人口中研究人员数（人/万人）	5.305	4.663	7.038	1.071
2012年制造业创新指数（满分100）	56.2	57.7	51.7	45.4
2012年制造企业税率（%）	43.3	39.1	38.0	25.0
2011年制造业每个员工GDP（千美元）	43.3	68.2	44.6	14.2
2010年每百万人口专利数（件/百万人）	858	613	2257	65

资料来源：德勤有限公司与美国竞争力委员会：《2013年全球制造业竞争力指数》，http://www.deloitte.com。笔者加工整理。

表10-7显示，与制造强国相比，中国的制造业创新指数、每万人口中研究人员数、制造业员工对GDP的贡献等都存在一定的差距。而未来中国制造业技术的研发和企业的自主创新能力是关键，这种差距对于依靠前沿技术推动的产业[①]，如生物技术、信息技术、新材料技术、先进制造技术、先进能源技术、海洋技术、激光技术、航天技术等，都是巨大的压力。

---

① 2006年，国务院发布《国家中长期科学和技术发展规划纲要（2006—2020年）》，把生物技术、信息技术、新材料技术、先进制造技术、先进能源技术、海洋技术、激光技术和航天技术列为八大前沿技术。

(三) 竞争力驱动因素比较

德国"工业4.0"认为,未来制造业生产方式将极大地改变工人的工作和技能,因而要实施适当的培训策略和组织工作,加强对职工的培训和学习,使终身学习和以工厂为基础的持续职业发展制度化、常态化。在德国,制造业已形成一种文化,其核心是标准主义、完美主义、精准主义、守序主义、专注主义、实用主义和信用主义。德国高度重视员工的职业培训,70%的青少年在中学毕业后会接受双轨制职业教育,每周有3—4天在企业中接受实践教育,1—2天在职业学校进行。"德国制造"长盛不衰,除德国人的制造理念以外,德国政府的法律法规、金融税务体系、基础设施建设、制造者与供应商网络建设、标准化认证体系等都是其重要的支撑和保障。

表10-8是美国竞争力委员会对处于前10位的全球制造大国或制造强国竞争力驱动因素的对比分析,从中可以看出中国在制造业在人才、财政金融体系、法律法规体系、基础设施建设、供应商网络建设以及医疗保健体系等方面的差距。

表10-8　　　　中国与制造强国制造业竞争力驱动因素对比　　　　单位:分

	德国	美国	日本	中国
人力驱动创新	9.47	8.94	8.14	5.89
经济贸易金融税务体系	7.12	6.83	6.19	5.87
劳动力、原料的成本与可得性	3.29	3.97	2.59	10.00
供应商网络	8.96	8.64	8.03	8.25
法律法规体系	9.06	8.46	7.93	3.09
基础设施建设	9.82	9.15	9.07	6.47
能源成本和政策	4.81	6.03	4.21	7.16
本地市场的吸引力	7.26	7.60	5.72	8.16
医疗保健体系	9.28	7.07	8.56	2.18
政府对制造业创新投资	7.57	6.34	6.80	8.42

资料来源:德勤有限公司与美国竞争力委员会(U. S. Council on Competitiveness):《2013年全球制造业竞争力指数》,http://www2.deloitte.com。

对中国与制造强国的差距分析,为中国建设制造强国,发展战略性新兴产业提供了路径思考。

二　实施重大工程，建设重大专项①

重大工程一般是列入国家重点投资计划，投资额大、影响大、建设周期较长的工程，通常由中央政府全部投资或者参与投资工程，有些虽然由地方政府投资，但影响广泛的工程项目，投资计划经过了国家批准，也属于国家重大建设工程。重大专项主要是围绕国家战略目标，统筹资源和力量，在新产品开发、关键共性技术攻关等方面集中力量进行协同研究、重点突破的项目活动，其目标明确、阶段性强、生产和研发资源聚集迅速。

实施重大工程和重大专项，是一些发达国家发展高新技术产业、增强国家竞争力的通行做法。如美国总统奥巴马于2009年2月签署《2009年美国复兴与再投资法案》，重点扶持清洁能源领域的创新活动，力图通过制造和推广新的"绿色能源"来培育出一个具有超大生产能力的新能源大产业。日本于2010年6月公布了《产业结构展望2010方案》，提出通过重点工程，培育基础设施、环保能源、尖端技术以及医疗护理等社会公共产业。类似地，美国的《制造业促进法案》（2010年）、法国的高速铁路计划（2011年）、英国的《低碳转换计划》（2009年）、欧盟的"环保型经济"中期规划（2009年）等、日本的新能源技术"太阳计划"（2010年）等都属于国家重大工程或重大专项。

实施重大工程或重大专项，对促进本国经济发展，提高国家竞争力，实现国家战略目标都有着重大作用，也是培育和发展战略性新兴产业最直接最有效的办法。中国自"十五"计划就开始通过组织实施重大工程和重大专项，以实现国家战略目标。2006年颁布的《国家中长期科学和技术发展规划纲要》中，国家将实施重大专项作为一项战略选择，启动了载人航天与探月工程、大飞机工程、超大规模集成电路和软件等一批核心技术工程或重大专项。"十一五""十二五"期间，交通运输行业还率先组织实施了若干重大专项活动，围绕行业发展战略目标，集中攻克引领行业发展的共性关键技术，形成了一批拥有核心自主知识产权、实用性强、技术水平领先的科研成果，有力地提升了交通行业科技创新能力。

国家战略性新兴产业发展规划颁布实施后，沿用过去的做法，国家发

---

① 李金华：《德国"工业4.0"与"中国制造2025"的比较及启示》，《中国地质大学学报》（社会科学版）2015年第5期。

改委联同工业和信息化部、科技部等部门推进实施了信息惠民工程、宽带中国工程、云计算物联网重大工程、新型平板显示工程、高性能集成电路工程、物联网工程、生态环境保护信息化工程、食品药品安全监管信息化工程、节能惠民工程、"十城万盏"① 工程、"金太阳"应用示范工程②、数控一代机械产品创新应用工程、北斗卫星导航大气海洋和空间监测预警应用工程等。在信息惠民工程中还实施了跨省医疗保险费用即时结算试点专项、养老信息服务试点专项、居民健康卡试点专项、职业教育数字资源试点专项、智慧家庭应用试点专项、"宽带乡村"专项、"光纤城市"专项、"畅捷网络"专项、宽带核心技术研发和产业化专项等。此外，交通部还组织实施了特大型桥梁防灾减灾与安全控制技术研究专项、黄金水道通过能力提升技术研究专项等。这些重大工程和专项，是中国战略性新兴产业得以快速发展的重要推手。

现在，节能环保、新一代信息技术、生物、高端装备制造、新能源、新材料和新能源汽车七大产业，已陆续启动了重大工程和重大专项，这势必全面促进这七大产业的发展和产业结构的优化。需要注意的是，重大工程和重大专项要遵循"集中力量、突出重点"的原则，有所为，有所不为，不能一哄而上，遍地开花。工程和项目的编制，目标要明确，任务要具体，组织方式和实施方案要科学，保障措施要得力。项目既要尊重市场规律，又要强化政府的引导。同时，要加强风险的分析和预防，保证工程和专项的实施能取得预期的效果。

三 创新市场模式，打造新型产业链

市场模式是一个企业满足消费者需求并赢利的方式或系统，包括资金、人力资源、销售方式、品牌、价值链、知识产权、收入形式等多个要素。战略性新兴产业涉及众多新产品的研发，资金投入多，市场开发风险大，

---

① 2009年年初，中国科技部为推动中国LED产业发展，降低能耗，推出"十城万盏"半导体照明应用示范城市方案，涵盖北京、上海、深圳、武汉等21个国内发达城市。2011年5月，科技部公布第二批"十城万盏"示范城市的名单为：北京、山西临汾、江苏常州、浙江湖州、安徽合肥与芜湖、福建漳州与平潭综合试验区、山东青岛、湖南郴州与湘潭、广东广州、广东佛山与中山、海南海口、陕西宝鸡等16个城市。

② "金太阳"示范工程，是中国为培育战略性新兴产业，支持光伏发电产业技术进步、规模化发展和示范应用的具体行动。工程计划在2—3年时间内实施完成。纳入"金太阳"示范工程的项目原则上按光伏发电系统及其配套输配电工程总投资的50%给予补助，偏远无电地区的独立光伏发电系统按总投资的70%给予补助。

传统的市场营销模式已很难适应新形势的要求,要不断创新市场模式,以适应新产品的研究生产和市场投放。

新产品是一定地域内首次生产和销售,且在用途、性能、结构、材料或者技术等某一或某几个方面比传统产品有明显改进、提高或者独创的产品。新产品或者具有新的构思或设计,或者使用了新型材料,或者产品结构有明显的改进,有更广阔的适用范围,或者具有新的性能、用途,或者具有新的性能或品质质量。如节能灯泡、环保空调、新型装潢材料、智能手机、新能源汽车、智能机器人等。这些新产品得到消费者的接受和认知,需要有时间和过程,就需要有全新的市场营销模式。因此,战略性新兴产品的开发和销售,必须创新营销思维,转变营销理念,做好深入细致的市场调研,充分了解市场上同类产品的品质、包装、性能、价位,充分收集消费者求新求异的数据资料,合理组织生产、技术、销售等各个部门的工作,使新产品开发能快速、高效,并能迅速适应市场,进而占领市场,形成品牌效应。

新兴产品的推出,势必改变既有产业链的组织和结构。产业链是各个产业部门之间基于一定的技术经济联系所形成的具有特定经济关联关系的链条式形态,体现着产品上下游关系和价值的交换关系。产业链的形成源于产业价值的实现和创造,任何产品只有通过最终消费才能实现其价值,否则所有中间产品的生产就不能实现。同时,产业链是产业链环和节点的有机统一体,是资金、技术和人力投入获取附加价值的过程。链环越往上,劳动力密集程度越高,资源加工性质越明显;链环越往下,则资金技术密集程度越高,精深加工性质越明显。因此,地区类型与产业链的层次之间有着内在的关联关系,欠发达地区一般拥有产业链的上游链环,发达地区则拥有产业的下游链环。随着战略性新兴产业的发展,原有产业链环和节点将发生重大变化,将重构新型产业链。例如,天津滨海新区[①]从 2013 年起就推进临空产业区、开发区西区和滨海高新区建设,推进南港工业区、蓝星化工基地、中海油天津研发产业基地等项目,形成大型石化产业链;建设力神电池扩建、友达光电等项目,形成新型动力汽车、电子信息、航天航空、生物医药等全新产业链。福建省则紧跟世界生物医药产业发展的前沿,以医药骨干企业和名优产品为龙头,加强医药原料生产、药物新剂

---

① 战略性新兴产业培育与发展网站信息:www.seicn.cn,2013-12-11。

型及新型医疗器械的研发设计、生产制造、产品检测、产品包装、物流配送等，延伸生物医药产业链，促成建成海峡西岸经济区现代生物医药延伸产业链。这些都是打造新型产业链的典型范例。所以，培育发展战略性新兴产业必须创新新产品市场营销模式，构造新兴产业链。

四 发展高端生产性服务业

高端服务业是指资本密集，智力、专业化程度以及效率都很高的服务业，通常包括教育、科技、培训、总部经济、现代金融、三四方物流、休闲旅游、医疗保健、文化娱乐、信息咨询、创意设计、节庆展会、IT资讯、订单采购、商务活动、企业服务业、专业中介等。高端服务业瞄准的是高端市场，提供的是高端服务，满足的是高端需求，依托的是高端人才。

生产性服务业也称生产者服务业，是指为保持工业生产过程连续性，促进生产技术进步和产业升级，提高劳动生产效率，提供保障服务的行业。它是与制造业直接相关的配套产业，通常是从制造业内部的生产服务部门独立发展起来的新兴产业。2012年国家颁布的《服务业发展"十二五"规划》提出：要加快发展生产性服务业，围绕促进工业转型升级和加快农业现代化进程，推动生产性服务业向中、高端发展；要深化产业融合，细化专业分工，增强服务功能，提高创新能力，提高产业综合竞争力。这一规划明确了生产性服务业的范围，即金融服务业、交通运输业、现代物流业、高技术服务业、设计咨询业、科技服务业、商务服务业、电子商务、工程咨询服务业、人力资源服务业、节能环保服务业、新型业态和新兴产业等。在现代，这些产业已成为助推经济发展的动力源，发展战略性新兴产业还需要发展这些为战略性新兴产业服务的高端生产性服务业。

显而易见的是，一个功能健全、服务高效、分工合理、竞争有序、效益良好、安全稳健的现代金融服务体系，可以有效地防范和应对战略性新兴产业发展过程中研发投入、市场开发等方面的风险，支持小微企业的融资创业，降低新兴产品市场营销模式的系统性风险；现代交通运输和现代物流业，包括国家快速铁路网、重载货运网、国内国际航线网络、机场和空管保障能力、铁水联运、江海直达、道路货物甩挂运输、冷链运输、零担快运和各种专用运输，以及无缝衔接高效联运、物联网等，这些服务活动可以有效地促进战略性新兴产业原材料、燃料、生产设备的快捷运输，降低成本，提高效率，加速产业资源的集聚，促成产业园区的形成；高技术服务主要是高技术的延伸服务和相关科技支撑服务，包括知识产权服务、产品质量检验检测、科技成果转化服务、云计算服务平台、信息技术咨询、系统集成服务、系统运行维护和信息安全服务、数字内容服务、生物技术服务等，这些产业活动中有些本身就是战略性新兴产业的延伸部分，直接影响战略性新兴产业的生产、技术开发和产品销售。

生产性服务业中，设计咨询业包括咨询基础数据库、资源信息库、公共服务平台等；科技服务业包括研发服务外包、合同研发组织、检测服务、气象服务、第三方研发机构、科技咨询等；商务服务业包括广告、资产管理、兼并重组、财务顾问、后勤管理、资产评估、矿业权评估、认证认可等；电子商务业包括电子商务与交易服务平台、网络交易、电子认证、在线支付、物流配送、报关结汇、检验检疫、信用评价等；工程咨询服务业包括投资建设项目策划、工程项目全过程管理、运营评价等；人力资源服务业包括人事代理、人才推荐、人员培训、劳务派遣、人力资源服务外包、人力资源管理咨询、高级人才寻访、网络招聘等；节能环保服务业包括废旧商品回收、资源节约、废物管理、资源利用一体化服务、资源循环再生利用、大宗工业固体废物综合利用、城镇污水垃圾处理、危险废物处理处置等。由高端生产性服务业的内容不难发现，高端生产性服务业对战略性新兴产业的技术研发、产品生产、产品包装、产品和材料运输、市场运营、人才培训、品牌策略、资源集聚、基地建设等都具有直接或间接的助推作用。因此，发展高端生产性服务业是培育和发展中国战略性新兴产业的又一重大行动路径。

五　构建中国制造标准体系

"工业4.0"主张进行生产方式的革命性变革，要通过CPS将制造业向智能化转型。按照其目标，未来制造业要重点实现制造方式的革命，要构建智能化生产系统，通过互联网、物联网、物流网等整合生产资源，形成生产过程、生产设施的网络化分布，要针对制造业的互联网服务，建立新的增值网络以提高效率。特别地，"工业4.0"强调要开发出一套单一的共同标准，构造一个参考框架，为这些标准提供技术说明。"工业4.0"是一次由现代信息、软件技术与传统工业生产相互作用的革命性转变，这场转变对生产过程产生了根本性改变，涉及产品设计到生产规划、生产工程、生产执行以及生产服务等各个环节，进而形成了未来制造业全新的生产标准体系。

在这种背景下，中国发展战略性兴产业，建设制造强国，必须加快建立适应"工业 4.0"的智能制造标准体系，这包括制造关键名词和术语、智能制造技术规则、制造生产线、物联网和互联网、智能化车间、智慧工厂、机器人、制造业大数据、制造数据存储系统、制造安全标准、制造服务架构等一大批标准；要开展制造全行业智能制造标准化建设工作，加快制定以智能化为特征的高端装备、新一代信息技术、重型机械装备、自动化生产线等制造标准的系统集成；要围绕用户需求，在先进制造领域，推进综合标准化模式，建立先进标准化系统的验证测试公共服务平台。

应加快基础领域标准体系建设，围绕中国关键基础材料、基础工艺、先进基础技术、核心基础零部件、核心元器件制造，制定所需的复合、有色、有机等材料标准。应重点针对制造业机器人、机械设备、轨道交通、海洋工程、矿山设备、核电、风电、航天航空等国民经济重大装备及其产业链应用需求，制定关键基础零部件性能、可靠性和寿命等制造标准指标。

应加快标准创新研究基地建设，强化技术标准研制与科技创新，推动重点制造领域的标准化突破。要针对"工业 4.0"和全球制造业发展趋势，修订或新制既有生产技术标准，加快研制产业升级的关键技术标准，特别地要针对大型飞机、智能绿色列车、新能源汽车、大型农业机械、智能电网成套装备、高档数控机床等领域研制一大批制造标准，开展生产标准的应用试点和示范，全面提高制造业创新发展能力。

比照"工业 4.0"标准，要在制造领域倡导采用国际标准，开展国际标准认证；要参照国际最先进制造标准，设计出中国制造标准名录；要加大中国标准与制造强国标准互认互证，增加制造标准互认的国家和标准数量，开展标准外文版国际翻译；按照法律或者合同确立国家标准化机构的地位；要根据《中国制造 2025》确定的十大重点突破领域，在信息技术、轨道交通、机械工程设备、航空航天等重点领域，推动研制一批国际标准制造①体系，尽可能将中国标准嵌入国际标准，努力掌握国际标准化组织的技术领导权和话语权。

六　建成先进制造业文化

如前文所述，中国在制造业发展的战略纲领、实施的项目工程以及配

---

① 国际标准，是指国际标准化组织（ISO）、国际电工委员会（IEC）和国际电信联盟（ITU）制定的标准，以及国际标准化组织确认并公布的其他国际组织制定的标准。国际标准在世界范围内统一使用，根据需要补充新的内容和指标。

套政策方面不输于美国、德国、日本等制造强国，但中国的制造技术、产品质量、生产模式等却落后于制造强国，究其原因，在于人、在于制造业员工。是人的态度、人的理念、人的认知、人的能力决定了一个国家制造业的技术水准和制造业的产品质量。追溯人类社会的发展历史，现代社会的一切差距，归根结底是人的差距、文化的差距；技术、产品、服务方面的竞争，最终落脚在人才的竞争。没有世界一流的科技人才，就不可能有世界一流的科技成果；没有世界一流的员工队伍，也不可能有世界一流的技术、一流的产品和一流的服务。表面上的技术、服务问题，本质上却触及人的想象力、创造力、价值观和道德理念。

因此，发展战略性新兴产业，建设制造强国，中国必须推行数字化、网络化、智能化制造，加强生产规模和管理模式的创新驱动转变，强化制造基础，提升产品质量。要注重制造员工的培训，建立制造业员工的终身教育机制；要扩大职业教育优质资源的覆盖面，推动基本公共服务的均等化，为制造业员工提供终身学习的机会；要通过信息化等手段，促进优质资源的区域、城乡和校际共享；要建设制造职业教育资源公共服务平台和教育管理公共服务平台，实现"宽带网络校校通、优质资源班班通、网络学习空间人人通；要加强信息基础设施建设，着重开发增强实习实训效果的优质教学资源，提升人才培养质量"。与此同时，要加强企业信息技术培训，提升教师、管理人员、技术人员的信息技术应用能力，要通过现代化的教学内容和教学手段，使制造业员工都能接受高质量的职业教育。

可以启动实施"制造业国家示范性职业学校数字化资源共建共享"工程，引导鼓励高职、中职示范校参与建设，形成一批网络课程、虚拟仿真实训平台等成果。可定期举办全国制造技能大赛，促进制造员工技术水平的提高。要对接国际制造产业和市场需求，在紧缺和特色专业领域应用现代信息技术改造传统教学，密切教学内容与职业标准的衔接，提高技术技能人才培养质量。要推进共建共享，建立统一服务平台和校企共建机制，稳步扩大优质数字资源覆盖学生和员工数，缩小区域、城乡、校际教育差距，形成在线培训与线下培训相结合的多样化服务模式，为制造员工提供便利的培训机会。

可按制造行业建设制造业职业教育学院，依托国家开放大学，建立国家制造业职业教育数字资源管理中心，开发建设和运行维护平台，开展项目管理、跟踪等经常性工作；要制订制造业职业教育信息化建设的相关工作方案和技术标准，收集整理和分析国内外职业教育信息化建设最新进展，协助撰写职业教育信息化建设报告。要政府主导，多方参与，按制造行业，建设制造职业教育数字资源开发应用基地，联合科研院所、企业、职业院校等多方力量，通过购买服务、合作开发等多种形式建设制造领域的中高职衔接、优质共享网络课程及其配套数字资源库，开发制造领域的专业核心课程，组织开展职业院校教师信息技术应用能力培训，开发和征集的制造数字资源和网络课程，在全国实现职业院校免费共享。

适应需求，重在应用，要瞄准国际先进技术和管理方式，改革制造业职业教育内容，提升职业教育服务未来制造业发展的能力；要明确职业教育课题目标，增强课题针对性，提高教学实用性，以就业为导向，以任务为中心，传授工作岗位所需要的知识和技能。让学生和员工在"干中学、学中干"，增强体验，培养适应现代科技发展需要、具有先进制造的知识水平和综合能力。

同时，要大力推进"双师型"教师队伍建设，职业院校可按照教师职务任职资格，招聘社会上专业技术人员、能工巧匠来校担任专兼职教师，增加"双师型"比例。大型企业和高职院校要不断完善教师培训制度，拓展培训网络，加强教师的岗前培训、教学能力培训、教材建设与课程开发培训和继续教育，鼓励青年教师进行在职学历学位的进修和赴国外深造，不断提高教师的职业能力和专业素养，以适应未来制造业发展的需求。

近代产业发展的历史经验深刻表明，社会经济危机往往孕育着新一轮的产业革命。正是产业革命上的重大突破和创新，引发了经济结构的重大调整，提供了经济增长的新引擎，促使人类生活、社会发展提升到更高的水平。谁能在产业革命和科技创新方面占据优势，谁就能够掌握发展的主动权。培育和发展战略性新兴产业是未来10—20年内中国政府的国家战略，需要举全社会之力完成。需要有政策配套，也需要有行动路径。而这一切，归根结底依靠人，依靠人才。对此，我们必须清醒地认识到：没有优秀的国民，没有一流的技术型人才，再好的理论指导，再宏伟的目标蓝图都是空中楼阁，都不可能变成现实；社会崇拜决定社会存在，有什么样的人，有什么样的文化，就有什么样的社会经济发展水平。因此，在全体国民中牢固树立起崇拜技术、崇拜工匠、崇拜产品、崇拜质量的理念；要通过长期深入的教化，让企业员工对技术规范、质量标准、制造流程、劳动制度等职业规范产生敬畏感，进而成为自己的终生信仰和精神图腾，在生产制造过程中自觉遵守和忠实执行，构建起世界领先的制造业文化体系，这是中国发展战略性新兴产业，建成制造强国的根本条件和首选之路。

参考文献

1. 阿尔弗雷德·马歇尔：《经济学原理》，湖南文艺出版社 2012 年版。
2. 阿尔弗雷德·韦伯：《工业区位论》，商务印书馆 1997 年版。
3. 埃德加·胡佛：《区域经济学导论》，商务印书馆 1990 年版。
4. 奥古斯特·勒施：《经济空间秩序》，商务印书馆 1995 年版。
5. 王缉慈：《创新的空间——企业集群与区域发展》，北京大学出版社 2001 年版。
6. 吴松岭：《创新管理》，南京大学出版社 2007 年版。
7. 仇保兴：《小企业集群研究》，复旦大学出版社 1999 年版。
8. 李金华：《中国战略性新兴产业的技术效率测度与分析》，载《政策模拟与分析报告》，经济管理出版社 2015 年版。
9. 李金华：《德国"工业 4.0"与"中国制造 2025"的比较及启示》，《中国地质大学学报》（社会科学版）2015 年第 5 期。
10. 池仁勇、杨潇：《中国区域技术进步贡献率的测算及其影响因素研究——基于指数平滑和向量自回归模型的实证分析》，《科技进步与对策》2011 年第 11 期。
11. 陈湘满、刘海燕：《基于因子分析的湖南承接产业转移能力评价》，《湘潭大学学报》（哲学社会科学版）2013 年第 5 期。
12. 范剑勇、谢强强：《地区间产业分布的本地市场效应及其对区域协调发展的启示》，《经济研究》2010 年第 4 期。
13. 高丽娜、卫平：《中国高端制造业空间结构变动的实证研究：2003—2009》，《工业技术经济》2012 年第 1 期。
14. 胡星：《依托科技园区推动战略性新兴产业集群发展》，《经济研究导刊》2011 年第 31 期。
15. 胡健、董春诗：《产业集聚测度方法适用条件考辨》，《统计与信息论坛》2013 年第 1 期。
16. 何雄浪、张慧颖、毕佳丽：《西部民族地区承接产业转移能力的分析》，《民族学刊》2013 年第 6 期。
17. 焦艳、石奇、王之军：《基于空间计量经济学的高新技术产业集聚及其影响因素研究——以长江三角洲 16 个城市为例》，《西华大学学报》（哲学社会科学版）2013 年第 6 期。
18. 江朦朦：《产业转移格局中不同地区的产业承接能力分析》，《华中师范大学研究生学报》2012 年第 9 期。
19. 金煜、陈钊、陆铭：《中国的地区工业集聚：经济地理、新经济地理与经济政策》，《经济研究》2006 年第 4 期。
20. 李金华：《中国战略性新兴产业空间布局现状与前景》，《学术研究》2015 年第 5 期。
21. 刘友金：《基于区位视角中部地区承接沿海产业转移空间布局研究》，《经济地理》2011 年第 10 期。
22. 凌捷：《总部经济视角下的战略性新兴产业空间布局研究》，《改革与战略》2013 年第 2 期。
23. 吕岩威、孙慧：《中国战略性新兴产业集聚度演变与空间布局构想》，《地域研究与开发》2013 年第 4 期。
24. 李世杰：《河南省产业转移承接能力空间差异分析》，《河南科学》2014 年第 11 期。
25. 李扬、沈志渔：《战略性新兴产业集群的创新发展规律研究》，《经济与管理研究》2010 年第 10 期。
26. 梁梓标：《广东省产业转移与产业集聚分析》，《产业经济》2013 年第 5 期。
27. 卢婷：《战略性新兴产业集聚与影响因素》，博士学位论文，浙江工商大学，2013 年。
28. 吕岩威、孙慧：《中国战略性新兴产业集聚的组织效应实证分析——来自武汉·中国光谷生物城的调研》，《科学学与科学技术管理》2012 年第 10 期。
29. 吕岩威、孙慧：《中国战略性新兴产业技术效率及其影响因素研究——基于 18 个大类行业面板数据的分析》，《科学学与科学技术管理》2013 年第 11 期。

30. 高晶晶、赵玉林：《电网无功补偿技术现状及发展趋势》，《东北农业大学学报》2004 年第 5 期。
31. 刘红霞：《战略性新兴产业集群建设问题思考》，《商业时代》2011 年第 26 期。
32. 刘志阳、程海狮：《战略性新兴产业的集群培育与网络特征》，《改革》2010 年第 5 期。
33. 刘兵、汪听、王铁骊、陈甲华：《湖南战略性新兴产业集群发展的组织模式研究——关于湖南核电产业集群供应链发展的思考》，《南华大学学报》2012 年第 2 期。
34. 刘艳：《中国战略性新兴产业集聚度变动的实证研究》，《上海经济研究》2013 年第 2 期。
35. 刘红光：《区域间产业转移定量测度研究——基于区域间投入产出表分析》，《中国工业经济》2011 年第 6 期。
36. 马宁、董俐：《全球价值链下的太阳能光伏产业研究》，《中国市场》2011 年第 23 期。
37. 马子红：《产业转移与产业集聚的实证分析：以昆明为例》，《经济问题探索》2010 年第 6 期。
38. 孟棋：《基于产业集聚视角的新兴产业发展研究》，《科学管理研究》2011 年第 4 期。
39. 李英、杨明华：《江苏省战略性新兴产业空间分布与区域经济增长研究》，《北方经济》2011 年第 7 期。
40. 柳卸林、高伟、吕萍、程鹏：《从光伏产业看中国战略性新兴产业的发展模式》，《科学学与科学技术管理》2012 年第 1 期。
41. 彭金荣、李春红：《国外战略性新兴产业的发展态势及启示》，《改革与战略》2011 年第 2 期。
42. 任志成：《集聚、人力资本外溢与战略性新兴产业成长》，《经济问题探索》2013 年第 8 期。
43. 施卫东、金鑫：《集群创新对中国风电产业发展的影响——基于风电企业面板数据的实证分析》，《经济管理》2010 年第 2 期。
44. 宋庆龙、宋程成：《马尔科夫链在市场经济预测中的应用》，《商业研究》2009 年第 2 期。
45. 孙世民、展宝卫：《产业转移承接力的形成机理与动力机制》，《改革》

2007 年第 10 期。

46. 申俊喜：《创新产学研合作视角下中国战略性新兴产业发展对策研究》，《科学学与科学技术管理》2012 年第 2 期。
47. 韦福雷、胡彩梅：《中国战略性新兴产业空间布局研究》，《经济问题探索》2012 年第 9 期。
48. 王永富：《广西构筑战略性新兴产业集群的对策研究》，《改革发展》2012 年第 26 期。
49. 王宏起、苏红岩、武建龙：《战略性新兴产业空间布局方法及其应用研究》，《中国科技论坛》2013 年第 4 期。
50. 王业强、魏后凯：《产业特征、空间竞争与制造业地理集中——来自中国的经验证据》，《管理世界》2007 年第 4 期。
51. 王丽丽：《集聚、贸易开放与全要素生产率增长——基于中国制造业行业的门槛效应检验》，《产业经济研究》2012 年第 1 期。
52. 徐鑫、姜斯韵、成卓、邵立国：《中国战略性新兴产业空间布局的理论探讨》，《工业经济论坛》2015 年第 2 期。
53. 席艳玲、吉生保：《中国高技术产业集聚程度变动趋势及影响因素——基于新经济地理学的视角》，《中国科技论坛》2012 年第 10 期。
54. 肖江平：《如何构筑中国战略性新兴产业集群的政策支撑体系》，《商业时代》2011 年第 4 期。
55. 喻登科、涂国平、陈华：《战略性新兴产业集群协同发展的路径与模式研究》，《科学学与科学技术管理》2012 年第 4 期。
56. 姚芸芸、蔺楠、余淑萍：《中国战略性新兴产业集群公共风险资本与私人风险资本介入研究》，《科技进步与对策》2012 年第 19 期。
57. 杨英、张浩良：《广东战略性新兴产业空间布局研究——基于因子分析法和聚类分析法》，《中国发展》2012 年第 4 期。
58. 杨光：《河南省承接长三角产业转移的问题及对策——基于区位商和产业动态聚集指数的分析》，《商业经济》2014 年第 7 期。
59. 张庆丰：《打造战略性新兴产业集群的十项措施》，《产业经济》2011 年第 8 期。
60. 周晶、何锦义：《战略性新兴产业统计标准研究》，《统计研究》2011 年第 10 期。
61. 赵志泉：《布局战略性新兴产业应重点关注的三个问题》，《改革与战略》2011 年第 12 期。

62. 张琳彦：《基于空间自相关的中国战略性新兴产业布局分析》，《统计与决策》2015 年第 13 期。
63. 周圣强、朱卫平：《产业集聚能一定带来经济效率吗：规模效应与拥挤效应》，《工业经济研究》2013 年第 3 期。
64. 张公嵬、梁琦：《产业转移与资源的空间配置效应研究》，《产业经济评论》2010 年第 3 期。
65. 王忠宏、石光：《发展战略性新兴产业推进产业结构调整》，《中国发展观察》2010 年第 1 期。
66. 朱瑞博：《中国战略性新兴产业培育及其政策取向》，《宏观经济》2010 年第 3 期。
67. 周晶、何锦义：《战略性新兴产业统计标准研究》，《统计研究》2011 年第 10 期。
68. 乔晓楠、李宏生：《中国战略性新兴产业的成长机制研究——基于污水处理产业的经验》，《经济社会体制比较》2011 年第 2 期。
69. 赵刚：《战略性新兴产业的国际经验与我国的对策》，《科技成果纵横》2010 年第 1 期。
70. 姜江：《世界战略性新兴产业发展的动态与趋势》，《中国科技产业》2010 年第 7 期。
71. 陈柳钦：《战略性新兴产业自主创新问题研究》，《新疆社会科学》2011 年第 3 期。
72. 来亚红：《对发展战略性新兴产业的几点思考》，《创新》2011 年第 3 期。
73. 宋河发、万劲波、任中保：《我国战略性新兴产业内涵特征、产业选择与发展政策研究》，《科技发展》2011 年第 1 期。
74. 张和平：《对于大力发展战略性新兴产业的思考与建议》，《经济界》2010 年第 3 期。
75. 吴传清、周勇：《培育和发展战略性新兴产业的路径和制度安排》，《理论参考》2010 年第 11 期。
76. 张志宏：《关于培育和发展战略性新兴产业的思考》，《中国高新区》2010 年第 11 期。
77. 钟清流：《为战略性新兴产业创造健康成长的条件》，《中国集体经济》

2010 年第 6 期。

78. 于新东、牛少凤、于洋：《加快发展战略性新兴产业》，《中国高新技术企业》2011 年第 4 期。
79. 房汉廷：《发展战略性新兴产业要过七道坎》，《中国高新技术产业导报》2010 年第 1 期。
80. 沈刚：《发展战略性新兴产业亟待理清几个问题》，《中国发展观察》2010 年第 5 期。
81. 蔡兵：《发展战略性新兴产业需关注不确定性》，《金融博览》2010 年第 6 期。
82. 刘洪昌：《中国战略性新兴产业的选择原则及培育政策取向研究》，《科学学与科学技术管理》2011 年第 3 期。
83. 魏守华、石碧华：《企业集群的竞争优势》，《经济理论与经济管理》2002 年第 5 期。
84. 魏守华：《集群竞争力的动力机制及实证分析》，《中国工业经济》2002 年第 10 期。
85. 金祥荣、朱希伟：《专业化产业区的起源与演化》，《经济研究》2002 年第 8 期。
86. 余树江、李艳双：《产业集群区位选择形成机制分析》，《中国软科学》2004 年第 4 期。
87. 蒋昭侠：《产业布局影响新因素与产业布局的模式选择》，《江苏商论》2004 年第 12 期。
88. 强健、梅强：《区域政府选择行为对产业集聚的影响研究》，《江苏社会科学》2010 年第 2 期。
89. 吴学花、杨蕙馨：《中国制造业产业集聚的实证研究》，《中国工业经济》2004 年第 10 期。
90. 刘斯敖：《产业集聚测度方法的研究综述》，《商业研究》2008 年第 11 期。
91. 乔彬、李国平、杨妮妮：《产业聚集测度方法的演变和新发展》，《数量经济技术经济研究》2007 年第 4 期。
92. 陈颖、李强：《我国高新区产业集聚测度方法研究》，《科学学研究》2007 年第 A02 期。
93. 徐康宁、冯春虎：《中国制造业地区性集中程度的实证研究》，《东南大学学报》2003 年第 1 期。
94. 何奕、童牧:《产业转移与产业集聚的动态与路径选择——基于长三角第二、三类制造业的研究》,《宏观经济研究》2008 年第 7 期。
95. 胡健、董春诗:《产业集聚测度方法适用条件考辨》,《统计与信息论坛》2013 年第 1 期。
96. 杨英、张浩良:《广东战略性新兴产业空间布局研究——基于因子分析法和聚类分析法》,《中国发展》2012 年第 2 期。
97. 东北财经大学产业组织与企业组织研究中心课题组:《中国战略性新兴产业发展战略研究》,《经济研究参考》2011 年第 7 期。
98. 薛新伟、王冬:《灰色投入产出理论及模型方法初探》,《系统工程理论与实践》1997 年第 1 期。
99. 刘洪昌、武博:《战略性新兴产业的选择原则及培育政策取向》,《现代经济讨论》2010 年第 10 期。
100. 张嵎喆、史建生:《培育战略性新兴产业的政策评述》,《经济研究参考》2010 年第 52 期。
101. 吴晓波、曹体杰:《高技术产业与特色优势产业协同发展机理及其影响因素分析》,《科技进步与对策》2005 年第 3 期。
102. 熊勇清、李世才:《战略性新兴产业与传统产业耦合发展的过程及作用机制探讨》,《科学学与科学技术管理》2010 年第 11 期。
103. 孙军、高彦彦:《产业结构演变的逻辑及其比较优势》,《经济学动态》2012 年第 7 期。
104. 陆立军、于斌斌:《传统产业与战略性新兴产业的融合演化及政府行为:理论与实证》,《中国软科学》2012 年第 5 期。
105. 陈爱雪:《传统产业与战略性新兴产业良好互动发展分析——基于内蒙古的研究》,《工业技术经济》2012 年第 9 期。
106. 王飞航、汪静:《战略性新兴产业与高技术产业的关系研究》,《商业时代》2011 年第 11 期。
107. 田桂玲、吴达、高文、杨文明:《战略性新兴产业与高技术产业的关系分析》,《科学观察》2011 年第 6 期。
108. 杨忠泰:《地方培养发展战略性新兴产业与高新技术产业差异分析》,《科技管理研究》2013 年第 11 期。
109. 黄浩、陈昭锋:《我国战略性新兴产业发展不能沿袭传统高新技术产业增长模式》，《市场周刊》2013 年第 6 期。
110. 郑雨：《技术范式与技术创新》，《技术与管理创新》2006 年第 4 期。
111. 黄幸婷、杨煜：《后危机时代战略性新兴产业发展研究——基于核心技术联盟知识创造过程的视角》，《中国科技论坛》2010 年第 8 期。
112. 赫运涛、袁伟：《浅析技术创新服务平台建设与战略性新兴产业培育发展的关系》，《中国高校科技与产业化》2010 年第 7 期。
113. 张庆昌、唐红：《信息不对称条件下的中国民营企业技术创新》，《产业经济研究》2010 年第 1 期。
114. 周国林：《产业共性技术产学研联盟组织模式的述评》，《经济学动态》2010 年第 4 期。
115. 李朴民：《如何培育战略性新兴产业》，《中国科技产业》2010 年第 7 期。
116. 贺正楚、吴艳：《战略性新兴产业的评价与选择》，《科学学研究》2011 年第 5 期。
117. 万钢：《把握全球产业调整机遇　培育和发展战略性新兴产业》，《求是》2010 年第 1 期。
118. 冯长根：《选择培育战略性新兴产业的几点建议》，《科技导报》2010 年第 9 期。
119. 郭连强：《国内关于"战略性新兴产业"研究的新动态及评论》，《社会科学辑刊》2011 年第 1 期。
120. 赵筱媛、苏竣：《基于政策工具的公共科技政策分析框架研究》，《科学学研究》2007 年第 1 期。
121. 李金华：《中国战略性新兴产业的空间布局雏形分析》，《中国地质大学学报》（社会科学版）2014 年第 3 期。
122. 李金华：《中国战略性新兴产业六大行动路径》，《学术论坛》2014 年第 5 期。
123. 李金华：《对战略性新兴产业动态跟踪的五项建议》，《中国经贸导刊》2013 年第 2 期。
124. 李金华：《中国制造强国的六大行动路径》，《南京社会科学》2016 年第 1 期。
125. 李金华：《中国制造业与世界制造强国的比较及启示》，《东南学术》2016 年第 2 期。

126. 李金华:《世界制造强国行动框架对中国的借鉴启示》,《人文杂志》2016 年第 5 期。
127. 张琳彦:《中国战略性新兴产业的聚焦及影响因素的实证研究》,载《21 世纪数量经济学》(第 15 卷),经济管理出版社 2015 年版。
129. 王晓琛:《从全要素生产率看地区经济增长——以西北五省为例》,博士学位论文,兰州商学院,2010 年。
130. 李金华:《有序推进战略性新兴产业空间布局》,《经济日报》2015 年第 6 期。
131. 李金华:《从三次工业革命看中国制造强国的历史抉择》,《光明日报》(理论版) 2015 年 4 月 12 日。
132. 李金华:《应加快培育战略性新兴产业的骨干企业》,《经济日报》(理论版) 2013 年 5 月 3 日。
133. 李金华:《依靠改革推进产业结构调整》,《经济日报》(理论版) 2014 年 3 月 25 日。
134. 李金华:《推进战略性新兴产业布局》,《经济日报》(理论版) 2015 年 6 月 4 日。
135. 李金华:《加快培育和发展战略性新兴产业》,《中国社会科学报》(经济学版) 2013 年 9 月 11 日。
136. 石风光:《基于全要素生产率视角的中国省际经济差距研究》,博士学位论文,南京航空航天大学,2010 年。
137. Atzema, O., van Oort, F., Agglomeration economies and the location of new information and communication technology (ICT) firms in the Netherlands [C]. *ERSA Conference Papers*. European Regional Science Association, 2002.
138. Arbia, G., Espa, G., Ciuliani, D., Mazzitelli, A., Clusters of firms in an inhomogeneous space: The high – tech industries in Milan [J]. *Economic Modelling*, 2011, pp. 3 – 11.
139. Alecke, B., Alsleben, CScharr F., Untiedt, G., Are there really high – tech clusters? The geographic concentration of German manufacturing industries and its determinants [J]. *The Annals of Regional Science*, 2006, 40 (1), pp. 19 – 42.
140. Braunerhjelm, P., Feldman, M., Cluster genesis: Technology – based

industrial Development [J]. *Economic Geography*, 2008, 84 (2), pp. 245 – 246.

141. Beaudry, C., Swarm, P., Growth in United Kingdom [J]. *SIEPR Discussion Industrial Clusters: A Bird's Eye View of the Paper*, 2001, pp. 1 – 38.
142. Bloniuen, B. A., Taylor, C. T., R&D intensity and acquisitions in high technology industries: Evidence from the US electronic and electrical equipment industries [J]. *The Journal of Industrial Economics*, 2000 (1), pp. 47 – 70.
143. Chen, C. J., Huang, C. C., A Multiple Criteria Evaluation of High – tech Industries for the Science – based Industrial Parking Taiwan [J]. *Information and Management*, 2004, 41 (7), pp. 839 – 851.
144. Candau, F., Is agglomeration desirable [J]. *Annalesd' Economie et de Statistique*, 2009, pp. 203 – 228.
145. Candau, F., Fleurbaey, M., Agglomeration and Welfare with Heterogeneous Preferences [J]. *Open Economics Review*, 2011, 22 (4), pp. 685 – 708.
146. Cuberes, D., Sequential city growth: Empirical evidence [J]. *Journal of Urban Economics*, 2011, pp. 229 – 239.
147. Chor, D., Subsidies for FDI: Implications from a Model with Heterogeneous Firms [J]. *Journal of Internal Economics*, 2009 (1), pp. 113 – 125.
148. Charlot, S., Gaigné, C., Robert – Nicoud, F. et al., Agglomeration and welfare: The Core – periphery model in the light of Bentham, Kaldor, and Rawls [J]. *Journal of Public Economics*, 2006, 90 (1), pp. 325 – 347.
149. Fujishima, S., Growth, agglomeration, and urban congestion [J]. *Journal of Economic Dynamics & Control*, 2013 (1), pp. 1168 – 1181.
150. Forslid, R., Ottaviano, G. I. P., An Analytically Solvable Core – Periphery Model [J]. *Journal of Economic Geography*, 2003, pp. 229 – 240.
151. Forslid, R., Okubo, T., Spatial sorting with heterogeneous firms and heterogeneous sectors [J]. *Regional Science and Urban Economics*, 2014, pp. 42 – 56.
152. Graham, D., Melo, P., Levinson, D., Agglomeration, Accessibility, and Productivity: Evidence for Urbanized Areas in the US [Z]. *The Transportation Research Board 92nd Annual Meeting*, 2013.

153. Kim, M. K., Harris, T. R., Vusovic, S., Efficiency Analysis of the US Biotechnology Industry: Clustering enhances Productivity [J]. *Ag Bio Forum*, 2009, 12 (3), pp. 422 – 436.

154. Kondo, H., International R&D subsidy competition, industrial agglomeration and [J]. *Journal of International Economics*, 2013 (1), pp. 233 – 251.

155. Lefevre, M., Advanced Materials Cluster [R]. *The Commutate Metropolitan de Montréal*, 2004.

156. Lyon, T. P., Baruffi, R. A., Creating a Plug – In Electric Vehicle Industry Cluster in Michigan: Prospects and Policy Options [J]. *Michigan Telecommunications and Technology Law Review*, 2011, 18 (1), pp. 303 – 347.

157. Lin, H. L., Li, H. Y., Yang, C. H., Agglomeration and Productivity: Firm – Level Evidence from China's Textile Industry [J]. *China Economic Review*, 2011 (3), pp. 313 – 329.

158. Martin, R., Sunley, P., Deconstructing clusters: Chaotic concept or policy panacea? [J]. *Journal of Economic Geography*, 2003, 3 (1), pp. 5 – 35.

159. Martínez Romero, The development of aerospace clusters in Mexico [R]. *The Global Network for Economics of Learning, Innovation, and Competence Building System*, 2010.

160. Martin, P., Mayer, T., Mayneris, F., Spatial concentration and plant – level productivity in France [J]. *Journal of Urban Economics*, 2011, pp. 182 – 195.

161. Okubo, T., Anti – agglomeration Subsides with Heterogeneous Firms [J]. *Journal of Regional Science*, 2012, 52 (2), pp. 285 – 299.

162. Okubo, T., Tomiura, E., Industrial Relocation policy, productivity and heterogeneous plants: Evident from Japan [J]. *Regional Science and Urban Economics*, 2012, pp. 230 – 239.

163. Porter, E., The Australian Renewable Energy Cluster [R]. *The Harvard Business School*, 2008.

164. Rizov, M., Oskam, A., Walsh, P., Is there a limit to agglomeration? Evidence from productivity of Dutch firms [J]. *Regional Science and Urban Economics*, 2012, pp. 95 – 606.

165. Savona, M., Schiattarella, R., International Relocation of Production and

the Growth of Services: The Case of the "Made in Italy" Industries [J]. *Transnational Corporations*, 2004, 13 (2), pp. 57 – 76.

166. Ta Tabata, M., Eshima, N., Sakai, Y. et al., An extension of Krugman's core periphery model to the case of a continuous domain: Existence and uniqueness of solutions of a system of nonlinear integral equations in spatial economics [J]. *Nonlinear Analysis: Real World Applications*, 2013, 14 (6), pp. 2116 – 2132.

167. Toulemonde, E., A welfare analysis of the principle of mutual recognition [J]. *European Economic Review*, 2013, pp. 1 – 16.

168. Tang, E., Liu, F., Zhang, J., Yu, J., A model to analyze the environmental policy of resource reallocation and pollution control based on firms' heterogeneity [J]. *Resources Policy*, Volume 39, March 2014, pp. 88 – 91.

169. Tafenau, E., The effects of regional subsidies to the spatial distribution of economic activity and welfare in the constructed capital model [C]. Paper for the ER SA 2010 conference.

170. Venables, A. J., Productivity in cities, Self – selection and sorting [J]. *Journal of Economic Geography*, 2011 (11), pp. 241 – 251.

171. Wang, J., Zheng, X. P., Industrial agglomeration: Asymmetry of regions and trade costs [J]. *Review of Urban and Regional Development Studies*, 2013, pp. 61 – 78.

172. Zeng, D. Z., Zhao, L. X., Globalization, integrational and international inequalities [J]. *Journal of Urban Economics*, 2010, pp. 352 – 361.

173. Zeng, D. Z., Uchikawa, T., Ubiquitous inequality: The home market effect in a multicounty space [J]. *Journal of Mathematical Economics*, 2014, pp. 225 – 233.

174. Romero, J. M., The development of aerospace clusters in Mexico [R]. *Globelics Working Paper*, 2010, pp. 1 – 34.

175. Eric G. Campbell, Joel S. Weissman, Susan, Ehringhaus J. D., Sowmya R. Rao, Beverly, Moy M. D., Sandra, Feibelmann M. P. H., Susan Dorr Goold, M. D., Mhsa, Ma, Institutional Aeademic – Industry Relationships [J]. *JAMA*, Vol. 298, No. 15, Oetober17, 2007.

176. Masaaki Kotabe, K. Scott Swan, The role of strategic alliances in high –

technology new product development [J]. *Strategic Management Journal*, 2007 (1), pp. 621 – 636.

177. Michael W. Lawless, Linda Finch Tegarden, A Test of Performance Similarity among Strategic Group Members in Conforming and Non – conforming Industry Struetrues [J]. *Journal of Management Studies*, 2007 (5), pp. 645 – 664.

178. Carsten Burhop and Thorsten Lübbers, Incentives and innovation R&D management in Germany's chemical and electrical engineering industries around 1900 [J]. *Explorations in Economic History*, 2010 (47), pp. 100 – 111.

179. Tessa Van Der Valk, Maryse M. H. Chappin, Govert W. Gijsbers, Innovation networks in emerging technologies [J]. *Technological Forecasting & Social Change*, 2011 (7), pp. 25 – 39.